房地产法律丛书

拆迁与征地维权指南

杨应军 著

中国建筑工业出版社

图书在版编目(CIP)数据

拆迁与征地维权指南/杨应军著. —北京：中国建筑工业出版社，2006
(房地产法律丛书)
ISBN 7-112-08383-4

Ⅰ. 拆… Ⅱ. 杨… Ⅲ. ①房屋拆迁—法规—中国—指南②土地征用—法规—中国—指南
Ⅳ. D922.181-62②D922.39-62

中国版本图书馆 CIP 数据核字(2006)第 052444 号

房地产法律丛书
拆迁与征地维权指南
杨应军 著
*
中国建筑工业出版社出版、发行(北京西郊百万庄)
新 华 书 店 经 销
北京天成排版公司制版
北京云浩印刷有限责任公司印刷
*

开本：880×1230 毫米 1/32 印张：11⅝ 字数：460 千字
2006 年 7 月第一版 2006 年 7 月第一次印刷
印数：1—3000 册 定价：**25.00 元**
ISBN 7-112-08383-4
(15047)

版权所有 翻印必究
如有印装质量问题，可寄本社退换
(邮政编码 100037)

本社网址：http://www.cabp.com.cn
网上书店：http://www.china-building.com.cn

随着旧城改造和城市化进程加快，房屋拆迁引起的纠纷也越来越多，上访率高居不下。作为被拆迁人，如何在拆迁中维护自己的应得利益，这需要具备一定的拆迁知识和法律常识。

本书即是为城市和农村的被拆迁人准备的维权知识读本。书中包括针对国有土地的城市房屋拆迁和针对农村集体土地的土地征收两篇，作者根据实践中存在的问题，在全面介绍了城市房屋拆迁与农村土地征收的法律知识后，通过活生生的案例，提出了对这些纠纷的处理办法和应对措施，具有极强的实用性。本书内容包括基本知识、制度许可问题、拆迁补偿问题、纠纷处理方法和措施，在拆迁过程中被拆迁人应注意的事项等。

值得一提的是，本书关于土地征收部分的阐述，为广大农民群众处理征地纠纷提供了专业意见，极大缓解农民对征地法律知识的渴求，填补了这方面的空白。

本书适合城市建设管理部门、土地管理部门、拆迁当事人和相关法律从业人员阅读参考。

* * *

责任编辑：封　毅
责任设计：赵　力
责任校对：张树梅　王雪竹

前　言

　　一直以来，土地与房屋就是人们重要的生产、生活资料，各国法律均给予了严格的保护：拆迁房屋、征收土地应以基于公共利益目的之需要为前提，并给予权利主体市场的、合理的补偿；对于非基于公共利益目的的拆迁与征地，则应当由双方协商决定补偿的价格等事宜，此中的法律行为应由私法予以规制。

　　由于我国在法律上并未对"公共利益"予以明确，导致实践中拆迁、征地均以"基于公共利益的需要"为幌子，加之暴利驱动，救济措施缺乏必要力度，违法拆迁征地、补偿不合理、不到位等成为必然，涉黑涉暴事件亦时有发生，严重侵犯了人民群众的合法权益。对此，党中央、国务院高度重视，强调必须遏制拆迁、征地中的违法行为，保障人民群众的合法权益。建设部亦先后出台《城市房屋拆迁估价指导意见》、《城市房屋拆迁行政裁决工作规程》，对拆迁行为予以规范。国土资源部也采取多项有力措施，保护耕地，遏制违法征地行为的发生。这些积极措施的采取，无疑起到了良好的效果，群众上访数量大幅回落，拆迁、征地行为日益规范。因此，至少可以认为，对拆迁、征地行为的规范已经取得了阶段性成果。当然，我们还应当看到，由于利益的驱动以及法律层面尚待厘清等原因，对拆迁、征地行为的规范仍然需要一个过程，对在信息、知识等各方面均处于劣势的被拆迁户、被征地者仍应加强保护力度。

　　"士不可以不弘毅，任重而道远。"作为一名执业律师，有责任为国家的法制建设、为实现社会的公平与正义尽绵薄之力。希望本书能够为处于弱势地位的被拆迁方、被征地方提供法律上的帮助，同时希望通过对拆迁与征地法律政策的宣传，使相关权利主体能自觉地用法律武器维护自身合法权益，从而促进国民法律意识的提高，进而推动我国的法制建设。诚然，本人基于良好愿望，但限于精力及水准，书中疏谬之处在所难免，恳请读者赐正！在本书写作与出版过程中，业内前辈、著名拆迁法专家王才亮先生拨冗审阅了书稿,并提出了宝贵的意见;同仁张立文律师给予了大力的支持与帮助,在此谨表谢意!

以下是本人的联系方式:
电话:010-86972656/66434642,E-mail:yyjlawyer@sohu.com。
欢迎广大读者朋友随时交流与沟通!

杨应军
2006 年 7 月

目 录

城市房屋拆迁篇

第一章 城市房屋拆迁概述 ………………………………………… 3
第一节 城市房屋拆迁相关概念 …………………………………… 3
第二节 城市房屋拆迁立法的历史沿革 …………………………… 12
第三节 城市房屋拆迁基本原则 …………………………………… 14
第四节 城市房屋拆迁法的渊源 …………………………………… 17

第二章 城市房屋拆迁中的行政许可 ……………………………… 24
第一节 行政许可制度概述 ………………………………………… 24
第二节 城市房屋拆迁中的行政许可 ……………………………… 27

第三章 住宅房屋与非住宅房屋拆迁补偿 ………………………… 36
第一节 住宅房屋拆迁补偿 ………………………………………… 36
第二节 非住宅房屋的拆迁补偿 …………………………………… 40

第四章 城市房屋拆迁裁判 ………………………………………… 46
第一节 城市房屋拆迁裁判简介 …………………………………… 46
第二节 城市房屋拆迁行政裁决 …………………………………… 51
第三节 城市房屋拆迁行政复议 …………………………………… 78
第四节 城市房屋拆迁行政诉讼 …………………………………… 88
第五节 城市房屋拆迁民事诉讼 …………………………………… 130
第六节 城市房屋拆迁中的仲裁 …………………………………… 167
第七节 城市房屋拆迁中的刑事责任 ……………………………… 169
第八节 城市房屋拆迁注意事项 …………………………………… 172

土地征收篇

第一章 土地法律知识概述 ………………………………………… 179
第一节 土地概述 …………………………………………………… 179
第二节 土地权利制度 ……………………………………………… 181

第二章　土地征收制度及相关知识 …… 190
　第一节　土地征收制度 …… 190
　第二节　土地征收的相关知识 …… 199
第三章　土地征收中的房屋拆迁 …… 215
　第一节　北京市的征地拆迁 …… 216
　第二节　武汉市的征地拆迁 …… 220
　第三节　无锡市集体土地房屋拆迁 …… 223
　第四节　厦门市征地拆迁规定 …… 231
　第五节　福州市征地补偿模式 …… 239
第四章　征地纠纷处理及案例分析 …… 241
　第一节　征地纠纷的种类 …… 241
　第二节　行政终局裁决行为 …… 255
　第三节　土地监察 …… 258
　第四节　土地信访 …… 262
　第五节　征地纠纷案例分析 …… 265
第五章　关于聘请律师的相关问题 …… 285
附录　法律规定或司法解释汇编 …… 295
　一、城市房屋拆迁 …… 295
　　1. 中华人民共和国宪法（摘录） …… 295
　　2. 城市房屋拆迁管理条例 …… 295
　　3. 国务院办公厅关于控制城镇房屋拆迁规模严格拆迁
　　　管理的通知 …… 300
　　4. 最高人民法院关于当事人达不成拆迁补偿安置协议就补偿
　　　安置争议提起民事诉讼人民法院应否受理问题的批复 …… 303
　　5. 城市房屋拆迁行政裁决工作规程 …… 304
　　6. 城市房屋拆迁估价指导意见 …… 307
　　7. 城市房屋拆迁单位管理规定 …… 311
　　8. 房屋拆迁证据保全公证细则 …… 313
　　9. 城市房屋拆迁补偿、安置协议公证细则 …… 315
　二、土地征收 …… 318
　　1. 中华人民共和国土地管理法实施条例 …… 318
　　2. 国务院关于深化改革严格土地管理的决定 …… 327
　　3. 征用土地公告办法 …… 333

4. 土地权属争议调查处理办法 ………………………………… 335
5. 建设用地审查报批办法 ……………………………………… 339
6. 国土资源信访规定 …………………………………………… 343
7. 国土资源听证规定 …………………………………………… 350
8. 建设项目用地预审管理办法 ………………………………… 355
9. 最高人民法院关于审理涉及农村土地承包纠纷案件
   适用法律问题的解释 ……………………………………… 358

参考文献 ………………………………………………………… 362

城市房屋拆迁篇

城市贫困群体研究

第一章 城市房屋拆迁概述

第一节 城市房屋拆迁相关概念

一、城市房屋拆迁当事人

了解城市房屋拆迁，我们首先应明确其概念，即什么是城市房屋拆迁。一般认为，城市房屋拆迁是指拆迁人根据建设规划要求和政府所批准的用地文件，在取得拆迁许可证的情况下，依法拆除建设用地范围内的房屋和附属物，并对该范围内的单位和居民（被拆迁人）给予补偿安置的一系列活动。❶

从这一概念可以看出，房屋拆迁活动是由于对土地用途的变化需求而发生的，拆迁人必须取得拆迁行政主管部门颁发的拆迁许可证，在此情况下与被拆迁人或房屋承租人签订拆迁补偿安置协议，并支付完毕相应款项或对被拆迁人进行安置，从而得以拆除该房屋的一系列情况的总称，这里既涉及行政许可，也涉及民事协议，还包括裁决、复议、民事诉讼和行政诉讼，甚至有的还出现刑事责任的承担问题。总之，房屋拆迁是一个系统的工程，涉及方方面面的法律和政策，因而，在拆迁当中，不少拆迁人往往利用老百姓对法律不熟悉以及相关信息不对称的情况，谋求非法利益。

如上所述，房屋拆迁是一个复杂的问题，为了揭开其神秘面纱，我们应当了解房屋拆迁法律关系中的当事各方，以明确各自的权利义务关系。

---

❶ 见高富平、黄武双著《房地产法学》，高等教育出版社，2003年9月第一版，第155页。

关于拆迁当事人的范围，在学术界及实务界存有争议，常见有两种观点，一是认为仅包括拆迁人、被拆迁人，另一种观点则认为，应当包括拆迁人、被拆迁人以及被拆迁房屋的承租人。《城市房屋拆迁管理条例》第十六条第一款规定，"拆迁人与被拆迁人或者拆迁人、被拆迁人与房屋承租人达不成拆迁补偿安置协议的，经当事人申请，由房屋拆迁管理部门裁决。房屋拆迁管理部门是被拆迁人的，由同级人民政府裁决。裁决应当自收到申请之日起30日内作出。"可以看出，拆迁当事人应当包括拆迁人、被拆迁人以及被拆迁房屋的承租人。实际上，前述两种观点应当是体现了两个方面的情况，对非出租房屋而言，拆迁当事人包括拆迁人和被拆迁人，而对于出租房屋而言，则应当包括拆迁人、被拆迁人和被拆迁房屋的承租人。然而，整体上而言，拆迁当事人的范围，应当认为包括拆迁人、被拆迁人以及被拆迁房屋的承租人，这也是完全符合实际情况的。

1. 拆迁人

《城市房屋拆迁管理条例》第四条第二款规定，"本条例所称拆迁人，是指取得房屋拆迁许可证的单位。"这一规定与1991年的《城市房屋拆迁管理条例》相比而言，有了较大变化，明确拆迁人仅限于"单位"，而非"建设单位"（主要考虑到了实际情况中，并非所有的拆迁人都是建设单位，如依法收回的国有土地使用权，政府委托拆迁的情况下，拆迁人就不是建设单位），同时，也排除了"个人"作为拆迁人的可能性。因此，拆迁人是指依法具有房屋拆迁资格证书并依法取得房屋拆迁许可证，自行或委托他人对被拆迁人进行拆迁动员，组织签订和实施拆迁补偿、安置协议，拆除相应房屋及其附属物的单位。

2. 被拆迁人

《城市房屋拆迁管理条例》第四条第三款规定，"本条例所称被拆迁人，是指被拆迁房屋的所有人。"换言之，被拆迁人是对被拆迁房屋拥有所有权的人，包括自然人和法人。在拆迁范围内对被拆迁房屋拥有产权的自然人和法人都是被拆迁人。与1991年相比，《城市房屋拆迁管理条例》排除了被拆迁房屋的使用人作为被拆迁人的可能。同时，也取消了过去代管人、国家授权的国有房屋及其附属物的管理人，因为代管人是房屋所有人的代管人，本身没有处置房屋的权利，只能在房屋所有人的授权范围内进行活动，而国家授权的国有房屋及其附属物的管理人实际上已经根据法律的授权成为了房屋所有人，没有必要单独列明。

关于房屋所有人如何认定的问题是关系到被拆迁人认定的问题，从实际情况来看，除了在登记簿或房屋权属证书上记载的权利人是房屋所有人之外，至少还有如下情况应当认定为房屋所有人：一、因房屋买卖导致产权变动时，应当以产权过户登记为准；二、新建、改建、扩建房屋在办理产权登记之前，因某种原因，未能及时办理产权登记的，应当以经过规划部门批准的申请人（即建设单位或个人）为房屋的所有人；三、因析产导致房屋产权不明晰的，应当以当事人各方就析产达成的书面协议为准；未能达成书面协议的，应以生效的法院调解书、判决书为准；四、因原产权人死亡而发生继承时，应当说以被继承人所立有效遗嘱或者以已经生效的法院调解书、判决书为准。由此也可以看出，前述法律规定也很精确：一般而言，"所有权人"往往使人想到拥有可以直接认定房屋权属的产权证书，即我们平时所说的房本，当然也有的省市城市房屋拆迁管理办法就规定被拆迁人是指被拆迁房屋的所有权人，如北京市，个人认为这一规定尚不如国务院条例准确。

3. 被拆迁房屋承租人

被拆迁房屋承租人是与被拆迁人签订有房屋租赁合同的房屋使用人。依据现行《城市房屋拆迁管理条例》第四条第三款的规定，被拆迁房屋承租人不属于被拆迁人。但从实际情况来看，拆迁也涉及到被拆迁房屋承租人的利益，如因拆迁导致停产停业所产生的损失，在租赁关系没有被解除且被拆迁房屋所有人未对房屋承租人进行安置的情况下，依据《城市房屋拆迁管理条例》第二十七条的规定，拆迁人应与被拆迁人、房屋承租人一起签订拆迁补偿安置协议，并对被拆迁房屋的承租人进行安置。

二、城市房屋拆迁单位

拆迁单位，包括自行拆迁单位和受托拆迁单位。自行拆迁单位是指房地产开发企业内部常设拆迁部门，具备房屋拆迁资格，按照《房屋拆迁许可证》的规定依法对本单位用地范围内的房屋及其附属物进行拆迁的单位。受托拆迁单位是指具备房屋拆迁资格，受拆迁人委托，在代理权限范围内，按照《房屋拆迁许可证》的规定依法对拆迁人用地范围内的房屋及其附属物进行拆迁的单位。拆迁单位应当具备一定资质。

1. 自行拆迁单位

自行拆迁单位应当具备如下条件：

(1) 有房地产开发资质；

(2) 有常设的拆迁部门；

(3) 有健全的管理制度；

(4) 拆迁专业人员不少于8人。

2. 受托拆迁单位

以北京市为例，受托拆迁单位共分为三个等级：

(1) 一级受托拆迁单位应当具备下列条件：

① 有20名以上的拆迁专业人员；

② 有工程技术、经济、财务高级职称的管理人员；

③ 有500万元以上的注册资本；

④ 完成过100户以上的拆迁项目20个。

(2) 二级受托拆迁单位应当具备下列条件：

① 有10名以上的拆迁专业人员；

② 有工程技术、经济、财务中级职称的管理人员；

③ 有300万元以上的注册资本；

④ 完成过50户以上的拆迁项目10个。

二级受托拆迁单位不得承接300户以上的房屋拆迁业务。

(3) 三级受托拆迁单位应当具备下列条件：

① 有6名以上拆迁专业人员；

② 有100万元以上的注册资本。

三、城市房屋拆迁行政主管部门

《城市房屋拆迁管理条例》第五条规定，"国务院建设行政主管部门对全国城市房屋拆迁工作实施监督管理。县级以上地方人民政府负责管理房屋拆迁工作的部门(以下简称房屋拆迁管理部门)对本行政区域内的城市房屋拆迁工作实施监督管理。县级以上地方人民政府有关部门应当依照本条例的规定,互相配合,保证房屋拆迁管理工作的顺利进行……"。在全国范围内,中华人民共和国建设部是城市房屋拆迁工作的主管部门,在县级以上地方人民政府则由当地建设厅、(城建)局负责。当然,各地拆迁行政主管部门在名称上存在一定的差异,有的地方,拆迁管理由区县国土资源和房屋管理局、房产管理局来实施。房屋拆迁行政主管部门在行政隶属上属于双重领导,受同级人民政府以及上一级拆迁行政主管部门领导。

四、被拆迁房屋

房屋是一个泛指的概念,一般指上有屋顶,周围有墙,能防风避雨,御寒保温,供人们在其中工作、生活、学习、娱乐和储藏物资,并具有固定基础,层高一般在 2.2 米以上的永久性场所。但根据某些地方的生活习惯,可供人们常年居住的陕西的窑洞、湘西的吊角楼等也应包括在内。实际上,拆迁的对象并非仅限于房屋,还包括房屋的附属物等,因此准确地讲,拆迁的对象应当是建筑(建筑物和构筑物的总称)。进一步而言,拆迁与房屋拆迁并不是同一概念,房屋拆迁是拆迁的子概念。这一点《城市房屋拆迁管理条例》亦未明确区分,其第一条就规定,"为了加强对城市房屋拆迁的管理,维护拆迁当事人的合法权益,保障建设项目顺利进行,制定本条例。"但为了行文及方便大家理解,本书仍将采用通俗的提法,即"房屋拆迁"。根据实际情况,被拆迁房屋大致可以分为如下几类❶:

1. 政府代管房产

政府代管房产是指政府依法代管的华侨、港、澳、台胞等房

---

❶ 建设部政策研究中心,《最新城市房屋拆迁指南》,中国建筑工业出版社,2004年版,第3页。

产,以及原国民党高级军政人员出走弃权留下的房产。《城市房屋拆迁管理条例》第十四条规定,"房屋拆迁管理部门代管的房屋需要拆迁的,拆迁补偿安置协议必须经公证机关公证,并办理证据保全。"

2. 公益事业用房

公益事业用房是指用于公益事业、不以盈利为目的的房屋及其附属物,一般包括市政基础设施,文教、卫生、体育设施,以及公共福利性单位、非生产性事业单位使用的房屋及其附属物。具体见《城市房屋拆迁管理条例》第二十六条,"拆迁公益事业用房的,拆迁人应当依照有关法律、法规的规定和城市规划的要求予以重建,或者给予货币补偿。"

3. 房屋的附属物

房屋的附属物是指在房屋所有权或房屋租赁合同中载明的、与房屋主体建筑有关的附属建筑或构筑物。一般是指附属用于居住房屋的平房、杂房、厨房、厕所、过道、院落、公有住房非居室等有合法权属证明或不计算租金面积的居室的附属使用部分。拆迁房屋的附属物亦应当给予补偿或作产权调换,但对于非公益事业房屋的附属物而言,却有特殊的规定,《城市房屋拆迁管理条例》第二十五条第二款规定,"拆迁非公益事业房屋的附属物,不作产权调换,由拆迁人给予货币补偿。"

4. 共有房屋

共有房屋是指两个以上的自然人或法人对同一房屋共同享有所有权。比如当两个或两个以上的自然人或法人联合建造、合资购买、共同继承、共同受赠房屋,房屋的所有权归他们共同所有。共有房屋可分为按份共有和共同共有两种形式。按份共有是指两个以上的自然人或法人按照各自的份额分别对共有房屋享有权利和承担义务。共同共有是指两个以上的自然人或法人对共有的房屋不分份额地共同享有权利并承担义务。对于共有的房屋,部分共有人主张按份共有,部分共有人主张共同共有,如果不能证明该房屋是按份共有的,应当认为共同共有。

房屋共有具有以下特征:(1)房屋的共有权人是两个以上的自

然人或法人,他们对同一房屋共同享有所有权。(2)共有的客体是同一房屋。共同共有的,每个共有的自然人或法人对整个共有的房屋都可以行使权利;按份共有的,共有人对共有的房屋按照各自的份额享有权利并承担义务。

5. 产权不明确的房屋

产权不明确的房屋是指无产权关系证明、产权人下落不明、暂时无法查证产权的合法所有人或者由于权属关系正在诉讼的房屋。拆迁这种房屋,一方面拆迁人应当提出补偿方案,报拆迁管理部门审核同意后实施拆迁;另一方面,拆迁前由拆迁人向公证机关办理房屋证据保全。《城市房屋拆迁管理条例》第二十九条规定,"拆迁产权不明确的房屋,拆迁人应当提出补偿安置方案,报房屋拆迁管理部门审核同意后实施拆迁。拆迁前,拆迁人应当就被拆迁房屋的有关事项向公证机关办理证据保全。"

6. 设有抵押权的房屋

设有抵押权的房屋是债务人或者第三人不转移对房屋的占有,将该房屋作为债权的担保。债务人不履行债务时,债权人有权依法将该房屋折价或者拍卖,变卖的价款优先受偿。

《城市房屋拆迁管理条例》第三十条规定,"拆迁设有抵押权的房屋,依照国家有关担保的法律执行。"

《中华人民共和国担保法》第三十三条规定,"本法所称抵押,是指债务人或者第三人不转移对本法第三十四条所列财产的占有,将该财产作为债权的担保。债务人不履行债务时,债权人有权依照本法规定以该财产折价或者以拍卖、变卖该财产的价款优先受偿。前款规定的债务人或者第三人为抵押人,债权人为抵押权人,提供担保的财产为抵押物。"根据该法第三十四条之规定,房屋及其他地上定着物均可作为抵押财产。在拆迁设有抵押权的房屋时,应当考虑到抵押权人的合法权益,依照下列原则进行处理:

(1)债务人自拆迁补偿协议签订后30日内,不能按照法律规定进行清偿,或者抵押人与抵押权人不能变更房地产合同的,拆迁人不应当将相当于债权担保部分的货币补偿金额向公证机关提存。

(2)抵押人选择产权调换的,调换的产权房屋应当作为抵押财产。

7. 违章建筑与临时建筑

违章建筑,从严格意义上讲,是指违反《土地管理法》、《城市规划法》、《村庄和集镇建设管理条例》等相关法律法规的规定动工建造的房屋及设施。❶ 主要包括以下四个方面:(1)未申请或申请未获得批准,未取得建设用地规划许可证和建设工程规划许可证而建成的建筑物;(2)擅自改变建设工程规划许可证建成的建筑物;(3)擅自改变了使用性质建成的建筑物;(4)擅自将临时建筑建设成为永久性的建筑物。依照《中华人民共和国城市规划法》的规定,违章建筑应由城市规划行政主管部门依法认定,其他机关无权做出某建筑物系违章建筑的认定。

临时建筑是指必须限期拆除、结构简易、临时性的建筑物、构筑物和其他设施。临时建筑都有规定的使用期限。如《中华人民共和国土地管理法》第五十七条第三款规定,"临时使用土地期限一般不超过二年。"因建设项目施工和地质勘查需要在临时用地上修建的临时性建筑,其使用期限当然也就少于二年。拆除未超过批准期限的临时建筑亦应依法给予补偿。对此,《城市房屋拆迁管理条例》第二十二条第二款规定,"拆除违章建筑和超过批准期限的临时建筑,不予补偿;拆除未超过批准期限的临时建筑,应当给予适当补偿。"拆除已超过批准期限的临时建筑是不予补偿的,因为在批准时已明确了可以使用的期限,只有在没有超过批准期限的情况下,才能按照建筑面积重置成新价结合剩余期限给予补偿。

此外,按照《城市房屋拆迁管理条例》规定,被拆迁房屋的形式包括公房与私房、住宅与非住宅等。

五、城市规划区

《中华人民共和国城市规划法》第三条规定,"本法所称城市规

---

❶ 参见陈昨丞著《违章建筑若干法律分析》,金华新闻网载。

划区,是指城市市区、近郊区以及城市行政区域内因城市建设和发展需要实行规划控制的区域,城市规划区的具体范围,由城市人民政府在编制的城市总体规划中划定。"这就明确规定了城市规划区是由市区、近郊区和规划控制区三部分组成:

1. 城市市区,是指非农业人口占该地区总人口的比重达到比较大的集中优势,城市建设基本联片,公用设施基本到达的地区。

2. 近郊区,是指紧靠市区的居民聚居区,蔬菜及主要副食品生产基地、近期城市建设用地等与市区关系密切的地区。

3. 规划控制区,是指在城市行政区域内因城市建设和发展需要实行规划控制的区域。包括市区和近郊区外围一定距离的控制圈和独立地段,如水源保护区、机场及其控制区、无线电讯收发保护区、风景名胜及历史文化遗产等。

城市规划区的具体划定,由各个城市人民政府根据合理布局和有利于规划实施管理需要确定。我国有大小城市几百个,建制镇一万多个,各地历史、自然、经济、社会条件不同,不能搞"一刀切"。将各个城市划定城市规划区范围具体交给城市人民政府定夺,既有利于各城市根据自身的特点划定规划区,有利于城市辖区内的统一规划管理和全面、顺利地实施城市规划,又为城市的长远发展创造必要条件。

城市规划区的具体范围体现在城市总体规划中,根据国务院对相应城市总体规划的批复,北京市城市规划区为北京市全部行政区域,上海市城市规划区的面积为6340平方公里,长沙市城市规划区的面积为2893平方公里。

六、城市房屋拆迁许可证

城市房屋拆迁许可证是指拆迁行政主管部门依照法定程序,对拆迁人申请进行房屋拆迁的申报材料,经审查合格后,许可拆迁人进行一定范围内房屋拆迁的凭证。只有获得拆迁许可证,才能进行房屋拆迁。

拆迁许可证的样式如下:

房屋拆迁许可证

拆许字（　）第　号_____：

你单位因_____项目建设，需拆迁下列范围内的房屋及其附属物，经审查具备拆迁条件，予以批准，特发此证。

拆迁范围			
拆迁面积	建筑面积（平方米）		占地面积 （平方米）
	非住宅	住宅	
拆迁实施单位			
拆迁期限			

发证机关
年　月　日
中华人民共和国建设部制

第二节　城市房屋拆迁立法的历史沿革

我国城市房屋拆迁立法从无到有，至今已经历三个阶段：

第一阶段，建国初期至1991年5月31日。

这一阶段城市房屋拆迁处于无法可依的境地，之所以出现这一情况，是因为在计划经济体制下，一切经济活动均依照计划和行政命令行事，房屋拆迁亦不例外，而且由于是依据行政命令，在操作上也比较容易执行。此外，当时房屋的性质大多属于公房，拆迁当事各方的利益是一致的，不易产生纠纷，所以房屋拆迁一般进展顺利。在这一时期，由于城市建设尚处于初期阶段，是从无到有，因而并不是拆旧建新，所以房屋拆迁的数量相对较小。

第二阶段，1991年6月1日至2001年10月31日。

1991年6月1日实施的《城市房屋拆迁管理条例》是我国第一部城市房屋拆迁管理的法规，也是我国城市建设发展的一个里程碑，这一阶段房屋拆迁仍在很大程度上留有计划经济时代的痕迹，主要特点如下：

首先，从主体来看，该条例规定"建设单位和个人"均可作为拆迁人；被拆迁人包括被拆除房屋及其附属物的所有人（包括代管人、国家授权的国有房屋及其附属物的管理人）和被拆除房屋及其附属物的使用人。

其次，从拆迁方式来看，该条例规定，拆迁既可由政府组织统一拆迁，亦可由拆迁人自行拆迁或委托拆迁。而且，在有条件的城市和城市中实行综合开发的地区，应当实施统一拆迁。

再次，由于这一阶段公有住房占据了主导地位，条例规定对房屋所有人进行补偿，对房屋使用人进行安置，但实践中往往是拆迁人直接与房屋使用人签订补偿安置协议，在实行货币补偿时，房屋使用人得到了大部分补偿，致使房屋所有人权益受到损害。

第三阶段，2001年11月1日至今。

1991年实施的《城市房屋拆迁管理条例》在其所处的历史时期发挥了重要作用：较好地规范了房屋拆迁行为，加强了对城市房屋拆迁的管理，在一定程度上维护了拆迁当事人的合法权益，较有力地保障了建设项目的顺利进行。但随着改革的不断深入，社会主义市场经济的进一步发展，该条例逐渐不再适应实际需要。根据国务院法制办公室曹康泰主任的总结，主要体现在以下五个方面：一、由于原《条例》规定的对被拆迁房屋的所有人的补偿标准过低，因而房屋所有人的积极性不高，对拆迁房屋产生抵触情绪；二、原《条例》规定的安置方式单一，对房屋使用人仅规定了实物安置一种方式，导致被安置人因对安置房屋地点等条件不满，迟迟不搬迁，影响拆迁进度；三、原《条例》将户口因素作为确定安置面积的标准，在实践中被一些人所利用，以谋取不正当利益；四、原《条例》有关强制拆迁的规定不明晰，条件比较模糊，手续复杂，在实践中很难操作；五、原《条例》对拆迁单位的拆迁补偿安置资金运用缺乏有效的监管，有的拆迁人取得拆迁许可证后抽逃资金，导致安置房不能及时建设、补偿安置资金不能及时到位的情况时有发生。为了适应城镇住房制度改革的需要，保护拆迁当事人的合法权益，促进政府职能转变，并与城市房地产管理法、土地管理法等有关法律、行政法规相衔接，2001年国务院修正了《城市房屋拆迁管理条例》，这就是我们现在所说的305号令。新条例主

要内容如下:

首先,从主体上看,为了适应城镇住房制度改革及保护房屋所有人合法权益的需要,在新条例中,拆迁人范围由原来的"建设单位和个人"修改为"单位",被拆迁人则被明确为"被拆迁房屋的所有人",取消了代管人以及房屋使用人。

其次,确立了对房屋所有人进行补偿,兼顾对使用人安置的原则。由于存量可售公房的70%以上已经销售给个人,商品房销售中个人购房的比例达到90%以上,商品房已成为住宅中的主体。当然,公有住宅仍占有一定比例,因此还应当考虑到房屋使用人的利益,综合起来,实行对房屋所有人进行补偿,兼顾房屋使用人安置的原则,较好地理顺了拆迁当事人之间的财产关系。

再次,从补偿标准来看,确立了根据被拆迁房屋的区位、用途、建筑面积等因素,以房地产市场评估价格确定货币补偿金额的原则,适应了各地推行货币化补偿安置的客观要求,为规范各地货币化补偿安置的做法提供了基本的法律依据。

第三节 城市房屋拆迁基本原则

《城市房屋拆迁管理条例》第三条规定,"城市房屋拆迁必须符合城市规划,有利于城市旧区改造和生态环境改善,保护文物古迹。"这是该行政法规规定的城市房屋拆迁过程中应当遵循的原则,详述如下:

一、符合城市规划的原则

众所周知,土地是不可再生的珍贵资源,因而对建设用地的供给国家应当进行宏观调控,通过城市规划管理来实现这一目标。城市规划是建设城市和管理城市工业的基本依据,是指为了实现一定时期内城市的经济和社会发展目标,确定城市性质、规模和发展方向,合理利用城市土地,协调城市空间布局,对各项建设项目的综合部署和具体安排。房屋拆迁是建设项目的前期准备阶段,根据《城市房屋拆迁管理条例》第七条之规定,"申请领取房屋拆迁许可证的,应当向房屋所在地的市、县人民政府房屋拆迁管理部门提交下列资料……(二)建设用地规划许可证……"房屋拆迁管理部门通过将规划行政主管部门核发的建设用地规划许可证作为审查其是否准拆迁的重要依据之一,体现了房屋拆迁必须符合城市规划的原则。

二、有利于城市旧区改造的原则

城市旧区是长期发展和演变过程中逐步形成的进行各项政治、经济、文化、社会活动的居民集聚区。相对而言,城市旧区显得日益拥挤,与城市的快速发展形成鲜明对比,成为制约城市发展的一个重要因素。城市旧区改造即通常所说的旧城改造,目的是改善居住条件、美化城市环境、提高城市品位、推动城市发展。城市旧区改造是城市建设发展中极为重要的、不可或缺的一环,而城市旧区改造又往往体现为城市房屋拆迁。为了加快城市旧区的改造,许多城市相继制定了对城市旧区危改项目的扶持政策,鼓励开发企业改造旧城区,并在税收等方面给予优惠条件,通过优惠政策,鼓励开发企业进行城市旧区改造,从而达到改善城市的面貌、改善当地居民的居住环境和提高居住质量、实现土地资源优化配置的目的。2001年,根据北京市的调查,十年危改立项共150片,竣工48片,除此之外,当时北京市还有164片、303万平方米危房或严重损坏房,住着约35万户居民。通过城市旧区改造,改善了城区风貌,也改善了居民的居住条件。

综上,城市房屋拆迁应当有利于城市旧区改造,坚持旧区改造与新区建设相结合,而且要注重开发基础设施薄弱、交通拥挤、环境污染严重等生活居住条件较差的危旧房屋集中的区域。

三、有利于生态环境改善的原则

生态环境是指由生物群落及非生物自然因素组成的各种生态系统所构成的整体,主要或完全由自然因素形成,并间接地、潜在地、长远地对人类的生存和发展产生影响。生态环境的破坏,最终会导致人类生活环境的恶化。

"人类只有一个地球!"因此,保护和改善生态环境,对于人类生存环境而言是非常重要的问题。我国环境保护法的立法宗旨之一就是保护和改善生态环境。

通过房屋拆迁,人们需要达到改善居住条件、提高生活品质等目的,而如果在拆迁过程中,不考虑环境因素,任意而为,结果也必定是有悖于实施房屋拆迁的初衷。因此,在房屋拆迁过程中,应当有利于生态环境的改善。

四、保护文物古迹的原则

我国有着5000年的灿烂文明,历代留存下来的文物古迹,难以数计。文物古迹源自历史的沉淀,保存着它经历的时代信息和文化底蕴,携带着悠远的历史信息。此外,它具有不可替代性和不可再生性等特点,一旦失去便永远失去,任何复制品将不再具有其原有的价值,而在拆迁过程中,往往被拆迁地区如旧城区存有大量需要保护的文物古迹,这就涉及到了文物保护的问题。《中华人民共和国文物保护法》第二条第一款规定了受国家保护文物的范围:

(1)具有历史、艺术、科学价值的古文化遗址、古墓葬、古建筑、石窟寺和石刻、壁画;

(2)与重大历史事件、革命运动或者著名人物有关的以及具有重要纪念意义、教育意义或者史料价值的近代现代重要史迹、实物、代表性建筑;

(3)历史上各时代珍贵的艺术品、工艺美术品;

(4)历史上各时代重要的文献资料以及具有历史、艺术、科学价值的手稿和图书资料等;

(5)反映历史上各时代、各民族社会制度、社会生产、社会生活的代表性实物。

此外,具有科学价值的古脊椎动物化石和古人类化石同文物一样受国家保护。

在拆迁过程中,拆迁人应当按照法律规定,在进行项目选址、工程设计时,将拆迁片区涉及到的文物古迹,会同文化行政管理部门确定保护措施,列入设计计划书。建设工程选址时,应当尽量避开不可移动文物,若必须拆除或迁移文物的,应当依据该文物保护单位的级别,报经该级人民政府和上一级文化管理部门批准。

上述四原则是在所有拆迁过程中,拆迁人、被拆迁人、被拆迁房屋的承租人以及各级行政主管部门等应当共同遵守的,任何单位和个人均不得违反。

当然,上述四原则是《城市房屋拆迁管理条例》规定的原则,除此之外,在拆迁某些阶段,还有其特殊的原则,如在拆迁评估过程中,就应当遵循独立、客观、公正、合法的原则;在拆迁裁决过程中,则应当遵循以事实为依据、以法律为准绳与公平、公正、及时的原则。

第四节 城市房屋拆迁法的渊源

所谓法的渊源,是指法律规范的来源,有实质意义上法的渊源和形式意义上的法的渊源两种解释。实质意义上法的渊源指法的内容的来源。形式意义上的渊源又被称为法的"形式渊源",它仅指法的法律效力的来源,即一个行为规则通过什么方式产生、具有何种外部形式才被认为是法律规范,具有法律规范的效力,并成为国家机关审理案件或处理问题的规范性依据。国家制定和认可的、具有不同法律效力和不同形式的各种规范性法律文件,是法的渊源。本书从解决实际问题的角度出发,仅对法的形式渊源进行论述。迄今为止,历史上存在过的法的形式渊源主要有:习惯法、判例法、君主敕令、规范性法律文件、国际条约和法律学说等等。在我国现阶段,法的渊源的特点有:(1)我国社会主义法的渊源主要由各种制定法(规范性法律文件)构成;(2)由国家认可的习惯只是法的渊源的一种例外的补充,其数量也很少;(3)判例没有普遍的约束力,因而不是法的渊源;(4)特别行政区法将作为我国社会主义法的渊源的例外情况,在特定的局部地区长期存在。

城市房屋拆迁法的渊源可以分为以下几类:

一、宪法

2004年3月14日,第十届全国人民代表大会第二次会议对《中华人民共和国宪法》进行了修正,并通过了《中华人民共和国宪法》修正案第十八条至第三十一条,经修正后的《中华人民共和国宪法》第十条第三款规定,"国家为了公共利益的需要,可以依照法律规定对土地实行征收或者征用并给予补偿。"

第十三条规定,"公民的合法的私有财产不受侵犯。国家依照法律规定保护公民的私有财产权和继承权。国家为了公共利益的需要,可以依照法律规定对公民的私有财产实行征收或者征用并给予补偿。"

第三十三条第二款规定,"中华人民共和国公民在法律面前一律平等。"第三款规定,"国家尊重和保障人权。"

上述修改中,最为引人注意的是,修正了在理论和实务中长期错误使用的"征用"这一法律用语,还其本来面目即"征收"。征用是指依法强行使用公民和法人的财产的制度,比如在影视节目中常常见到这样的场景:警察正拼命追赶前方的歹徒,而歹徒跳上了路边的摩托车,逃之夭夭,警察正一筹莫展时,恰巧路边正有某人在发动汽车,警察冲过去,大喝一声:"警察,你的车被征用了!"

"征收"是指国家依照法律规定强行取得公民和法人的财产权。比如,将集体土地变成国有土地,这种基于所有权性质的改变,就必须通过国家征收这种法律手段。根据我国民法学权威梁慧星教授的分析:

征收和征用是既有联系又有区别的两项法律制度。

其共同点在于强行性。依法实施的征收和征用,均仅依政府单方面的意思表示(征收命令、征用命令)而发生效力,无须征得被征收、被征用的公民和法人的同意,被征收、被征用的公民和法人必须服从、不得抗拒。

征收和征用的不同点是:征收的实质是强制收买,征收的对象限于不动产,主要是土地所有权和土地使用权,且征收不发生返还问题,只发生征收补偿问题;征用的实质是强制使用,征用的对象包括不动产和动产，使用完毕后应当将原物返还于权利人，如果因使用导致原物毁损不能返还的，应当照价赔偿。我国此前的法规曾经对征收、征用不加区分，不恰当地把政府强制取得公民和法人的财产权的行为称为"征用"。宪法修正案对征收概念和征用概念严加区别，是正确的。

二、法律

法律有广义、狭义两种解释。广义上法律泛指一切规范性文件；狭义而言，仅指全国人大及其常委会制定的规范性文件。这里所说的法律仅指狭义上的法律。法律的地位和效力仅次于宪法。

根据制定机关的不同，法律可分为两大类：一类为基本法律，根据《中华人民共和国立法法》第七条的规定，是指由全国人民代表大会制定和修改的刑事、民事、国家机构的规范性文件，如《中华人民共和国民法通则》、《中华人民共和国刑法》等。另一类为基本法律以外的其他法律，即由全国人民代表大会常务委员会制定和修改的规范性文件，如《中华人民共和国土地管理法》、《中华人民共和国城市房地产管理法》等。当然，在全国人民代表大会闭会期间，全国人民代表大会常务委员会有权对全国人民代表大会制定的基本法律在不与该法律基本原则相抵触的情况下进行部分修改和补充。

根据《中华人民共和国立法法》第八条之规定，下列事项只能制定法律：

1. 国家主权的事项；
2. 各级人民代表大会、人民政府、人民法院和人民检察院的产生、组织和职权；
3. 民族区域自治制度、特别行政区制度、基层群众自治制度；
4. 犯罪和刑罚；
5. 对公民政治权利的剥夺、限制人身自由的强制措施和处罚；
6. 对非国有财产的征收；
7. 民事基本制度；
8. 基本经济制度以及财政、税收、海关、金融和外贸的基本制度；

9. 诉讼和仲裁制度；

10. 必须由全国人民代表大会及其常务委员会制定法律的其他事项。

考虑实际情况，上述事项中有的因为各种各样的原因，未能及时制定法律，在这种情况下，如何处理呢？《中华人民共和国立法法》第九条对此作出了规定，"本法第八条规定的事项尚未制定法律的，全国人民代表大会及其常务委员会有权作出决定，授权国务院可以根据实际需要，对其中的部分事项先制定行政法规，但是有关犯罪和刑罚、对公民政治权利的剥夺和限制人身自由的强制措施和处罚、司法制度等事项除外。"从这一法律规定来看，该法第八条所列之情形，尚未制定法律的，可以经全国人民代表大会及其常务委员会决定，授权国务院制定行政法规，但司法制度等事项除外。另外，授权决定应当明确授权的目的、范围。国务院应当严格按照授权目的和范围行使该项权力，并且不得将该项权力转授给其他机关。若授权立法事项，经过实践检验，制定法律的条件成熟时，全国人民代表大会及其常务委员会应当及时制定法律。法律制定后，相应立法事项的授权终止。可见，对上述事项，国务院未经授权的，不得擅自为之。

三、行政法规

行政法规特指国家最高行政机关即国务院所制定的规范性文件，其法律地位和效力仅次于宪法和法律。国务院所发布的决定和命令，凡属规范性的，也应当属于法的渊源之列。行政法规调整的范围包括为了执行法律而进行的国家行政管理活动中涉及的各种事项和宪法第89条规定的国务院行政管理职权的事项，内容十分广泛。行政法规的表现形式，根据《行政法规制定程序条例》第四条之规定，为"条例"、"规定"、"办法"。《城市房屋拆迁管理条例》便是现在调整房屋拆迁管理的行政法规。

四、地方性法规、民族自治法规、经济特区的规范性文件

地方性法规是一定的地方国家权力机关，根据本行政区域的具

体情况和实际需要,依法制定的在本行政区域内具有法律效力的规范性文件。省、自治区、直辖市以及省级人民政府所在地的市和经国务院批准的较大的市的人民代表大会及其常委会有权制定地方性法规。地方各级国家权力机关及其常设机构、执行机关所制定的决定、命令、决议,凡属规范性者,在其行政区域内,亦属于法的渊源之列。如各地人民代表大会及其常务委员会制定的关于房屋拆迁管理的办法等。

民族自治地方的自治机关依据我国宪法的规定,是指自治区、自治州、自治县的人民代表大会和人民政府。宪法第一百一十五条规定,"自治区、自治州、自治县的自治机关行使宪法第三章第五节规定的地方国家机关的职权,同时依照宪法、民族区域自治法和其他法律规定的权限行使自治权,根据本地方实际情况贯彻执行国家的法律、政策。"第一百一十六条规定,"民族自治地方的人民代表大会有权依照当地民族的政治、经济和文化的特点,制定自治条例和单行条例。自治区的自治条例和单行条例,报全国人民代表大会常务委员会批准后生效。自治州、自治县的自治条例和单行条例,报省或者自治区的人民代表大会常务委员会批准后生效,并报全国人民代表大会常务委员会备案。"如《南宁市城市房屋拆迁管理办法》,该办法先经广西壮族自治区南宁市第九届人民代表大会常务委员会第三十五次会议通过,后报广西壮族自治区第八届人民代表大会常务委员会第十九次会议批准生效。

《中华人民共和国立法法》第六十五条规定,"经济特区所在地的省、市的人民代表大会及其常务委员会根据全国人民代表大会的授权决定,制定法规,在经济特区范围内实施。"1981年全国人民代表大会常务委员会授权广东省、福建省人民代表大会及其常务委员会制定所属经济特区的各项单行经济法规。1988年授权全国人民代表大会海南省人民代表大会及其常务委员会制定在海南经济特区实行的法规。1992年全国人民代表大会还授权深圳市人民代表大会及深圳市人民政府分别制定法规和规章,在本区域内实施。由此看来,经济特区的这些经全国人民代表大会及其常务委员会授权制定的法规、规章,其法律效力不同于一般的法规、规章,应当认为,即使这些规范性文件与上一位阶的规范性文件相抵触,并不一定会因此而被宣布无效或撤销。具体如《海南省实施〈城市房屋拆迁管理条例〉细则》。

五、规章

规章是行政性法律规范文件。包括部门规章和地方人民政府规章。部门规章是指国务院各部门根据法律和国务院的行政法规、决定、命令在本部门的权限内按照规定程序所制定的规定、办法、实施细则、规则等规范性文件的总称,如中华人民共和国建设部制定的《城市房屋拆迁估价指导意见》、《城市房屋拆迁行政裁决工作规程》。地方人民政府规章是指由省、自治区、直辖市以及省、自治区人民政府所在地的市和经国务院批准的较大的市的人民政府根据法律和行政法规按照规定程序所制定的普遍适用于本地区行政管理工作的规定、办法、实施细则、规则等规范性文件的总称,如北京市人民政府制定的《北京市城市房屋拆迁管理办法》、《北京市集体土地房屋拆迁管理办法》等,这些都是处理拆迁纠纷所直接运用的法律规定,是各地处理拆迁纠纷所依据之法律规范的主体。

六、特别行政区的法律

特别行政区是依宪法而设立的,是实行"一国两制"治国方略的结晶。即特别行政区在若干年内保持原有的政治、经济、法律制度,因而特别行政区域内的法律有其特殊性,是我国法的渊源中单独的一类,包括《中华人民共和国香港特别行政区基本法》、《中华人民共和国澳门特别行政区基本法》。而且,在特别行政区若要实施房屋拆迁的,应当适应的是该特别行政区制定的关于拆迁的法律规范。

七、国际条约、国际惯例

所谓国际条约,按照1969年《维也纳条约法公约》第二条之规定,是指"国家间所缔结而以国际法为准之国际书面协定,不论其载于一项单独文书或两项以上相互有关之文书内,亦不论其特定名称如何；""条约必须遵守"，因此，我国作为缔约国的国际条约生效后，该国际条约也是我国法的渊源之一。

国际惯例有其特定的解释和适用范围，概括地说，它通常是指由国际组织根据国际上长期实践中逐渐形成的一般习惯做法而制定成文的规则，这些规则，根据当事人意思自治的原则，被国际上普遍接受和广泛使用，而成为公认的国际惯例。❶ 鉴于国际交往的日益活跃，在拆迁驻华使领馆房屋时，我国参加的国际条约以及认可的国际惯例此时就会成为处理拆迁纠纷的重要依据。

八、司法解释

司法解释是指最高人民法院和最高人民检察院对审判工作和检察工作中具体应用法律问题所作的具有法律效力的解释，包括其各自制定的、共同制定的和与其他部门联合制定的司法解释及司法解释性文件。1981年6月10日第五届全国人民代表大会常务委员会第十九次会议通过了《全国人民代表大会常务委员会关于加强法律解释工作的决议》，其第二条规定，"凡属于法院审判工作中具体应用法律、法令的问题，由最高人民法院进行解释。凡属于检察院检察工作中具体应用法律、法令的问题，由最高人民检察院进行解释。最高人民法院和最高人民检察院的解释如果有原则性的分歧，报请全国人民代表大会常务委员会解释或决定。"因此，最高人民法院关于房屋拆迁的有关解释亦是重要的法的渊源，如最高人民法院于2005年8月1日发布的《关于当事人达不成拆迁补偿安置协议就补偿安置争议提起民事诉讼人民法院应否受理问题的批复》。

---

❶ 参见《国际商报》2003年8月11日黎孝先所著《浅析国际惯例》一文。

第二章 城市房屋拆迁中的行政许可

第一节 行政许可制度概述

行政许可是一项极为重要的法律制度,是国家为维护经济秩序、社会秩序和公共利益,保护资源和生态环境,保障公民权利等而设立的具有多方面功能的法律制度,为世界各国所普遍重视和广泛适用。❶

一、行政许可制度的涵义与性质

行政许可也就是通常所说的行政审批,依据《中华人民共和国行政许可法》第二条之规定,"是指行政机关根据公民、法人或者其他组织的申请,经依法审查,准予其从事特定活动的行为。"这一定义包含如下四层意思:(1)行政许可首先是行政机关作出的一种行政行为,不是行政机关以及不具有相应权利的行政机关不得为之;(2)行政许可是依据申请的行政行为。未经行政相对人申请,行政机关不得实施行政许可;(3)行政许可是一种要式行政行为,也就是说法律对行政许可实施的形式等作出了具体规定,行政许可应当依此规定进行;(4)行政许可是一种授益性行政行为,也就是说行政许可是授予行政相对人或者使行政相对人取得某种利益的行为。

有关行政许可的概念,在学术界尚存在不同理解,大致有三种观点:一是赋权说,认为行政许可是行政机关允许相对人从事某种活动,授予其某种特权的行为;一是解禁说,认为行政许可是对一

---

❶ 参见应松年教授全国人大常委会法制讲座第二十五讲《行政许可与行政强制法法律制度》。

般禁止行为的解除，恢复相对人自由的行为，而非权利的授予；还有是折衷说，认为行政许可是同一事务的两个不同方面。对被许可人而言，行政许可是一种赋予权利，因为其获得许可即意味着取得了从事某种活动的权利；而对未获得许可的人来说，则是一种禁止，因为其未获得许可则不得从事某项需经许可方能从事的活动。

在法治国家里，公民可以从事一切活动，除非法律有禁止。行政许可正是权利与禁止这两者的结合点，例如，为了维护社会秩序和公共利益，对驾驶机动车必须实行许可制度。由于驾驶机动车是一件具有危险性的事情，因而常人不得开车；但同时驾驶机动车又是可获得利益，因而又应当允许开车。为了利用其有利方面，防止损害他人和公共利益的事情发生，国家就需要实行驾驶机动车的许可制度，一般人都禁止开车，但会驾驶汽车、懂得驾驶规则者可以被许可。可见，对某一事项是否应该设立行政许可，是基于下列原因：一方面，这一行为具有潜在的危险性，另一方面，又对需要者有利。如果绝对有害，所谓有百害而无一利，就不可能建立许可制度；反之，只有好处，对社会和他人都无不利，完全可以由个人、组织自行决定的，也不可能建立许可制度。

二、行政许可的种类

《中华人民共和国行政许可法》第十二条对此作了规定，大致分为五类：

1. 一般许可，即"直接涉及国家安全、公共安全、经济宏观调控、生态环境保护以及直接关系人身健康、生命财产安全等特定活动，需要按照法定条件予以批准的事项"。

2. 特别许可，即"有限自然资源开发利用、公共资源配置以及直接关系公共利益的特定行业的市场准入等，需要赋予特定权利的事项"。

3. 认可，即"提供公众服务并且直接关系公共利益的职业、行业，需要确定具备特殊信誉、特殊条件或者特殊技能等资格、资质的事项"。

4. 核准，即"直接关系公共安全、人身健康、生命财产安全的重要设备、设施、产品、物品,需要按照技术标准、技术规范,通过检验、检测、检疫等方式进行审定的事项"。

5. 登记,即"企业或者其他组织的设立等,需要确定主体资格的事项"。

当然,除此之外,法律、行政法规依法可以设定其他行政许可事宜。

三、行政许可的基本原则

根据《中华人民共和国行政许可法》之规定,我国行政许可制度大致包含如下几项基本原则:

1. 法定原则。许可制度直接关系公民、法人和其他组织的权利,因此,行政许可的设定、实施机关的权限和义务、获得许可的条件和程序等,都必须由法律规定。即行政许可法第四条之规定,"设定和实施行政许可,应当依照法定的权限、范围、条件和程序。"

2. 公开、公平、公正原则。这一原则主要是指在行政许可的设定和实施过程中,允许公众的平等参与,要平等对待公众,相同情况应当给予相同的对待,不同情况给予不同对待。对符合法定条件和标准的申请人,要一视同仁,不得歧视。行政许可法第五条规定,"设定和实施行政许可,应当遵循公开、公平、公正的原则。"

3. 便民原则。行政许可在程序设置上必须体现方便申请人、提高行政效率的要求。行政许可法第六条即是,"实施行政许可,应当遵循便民的原则,提高办事效率,提供优质服务。"

4. 救济原则。"无救济即无权利",主要是两点:一是行政相对人对行政机关违法实施行政许可有权依法申请行政复议或提起行政诉讼;二是若因行政机关违法实施行政许可,侵犯当事人合法权益的,则有关当事人有权按照国家赔偿法的规定获得相应赔偿。行政许可法第七条,"公民、法人或者其他组织对行政机关实施行政许可,享有陈述权、申辩权;有权依法申请行政复议或者提起行政诉讼;其合法权益因行政机关违法实施行政许可受到损害的,有权依法要求赔偿。"

5. 信赖保护原则。诚实信用是民事行为中最重要的原则,是市场经济活动的基础,它要求对待别人的利益像对待自己的利益一样。这一原则也是政府行政活动的基本原则，它要求政府信守自己的诺言，要求行政活动具有真实性、稳定性和善良性。行政机关制定的规范或作出的行为应具有稳定性，不能变化无常，不能溯及既往。在诚信的基础上产生信赖保护原则，即公民基于对行政机关信赖所作的行为，应得到行政机关的保护，这一原则尤其适用于行政机关的"授益行为"。行政机关不得随意变更或撤销许可。因公共利益的需要，必须撤销或变更许可的，行政机关应负责补偿损失，例如某人投资某一项目，已得到批准，但后来行政机关出于某种公共利益的考虑，要撤销许可，就必须承担补偿责任。行政许可法第八条对此作出了规定，"公民、法人或者其他组织依法取得的行政许可受法律保护，行政机关不得擅自改变已经生效的行政许可。行政许可所依据的法律、法规、规章修改或者废止，或者准予行政许可所依据的客观情况发生重大变化的，为了公共利益的需要，行政机关可以依法变更或者撤回已经生效的行政许可。由此给公民、法人或者其他组织造成财产损失的，行政机关应当依法给予补偿。"

6. 监督与责任原则。谁许可，谁监督，谁负责。许可要与行政机关的利益脱钩，与责任挂钩。行政机关不履行监督责任或监督不力，甚至滥用职权、以权谋私的，都必须承担法律责任。行政许可法第十条规定，"县级以上人民政府应当建立健全对行政机关实施行政许可的监督制度，加强对行政机关实施行政许可的监督检查。行政机关应当对公民、法人或者其他组织从事行政许可事项的活动实施有效监督。"

第二节　城市房屋拆迁中的行政许可

城市房屋拆迁过程中所涉及到的行政许可包括建设项目许可、规划许可、用地许可、拆迁许可（不涉及拆除单位资质的行政许可），分述如下：

一、建设项目行政许可

为了进一步推动我国企业投资项目管理制度的改革，国家发展和改革委员会于 2004 年 9 月 15 日发布了《企业投资项目核准暂行办法》，该办法于发布之日起生效。该办法对企业投资项目的核准程序作出了细致的规定。另据《2004 年政府核准的投资项目目录》规定，国家对城建项目实行核准制。

建设项目许可是指，建设项目许可的行政主管部门应项目建设申请人之申请，依法对其申请事项进行审查后，准予申请人进行该项目建设的行政行为。现结合《企业投资项目核准暂行办法》之规定，将项目许可的程序简要叙述如下：

1. 编制项目申请报告

项目申请报告的编制应当委托具备相应工程咨询资格的机构进行，其中，国务院投资主管部门核准的项目，其项目申请报告应由具备甲级工程咨询资格的机构编制。向核准机关提交的份数为五份。

项目申请报告应主要包括以下内容：

(1) 项目申报单位情况；
(2) 拟建项目情况；
(3) 建设用地与相关规划；
(4) 资源利用和能源耗用分析；
(5) 生态环境影响分析；
(6) 经济和社会效果分析。

此外，项目申报单位在向项目核准机关报送申请报告时，需根据国家法律法规的规定附送以下文件：

(1) 城市规划行政主管部门出具的城市规划意见；
(2) 国土资源行政主管部门出具的项目用地预审意见；
(3) 环境保护行政主管部门出具的环境影响评价文件的审批意见；
(4) 根据有关法律法规应提交的其他文件。

2. 项目核准程序

(1) 收到申报材料后，如项目核准机关认为申报材料不齐全或者不符合有关要求，应当在收到项目申请报告后 5 个工作日内一次告知项目申报单位，要求项目申报单位澄清、补充相关情况和文件，或对相关内容进行调整；在项目申报单位按要求上报齐全相应材料后，项目核准机关应正式受理，并向项目申报单位出具受理通知书。

（2）项目核准机关在受理核准申请后，如有必要，应在 4 个工作日内委托有资格的咨询机构进行评估。接受委托的咨询机构应在项目核准机关规定的时间内提出评估报告，并对评估结论承担责任。咨询机构在进行评估时，可要求项目申报单位就有关问题进行说明。

（3）项目核准机关在进行核准审查时，如涉及其他行业主管部门的职能，应征求相关部门的意见。相关部门应在收到征求意见函（附项目申请报告）后 7 个工作日内，向项目核准机关提出书面审核意见；逾期没有反馈书面审核意见的，视为同意。

对于可能会对公众利益造成重大影响的项目，项目核准机关在进行核准审查时应采取适当方式征求公众意见。对于特别重大的项目，可以实行专家评议制度。

（4）项目核准机关应在受理项目申请报告后 20 个工作日内，作出对项目申请报告是否核准的决定并向社会公布，或向上级项目核准机关提出审核意见。由于特殊原因确实难以在 20 个工作日内作出核准决定的，经本机关负责人批准，可以延长 10 个工作日，并应及时书面通知项目申报单位，说明延期理由。对于项目核准机关委托咨询评估、征求公众意见和进行专家评议的，所需时间不计算在前款规定的期限内。

对同意核准的项目，项目核准机关应向项目申报单位出具项目核准文件，同时抄送相关部门和下级项目核准机关；对不同意核准的项目，应向项目申报单位出具不予核准决定书，说明不予核准的理由，并抄送相关部门和下级项目核准机关。经国务院核准同意的项目，由国务院投资主管部门出具项目核准文件。

二、规划行政许可

所谓规划许可，是指城市规划部门按照我国城市规划法的规定，对于新建、改建、扩建项目是否符合城市规划进行审查，对符合城市规划的项目作出准许设计、施工决定的行政行为。在房地产项目中的规划许可包括建设项目选址规划许可、建设用地规划许可和建设工程规划许可。由于建设工程规划许可已是在拆迁许可之后，故这里仅对建设项目选址规划许可与建设用地规划许可进行介绍。

1. 建设项目选址规划许可

(1) 选址申请

建设单位持有效的立项文件和拟选用地方案等,向规划行政主管部门提交选址申请报告。下面是上海市建设项目选址意见书申请表,可资参考。

上海市建设项目选址意见书申请表

申请单位	名　称		邮政编码		申请单位盖章	
	地　址	区(县)　　镇　　路(村)　　号(组)				
	联系人					
	联系电话		手机号码		年　月　日	
	E-mail 地址					
建设项目概况	项目名称				选址论证	[ ]有 [ ]无
	计划批准机关		计划批准文号		建设规模	m²
	用地性质	[ ]居住　　[ ]工业　　[ ]仓储　　[ ]公共设施 [ ]市政设施　　[ ]其他(　　)				
	工程性质	[ ]住宅　　[ ]宾馆　　[ ]商业　　[ ]办公　　[ ]文教体卫 [ ]工业仓储　　[ ]市政站场设施　　[ ]其他(　　)				
	市政交通	[ ]道路　　[ ]桥梁 [ ]其他(　　)		长度　　　m	[ ]宽度 [ ]其他	
	市政管线	[ ]电力　　[ ]电讯 [ ]煤气　　[ ]特种 [ ]自来水　[ ]雨污水 [ ]其他(　　)		长度　　　m	[ ]管径 [ ]其他	
建设项目选址意向	建设地址	区(县)　　镇　　路(村)　　号(组)				
	用地面积	约　　　　　　m²				
	用地范围	东至				
		南至				
		西至				
		北至				
	现状土地使用权属情况	[ ]国有土地 [ ]集体土地	[ ]自有　　[ ]部分自有　　[ ]非自有			
	现状用地性质	[ ]居住　　[ ]工业　　[ ]仓储　　[ ]公共设施 [ ]市政设施　　[ ]其他(　　)				

第二章 城市房屋拆迁中的行政许可

送审文件、图纸一览表

序号	文件、图纸名称	应送份数	实送份数	备 注
1	地形图 [ ] 1/500　[ ] 1/1000 　　　　[ ] 1/2000	四份		市局审批 项目三份
2	[ ]项目建议书　[ ]其他计划文件	一份		
3	土地房屋权属证明及附图	一份		
4	选址论证文件	一份		大、中型 项目等
5	其他			
6				
7				
8				
9				
10				

注意事项(填表前，请仔细阅读下列内容并遵照执行)：

一、本表适用除国有土地使用权出让、转让地块以外的下列建设项目申请《建设项目选址意见书》：
1. 新建、迁建单位需要使用土地的；
2. 原址扩建需要使用本单位以外的土地的；
3. 需要改变本单位土地使用性质的。

二、随申请表应按下列要求送审相关文件、图纸：
1. 1/500 或 1/1000(郊区 1/2000)地形图(四份，市局审批项目三份)，其中一份地形图上应用红色虚线(铅笔)标明选址意向用地范围，注明用地户名和用地面积，市政管线和市政交通工程，应注明起迄点及经由点的位置和道路、管线等的走向及范围；
2. 批准的建设项目建议书或其他有关计划文件(原件及复印件各一份)；
3. 属原址改建需改变土地使用性质的，须加送土地、房产权属证件(原件及复印件各一份)；
4. 需要使用其他单位土地的，须加送土地使用相关证明(原件一份)(市政工程视情况定)；
5. 如属大、中型建设项目的，须加送由相应资质的规划设计单位作出的规划选址论证(原件一份)；
6. 位于历史风貌保护区和保护建筑的保护范围及建筑控制范围内的建设项目，须加送反映风貌特色的照片或图片资料(一套)；
7. 因建设项目的特殊性需要提交的其他相关材料。

三、有关事项可到"上海规划"网站查询并下载格式文本，"上海规划"网址：www.shghj.gov.cn

申请人承诺：
一、本单位(人)对本申请表以及《上海市建设项目规划管理事项办理指南》所告知的事项均已知悉并理解。
二、本申请表及随本表附送的材料均为真实、有效，符合建设项目实际情况。如隐瞒有关情况或者提供虚假材料的，由本单位(人)承担相应的法律责任。

申请人签名(章)：

上海市城市规划管理局监制

(2) 踏勘

城市规划行政主管部门收到建设单位的规划选址材料后,应当进行程序性审查,若符合规划选址条件的,应与其他有关行政主管部门等共同进行现场踏勘,并提出两个以上的选址比较方案,提交城市规划部门的专门会议研究。

(3) 定址

城市规划行政主管部门召开专门会议,对选址比较方案进行研究,必要时,可邀请有关专家到场,听取专家意见,以确定建设项目的建设地址。在此基础上,城市规划行政主管部门向建设单位签发《规划选址意见书》,发给《用地规划经线图》。建设单位可据此委托设计单位进行初步设计。

以福建省泉州市城乡规划局的项目选址规划程序为例,来了解一下项目选址规划的基本程序:

1. 办公室统一收取选址申请文件,经局长或分管副局长批示转规划科提出选址意见。

2. 选址意见经局务会审查后报市政府用地联席会研究,确定选址意见。

3. 涉外建设项目需经涉外建设项目国家安全事项审查办公室提出审查意见。

此外,申请项目选址应提交的材料:

1. 单位介绍信、法人委托书和与建设单位相符的联系人身份证明。

2. 申请报告、项目建议书、建设项目计划任务书(可行性研究报告、批准投资文件),房地产企业第二块地选址应持有市建委出具的第一块地开工证明。

3. 主管部门意见。

4. 项目资金、企业资信证明。

申请办理《建设用地规划选址意见书》

《选址意见书》明确了建设项目的选址,用地规模和容许开发强度,供建设单位委托总平面和主要单体建筑方案设计,申办立项。《选址定点意见书》和蓝线图有效期为半年,半年内如未能完成总平设计及立项应向我局申办延期（延期不能超过半年），否则，《选址定点意见书》和蓝线图自行失效，该用地由我局另行安排。

（一）办理《建设用地规划选址意见书》程序：

1. 主办科室收件；
2. 主办科室办理《选址定点意见书》，划定用地蓝线图；
3. 相关科室会签；
4. 分管副局长审核；
5. 局长签发。

（二）办理《选址定点意见书》应提供的文件资料：

1. 单位介绍信、法人委托书及经办人身份证明；
2. 我局规划咨询指导中心或规划勘测队提供的1：500地形蓝图（一式五份）；
3. 填写《选址定点意见书》申请表；
4. 如在风景区控制范围或重要设施、文物古迹、保密单位控制范围内应提供有关单位建设要求意见书。

（三）办完后由规划局提供的文件资料：

1.《选址定点意见书》或定点文；
2. 1：500用地蓝线图（一式四份）；
3. 规划设计要点。

2. 建设用地规划许可

（1）申请

建设单位在初步设计得到批准，办理了规划用地的总平面布置后，便可提出规划用地申请。

（2）复勘

城市规划行政主管部门会同建设单位及其他有关行政主管部门，到现场复勘原选址意见书确定的规划用地，界定用地位置和面积等。

（3）定界

城市规划行政主管部门根据复勘情况等，进行专题会议研究，以审定规划用地，界定具体位置。

（4）发证

经定界后,城市规划行政主管部门便可签发《建设用地规划许可通知单》,建设单位持此通知单及其他文件到土地行政主管部门申请建设用地。土地行政主管部门同意建设单位的建设用地申请的,建设单位持批准用地的文件,到城市规划行政主管部门处申请核发建设用地规划许可证。城市规划行政主管部门经审查后,若无异议,即发给建设用地规划许可证。

三、建设用地行政许可

我国土地管理法规定,任何单位和个人进行建设,需要使用土地的,必须依法申请使用国有土地。经批准的建设项目需要使用国有建设用地的,建设单位应当持法律、行政法规规定的有关文件,向有批准权的县级以上人民政府土地行政主管部门提出建设用地申请,经土地行政主管部门审查,报本级人民政府批准。

建设单位在取得建设用地规划许可通知单后,应向土地行政主管部门转请市、县人民政府颁布建设用地批准书,然后凭建设用地批准书向规划行政主管部门领取建设用地规划许可证。建设单位领取建设用地批准书后,有偿使用国有土地的,应与市、县人民政府土地行政主管部门签订国有土地出让合同;划拨使用国有土地的,由市、县人民政府土地行政主管部门核发国有土地决定书。建设单位在履行了上述手续后,应当依据《土地登记规则》之规定,依法申请土地使用权登记,以取得《国有土地使用权证书》。

四、拆迁行政许可

拆迁许可,是指房屋拆迁管理部门对申请人提出的对某一区域房屋进行拆迁的请求进行审查,认为申请人之申请符合法律规定的条件而准予其实施房屋拆迁的法律制度。拆迁许可的表现形式即是颁发房屋拆迁许可证。

申请人申请进行房屋拆迁的前提是应取得建设项目批准文件、建设用地规划许可证、国有土地使用权批准文件。只有在这样的情况下,才能提出房屋拆迁申请。除此之外,申请人还应当提交拆迁计划和拆迁方案以及办理存款业务的金融机构出具的拆迁补偿安置资金证明。市、县人民政府房屋拆迁管理部门应当自收到申请之日起30日内,对申请事项进行审查;经审查,对符合条件的,颁发房屋拆迁许可证。房屋拆迁许可证的样式如前所述。

房屋拆迁管理部门在颁发拆迁许可证的同时,应当将房屋拆迁许可证中载明的拆迁人、拆迁范围、拆迁期限等事项,以房屋拆迁公告的形式予以公布,以便被拆迁区域群众知悉,做好拆迁准备。

第三章 住宅房屋与非住宅房屋拆迁补偿

第一节 住宅房屋拆迁补偿

住宅房屋,即是以满足人们居住需求的房屋。对房屋的划分,不同的出发点所得出的分类也不同,可以分为楼房与平房,也可分为公房与私房,等等。

房屋的拆迁补偿款主要包括两个方面:区位补偿价和房屋重置成新价。区位补偿价由被拆迁房屋的基准地价和基准房价构成。基准地价是指在一定区域内,普通住宅商品房的楼面地价平均水平。它是根据土地不同的使用类别、区位及基础设施配套、土地开发情况分别评估、测算的各类用地的平均价格。由于房地产市场是不断变化的,基准地价应定期进行调整和修正。基准房价是指一定时间和一定区域内,普通住宅商品房平均建设综合成本价和被拆迁房屋平均重置成新价的差额。房屋重置成新价是指按照估价时点当时的社会正常的建筑技术、工艺水平、建筑材料价格、人工和机械费用等,重新建造同类结构、式样、质量及功能的新房屋所需的费用加平均利润。如北京市就明确了房屋拆迁补偿价的计算公式,即房屋拆迁补偿价=(基准地价×K+基准房价)×被拆迁房屋建筑面积+被拆迁房屋重置成新价。

一、直管公房与自管公房

直管公房,是指产权归区县人民政府所有,并指定有关单位经营管理的房屋,这类房屋应出租给符合条件的承租人。

直管公房的拆迁,主要采取如下形式进行补偿安置:

1. 货币补偿

这一形式是指直管公房产权人按住房制度改革政策，将房屋出售给房屋承租人，此时房屋承租人已成为房屋产权人，是适格的被拆迁人，能以被拆迁人身份与拆迁人签订补偿协议，拆迁人应对其进行补偿。这一补偿方式，操作起来相对而言简便，由此产生的纠纷多集中在补偿款数额的争议上，即区位补偿价以及对房屋的补偿等。对此，被拆迁人可依当地拆迁法律规定，通过委托评估后，视情况将评估结果交与所在地的评估专家委员会鉴定。

2. 产权调换

《城市房屋拆迁管理条例》第二十七条第二款规定，"被拆迁人与房屋承租人对解除租赁关系达不成协议的，拆迁人应当对被拆迁人实行房屋产权调换。产权调换的房屋由原房屋承租人承租，被拆迁人应当与原房屋承租人重新订立房屋租赁合同。"由此可见，在拆迁租赁房屋时，若该房屋的产权人与承租人达不成解除租赁关系协议的，拆迁人应当对被拆迁人实行房屋产权调换。当然，在实践操作中这类补偿方式较少进行，因为新房的建造，交付直到最后入住都需要时间，不如货币补偿方便直接。因此而产生的纠纷也多体现在房屋的交付时间，新的租赁协议的签订上等。

3. 在一定情况下，也可以由直管公房的产权人，通过协议收购房屋承租人依法享有的公房使用权或通过异地安置房屋承租人的方式，解除与房屋承租人之间的租赁关系，由拆迁人对被拆迁人进行补偿。

自管公房，也称单位产权房，是指由企业或事业单位直接管理的房屋。关于自管公房的拆迁可参照直管公房进行处理。

关于公房的拆迁中，值得注意的是，由于承租人将所承租的房屋转租、转让、转借他人的情况下，在拆迁时如何处理？我们知道，公房的承租人是需要具备一定条件的，如果承租人将所承租的房屋转租、转借他人，则其在别处有房可供居住，其已违反公房租赁合同的约定，可由出租人将该房屋收回，拆迁补偿款原则上亦应归出租人所有。这是理论上与法律上的结论。当然，在实践中，很少有房屋产权人这样操作的，而且这些情况，房屋产权人也很难发现。需要说明的是不论如何,在公房的拆迁过程中,一定要妥善处理,以维护社会稳定的大局。

二、私产房屋的拆迁

私产房屋,是相对于公有房屋而言的,即指持有房地产管理部门颁发的房屋权属证书,确定属于个人所有的房屋。

1. 私产房屋的拆迁补偿通过市场评估确定,可实行货币补偿也可实行产权调换,对补偿的方式,被拆迁人有权选择。在实践中,拆迁人为了较快完成拆迁任务,在拆迁动员或拆迁公告中,均直接宣称本次拆迁实行货币补偿,显然对被拆迁人的选择权利予以漠视。我国民众的法律意识,虽然历经四个五年普法,有了很大程度的提升,但仍然不高,对繁杂的拆迁法律规定更是知之甚少。而且,在拆迁中,他们往往只注重拆迁补偿款的高低,而忽略了其他权益,因而在某种程度上,拆迁人的伎俩往往得逞。当然,从这一角度来看,出现这样的情况,房屋拆迁主管部门是有责任的,因为没有好好地宣传国家的法律规定和拆迁政策,也没有认真审核。实践中,被拆迁人在拆迁之前或者拆迁中,为了维护自身合法权益,也到处查找资料,进行咨询,等等,最终他们会对这些情况知悉,因此他们也会对拆迁人产生不信任感。所以,拆迁人在拆迁时,一定要依法进行,对国家的拆迁法律规定和政策要进行深入细致地宣传,让被拆迁群众真正知道拆迁,要充分尊重他们的知情权,切不可采用"愚民政策",只有这样才能使拆迁双方的关系融洽,相互理解,产生信任,从而拆迁也会顺利地进行下去,拆迁成本也会因此而降低。

2. 私产房屋拆迁中的常见问题

(1) 房屋实际面积与房屋权属证书不一致

拆迁时,对房屋面积的确认,应以房屋权属证书上记载的为准。如房屋面积存有争议,可通过勘测房屋现场或查阅房屋的原始档案予以确认。实践中,这一现象主要体现在私有产权的平房上。由于历史的原因,住房紧张的家庭,往往在自家房屋旁加盖房屋及其附属物,以解决家中住房困难。在处理这类问题时,既要依据法律规定，同时也要考虑到实际情况。对于拥有产权的部分，要依法补偿，对于私建的部分，要与被拆迁户进行协商或给予适当补偿，要合情合理，要充分考虑到被拆迁户因拆迁而失去的远比得到的为多，要多进行换位思考，对于申请强制拆迁，尤其要慎重。

在北京市，《北京市城市房屋拆迁补助费有关规定》对于在拆迁范围内有本市常住户口，长期居住在自建房内，并且符合下列条件的居民，可以依据规定的程序向拆迁人申请拆迁安置补助：(一) 单独立户；(二) 本人及其配偶、子女在拆迁范围内无正式住房；(三) 本人及其配偶在拆迁范围外无正式住房。

(2) 对于临时建筑的补偿

临时建筑，是指经城市规划行政主管部门批准，规定有使用期限，到期必须拆除的结构简易、临时性的建筑物、构筑物和其他设施。可见，临时建筑是经城市规划行政主管部门许可建造的，其在批准期限内是合法建筑。因此，在批准期限内若遇拆迁，应当对之进行相应补偿。拆除临时建筑的补偿，要结合其剩余使用期限以及其用途等通过评估确定，当然若双方能协商一致也可，但不得存在损害国家、集体或第三人利益之情形。

在实践中，矛盾往往集中在：在使用期限内拆迁的，拆迁人不给予补偿；已过批准使用期限的，被拆迁人要求补偿。

对于临时建筑，人们往往认为不应当获得补偿，这一观点在不少被拆迁人看来亦是如此。但如前所述，临时建筑在其使用期限之内，是合法建筑，使用人可依法使用。而拆迁行为之实施，使得使用人不能再使用该建筑，给其造成了损害，而使用人并无过错，因而拆迁人应当对之进行补偿。有鉴于此，对于尚在批准使用期限内的临时建筑，拆迁人应当对之进行补偿，否则即是侵权。同理，在批准的使用期限届满后，使用人已没有法律上的依据使用该房屋，应当将之自行拆除。因此，被拆迁人在此情况下，要求获得拆迁补偿没有法律上的依据，不应当得到支持。

(3) 被拆迁人持有经批准的施工执照，但无房产证时的补偿

对于被拆迁人持有经批准的施工执照，但没有办理房屋权属证书的，应当对之仔细审查，看是否符合法律规定，并区分如下情形

进行处理：

① 有施工执照，但未经批准机关加盖印章的，视为未经批准，因而不能获得拆迁补偿。

② 有施工执照，但没有施工建设的，不存在拆迁补偿的问题。

③ 有施工执照，但并非是批准建造住宅的，因而所建房屋亦非有合法依据，因而也没有获得补偿的依据。

④ 有施工执照，也已依批准进行房屋建造，但未办理房屋权属证书的，对于这一情形，经现场勘察确认后，依施工执照批准的建筑面积办理拆迁安置补偿。

（4）关于装修费用的补偿

对于装修费用，由于在拆迁评估时，房屋评估价款中不包括这笔费用。因而装修费用在拆迁时如何补偿，建设部在2003年12月1日发布并于2004年1月1日实施的《城市房屋拆迁估价指导意见》第三条第二款对此作出了规定，"被拆迁房屋室内自行装修装饰的补偿金额，由拆迁人和被拆迁人协商确定；协商不成的，可以通过委托评估确定。"

第二节 非住宅房屋的拆迁补偿

非住宅房屋，即该房屋的功能不是用作居住，而是承载着其他的功能，如作商业用房，满足人们生活之需；作工业用房，满足人们生产的需要；还有作办公之用，作宗教活动之用等等。非住宅房屋依其使用目的，可细分为经营性用房与非经营性用房。

一、经营性房屋拆迁

经营性房屋其用途是生产经营，具体包括店铺、厂房等。《城市房屋拆迁管理条例》第三十三条规定，"因拆迁非住宅房屋造成停产、停业的，拆迁人应当给予适当补偿。"经营性房屋的特殊用途决定了它的特点：店铺的设立要求路段繁华，人流量相对较大；厂房则要求土地面积较大，交通方便，等等。

经营性房屋拆迁要注意如下问题：

1. 应补偿房屋的认定

所谓应补偿房屋，是指符合法律规定，依法建造并在拆迁时应当对之进行补偿的房屋。在实践中，为了满足营业需要，不少经营性房屋存在扩建、改建等情形，有的甚至还超过了原有房屋的面积。这些房屋中有的是取得了合法的批准手续，有的则没有任何合法批建手续。在拆迁范围内，依法取得了批建手续，是该房屋获得拆迁补偿安置的前提。对于没有合法手续而扩建、改建等的房屋，依法不予补偿。此外，在拆迁公告发布后，在拆迁范围内不得进行如下活动：新建、扩建、改建房屋；改变房屋和土地用途；租赁房屋。对于违法建造的房屋，各地应根据当地经济发展水平和实际情况，本着尊重历史、着眼实际的原则，制定可操作性的具体规定。而且，在制定这些规定时，有关机关应当充分进行调查研究，要充分尊重被拆迁户的发言权。举行听证的时候，应加大老百姓参与的力度，应当摒弃国内不少听证会走形式的弊病。

2. 房屋用途的认定及补偿

关于房屋用途的认定，直接关系到被拆迁房屋依何标准进行补偿的问题。实践中，有的被拆迁房屋在房地产权属证书上登载的用途是住宅，而实际上该房屋已用作商业用房多年；有的房地产权属证书上标明的用途一部分是住宅一部分是商用，而实际上全部用作商业用途；有的房地产权属证书上标明的是商用，而实际上却用作住宅之用，等等。

在经营性房屋用途的认定上及补偿方式上，各地实际做法不一，介绍几例：

（1）北京市关于非住宅房屋的认定

拆迁范围内非住宅房屋的认定，以房屋所有权证标明的用途或者规划部门批准的用途为准。

此外，以住宅房屋经营的，则需满足如下条件：

被拆迁人以住宅房屋从事生产经营活动的，按照住宅房屋予以市场评估补偿；其中被拆迁房屋具有房屋所有权证；有营业执照，且营业执照上标明的营业地点为被拆迁房屋；拆迁前被拆迁房屋实际用于生产经营；已办理税务登记并出具纳税凭证的，对于因拆迁造成的停产停业经济损失,拆迁人可以参照非住宅房屋有关规定适当给予停产停业综合补助费。

在补偿上,因拆迁非住宅房屋造成停产、停业经济损失的,对被拆迁人根据拆迁房屋的区位、使用性质,按照每平方米建筑面积500~1500元给予一次性停产停业综合补助费。此外,拆迁非住宅房屋,其设备搬迁和安装费用,按照被拆迁正式房屋建筑面积每平方米25元计算;无法恢复使用的设备,按照设备重置价结合成新给予补偿。

属出租非住宅房屋的,对承租人的停产、停业损失,由被拆迁人按照双方协议约定给予补偿;双方没有约定的,由被拆迁人参照前款规定的标准对承租人给予适当补偿。

(2)上海市对非居住房屋的认定

原始计划为非居住房屋,延续至拆迁时仍作为非居住房屋使用的,可以认定为非居住房屋;公房承租人与所有人签订了公有非居住房屋租赁合同,建立了公有非居住房屋租赁关系的,可以认定为非居住房屋;房地产权证记载的权利人为单位,可以认定为非居住房屋,但原始设计为居住房屋以及实际用作职工或者职工家庭居住使用的除外;原始设计为居住房屋,经市或区(县)房地局批准居住房屋改变为非居住用途的,可以认定为非居住房屋。但在2001年11月1日以前,已经以居住房屋作为经营场所并领取营业执照的,可以认定为非居住房屋;在2001年11月1日以后,以居住房屋作为经营场所并领取营业执照,未经市或区(县)房地局批准居住房屋改变为非居住用途的,不认定为非居住房屋。

区、县劳动部门核发《非正规就业许可证》,以及区、县民政部门或街道核发《社区服务证》的持证人所使用的居住房屋,不认定为非居住房屋。

关于停产、停业补偿的适用范围和标准:

因拆迁造成停产、停业适当补偿,是指拆迁非居住房屋中用于生产、经营的房屋,由拆迁人给予被拆迁人或者房屋承租人的适当补偿。补偿标准按被拆除房屋建筑面积每平方米300~400元,由拆迁当事人协商确定。

(3) 苏州市对于非住宅房屋的认定

被拆迁房屋的用途以房屋所有权证记载的用途或者建设工程规划许可证记载的功能认定。房屋所有权证未明确用途的,以房屋档案记载的用途认定;被拆迁的非住宅房屋分为商业用房和非商业用房,以营业执照记载的经营范围和经营方式认定。

对于住宅房屋改作非住宅房屋使用的,按照下列条件认定:

① 私房自营开业:开业部位在房屋所有权证记载的合法建筑面积范围内,并已办理土地使用权性质变更手续,有所有人、共有人或者直系亲属(含配偶)的营业执照和税务登记证等有效批准文件。

② 私房、单位自有房屋出租开业:开业部位在房屋所有权证记载的合法建筑面积范围内,有房屋租赁许可证、土地使用权租赁许可证,有与房屋租赁合同户名一致的营业执照和税务登记证等有效批准文件。

③ 直管公房原承租户开业:有原住房租赁证、房屋租赁许可证,有与原承租户或者同住父母、子女及其配偶户名一致的营业执照和税务登记证等有效批准文件。

④ 非商业用房改作商业用房自营或者出租营业的,参照前款第①项、第②规定的条件认定。

此外,其辖区内各县级市人民政府可以根据本地实际情况制定认定标准。

对于拆迁以标准租金租赁的直管公房和单位自有房屋中的非住宅房屋的,被拆迁人选择货币补偿,与房屋承租人解除租赁关系的,拆迁人按照货币补偿的金额(不含房屋装修评估值)的30%给被拆迁人,70%给房屋承租人,房屋装修补偿金额给装修出资人。

(4) 杭州市关于被拆迁房屋用途的认定

被拆迁房屋的用途分为住宅与非住宅。非住宅房屋包括商业用房、工业用房、综合用房。

住宅与非住宅的认定以《房屋所有权证》记载的设计用途为准。《房屋所有权证》未表明用途的以产权档案记载的用途为准。产权证已明确用途或产权档案已记载用途,经规划、土地管理部门批准改变房屋用途的，经本人申请，由房屋产权部门确认其房屋用途。

产权证没有载明用途且产权档案无相关记载，在1990年4月1日《中华人民共和国规划法》实施前建造的私房，同时具备以下条件的，可以认定为非住宅：①经营部位在《房屋所有权证》确认的合法建筑范围内；②持有合法有效的工商营业执照、税务登记证；③办理拆迁暂停手续时正常营业的；④经营者不是房屋产权人、共有人或直系亲属（含配偶），但具有合法有效的房屋租赁凭证的。经房产管理部门批准，将公用住宅用作非住宅的，拆迁时仍按住宅认定。

二、非经营性房屋拆迁

非经营性房屋，又称公益事业用房，是指不以营利为目的，不能直接创造经济价值，但具有特定社会功用的房屋，包括文教卫生用房、国家机关办公用房、军事设施、社会福利院事业房屋、市政公用设施、寺庙、文物古迹以及外国驻华使（领）馆房屋等。

《城市房屋拆迁管理条例》第二十六条规定，"拆迁公益事业用房的，拆迁人应当依照有关法律、法规的规定和城市规划的要求予以重建，或者给予货币补偿。"由此可见，拆迁非经营性房屋的补偿安置应当遵循如下原则：

1. 拆迁非经营性房屋应当依法给予补偿

非经营性房屋是为了满足特定的社会功用，而这些特定社会功用，往往是一个国家必不可少的，是国家基础性的设施，并非可有可无。因此，在拆迁时，对于这类房屋必须依法进行补偿安置，以恢复其功用，不至因为拆迁而其使特定的社会功用消失。

2. 对补偿安置的方法，拆迁人可以选择

在拆迁非经营性房屋时，对其补偿安置的方法有二：一是原地重建，二是货币补偿。由于拆迁时，拆迁人是待建项目的开发建设，而项目在设计时，只考虑了该项目的存在，因此要原地重建，对于拆迁人而言一般不符合其意愿，而对此的选择权属于拆迁人所有，重建的可能性就较小。当然，实际情况是极其复杂的，特定的区域，也不排除拆迁人考虑到各个方面的因素，在设计时将原非经营性房屋与其项目结合起来，拆完后重建并与其项目浑然一体，由于经营性房屋的特殊性和其所蕴含的附加值，能带动其项目的成功运作。对于实行货币补偿，则相对而言，操作简便。直接支付货币后，由被拆迁人根据社会实际需要进行投资建设。

3. 拆迁非经营性房屋时的评估

对于这类房屋的评估，实践操作中按重置成本法估价。重置成本又称重置价格，是指采用估价时点的建筑材料、建筑构配件、设备和建筑技术等，按照估价时点时的价格水平，重新建造与估价对象建造物具有同等效用的新建筑物的价格，体现的是替代原理。在这里有必要说明一下与重置成本相近的概念，即重建成本，又称重建价格，它是指重新建造与估价对象完全相同的新建筑物的正常价格。因而，两者是有区别的，用重建成本来评估不动产的估价应当更加合理，但实际中，我们很难找到与原建筑物一模一样的材料，而且随着科学的发展，施工方法与设计标准等都会发生变化，因而要估算某一建筑物的重建价格，实在难以操作。但是，对于特殊保护价值的建筑物，则应用重建成本来对之进行估算。

此外，在拆迁宗教用房时，既要依照《城市房屋拆迁管理条例》的规定，又要根据《关于城市建设中拆迁教堂、寺庙问题的处理意见的通知》等特殊规定办理，既要发展城市建设，同时也要维护宗教团体的合法权益。在拆迁文物古迹、军事设施等房屋时亦应遵循这样的原则。

第四章 城市房屋拆迁裁判

第一节 城市房屋拆迁裁判简介

城市房屋拆迁裁判包括行政裁决、行政复议、仲裁和诉讼四部分。

一、行政裁决

城市房屋行政裁决是指在城市房屋拆迁过程中,因拆迁人与被拆迁人或者拆迁人、被拆迁人与房屋承租人就拆迁人与被拆迁人搬迁期限、补偿方式、补偿标准以及搬迁过渡方式、过渡期限等原因达不成协议,而将此纠纷提交城市房屋拆迁行政主管部门进行处理的法律行为。

2003年12月30日,中华人民共和国建设部颁布了《城市房屋拆迁行政裁决工作规程》,该规程于2004年3月1日正式生效,通行于中华人民共和国全境(港澳台除外)。该规程的出台,对于规范城市房屋拆迁行政主管部门裁决拆迁纠纷,维护拆迁当事人特别是被拆迁人的合法权益起到了重要作用。

二、行政复议

行政复议是指当公民、法人和其他组织认为行政机关的具体行政行为侵犯其合法权益时,依照《中华人民共和国行政复议法》等法律之规定,申请有关行政机关对该具体行政行为的合法性与适当性进行审查并作出裁决的活动。行政复议作为行政系统内部解决行政争议的救济方式,其本质上属于行政监督行为。

城市房屋拆迁中的行政复议主要涉及到对发放房屋拆迁许可

证、对拆迁单位的资格审查、拆迁行政裁决、行政处罚等,并不存在争议,但就房屋拆迁管理部门发布拆迁公告能否申请行政复议,则存在不同的意见❶,下面对此进行具体分析。

《城市房屋拆迁管理条例》第八条第一款规定,"房屋拆迁管理部门在发放房屋拆迁许可证的同时,应当将房屋拆迁许可证中载明的拆迁人、拆迁范围、拆迁期限等事项,以房屋拆迁公告的形式予以公布。"

对于拆迁公告能否申请行政复议,主要有两种看法:

一种意见认为,对拆迁公告不能申请行政复议。主要理由有:一是依照《城市房屋拆迁管理条例》的规定,拆迁公告是房屋拆迁管理部门将所核发的拆迁许可证的内容公之于众的一种形式,公告中的内容并非公告本身设定,而是拆迁许可证中已经载明的,公告只是对拆迁许可内容的重复,不对当事人权利、义务产生实际影响,不构成新的行政行为,当事人可以通过对拆迁许可证提起行政复议或行政诉讼来实现其目的;二是拆迁公告所涉及的对象不特定,并没有给当事人直接设定相关权利义务,且不具有可执行性,属于抽象行政行为的范畴。

另一种意见则认为,对拆迁公告当事人有权申请行政复议,复议机关应依法受理。主要理由:一是拆迁公告的内容仅适用于拆迁范围内的特定人群,其效力不及于其他对象,且不能反复使用,符合具体行政行为的构成要件;二是拆迁公告的相对人是被拆迁人和承租人,与拆迁许可证的相对人不同,拆迁公告与拆迁许可证不能等同。

本书持第二种观点,即对拆迁公告当事人有权通过申请行政复议的方式来维护自身合法权益。根据《城市房屋拆迁管理条例》的规定,发布拆迁公告是房屋拆迁管理部门的法定职责,是一种具体行政行为,拆迁公告中拆迁范围是特定的,被拆迁人和被拆迁房屋的承租人在此范围内也是确定的。虽然在信息技术高度发达的今天,拆迁许可证在不少城市已可通过网络对外公布,但仍有很多地方未进行此项工作,以致被拆迁方对房屋拆迁的信息了解不够,如

---

❶ 参见王荣梅所撰《城市房屋拆迁争议与行政复议制度的完善》一文。

果对拆迁公告不可申请行政复议，势必对被拆迁方维护自身权益人为设置障碍，也不符合《中华人民共和国行政复议法》第四条规定的便民原则。因此，从切实保护处于弱者地位的被拆迁方的合法权益出发，对拆迁公告所提起的行政复议申请，复议机关应当依法受理并妥善处理。

三、仲裁

仲裁是指平等主体之间因发生合同纠纷和其他财产权益纠纷，在纠纷发生之前或者纠纷发生之后，达成有关提请仲裁的协议，自愿将该纠纷交由第三方裁决，从而解决纠纷的法律制度。仲裁有以下几个特征：(1)仲裁以双方当事人自愿为前提；(2)仲裁是由中立的第三方出面解决争议的一种方式；(3)仲裁裁决具有强制性；(4)仲裁方式高效、专业、经济；(5)保密性。

城市房屋拆迁中的仲裁主要涉及：拆迁补偿安置协议签订后，一方不履行义务，而在此协议中双方约定了对一方不履行合同义务时可提交某某仲裁委员会仲裁，另一方据此将争议提交约定的仲裁委员会处理。

四、诉讼

城市房屋拆迁中的诉讼涉及到民事诉讼、行政诉讼和刑事诉讼。

1. 民事诉讼

城市房屋拆迁中的民事诉讼是指拆迁人与被拆迁人以及被拆迁房屋承租人之间发生的，以民事权利义务为内容的社会纠纷。❶ 这里的民事诉讼多缘起于以下几种纠纷：(1)在签订《拆迁补偿安置协议》后反悔产生的纠纷；(2)拆迁中的腾房纠纷；(3)因被拆迁人死亡，对拆迁补偿款等在分配上产生的纠纷；(4)在拆迁中因共有人对拆迁补偿安置事宜不能达成共识而产生的纠纷；(5)拆迁中，因离婚而产生的纠纷。此外，还有在拆迁过程中出现的人身伤害、

---

❶ 参见江伟主编《民事诉讼法》，高等教育出版社 2004 年第二版，第 1 页。

侵犯名誉、相邻纠纷等。

2. 行政诉讼

城市房屋拆迁中的行政诉讼是指人民法院审理和解决行政案件的活动，也就是指人民法院行使国家的审判权，依法审判行政案件和当事人为保护自己的合法权益所进行的活动。此中的行政诉讼主要包括如下：

（1）因不服行政裁决机关的行政裁决而提起的行政诉讼；

（2）对房屋拆迁公告而提起的行政诉讼。

对于房屋拆迁公告的可诉性问题，在学术上存在争议，有的认为房屋拆迁公告具有可诉性；但也有的人认为应具体问题具体分析，如果房屋拆迁公告仅为政府某项区域性建设决定，无论形式还是内容，其只能归入抽象行政行为的范畴，而不具有可诉性。但如果房屋拆迁公告中包含对特定对象的拆迁补偿安置标准、搬迁方法和某些限制性强制措施，被拆迁人认为房屋拆迁公告的这些内容不合法则可提起行政诉讼，人民法院应当受理。

对于上述争议，我们应当正确界定什么是房屋拆迁公告，房屋拆迁公告的内容及发布的程序如何，是否有法律规定等，只有明确这些，我们才能对房屋拆迁公告是否可提起行政诉讼进行分析研究。

房屋拆迁公告，在拆迁法律领域是专有所指的。《城市房屋拆迁管理条例》第八条第一款规定："房屋拆迁管理部门在发放房屋拆迁许可证的同时，应当将房屋拆迁许可证中载明的拆迁人、拆迁范围、拆迁期限等事项，以房屋拆迁公告的形式予以公布。"由此可见，房屋拆迁公告的内容是经行政法规规定的，必须包括：房屋拆迁许可证中载明的拆迁人、拆迁范围、拆迁期限等事项。这里产生一个问题，就是在房屋拆迁公告中，拆迁补偿安置标准等拆迁许可证上载明的事项是否都应当公告呢？我们知道，之所以要进行房屋拆迁公告原因在于让在被拆迁范围内的相关权利人知悉拆迁事宜，获知拆迁信息，以利拆迁工作的顺利进行。因此，只有让相关权利人充分地了解拆迁的情况，才能使被拆迁人等理解房屋拆迁，因而从立法的行文及其本意来看，应当认为房屋拆迁公告应当将房屋拆迁许可证上所载明的事项均予公布。此外，《中华人民共和国行政许可法》第五条第二款规定："有关行政许可的规定应当公布；未经公布的，不得作为实施行政许可的依据。行政许可的实施和结果，除涉及国家秘密、商业秘密或者个人隐私的外，应当公开。"房屋拆迁许可证，作为许可拆迁人进行相应房屋拆迁结果的表现形式，应当让社会知悉，应当全部予以公告。

接下来应当分析的问题是，房屋拆迁公告明确的是在一定区域内进行房屋拆迁，这里的被拆迁人是否是特定的？房屋拆迁公告所指的是一定区域内的房屋将被拆除，而房屋拆迁不是将一个乡、一个镇全部拆除，而只是在有限的区域内进行拆迁。当然，也有人会提出，中国的人口数也是特定的，因为人口数肯定是一个能确定的数。但是在什么范围内算是特定，一般认为以村域为宜。因此，应当认为按《城市房屋拆迁管理条例》规定而发布的房屋拆迁公告，应当是特定范围之内的，其中被拆迁人等均为特定对象。

3. 刑事诉讼

刑事诉讼是指国家司法机关在当事人和其他诉讼参与人的参加下，依照法定的诉讼程序，处理刑事案件的全部活动。

在城市房屋拆迁中，有关刑事诉讼和刑事责任问题主要体现在：

《城市房屋拆迁管理条例》第三十八条规定："县级以上地方人民政府房屋拆迁管理部门违反本条例规定核发房屋拆迁许可证以及其他批准文件的，核发房屋拆迁许可证以及其他批准文件后不履行监督管理职责的，或者对违法行为不予查处的，对直接负责的主管人员和其他直接责任人员依法给予行政处分；情节严重，致使公共财产、国家和人民利益遭受重大损失，构成犯罪的，依法追究刑事责任。"当然还有在拆迁中，因各种原因引起的人身伤害犯罪等。

《城市房屋拆迁行政裁决工作规程》第二十三条规定："房屋拆迁管理部门工作人员或者行政强制拆迁执行人员违反本规程的，由所在单位给予警告；造成错案的，按照有关规定追究错案责任；触犯刑律的，依法追究刑事责任。"

第二十四条规定："拆迁人、接受委托的拆迁单位在实施拆迁中采用恐吓、胁迫以及停水、停电、停止供气、停止供热等手段，强迫被拆迁人搬迁或者擅自组织强制拆迁的,由所在市、县房屋拆迁管理部门责令停止拆迁,并依法予以处罚;触犯刑律的,依法追究刑事责任。"

第二节 城市房屋拆迁行政裁决

一、城市房屋拆迁行政裁决工作规程解读

以往,在对城市房屋拆迁纠纷进行裁决时,由于《城市房屋拆迁管理条例》对行政裁决的提起、如何裁决、裁决文书的内容及有关期限等规定不明确,城市房屋拆迁行政主管部门操作起来也比较随意,而且在某种程度上成为不法拆迁人谋取非法利益所利用的对象。由此,因补偿不公、缺乏必要程序制约引发了一系列恶性事件,严重影响了社会稳定。在这样一个大的社会背景下,建设部于2003年紧急出台了《城市房屋拆迁行政裁决工作规程》,这一部门规章成为处理城市房屋拆迁过程中进行行政裁决的明确规定,虽然该规程并未解决行政裁决中的所有问题,但显然对规范城市房屋拆迁行政裁决起到了看得见的作用。这一部门规章,也是各地依据地方实际情况,制定更加详细的、更具可操作性的关于行政裁决的地方性法律规定的一个依据。对于被拆迁人及被拆迁房屋的承租人而言,这一规程是应当深入了解的,因此,下面将对该规程的主要内容进行解读,方便大家掌握。

1. 什么情况下可申请行政裁决

第二条,"按照《城市房屋拆迁管理条例》的规定,因拆迁人与被拆迁人就搬迁期限、补偿方式、补偿标准以及搬迁过渡方式、过渡期限等原因达不成协议,当事人申请裁决的,适用本规程。"

由此,因拆迁人与被拆迁人就搬迁期限、补偿方式、补偿标准以及搬迁过渡方式、过渡期限等原因达不成协议,有关当事人可向市、县人民政府房屋拆迁行政管理部门申请行政裁决。

2. 行政裁决不予受理的情形

第八条,"有下列情形之一的,房屋拆迁管理部门不予受理行

政裁决申请:(一)对拆迁许可证合法性提出行政裁决的;(二)申请人或者被申请人不是拆迁当事人的;(三)拆迁当事人达成补偿安置协议后发生合同纠纷,或者行政裁决作出后,当事人就同一事由再次申请裁决的;(四)房屋已经灭失的;(五)房屋拆迁管理部门认为依法不予受理的其他情形。对裁决申请不予受理的,房屋拆迁管理部门应当自收到申请之日起5个工作日内书面通知申请人。"

行政裁决不予受理的情形如下:

(1)拆迁当事人对拆迁许可证的合法性有异议,而提出行政裁决申请的,房屋拆迁管理部门不予受理。这是因为拆迁许可证是房屋拆迁管理部门经审查认定符合法律规定,而准予拆迁人进行房屋拆迁的凭证,如果再让房屋拆迁管理部门来审查自身行为合法性的话,显然不合适,这样极易滋生腐败。因此,考虑到这些因素,《规程》规定房屋拆迁管理部门不受理就拆迁许可证是否合法的行政裁决申请。就拆迁许可证是否合法,可由相关当事人申请行政复议或提交人民法院审理。

(2)申请人或者被申请人不是拆迁当事人的。

如果申请人不是拆迁当事人,即不是拆迁人、被拆迁人和被拆迁房屋的承租人,则其对被拆迁房屋不享有权利。之所以提起城市房屋拆迁行政裁决申请,是因为拆迁当事人之间达不成拆迁补偿安置协议,行政裁决的结果是对补偿安置争议的处理。由此,若申请人不是拆迁当事人,则拆迁补偿安置协议与其无关,其没有权利对此为任何处分行为。

若被申请人不是拆迁当事人,则因被申请人与申请人申请裁决的事宜并无关系,即使裁决了,被申请人也无法履行裁决的内容,因为其无权对裁决的内容进行处分。

(3)拆迁当事人达成补偿安置协议后发生合同纠纷,或者行政裁决作出后,当事人就同一事由再次申请裁决的。

拆迁补偿安置协议是民事协议,由此而产生的纠纷,应当由《中华人民共和国合同法》、《中华人民共和国民事诉讼法》等来调整,可向人民法院提起民事诉讼或依约向仲裁机关申请仲裁,而不宜由房屋拆迁管理部门进行裁决。

行政裁决作出后，根据"一事不再理"的法律原则，当事人不得再就同一事宜再次申请裁决。

（4）房屋已经灭失的。

主要是考虑到房屋一旦灭失，则不存在拆除的问题。

（5）房屋拆迁管理部门认为依法不予受理的其他情形。

这一兜底条款，实际授予了房屋拆迁管理部门相当大的自由裁量权。从实际情况来看，鉴于拆迁人强大的经济实力和社会影响，他们往往通过房屋拆迁管理部门利用这一条款，在被拆迁人或被拆迁房屋的承租人提出城市房屋拆迁行政裁决申请时，以各种所谓的理由不予受理，从而逼迫被拆迁人等走行政诉讼途径，毋庸讳言，拆迁人对法院裁判的影响同样是强大的，最后被拆迁人或被拆迁房屋的承租人不堪忍受诉讼之苦，不得已与拆迁人签订低补偿标准的拆迁补偿安置协议。此外，只要是房屋拆迁管理部门"认为"依法不予受理的即可不予受理，这一规定对房屋拆迁管理部门而言，实际上无形中给了他们违法不予受理裁决申请的底气。因而，个人认为，对这一规定的操作，除上述四项不予受理情形之外的，应当规定上报省级房屋拆迁管理部门批准方可不予受理，以便在制度上防止或减少在房屋拆迁裁决过程中的违法犯罪行为，切实保障被拆迁人等的合法权益。

3. 是否受理行政裁决申请的相关期限

第八条第二款，"对裁决申请不予受理的，房屋拆迁管理部门应当自收到申请之日起5个工作日内书面通知申请人。"

第九条，"房屋拆迁管理部门受理房屋拆迁裁决申请后，经审核，资料齐全、符合受理条件的，应当在收到申请之日起5个工作日内向申请人发出裁决受理通知书；申请裁决资料不齐全、需要补充资料的，应当在5个工作日内一次性书面告知申请人，可以当场补正的，应当当场补正。受理时间从申请人补齐资料的次日起计算。"

从上述规定可以得出的结论是：对房屋拆迁行政裁决申请，除可以当场补正的情形之外，不论房屋拆迁管理部门认为是否应予受理，都必须以书面方式告知申请人；房屋拆迁管理部门告知申请人的时间是自收到申请之日起5个工作日内。

4. 申请行政裁决须提交的资料

第五条规定了拆迁人申请行政裁决须提交的材料，即"拆迁人申请行政裁决，应当提交下列资料：（一）裁决申请书；（二）法定代表人的身份证明；（三）被拆迁房屋权属证明材料；（四）被拆迁房屋的估价报告；（五）对被申请人的补偿安置方案；（六）申请人与被申请人的协商记录；（七）未达成协议的被拆迁人比例及原因；（八）其他与裁决有关的资料。"

第六条规定了被拆迁人申请行政裁决应当提交的材料，即"被拆迁人申请行政裁决，应当提交下列资料：（一）裁决申请书；（二）申请人的身份证明；（三）被拆迁房屋的权属证明；（四）申请裁决的理由及相关证明材料；（五）房屋拆迁管理部门认为应当提供的与行政裁决有关的其他材料。"

从拆迁人与被拆迁人申请行政裁决所需提交的资料来看，对被拆迁人而言是相当苛刻甚至是不公平的，因为对于拆迁人而言除了七项明确的资料之外，仅有"其他与裁决有关的资料"，而对于被拆迁人则除了四项明确的资料之外，却有"房屋拆迁管理部门认为应当提供的与行政裁决有关的其他材料"。对拆迁人提交的资料而言，最后一项是拆迁人可以选择的，是其认为与裁决有关的资料，而非房屋拆迁管理部门认为的资料。而且，从这一规定来看，若房屋拆迁管理部门认为某一资料与裁决有关而要求拆迁人提供，拆迁人似乎可以以与裁决无关而予以拒绝。但相对于被拆迁人而言，则是即使被拆迁人认为某资料与裁决有关而提供了，倘若房屋拆迁管理部门认为与裁决无关的话，则被拆迁人不得提供；此外，若某一资料即使与裁决无关，而房屋拆迁管理部门认为与裁决有关的情况下，则被拆迁人必须提供，否则有可能导致不予受理的后果。

除此之外，对于被拆迁房屋的承租人能否提起城市房屋拆迁行政裁决申请，《规程》没有规定，有关这一部分，将在本章的第三节中予以详细论述。

5. 行政裁决的程序

第七条，"未达成拆迁补偿安置协议户数较多或比例较高的，房屋拆迁管理部门在受理裁决申请前，应当进行听证。具体标准、程序由省、自治区、直辖市人民政府房屋拆迁管理部门规定。"

第十条，"房屋拆迁管理部门受理房屋拆迁裁决申请后，应当按照下列程序进行：（一）向被申请人送达房屋拆迁裁决申请书副本及答辩通知书，并告知被申请人的权利。（二）审核相关资料、程序的合法性。（三）组织当事人调解。房屋拆迁管理部门必须充分听取当事人的意见，对当事人提出的事实、理由和证据进行复核；对当事人提出的合理要求应当采纳。房屋拆迁管理部门不得因当事人申辩而作出损害申辩人合法权益的裁决。拆迁当事人拒绝调解的，房屋拆迁管理部门应依法作出裁决。（四）核实补偿安置标准。当事人对评估结果有异议，且未经房屋所在地房地产专家评估委员会鉴定的，房屋拆迁管理部门应当委托专家评估委员会进行鉴定，并以鉴定后的估价结果作为裁决依据。鉴定时间不计入裁决时限。（五）经调解，达成一致意见的，出具裁决终结书；达不成一致意见的，房屋拆迁管理部门应当作出书面裁决。部分事项达成一致意见的，裁决时应当予以确认。书面裁决必须经房屋拆迁管理部门领导班子集体讨论决定。"

从第七条来看，考虑到若未达成补偿安置协议户数较多或比例较高的，则很有可能是拆迁人的拆迁方案存在问题，为了避免裁决后引发大量诉讼，为了维护社会稳定，有必要在裁决之前组织有关各方举行听证，协调各方利益，以便化解社会矛盾。

就第十条而言，房屋拆迁管理部门受理房屋拆迁裁决申请后，应当审核相关资料、程序的合法性，组织当事人调解，核实补偿安置标准。当事人对评估结果有异议，且未经房屋所在地房地产专家评估委员会鉴定的，房屋拆迁管理部门应当委托专家评估委员会进行鉴定，并以鉴定后的估价结果作为裁决依据。鉴定时间不计入裁决时限。经调解，达成一致意见的，出具裁决终结书；达不成一致意见的，房屋拆迁管理部门应当作出书面裁决。部分事项达成一致意见的，裁决时应当予以确认。书面裁决必须经房屋拆迁管理部门领导班子集体讨论决定。总体而言，这一系列程序对于保证裁决的公平与公正，起到了重要的作用。当然，这里面也存在一些问题，比如，书面裁决必须经房屋拆迁管理部门领导班子集体讨论决定，"领导班子"并非法言法语。作为部门规章,如此规定,显然不够严谨和严肃。此外,领导班子具体何所指?集体讨论又如何进行?这些在实际当中,往往是房屋拆迁管理部门出具一纸文件,上面写着经我局领导班子讨论决定云云,然后由局长签字了事,到底有没有讨论,讨论意见如何,似乎不太明确。如果要问,就会得到这样的回答,这是我们内部的事情,不公开的等等,已使这一法定程序实际流于形式。进行行政裁决,关乎民众重大利益,一定要慎而又慎,不能置法定程序于不顾,要站在维护民众利益,维护社会稳定的高度,组织学习,深入讨论,才能作出比较公正合理的裁决,才能真正地发挥行政裁决的作用,同时也才能真正地体现裁决人员的自身价值。

6. 关于中止行政裁决的情形

第十一条,"有下列情形之一的,中止裁决并书面告知当事人:

(一)发现新的需要查证的事实;

(二)裁决需要以相关裁决或法院判决结果为依据的,而相关案件未结案的;

(三)作为自然人的申请人死亡,需等待其近亲属表明是否参加裁决的;

(四)因不可抗力或者其他特殊情况需要中止的情况。

中止裁决的因素消除后,恢复裁决。中止时间不计入裁决时限。"

这里所说的中止裁决是指在行政裁决过程中,因出现法定事由而使裁决活动难以继续进行,房屋拆迁管理部门决定暂时停止裁决程序的制度。

就第一项而言,是指在裁决过程中因有些与裁决有关的事实需要调查落实。

第二项是指在裁决过程中,由于出现被拆迁房屋存在权属纠纷正在进行诉讼或仲裁等情形,裁决必须以判决或裁决的结果作为依据,在相关案件未结案的情况下,可由房屋拆迁管理部门中止裁决并以书面方式告知当事人。

第三项是作为自然人的申请人死亡的情形,在此情况下,因为申请人缺位,无法将裁决进行下去,得等申请人的近亲属表明是否参加裁决，如果参加裁决，则裁决继续进行。若申请人的近亲属在法定期限内未表示参加裁决或明确表示不参加裁决的，则终结裁决并制作书面文件送达当事人。

第四项是兜底条款，是为了适应社会发展带来的新情况。

7. 关于终结裁决的情形

第十三条，"有下列情形之一的，终结裁决并书面告知当事人：

（一）受理裁决申请后，当事人自行达成协议的；

（二）发现申请人或者被申请人不是裁决当事人的；

（三）作为自然人的申请人死亡，15天之内没有近亲属或者近亲属未表示参加裁决或放弃参加裁决的；

（四）申请人撤回裁决申请的。"

终结裁决是指房屋拆迁管理部门在裁决过程中，发现裁决已无进行的必要，从而结束裁决活动的行为。

8. 房屋拆迁管理部门作出行政裁决的期限、送达方式及有关救济途径

第十四条，"行政裁决应当自收到申请之日起30日内作出。房屋拆迁管理部门作出裁决，应当出具裁决书。行政裁决规定的搬迁期限不得少于15天。"

第十五条，"裁决书应当通过直接送达、留置送达、委托送达或邮寄送达等方式送达。"

第十六条，"当事人对行政裁决不服的，可以依法申请行政复议或者向人民法院起诉。"

第十四条规定，房屋拆迁管理部门作出行政裁决的时间应当是收到行政裁决申请之日起30日内，而且有关搬迁期限不得少于15天，从法律上杜绝了以前因规定不明确，裁决后给被拆迁人等的搬迁期限就一天等损害被拆迁人利益行为的发生。

第十五条规定了裁决书的送达方式，包括直接送达、留置送达、委托送达或邮寄送达，最后用"……等方式送达"进行兜底，在其他方式无法送达的情况下，公告送达是否可以？既然送达是为了让当事人知道裁决书的内容，以便其在不服裁决书的情况下采取相应法律措施进行救济，因此应当认为公告送达也是可行的。实际

上，就裁决书的送达，完全可以直接规定参照民事诉讼中有关送达的规定。

第十六条是关于对当事人不服行政裁决的救济，当事人可以采取申请行政复议或向人民法院提起行政诉讼的方式予以解决。

9. 什么情况下可实施行政强制拆迁

第十七条，"被拆迁人或者房屋承租人在裁决规定的搬迁期限内未搬迁的，由市、县人民政府责成有关部门行政强制拆迁，或者由房屋拆迁管理部门依法申请人民法院强制拆迁。"

从这一规定来看，申请行政强制拆迁的前提必须是被拆迁人或者房屋承租人在裁决规定的搬迁期限内未搬迁的；申请行政强制拆迁的途径有两种：一是由市、县人民政府责成有关部门实施，二是由房屋拆迁管理部门依法申请人民法院实施。除此之外，别无他法。

10. 不得实施行政强制拆迁的情形

第十八条，"房屋拆迁管理部门申请行政强制拆迁前，应当邀请有关管理部门、拆迁当事人代表以及具有社会公信力的代表等，对行政强制拆迁的依据、程序、补偿安置标准的测算依据等内容，进行听证。房屋拆迁管理部门申请行政强制拆迁，必须经领导班子集体讨论决定后，方可向政府提出行政强制拆迁申请。未经行政裁决，不得实施行政强制拆迁。"

第十九条，"拆迁人未按裁决意见向被拆迁人提供拆迁补偿资金或者符合国家质量安全标准的安置用房、周转用房的，不得实施强制拆迁。"

从第十八条来看，申请行政强制拆迁前，房屋拆迁管理部门应当邀请有关管理部门、拆迁当事人代表以及具有社会公信力的代表等，就有关行政强制拆迁的依据、程序、补偿安置标准的测算依据等举行听证，而且应经领导班子集体讨论决定。如果未经行政裁决，不得实施行政强制拆迁。

第十九条也是不得实施强制拆迁的情形，即拆迁人未按裁决意见向被拆迁人提供拆迁补偿资金或者符合国家质量安全标准的安置用房、周转用房的。这一规定，是为了保障在房屋拆除后被拆迁人等如果没有房屋居住的可以进入安置用房或周转用房中居住，或以拆迁补偿资金购买房屋。此外，也是为了防止拆迁人补偿资金不足，利用强制拆迁达到其快速拆除房屋的非法目的。

11. 强制拆迁应当进行的有关程序

第二十一条，"依据强制拆迁决定实施行政强制拆迁，房屋拆迁管理部门应当提前 15 日通知被拆迁人，并认真做好宣传解释工作，动员被拆迁人自行搬迁。"

第二十二条，"行政强制拆迁应当严格依法进行。强制拆迁时，应当组织街道办事处（居委会）、被拆迁人单位代表到现场作为强制拆迁证明人，并由公证部门对被拆迁房屋及其房屋内物品进行证据保全。"

第二十一条明确了实施行政强制拆迁，房屋拆迁管理部门应当提前 15 日告知被拆迁人，这一程序是保障被拆迁人等有充分的时间进行搬迁前的准备或搬迁。此外，房屋拆迁管理部门还应当对被拆迁人等进行宣传和解释工作，尽量动员被拆迁人自行搬迁。

第二十二条则明确，在实施行政强制拆迁时，应当组织有关人员到现场进行见证，并应申请公证机关作证据保全公证。

12. 违法行政强制拆迁的责任

第二十三条，"房屋拆迁管理部门工作人员或者行政强制拆迁执行人员违反本规程的，由所在单位给予警告；造成错案的，按照有关规定追究错案责任；触犯刑律的，依法追究刑事责任。"

第二十四条，"拆迁人、接受委托的拆迁单位在实施拆迁中采用恐吓、胁迫以及停水、停电、停止供气、停止供热等手段，强迫被拆迁人搬迁或者擅自组织强制拆迁的，由所在市、县房屋拆迁管理部门责令停止拆迁，并依法予以处罚；触犯刑律的，依法追究刑事责任。"

第二十三条规定了房屋拆迁管理部门工作人员或者行政强制拆迁执行人员违反规程的法律责任，包括行政责任和刑事责任。

第二十四条是对拆迁中经常出现的一些违法行为应当承担责任的规定，包括民事责任、行政责任、刑事责任。

二、城市房屋拆迁行政裁决案例分析

基本案情：

北京市甲招待所（下称招待所）租用北京市乙农工商总公司所有之房屋开办旅店，在租赁期限内，遇房屋拆迁。因拆迁人北京市丙房地产开发有限公司、北京市乙农工商总公司与招待所不能就拆迁补偿安置事宜达成协议，招待所依法向北京市丁区国土资源和房屋管理局（下称房管局）提起城市房屋拆迁行政裁决申请，该局以招待所不是拆迁人或被拆迁人为由拒绝受理，并未出具任何书面决定。在法定期间内，招待所以房管局行政不作为为由具状诉至北京市某区人民法院，要求法院判决房管局履行其法定职责，受理甲单位的裁决申请。

律师代理此案，在庭审之后拟就了如下代理意见：

关 于

北京市甲招待所诉北京市丁区国土资源和房屋管理局行政不作为一案之代理意见

尊敬的审判长阁下、审判员及人民陪审员阁下：

北京市惠诚律师事务所依法接受北京市甲招待所之委托，指派本事务所房地产业务部杨应军律师代为处理其诉北京市丁区国土资源和房屋管理局行政不作为一案。本律师在调查取证之后，经参加本案庭审，现依据庭审情况，发表如下代理意见，以供法庭参酌：

一、本案事实概述

北京市甲招待所因与北京市丙房地产开发有限公司及北京市乙农工商总公司之间的拆迁纠纷事宜，于2004年11月30日向被告提出北京市城市房屋拆迁纠纷裁决申请并附有相关证据等材料。经查，被告北京市丁区国土资源和房屋管理局于2004年12月1日上午即已收到原告拆迁裁决申请。

2004年12月8日，原告打电话给被告，询问拆迁裁决申请的处理情况，被告工作人员声称他们不会处理该申请。原告为维护自身合法权益，于2005年1月5日向贵院提起诉讼，并经贵院依法受理，即本案。

二、有关本案证据

被告北京市丁区国土资源和房屋管理局作为行政机关向法庭提供了如下证据：

证据1：财产租赁合同，欲证明原告因履行民事协议而产生的纠纷，应当通过民事诉讼途径解决。

证据2：拆迁补偿合同，欲证明拆迁人已与被拆迁人签订拆迁补偿安置合同，被告不应当受理原告所提起之城市房屋拆迁纠纷裁决。

证据3：致北京市甲招待所函，欲证明被告已对原告申请作出答复。

此外，被告作为行政机关提供了《北京市城市房屋拆迁管理办法》、《城市房屋拆迁行政裁决工作规程》、《北京市城市房屋拆迁补助费有关规定》，以作为其为相应行政行为的法律依据。

原告提供了如下证据：

证据1：《北京市城市房屋拆迁纠纷裁决申请书》，证明原告依法向被告北京市丁区国土资源和房屋管理局申请拆迁纠纷裁决。

证据2：京城特快专递邮件详情单，证明原告于2004年11月30日依法向被告提出城市房屋拆迁纠纷裁决申请。

证据3：拆迁裁决一次性告知单，证明被告裁决拆迁纠纷的法律依据之一是《北京市城市房屋拆迁裁决程序规定》。

上述原告向法庭提供之三份证据，经庭审质证，被告方不存异议，予以认可，并经法庭采信。根据《最高人民法院关于行政诉讼证据若干问题的规定》第四条，"公民、法人或者其他组织向人民法院起诉时，应当提供其符合起诉条件的相应的证据材料。在起诉被告不作为的案件中，原告应当提供其在行政程序中曾经提出申请的证据材料。但有下列情形的除外：（一）被告应当依职权主动履行法定职责的；（二）原告因被告受理申请的登记制度不完备等正当事由不能提供相关证据材料并能够作出合理说明的。被告认为原告起诉超过法定期限的，由被告承担举证责任。"原告提供的证据1与证据2已形成完整的证据链条，证明了原告依法向被告提出了城市房屋拆迁行政裁决申请，即原告已按照证据规则的要求依法履行自身的举证义务。

对于被告所提供之三份证据，原告认为：

于证据1，此合同虽为原告与北京市乙农工商总公司之间的民事协议，但并不妨碍原告依《城市房屋拆迁管理条例》之规定向国土房管部门申请拆迁纠纷裁决,并视裁决结果依《中华人民共和国行政诉讼法》之规定,向人民法院提起行政诉讼,且申请裁决及提起行政诉讼均系原告的权利,原告可依法行使,被告不得亦无权干涉。

于证据2,此补偿合同系拆迁人北京市丙房地产开发有限公司与被拆迁人北京市乙农工商总公司签订。对于租赁房屋而言,拆迁当事人包括拆迁人与被拆迁人以及被拆迁房屋的承租人,根据《城市房屋拆迁行政裁决工作规程》第八条第一款第三项的规定,只有在拆迁当事人达成拆迁补偿安置协议的情况下,房屋拆迁管理部门才可不受理该拆迁纠纷裁决申请。

于证据3,此文件被告并未向原告送达,被告所称之要求原告代理人去取:首先,其根本未有此意思表示,从未提及有书面文件可供送达;其次,被告关于要求原告代理人去取件没有任何法律依据,《城市房屋拆迁行政裁决工作规程》规定的法定方式是书面通知申请人,而无口头通知的方式;再次,如果被告有可供送达的文件,尽管其送达方式不合法,原告方也会去取,以便采取进一步法律措施。正是因为被告声称其将不处理此申请,也不可能有书面的文件给原告,原告在万般无奈之下,才具状诉至人民法院,请求人民法院保护自身合法权益。由此可见,合乎逻辑的结论应当是:被告根本未依照《城市房屋拆迁行政裁决工作规程》之规定,在法定的5个工作日内为相应行政行为。被告所提供的致原告的函事实上是被告在收到原告行政起诉状副本之后才做出的,显已违法。

综上,根据《最高人民法院关于行政诉讼证据若干问题的规定》第五十三条之规定,"人民法院裁判行政案件,应当以证据证明的案件事实为依据。"能够作为认定本案案件事实依据的应当只有原告所提供的三份证据,而这些证据能够确定的事实是:原告依法向被告提起城市房屋拆迁纠纷裁决申请,而在法定期限内,被告并未依法为相应行政行为。

三、本案所涉及的拆迁法律

1. 城市房屋拆迁管理条例(国务院305号令),系行政法规,为拆迁领域最高级别专门法律规定,其法律效力及于中华人民共和国全境(港澳台地区除外)。

2. 北京市城市房屋拆迁管理办法(北京市人民政府87号令),系地方政府规章,为北京市城市房屋拆迁的具体规定。

3. 北京市人民政府关于北京市城市房屋拆迁补助费有关规定的批复(北京市人民政府京政函〔2001〕109号),为北京市关于城市房屋拆迁补助费(含一次性停产停业综合补助费,搬迁补助费等)的具体规定,在辖域内具有法律效力。

4. 城市房屋拆迁行政裁决工作规程(建住房〔2003〕252号),系国家建设行政主管部门关于对拆迁纠纷行政裁决程序的规定,在全国范围(港澳台地区除外)内具有法律效力。

5. 北京市城市房屋拆迁裁决程序规定,系由原北京市国土资源和房屋管理局制定,为北京市关于城市房屋拆迁裁决程序的具体规定,在辖域内具有法律效力。

四、有关本案的法律分析

1. 本案属于拆迁纠纷。

房屋拆迁纠纷,依据《城市房屋拆迁管理条例》第十三条(拆迁人与被拆迁人应当依照本条例的规定,就补偿方式和补偿金额、安置用房面积和安置地点、搬迁期限、搬迁过渡方式和过渡期限等事项,订立拆迁补偿安置协议。拆迁租赁房屋的,拆迁人应当与被拆迁人、房屋承租人订立拆迁补偿安置协议)、第十六条(拆迁人与被拆迁人或者拆迁人、被拆迁人与房屋承租人达不成拆迁补偿安置协议的,经当事人申请,由房屋拆迁管理部门裁决。房屋拆迁管理部门是被拆迁人的,由同级人民政府裁决。裁决应当自收到申请之日起30日内作出。当事人对裁决不服的,可以自裁决书送达之日起3个月内向人民法院起诉)之规定,是指拆迁人与被拆迁人或者拆迁人、被拆迁人与房屋承租人经协商对补偿方式和补偿金额、安置用房和安置地点、搬迁期限、搬迁过渡方式和过渡期限等达不成拆迁补偿安置协议而发生的纠纷。

依据上述规定,一个拆迁纠纷应当有如下特点:

(1) 争议双方应为拆迁当事人。

根据《城市房屋拆迁管理条例》第十六条之规定,拆迁当事人包括拆迁人,被拆迁人,房屋承租人。本案中,原告北京市甲招待所系本案所指房屋的承租人,其与出租人北京市乙农工商总公司之间存在合法的租赁合同关系,根据《城市房屋拆迁管理条例》第四条之规定,其是被拆迁人,是本案的拆迁当事人。

(2) 拆迁当事人之间未达成有关拆迁补偿安置协议。

根据《城市房屋拆迁管理条例》第十六条之规定,只有在拆迁当事人之间未达成拆迁补偿安置协议的情况下,拆迁当事人才能申请拆迁纠纷裁决。本案中,拆迁人、被拆迁人、房屋承租人并未达成有关拆迁补偿安置协议。

综上,本案中北京市甲招待所与北京市丙房地产开发有限公司、北京市乙农工商总公司之间的纠纷属于拆迁纠纷,被告北京市丁区国土资源和房屋管理局应当履行其法定职责,受理原告北京市甲招待所之拆迁纠纷裁决申请。

2. 被告既不受理本案又不依法书面通知原告的行为属于行政不作为。

行政法学认为,行政不作为是指行政主体消极维持现有法律状态,通常表现为不履行法定职责的行政行为,如对相对人的请求不予答复等。可见,本案中被告的行为便是典型的行政不作为。在我国,行政法基本原则之一便是行政法治原则。行政法治原则要求行政机关必须在法律规定的范围内活动,依法行政。行政机关及其工作人员如果违反法律,超越法律,均应承担相应的法律责任。

根据《城市房屋拆迁行政裁决规程》及《北京市城市房屋拆迁裁决程序规定》之规定,对于一宗拆迁裁决案件,则拆迁裁决机关:(1)如认为不应受理的,其应在5个工作日内书面通知申请人;(2)如认为应当受理的,其应在5个工作日内书面通知申请人;(3)如认为申请人应当补充材料的,其应当在5个工作日内一次性书面通知申请人。可见,不管结果如何,对于一份城市房屋拆迁行政裁决申请,申请人均有权利得到拆迁裁决机关在5个工作日内发出的书面通知。而本案中被告北京市丁区国土资源和房屋管理局对原告北京市甲招待所的拆迁裁决申请不闻不问,不履行法定职责,便是行政不作为。

3. 对于行政不作为,依法应当予以纠正。

鉴于行政不作为违反了行政法治原则，侵害了行政相对方的合法权益，依法应予纠正。在我国，对于行政不作为，行政相对人可以通过向人民法院提起行政诉讼来获得救济，也可以通过向违法行政机关的上一级机关进行举报，要求其予以行政上的监督。原告北京市甲招待所考虑到审判机关的公正及权威，故向人民法院提起诉讼，恳请人民法院依法纠正被告北京市丁区国土资源和房屋管理局的违法行为。

五、关于被告的辩论意见

被告在其答辩状及庭审辩论中提及的有关支持其行为的理由，主要有以下几点：

1. 原告不具备申请拆迁纠纷裁决的主体资格。

2. 本案中被拆迁人已与拆迁人签订《拆迁补偿合同》，因而本案不属拆迁裁决受理范围。

3. 原告代理人到我局咨询过，其清楚原告的情况不属裁决受理的范围。

4. 我局工作人员多次通知原告代理人来我局给予答复，但原告代理人不来。我局已作出答复，已履行了法定职责。

5. 原告通过邮寄方式，法律依据不足。

6. 原告与所租赁房屋产权人之间的民事问题，应当通过民事途径解决。

关于被告的上述意见，原告认为其依法均不能成立，理由如下：

对于1，如本代理意见四1所述，拆迁当事人包括拆迁人、被拆迁人与被拆迁房屋承租人。被告显然对法律理解有误，将拆迁当事人仅局限于拆迁人与被拆迁人这一范围之内。而且，被告在认识上也自相矛盾。根据经被告认可，并经法庭采信的原告所提供之证据3，被告进行拆迁裁决的法律依据之一便是其上级主管机关原北京市国土资源和房屋管理局制定的《北京市城市房屋拆迁裁决程序规定》。而该程序规定第三条明确，"在区、县国土房管局公告的搬迁期限内，拆迁人与被拆迁人或者拆迁人、被拆迁人与房屋承租人达不成拆迁补偿安置协议的，自搬迁期限期满之日起至拆迁许可证规定的拆迁期限届满之日前,拆迁当事人可以向有管辖权的裁决机关申请裁决。本规定所称拆迁当事人包括拆迁人、被拆迁人、被拆迁房屋的承租人。"显然,北京市拆迁纠纷行政主管部门制定的法律规定,明确了拆迁当事人有权申请拆迁纠纷裁决,而拆迁当事人则包括拆迁人、被拆迁人与被拆迁房屋的承租人。原告作为被拆迁房屋的承租人是客观事实,因而原告作为拆迁当事人,具备申请拆迁纠纷裁决的主体资格当属无疑。

对于2,被告认为本案中拆迁人已与被拆迁人签订《拆迁补偿合同》,因而本案符合《城市房屋拆迁行政裁决工作规程》第八条第一款第三项之规定,不属拆迁裁决受理的范围。然查该规定,知"拆迁当事人达成补偿安置协议后发生合同纠纷,或者行政裁决作出后,当事人就同一事由再次申请裁决的;"显然,被告将拆迁当事人的范围定义在拆迁人与被拆迁人,而如前4 1所述,拆迁当事人包括拆迁人、被拆迁人及被拆迁房屋的承租人。根据《城市房屋拆迁管理条例》第十六条第一款规定,"拆迁人与被拆迁人或者拆迁人、被拆迁人与房屋承租人达不成拆迁补偿安置协议的,经当事人申请,由房屋拆迁管理部门裁决。房屋拆迁管理部门是被拆迁人的,由同级人民政府裁决。裁决应当自收到申请之日起30日内作出。"对于被拆迁的房屋属于租赁房屋时,应当由拆迁人、被拆迁人与被拆迁房屋的承租人共同签订拆迁补偿安置协议。只有在此情况下,我们才可以说,拆迁当事人已达成补偿安置协议。且只有在此情况下,原告申请拆迁裁决才属于拆迁裁决机关不予受理的范围。

对于3,被告的这一说法也是很荒谬的,本律师作为房地产拆迁专业律师当然知道《城市房屋拆迁行政裁决工作规程》规定的有关拆迁裁决机关受理裁决申请的范围,本律师在被告处当然也不是咨询,而是要求其工作人员出示要求原告提供的那些原告根本无法提供的材料的相应法律依据。

对于4,被告的这一说法,显然是不清楚《城市房屋拆迁行政裁决工作规程》的具体规定,是违法的。不说被告根本未通知本律师有所谓的答复,而且即使是其打电话通知了,这一行为也违反了法律规定。如前所述,不管被告的答复为何,其都负有书面通知原告北京市甲招待所的义务,而被告却未为此行政行为,即是违法。因而被告所谓已履行法定职责,更是无理。

对于5,作为一级专司房屋拆迁裁决的政府部门,被告的这一说法,更是令人惊诧万分!我国行政程序法尚未出台,现行的法律对于申请人提出拆迁裁决申请的方式并没有具体规定。

首先,《城市房屋拆迁管理条例》第十六条第一款规定,"拆迁人与被拆迁人或者拆迁人、被拆迁人与房屋承租人达不成拆迁补偿安置协议的,经当事人申请,由房屋拆迁管理部门裁决。房屋拆迁管理部门是被拆迁人的,由同级人民政府裁决。裁决应当自收到申请之日起30日内作出。"并未明确申请人提出拆迁裁决申请的方式。再查《城市房屋拆迁行政裁决工作规程》,亦未见相应规定。

一个人所共知的法谚是,对于国家而言,法无明文规定为禁止;对于公民而言,法不禁止即权利。在法律没有禁止性规定的情况下,被告作为行政机关有何权利要求原告必须到其业务大厅办理申请手续?!如果按照被告的逻辑,则交通不便地方的申请人如果不到行政机关的业务大厅办理有关申请,则其权利势必将不受法律保护?

其次,《城市房屋拆迁行政裁决工作规程》第十五条规定,"裁决书应当通过直接送达、留置送达、委托送达或邮寄送达等方式送达。"如果按照被告的逻辑,那是否裁决书的送达也必须由裁决机关的负责人直接送达给申请人呢?其实,裁决书的送达实际上是借鉴了《中华人民共和国民事诉讼法》第六章第二节有关送达的规定,当然这也是实际当中行政机关一直在使用的送达方式。因此,原告北京市甲招待所作为申请人以普遍认同的方式要求被告保护自身的合法权益,被告没有任何理由予以拒绝。

再次,被告作为行政机关,居然有"社会上盖着假公章的假文书,时常出现"、"仅凭邮寄的文书,收件单位不能确定所说事宜的真实性"、"办理有关事项,当事人必须出面(除非存在不可抗拒的因素)"之类的说法。显然,从被告的语气来看,被告并不知道2004年7月1日《中华人民共和国行政许可法》已开始实施,且该法第二十九第三款规定,"行政许可申请可以通过信函、电报、电传、传真、电子数据交换和电子邮件等方式提出。"由此可见,在办理行政许可这样需要具备准入条件的申请时,都可以信函等多种方式提出,那么原告北京市甲招待所在向被告申请与行政许可(拆迁许可证即是一种行政许可)有关的拆迁裁决时,以信函的方式提出怎么能认为是不可以呢?真是令人感到难以理解。试想,原告若不是自身合法权益受到侵害,难道还会要求被告作出一个不必要的裁决吗?而且,被告有关影射原告提交文件真实性的说法,于一个政府部门而言,显是不妥。

对于6,如果如被告所言,原告与原房屋产权人之间发生民事纠纷,自当通过民事途径解决之。然而,在本案中,原告基于《城市房屋拆迁管理条例》之规定,作为房屋的承租人,有权向有拆迁纠纷裁决之职能的被告申请裁决,两者之间形成的是行政法律关系,而非民事法律关系。因此,被告所言,显然是其欲推脱责任。

六、全国其他城市有关拆迁程序规范性文件中被拆迁房屋的承租人申请拆迁行政裁决的规定

1. 天津市房地产管理局于2004年6月24日颁布《天津市房屋拆迁行政裁决程序》,该规定于2004年7月1日开始实施。其申请一章第三项规定了"(三)被拆迁人、房屋承租人申请裁决,应当提交下列资料:1.裁决申请书;2.申请人的身份证明;3.被拆迁房屋的权属证明(《房屋所有权证》或《房屋租赁合同》,其他能证明被申请人与房屋关系的证件,营业用房的还应提交营业执照);4.申请裁决的理由及相关证明材料;5.房屋拆迁管理部门认为应当提供的与行政裁决有关的其他材料。凡提供的证据和资料是复印件、影印件的,均需向房屋拆迁管理部门提供原件核对。"

2. 上海市人民政府制定的《上海市城市房屋拆迁管理实施细则》第十九条规定,"拆迁租赁房屋的,拆迁人应当与被拆迁人、房屋承租人共同订立拆迁补偿安置协议;符合下列情形之一的,拆迁人应当与被拆迁人、房屋承租人分别订立拆迁补偿安置协议。"第二十四条规定,"拆迁人与被拆迁人或者房屋承租人达不成拆迁补偿安置协议的,经当事人申请,由被拆除房屋所在地的区、县房地局裁决。裁决应当自收到申请之日起30日内作出。"

3. 广州市人民政府于2004年5月22日颁布《广州市城市房屋

拆迁裁决规则》,并于同日实施。该规则第五条规定,"房屋承租人申请行政裁决,应当提交下列资料:(一)裁决申请书;(二)申请人的身份证明;(三)租赁被拆迁房屋的证明;(四)申请裁决的理由及相关证明材料。"

4. 重庆市国土房管局制定的于 2004 年 3 月 1 日实施的《重庆市城市房屋拆迁行政裁决工作规程》第六条规定,"被拆迁人或房屋承租人申请行政裁决,应当提交下列资料:(一)裁决申请书(申请书应当载明事项同前);(二)申请人的身份证明(或单位法定代表人的身份证明);(三)被拆迁房屋的权属证明或房屋租赁协议(合同);(四)申请裁决的理由及有关证明材料;(五)房屋拆迁管理部门认为应提供的与行政裁决有关的其他材料。以上提供的证据为复印件、影印件的,均需向裁决机关提供原件核实。"

5. 哈尔滨市房产住宅局于 2004 年 4 月 8 日颁布的《哈尔滨市城市房屋拆迁行政裁决工作程序》申请一章第三项规定,"被拆迁人、房屋承租人申请行政裁决应当提交下列资料:1. 行政裁决申请书;2. 申请人的身份证明;3. 被拆迁房屋的权属证明或房屋承租证;4. 申请行政裁决的理由及相关证明材料;5. 房屋补偿评估技术鉴定委员会鉴定报告;6. 房屋拆迁管理部门认为应当提供的与行政裁决有关的其他材料。凡提供的证据材料是复印件的,需出示原件,由房屋拆迁管理部门进行核对。"

6. 沈阳市房产局颁布的《沈阳市城市房屋拆迁行政裁决办法》,于 2004 年 5 月 1 日实施,该办法第七条规定,"被拆迁人或者房屋承租人申请行政裁决,应提交下列资料:(一)裁决申请书;(二)申请人的身份证明;(三)被拆迁房屋的权属证明、房屋租赁证明;(四)相关证据材料。"

当然,全国其他大部分城市的拆迁裁决程序规范性文件中均规定了被拆迁房屋的承租人可提起拆迁纠纷裁决申请。因为《城市房屋拆迁管理条例》第十六条规定了被拆迁房屋的承租人可以提起拆迁纠纷裁决申请,作为行政法规,全国各省、市人民政府所制定的有关拆迁裁决程序规范性文件均不得与之抵触,否则便违反了《中华人民共和国立法法》第七十九条第一款之规定。

综合上述分析，本律师有如下论断：

原告北京市甲招待所依法向被告北京市丁区国土资源和房屋管理局提出了城市房屋拆迁裁决申请，而被告却一直未依示履行其法定职责，为相应行政行为。被告的这一行为已严重侵犯了原告北京市甲招待所的合法权益。有鉴于此，请人民法院依法纠正被告的违法行为，判令被告履行法定职责，依法裁决原告北京市甲招待所所提出之北京市城市房屋拆迁纠纷裁决申请，以维护法律的尊严和原告的合法权益。谢谢！

原告代理人：北京市惠诚律师事务所
杨应军　律师
2005年2月16日星期三

2005年3月7日，北京市某区人民法院以"由于区房地局已以电话方式告知甲招待所，其不具备拆迁裁决申请资格，对其裁决申请不予受理，因此该行为属于对甲招待所提出的裁决申请已履行法定职责的行为。"为由，认定"不属不履行法定职责"，从而驳回原告的诉讼请求。在此案一审结束后，作者根据该案的实际情况，拟就了如下文章：

管窥《城市房屋拆迁行政裁决工作规程》之实施情况
——从一宗房屋拆迁案件引发的几点思考

《城市房屋拆迁行政裁决工作规程》（以下简称《裁决规程》），作为规范城市房屋拆迁工作的重要部门规章，自2004年3月1日施行以来，已一年有余。经过实践检验的《裁决规程》，到底表现如何呢，笔者拟结合最近代理的一宗城市房屋拆迁案件，就《裁决规程》在实施过程中所显现出来的部分问题与各位同仁作一探讨，以期对《裁决规程》的正确实施有所助益。

笔者代理的案件案情如下：

甲单位租用乙公司所有之房屋开办旅店，在租赁期限内，遇房屋拆迁。因拆迁人、乙公司与甲单位不能就拆迁补偿安置事宜达成协议，甲单位依法向某区国土资源和房屋管理局（下称房管局）提起城市房屋拆迁行政裁决申请，该局以甲单位不是拆迁人或被拆迁人为由拒绝受理，并未出具任何书面决定。在法定期间内，甲单位以房管局行政不作为为由具状诉至北京市某区人民法院，要求法院判决房管局履行其法定职责，受理甲单位的裁决申请。该院经审理，以房管局已电话通知甲单位，应视为其已履行法定职责为由判决驳回甲单位的诉讼请求。

通过上述案情，笔者提出三个问题，即：一、被拆迁房屋的承租人是否有权提起城市房屋拆迁行政裁决申请？二、拆迁当事人应当以何种方式提起城市房屋拆迁行政裁决申请？三、拆迁行政主管部门对于拆迁当事人提起的城市房屋拆迁行政裁决申请，首先应当为何行政行为？试分析如下：

问题一，房屋承租人是否有权提起城市房屋拆迁行政裁决申请？

在本案中，房管局拆迁科的工作人员认为，甲单位仅是房屋承租人，根据《裁决规程》的规定，不是拆迁人，也不是被拆迁人，不具有申请城市房屋拆迁行政裁决的资格。

《裁决规程》第二条规定，"按照《城市房屋拆迁管理条例》的规定，因拆迁人与被拆迁人就搬迁期限、补偿方式、补偿标准以及搬迁过渡方式、过渡期限等原因达不成协议，当事人申请裁决的，适用本规程。"其第五条与第六条分别规定了拆迁人与被拆迁人申请行政裁决应当提供的材料。据此，房管局认为拆迁当事人在《裁决规程》中仅指拆迁人与被拆迁人，依据《裁决规程》第八条第一款第二项"申请人或者被申请人不是拆迁当事人的；"之规定，房屋拆迁管理部门不予受理行政裁决申请。

上述理由看似很充足，其实不然。《城市房屋拆迁管理条例》（下称《拆迁条例》）第十六条第一款规定，"拆迁人与被拆迁人或者拆迁人、被拆迁人与房屋承租人达不成拆迁补偿安置协议的，经当事人申请，由房屋拆迁管理部门裁决。房屋拆迁管理部门是被拆迁人的，由同级人民政府裁决。裁决应当自收到申请之日起30日内作出。"从这一规定，我们可以看出：房屋承租人是拆迁当事人之一，其有权申请拆迁行政裁决。《城市房屋拆迁管理条例》是国务院颁布的行政法规，根据《中华人民共和国立法法》第七十九条第二款的规定,"行政法规的效力高于地方性法规、规章。"因而在法律适用中,《拆迁条例》的法律效力高于作为部门规章的《裁决规程》。同时,根据《裁决规定》第一条"为了规范城市房屋拆迁行政裁决行为,维护拆迁当事人的合法权益,根据《城市房屋拆迁管理条例》,制定本工作规程"之规定,《拆迁条例》是制定《裁决规程》的直接法律依据,《裁决规程》依法不得与《拆迁条例》的规定相抵触。

为什么《裁决规程》作为一部在《拆迁条例》之后制定并以其为制定依据的部门规章,却没有规定拆迁中房屋承租人可以申请行政裁决呢?是否作为国家拆迁行政主管部门也认为房屋承租人不是拆迁当事人呢?不管如何,在现行拆迁法律体系内,《裁决规程》未规定房屋承租人可以申请行政裁决或参照被拆迁人申请行政裁决的规定申请行政裁决,显然违反上位法的规定。各地在《裁决规程》出台的同时或之后,均纷纷推出了《裁决规程》之地方版,对拆迁当事人的理解以及对房屋承租人能否提起行政裁决申请均与《裁决规程》存在差异,试举部分如下:

天津市房地产管理局于 2004 年 6 月 24 日颁布《天津市房屋拆迁行政裁决程序》,该规定于 2004 年 7 月 1 日开始实施。其申请一章规定了拆迁当事人包括"拆迁人、被拆迁人与房屋承租人(包括历史形成的、实际租用被拆迁人的房屋的单位和个人。下同)",并规定了"(三)被拆迁人、房屋承租人申请裁决,应当提交下列资料:……"

重庆市国土房管局制定的于 2004 年 3 月 1 日实施的《重庆市城市房屋拆迁行政裁决工作规程》第六条规定,"被拆迁人或房屋承租人申请行政裁决,应当提交下列资料:……",由此结合其第三条"……拆迁当事人可向核发房屋拆迁许可证的拆迁主管部门申请裁决……"来看,此规程所指拆迁当事人包括拆迁人、被拆迁人与房屋承租人。

广州市人民政府于 2004 年 5 月 22 日颁布《广州市城市房屋拆迁裁决规则》,并于同日实施。该规则第二条规定,"在房屋拆迁过程中,拆迁人与被拆迁人或者拆迁人、被拆迁人与房屋承租人达不成拆迁补偿安置协议的,经当事人申请,由市房地产行政主管部门裁决。"第五条规定,"房屋承租人申请行政裁决,应当提交下列资料:……"

沈阳市房产局颁布的《沈阳市城市房屋拆迁行政裁决办法》,于2004年5月1日实施,该办法第二条规定,"房屋拆迁当事人(拆迁人、被拆迁人、房屋承租人)……",第七条规定,"被拆迁人或者房屋承租人申请行政裁决,应提交下列资料:……"

此外,如哈尔滨、苏州等城市均有类似规定,还有一些省市在其新修订的城市房屋拆迁管理办法(条例)中规定了拆迁裁决的程序,但不论形式如何,对房屋拆迁当事人包括拆迁人、被拆迁人与房屋承租人并无异议。不管该地方有无制定城市房屋拆迁具体规定,均不能因为《裁决规程》没有规定房屋承租人可依该规程提起裁决申请,而据此认为房屋承租人没有申请裁决的资格。如前所述,《拆迁条例》第十六条第一款明确规定了房屋承租人可以提起拆迁行政裁决,本来对此没有争议,何况各地新制定的拆迁规定或裁决细则都体现了这一规定。只是有些拆迁行政主管部门或拆迁当事人等因为对利益的追逐,竟置行政法规于不顾,妄图以此来钻法律的空子。众所周知,如果下位法与上位法相冲突,应当适用上位法的规定。因此,想利用《裁决规程》来获得非法利益,终究难以实现。对于拆迁行政主管部门而言,因此而不受理房屋承租人的裁决申请,最终势必坐上被告席,不利于拆迁工作的顺利进行,同时基于上位法有如此明确规定,亦势必影响其形象!于拆迁当事人而言,如果以此作为抗辩理由,亦无助于纠纷之解决,反而增加解决纠纷之成本,并无益处。当然,《裁决规程》如此规定,肯定也考虑了方方面面,但总而言之,在《拆迁条例》确定的拆迁法律框架内,在现行《拆迁条例》未修订之前,部门规章无权如此规定。《裁决规程》之如此规定,应当认为增加了解决纠纷的成本,使一些不必要的纠纷成为必然,因而应当采取法律措施对这一规定予以澄清。

综上,得到的合乎逻辑的结论应当是:房屋承租人是拆迁人当事人之一,其有权提起城市房屋拆迁行政裁决申请。因而在正确理解法律规定的前提下,房管局依法应当受理甲单位的裁决申请,并依法裁决,是为依法行政。

问题二，当事人应当以何种方式提起城市房屋拆迁行政裁决申请？

在代理本案中，笔者作为甲单位的代理人，向房管局办事大厅提交了裁决申请书，并附有相关证据。但房管局工作人员审查后，以不符合受理条件为由不予收件。为取证，笔者当即把申请材料以邮政特快专递的方式邮寄至房管局。在之后的行政诉讼中，房管局竟以甲单位通过邮寄方式申请裁决法律依据不足为其抗辩理由之一。

拆迁当事人是否享有以邮寄方式申请行政裁决的权利？《拆迁条例》对行政裁决的申请方式并未作具体规定，只是规定了"经当事人申请，由房屋拆迁管理部门裁决。……裁决应当自收到申请之日起30日内作出。"查《裁决规程》，亦未见相应规定。再查北京市的地方性法规和地方政府规章，亦未找到有关裁决申请人必须到裁决主管部门的办事大厅办理裁决申请的规定。其实，众所周知，申请裁决是拆迁当事人的权利，任何法律规定都应当考虑到权利人如何行使权利更为便捷。房管局办事大厅的设置亦是如此，不能因为想着自己方便就违法制定所谓内部规定。再说，内部规定约束的也应当只是房管局及其工作人员，对外不具有法律约束力。

《中华人民共和国民事诉讼法》第一百零九条规定，"起诉应当向人民法院递交起诉状，并按照被告人数提出副本。书写起诉状确有困难的，可以口头起诉，由人民法院记入笔录，并告知对方当事人。"可见，在民事诉讼中，当事人提起诉讼的法定方式有书面和口头两种形式，而邮寄起诉状实质是以书面形式向人民法院提起诉讼。同时，在某些特殊的时候，邮寄的方式可以避免超过诉讼时效起诉。在实践中，由于有的法院在当事人提交起诉状时，因为这样那样的原因，立案人员时常要求当事人将材料放在法院等待通知，然而很多情况下，却是石沉大海，打电话一问，却说丢了，难以说清，因此以邮寄的方式实际上间接地进行了取证，即使该法院不立案，你也有证据，以便采取进一步的法律措施，不至陷于被动，等等。因此，以邮寄的方式提起诉讼，大家都予认同，从来还没有听说过，你以邮寄的方式提起诉讼不合法这样怪异的言论！在行政诉讼、刑事诉讼中，以邮寄的方式提起诉讼，也是实践中惯用的做法。

因为我国行政程序法尚未出台，有关行政裁决的程序实际上借鉴民事诉讼的相关规定,比如《裁决规程》第十五条规定,"裁决书应当通过直接送达、留置送达、委托送达或邮寄送达等方式送达。"这是有关送达的规定。根据我国民事诉讼法第七章的规定,民事送达方式有直接送达、留置送达、委托送达、转交送达、邮寄送达和公告送达六种。两者相比较,如果在一宗房屋拆迁纠纷案件中,裁决书无法以直接送达、留置送达、委托送达或邮寄送达方式送达的情况下,裁决机关能否以公告方式进行送达呢?此情况下,能否用上述规定中的"等"方式呢?这些都是问题,但如果《裁决规程》第十五条的规定改成"裁决书的送达方式,参照民事诉讼的规定执行",就将比较明确,方便实践操作。

从《裁决规程》第十五条来看,裁决书是可以通过"邮寄"方式送达的,那为什么甲单位就不能以邮寄方式申请裁决呢?房管局声称"以邮寄方式提起裁决申请于法无据",又依的哪个法?难道真的是"只许州官放火,不放百姓点灯"?《裁决规程》并未禁止以邮寄的方式提起裁决申请,这也是人所共认的实践做法。

综上,《裁决规程》完全可以规定,申请裁决以及裁决书的送达等程序,参照民事诉讼的相关规定执行。

问题三,拆迁行政主管部门对于拆迁当事人提起的城市房屋拆迁行政裁决申请,首先应当为何行政行为?

如前所述,《拆迁条例》第十六条对此的规定是,"由房屋拆迁管理部门裁决"以及"房屋拆迁管理部门是被拆迁人的,由同级人民政府裁决。裁决应当自收到申请之日起30日内作出。"但对于受理或不受理的程序和时限等均无具体规定,导致拆迁行政主管部门操作起来比较随意。对此,《裁决规程》在总结以往的经验的基础上,进行了相应的细化和规范,分为三种情况,这便是拆迁行政主管部门首先应当为的行政行为:

其一是对以下情形不予受理的:(一)对拆迁许可证合法性提出行政裁决的;(二)申请人或者被申请人不是拆迁当事人的;(三)拆迁当事人达成补偿安置协议后发生合同纠纷,或者行政裁决作出后,当事人就同一事由再次申请裁决的;(四)房屋已经灭失的;(五)房屋拆迁管理部门认为依法不予受理的其他情形。房屋拆迁管

理部门应当自收到申请之日起5个工作日内书面通知申请人;

其二是经审查,符合受理条件的,应当在收到申请之日起5个工作日内向申请人发出裁决受理通知书;

其三是申请裁决资料不齐全、需要补充资料的,应当在5个工作日内一次性书面告知申请人,可以当场补正的,应当当场补正。受理时间从申请人补齐资料的次日起计算。

由上述规定可见,对于一宗城市房屋拆迁纠纷案件而言,在拆迁当事人提起裁决申请后,拆迁行政主管部门负有如下义务,即不论是否受理该裁决申请,均应以书面方式将处理情况告知申请人,以保障其依法采取相应法律措施。对于告知的形式,《裁决规程》规定得十分明确,即以书面方式为之。书面是相对于口头而言的,它是可视的,是附于一定载体之上的。亦即在本案中,房管局在收到甲单位城市房屋拆迁纠纷行政裁决申请的时候,依法应为相应行政行为:在符合或不符合受理条件的情况下,均应当自收到申请之日起5个工作日内书面通知申请人;在申请裁决资料不齐全的情况下,应在5个工作日内一次性书面告知申请人,如能当场补正的,应告知当场补正。

由此可见,在本案中,除可当场补正的情况外,其他情况下房管局均须书面告知申请人处理的情况,而不可用口头方式如捎口信或电话等方式为之。以口头方式告知申请人这一行为的性质属于形式性行政违法,而不告知申请人有关处理情况则属于不作为行政违法。不论何种行政违法,均应承担相应的法律责任。《裁决规程》第二十三条对此作了相应的规定,"房屋拆迁管理部门工作人员或者行政强制拆迁执行人员违反本规程的,由所在单位给予警告;造成错案的,按照有关规定追究错案责任;触犯刑律的,依法追究刑事责任。"

综上所述,在本案中,即使有证据证明房管局已通过电话方式告知甲单位不予受理的处理后果,该行为仍是违反《裁决规程》规定的,因而该区法院以"应视为其已履行法定职责"的结论,显然没有法律依据,而实际上法律的规定却刚好相反。

鉴于我国城市房屋法律规范尚不健全,房屋拆迁所引发的社会问题已严重影响社会稳定,在此前提下所制定的《裁决规程》便是以规范拆迁裁决及其他相关法律行为为己任,实施以来,对规范拆迁行政主管部门以往的任意行为起到了作用。但同时,《裁决规程》对拆迁行政主管部门行政不作为的法律责任仍不甚明确,加之不少拆迁行政主管部门仍没有彻底改变工作作风,没有站在维护社会稳定大局的高度,漠视拆迁当事人的权利的行为仍时有发生,本案便是实例。其实本案案情是何其简单,但就是这样一个事实十分明确,《裁决规程》规定亦十分清楚的案件,合议庭作出的判决却是如此令人费解。毋庸讳言,法院的人、财、物均依附于地方,在行政诉讼中表现出来的审判不公现象已非个别,这些虽早已引起有识之士的关注,专家学者也多有批驳之论,但至今尚未有实质改观。通过上述三个问题的剖析,《裁决规程》若想达到预期立法目的,仍应加大宣传力度,尤其应加强对拆迁行政主管部门及其工作人员依法行政的素质,建立健全相应监督制度,并加大处罚力度。对行政违法行为人的处罚应当公开,要让全社会知悉,以进行舆论监督。

总之,本文所涉及的三个问题是《拆迁条例》和《裁决规程》有比较明确的规定,在实施过程中尚且如此,拆迁行政主管部门及其工作人员随意解释、人民法院的判决并未起到"最后一道防线"作用,因而引起当事人不满是意料之中的事情。要是没有法律规定或法律规定不是甚为明确,而要求有关人员或审判人员进行理解或解释的时候,则更难以维护当事人的合法权益。由此,从《裁决规程》的实施情况,可以看出规范城市房屋拆迁仍任重而道远,不仅体现在法律上应进行完善,要制定拆迁法,还体现在拆迁行政主管部门及其工作人员依法行政的素质仍需加强,审判机关依法独立审判的态度尚需端正,律师及其他拆迁纠纷案件代理人亦应向当事人积极宣传拆迁法律规定和国家关于拆迁工作的政策。房屋拆迁是一个系统的工程,需要各个部门互相配合,只有这样,房屋拆迁才能顺利进行,拆迁当事人的合法权益才能得以维护,城市建设才能得以顺利进行,也才能实现拆迁的真正目的。

本案一审判决后,原告当即提起了上诉。2005年6月13日,北京市某中级人民法院以"本案中,丁区房地局以口头方式通知甲招待所对其提出来的裁决申请不予受理,违反了上述规范性文件的规定,存在程序瑕疵,但因甲招待所已实际知道区房地局对其裁决申请的处理结果,故该瑕疵并未影响甲招待所的合法权益"为由,判决驳回上诉,维持一审判决。

第三节 城市房屋拆迁行政复议

一、城市房屋拆迁行政复议简介

城市房屋拆迁行政复议是指房屋拆迁管理部门在行使其管理职权时,与作为被管理对象的拆迁当事人发生争议,根据拆迁当事人的申请,由该房屋拆迁管理部门的同级人民政府或上一级房屋拆迁管理部门对引起争议的具体行政行为进行合法、适当性审查并作出行政复议决定的一种法律制度。

1. 城市房屋拆迁行政复议的特点

城市房屋拆迁行政复议的特点如下:

(1) 行政性。城市房屋拆迁行政复议是一种行政行为,其主体只能是作为国家行政机关的同级人民政府或上一级房屋拆迁管理部门。

(2) 职权性。拆迁当事人的复议申请只能提交给作出原具体行政行为的房屋拆迁管理部门的同级人民政府或上一级房屋拆迁管理部门。行政复议机关所进行的行政复议活动不得超越其法定的职权范围。

(3) 监督性。拆迁行政复议机关复查原具体行政行为的过程,实质上就是拆迁行政复议机关对作出原具体行政行为的行政机关实施监督的过程。它是一种层级监督、事后监督、间接监督。

(4) 救济性。城市房屋拆迁行政复议是基于对行政失误而设置的补救措施。

2. 城市房屋拆迁行政复议的基本原则

《中华人民共和国行政复议法》第四条规定,"行政复议机关履行行政复议职责,应当遵循合法、公正、公开、及时、便民的原则,坚持有错必纠,保障法律、法规的正确实施。"这是法律对我国行政复议基本原则的规定,当然亦适用于城市房屋拆迁领域。具体包括合法原则、公正原则、公开原则、及时原则、便民原则,分

述如下:

(1) 合法原则

城市房屋拆迁行政复议的合法原则是指在裁决过程中上一级房屋拆迁管理部门或其同级人民政府必须严格按照行政复议法的规定,对拆迁当事人申请复议的具体行政行为,依法定程序进行审查,并根据审查的不同情况,依法作出不同的处理决定。具体而言,合法原则包括以下几个方面的内容:①履行复议职责的主体必须合法;②审理复议案件的依据必须合法;③复议行为的形式必须合法;④审理复议案件适用的程序必须合法。

(2) 公正原则

城市房屋拆迁行政复议的公正原则是指上一级房屋拆迁管理部门或同级人民政府对被申请的具体行政行为不仅应当审查其合法性,而且还应当审查其合理性。公正原则主要包括以下二个方面的内容:①审查被申请的具体行政行为不仅要审查该行政行为的合法性,还应当审查其合理性;②上一级房屋拆迁管理部门或其同级人民政府在行使自由裁量权时应当正当、合理。

(3) 公开原则

城市房屋拆迁行政复议的公开原则是指上一级房屋拆迁管理部门或其同级人民政府在行政复议过程中,除涉及国家秘密、个人隐私和商业秘密以外,应当向申请人和社会公开。公开原则主要包括以下几个方面的内容:①受理公开;②行政复议的程序公开;③行政复议的决定公开。公开原则是确保行政复议权合法、公正行使的前提,同时也是防止行政复议权滥用的制约机制。如《中华人民共和国行政复议法》第二十三条第二款规定,"申请人、第三人可以查阅被申请人提出的书面答复、作出具体行政行为的证据、依据和其他有关材料,除涉及国家秘密、商业秘密或者个人隐私外,行政复议机关不得拒绝。"

(4) 及时原则

城市房屋拆迁行政复议的及时原则是指上一级房屋拆迁管理部门或其同级人民政府在行政复议过程中,应当在法律规定的期限内,对复议案件进行审查,将依法作出复议决定。该原则对复议机关的工作效率提出了要求,主要表现在复议机关必须在法定期限内完成行政复议行为,不得拖延。

(5)便民原则

城市房屋拆迁行政复议的便民原则是指上一级房屋拆迁管理部门或其同级人民政府在行政复议程序中应当尽量为复议申请人等行政复议当事人提供必要的便利,简化复议程序,节省行政相对人的时间、金钱和精力,以利当事人实现复议目的。

二、城市房屋拆迁行政复议范围

《中华人民共和国行政复议法》第六条规定,"有下列情形之一的,公民、法人或者其他组织可以依照本法申请行政复议:

(一)对行政机关作出的警告、罚款、没收违法所得、没收非法财物、责令停产停业、暂扣或者吊销许可证、暂扣或者吊销执照、行政拘留等行政处罚决定不服的;

(二)对行政机关作出的限制人身自由或者查封、扣押、冻结财产等行政强制措施决定不服的;

(三)对行政机关作出的有关许可证、执照、资质证、资格证等证书变更、中止、撤销的决定不服的;

(四)对行政机关作出的关于确认土地、矿藏、水流、森林、山岭、草原、荒地、滩涂、海域等自然资源的所有权或者使用权的决定不服的;

(五)认为行政机关侵犯合法的经营自主权的;

(六)认为行政机关变更或者废止农业承包合同,侵犯其合法权益的;

(七)认为行政机关违法集资、征收财物,摊派费用或者违法要求履行其他义务的;

(八)认为符合法定条件,申请行政机关颁发许可证、执照、资质证、资格证等证书,或者申请行政机关审批、登记有关事项,行政机关没有依法办理的;

(九)申请行政机关履行保护人身权利、财产权利、受教育权利的法定职责,行政机关没有依法履行的;

（十）申请行政机关依法发放抚恤金、社会保险金或者最低生活保障费，行政机关没有依法发放的；

（十一）认为行政机关的其他具体行政行为侵犯其合法权益的。"

根据上述法律规定，在城市房屋拆迁中，凡拆迁当事人认为房屋拆迁管理部门的具体行政行为侵犯其合法权益，均可向上一级房屋拆迁管理部门或同级人民政府提出行政复议申请。鉴于房屋拆迁管理部门与同级人民政府关系密切，因而，一般而言，被拆迁人或被拆迁房屋的承租人选择向上一级房屋拆迁管理部门申请行政复议。

此外，《中华人民共和国行政复议法》第七条还规定，"公民、法人或者其他组织认为行政机关的具体行政行为所依据的下列规定不合法，在对具体行政行为申请行政复议时，可以一并向行政复议机关提出对该规定的审查申请：

（一）国务院部门的规定；

（二）县级以上地方各级人民政府及其工作部门的规定；

（三）乡、镇人民政府的规定。

前款所列规定不含国务院部、委员会规章和地方人民政府规章。规章的审查依照法律、行政法规办理。"

鉴于我国立法水平与立法理念，下位法违反上位法的情形时有发生，尤其是一些地方政府的文件，此类情况甚为突出。法律如此规定，有利于民众监督政府依法行政，也有利于当事人维护自身合法权益，对促进我国法治建设不无裨益。

三、城市房屋拆迁行政复议程序

1. 行政复议申请

（1）申请行政复议，首先须明确申请人应适格，即符合法律规定。其次，需有明确的被申请人。若无明确的被申请人，则行政复议机关可以拒绝受理。若行政复议机关受理后认为被申请人不适格的，则可依法予以更换。再次，行政复议申请需有明确的复议请求和事实依据。最后，该行政复议申请属于受理行政复议机关管辖。

(2)《中华人民共和国行政复议法》第九条规定,"公民、法人或者其他组织认为具体行政行为侵犯其合法权益的,可以自知道该具体行政行为之日起60日内提出行政复议申请;但是法律规定的申请期限超过60日的除外。因不可抗力或者其他正当理由耽误法定申请期限的,申请期限自障碍消除之日起继续计算。"在城市房屋拆迁过程中,若申请行政复议,除非法律另有规定,应当在知道具体行政行为之日起60日内提出。此外,有例外的情况是因不可抗力或其他正当理由延误申请的,视为裁决时限中止,自该障碍消除后可继续计算。

(3)《中华人民共和国行政复议法》第十一条规定,"申请人申请行政复议,可以书面申请,也可以口头申请;口头申请的,行政复议机关应当当场记录申请人的基本情况、行政复议请求、申请行政复议的主要事实、理由和时间。"可见,行政复议以书面申请为主,亦可口头申请。行政复议申请书基本格式如下,供参考:

行政复议申请书
申请人(自然人的姓名、性别、年龄、职业和住所;法人或者其他组织的名称、地址和法定代表人的姓名或主要负责人的姓名、职务):
被申请人(名称、地址、法定代表人的姓名或主要负责人的姓名、职务):
申请人不服被申请人　　年　　月　　日作出的　　　(具体行政行为),现依法申请复议。
行政复议请求:
事实与理由:
此　致 ****(受理行政复议申请的行政机关) 　　　　　　　　　　　　　　申请人:(签名或盖章) 　　　　　　　　　　　　　　　　　年　月　日
附件:1. 申请书副本　　　份;
2. 有关材料　　　　份。

2. 行政复议的受理

根据《中华人民共和国行政复议法》的规定，行政复议机关收到复议申请后，依法应当在收到之日起5日内，对申请书进行审查并分情况作出如下处理：

(1) 对于符合受理条件且未向人民法院提起诉讼的，复议机关应当依法受理；

(2) 对于不符合受理条件的，依法决定不予受理，并告知申请人不予受理的具体理由；

(3) 若复议申请请求的内容有所欠缺的，复议机关应退还申请人限期补正；

(4) 若复议申请虽符合《中华人民共和国行政复议法》规定，但不属该行政机关管辖的，复议机关应告知申请人向有管辖权的行政机关提出。

3. 行政复议的审查

行政复议的审查是行政复议机关对受理的行政争议案件的事实、证据、法律适用及争论的焦点等进行查证的过程，是行政复议程序的核心。行政复议以书面审理为主，也可采取听取意见或听证等方式进行审理。

(1) 审查期限

① 行政复议机关自收到复议申请书之日起，对复议申请作出处理的期限应在10日内。

② 行政复议机关自受理案件之日起，将复议申请书副本发送被申请人的期限是7日内。

③ 被申请人从收到申请书副本之日起，向行政复议机关提交作出具体行政行为的有关材料或证据，并提出答辩的期限为10日，当然逾期不答辩的，不影响复议。

(2) 审查内容

行政复议机关在审查行政争议案件时，不仅可以对具体行政行为是否合法和适当进行审查，而且还必须全面审查具体行政行为所依据的事实和规范性文件。

(3) 审查依据

行政复议机关在审理复议案件过程中,应当以宪法、法律、行政法规、地方性法规和自治条例、单行条例以及合法的规章及规章以下的规范性文件作为审查依据。

(4) 举证责任

有关行政复议中的举证责任如何分配的问题,《中华人民共和国行政复议法》未作规定。根据行政复议的性质,在举证责任方面,应当由被申请人承担举证责任,由其提供作出具体行政行为的事实依据与法律依据,来证明该具体行政行为合法、合理。

4. 行政复议决定

行政复议决定,是指行政复议机关在依法对具体行政行为的合法性和适当性进行审查的基础上所作出的审查结论,以行政复议决定书的形式表现出来,标志着行政复议机关对行政争议案件的处理终结。

根据《中华人民共和国行政复议法》第二十八条、第二十九条之规定,行政复议决定可分为如下几种类型:

(1) 维持决定

行政复议机关经审查后,认为被申请的具体行政行为事实清楚、证据确凿、适用法律正确,程序适当,从而作出维持该具体行政行为的复议决定。

(2) 履行决定

履行决定是指行政复议机关经审查后,依法作出的责令被申请的行政主体在一定期限内履行其法定职责的决定。主要包括拒不履行法定职责和拖延履行法定职责的情况。

(3) 撤销、变更或确认违法决定

撤销、变更或确认违法决定是指行政复议机关依法作出的撤销或者变更具体行政行为,或者确认具体行政行为违法的决定。具体行政行为有下列情形之一的,复议机关可以决定撤销、变更或确认具体行政行为违法:①主要事实不清,证据不足;②适用依据错误的;③违反法定程序的;④超越或滥用职权的;⑤具体行政行为明显不当的。

(4) 赔偿决定

申请人在申请行政复议时一并提出行政赔偿请求的,行政复议机关经审查后,如认为符合《中华人民共和国国家赔偿法》的有关规定时,应在作出撤销、变更或确认具体行政行为违法的决定时,同时作出责成被申请人依法给予申请人赔偿的决定。

此外,根据《中华人民共和国行政复议法》第二十六条之规定,若申请人在申请行政复议时,同时对有关抽象行政行为(指除规章以外的国务院部门的规定、县级以上地方各级人民政府及其工作部门的规定、乡(镇)人民政府的规定)提出了审查申请的,若在权限范围之内的,复议机关应当在 30 日内完成对该抽象行政行为的审查并作出处理决定。同时,若行政复议机关在审查具体行政行为时,认为具体行政行为的依据不合法的,如果行政复议机关有权处理,则应当在 30 日内依法处理;无权处理的,应当在 7 日内依法定程序转送有权处理的国家机关依法处理,有权处理的行政机关应当在 60 日内依法处理。处理期间,中止对具体行政行为的审查。

行政复议决定作出后,行政复议机关应当依法送达当事人,以便当事人在不服行政复议决定时,依法采取相应救济措施。如果法律规定复议决定为终局决定的,则复议决定一经送达即发生法律效力。对可提起行政诉讼的行政复议决定,当事人在法定的期间内既不提起诉讼,又不履行该复议决定,超过法定的提起诉讼的期间的,该复议决定即具有强制执行的法律效力。

四、城市房屋拆迁行政复议案例

基本案情(案例事实引自中国政府法制信息网,青岛市人民政府法制办公室提供):

1999 年,某市新春房地产开发公司(以下简称新春公司)在该市铁东区取得一块土地的使用权,需要对该地的房屋进行拆迁。在拆迁过程中,新春公司与被拆迁人张某及四家集体企业(该市闽深复印机商场、市远景水处理除垢装置厂、闽深复印机服务部、韶山毛家饭店,均为张某个人所办)因拆迁安置补偿事宜发生纠纷,未达成协议,市房产局根据张某的申请,对拆迁安置事宜作出拆迁裁决。新春公司对市房产局(拆迁办)的裁决不服,认为市房产局对被拆迁人房屋使用性质及企业实有在册职工人数的认定不实,依据不足,遂向市政府申请行政复议。经复议,查明市房产局的裁决对被拆迁企业在拆迁通告发布后迁入拆迁地段、增加从业人员数量等问题没有调查清楚。市政府以主要事实不清为由,作出行政复议决定,撤销市房产局的裁决,责令其重新作出裁决。

张某不服市政府行政复议决定,向市中级人民法院起诉。在诉讼期间,法院对新春公司和张某的有关安置补偿方面的争执做了很多调解工作,但因双方之间的要求差距太大,未能调解成功,于是市中级法院作出一审判决,以市房产局的裁决主要事实清楚为由,撤销了市政府的复议决定,要求市政府重新作行政复议决定。市政府认为一审判决违背事实和法律,向省高级法院提出上诉,要求撤销一审判决。省高级法院以市政府上诉理由、证据不充分为由,仍维持了一审判决。2002年10月市政府重新作出复议决定,以市房产局适用法律错误、裁决明显不当为由再次撤销了市房产局的裁决,责令其重新作出裁决。

简析

房屋拆迁中,纠纷多缘于补偿较低或不按规定补偿等。就本案而言,张某因认为拆迁补偿不合理,从而向市房产局提出城市房屋拆迁行政裁决申请,希望通过拆迁裁决机关的公正裁决维护自己的权益。一般而言,协商解决问题的成本最低,在房屋拆迁纠纷当中更加明显。一旦进入司法程序,由于其解决纠纷的周期较长,往往耗费当事人大量精力,所得结果并不如愿,即使胜诉,由于对方当事人的抵触情绪,往往还需要申请法院执行。

本案中,张某对市房产局的裁决不服,向市政府申请了行政复议,市政府撤销了市房产局的裁决并责令其重新作出,张某因不服,提起诉讼,法院判决市政府重新作出行政复议决定,而市政府不服,提起了上诉,该省高院进行了维持。此后,市政府重新作出复议决定,再次撤销了市房产局的裁决。该案最后是什么样的结果不得而知,这一案件从1999年至2002年,历时三年之久,期间还跨越了《城市房屋拆迁管理条例》的修改。耗费了当事人大量的精力，也动用了较多的司法资源，然而问题还未得到解决，这对于当事各方显然都是不利的。

首先，这里涉及到一个重要的问题，就是"人民法院判决被告重新作出具体行政行为的，被告不得以同一的事实和理由作出与原具体行政行为基本相同的具体行政行为。"这是《中华人民共和国行政诉讼法》第五十五条规定的内容。我们来看一下市政府的两次撤销行政复议决定的理由，第一次是主要事实不清，第二次是市房产局适用法律错误、裁决明显不当。由于没有看到这两份行政复议决定书，从字面上看，两次撤销的理由是不一样的。最高人民法院的司法解释规定，"人民法院判决被告重新作出具体行政行为，被告重新作出的具体行政行为与原具体行政行为的结果相同，但主要事实或者主要理由有改变的，不属于行政诉讼法第五十五条规定的情形。"

其次，在本案中，行政机关与行政机关、行政机关与司法机关之间对本案的看法都不尽一致，因而，本案几经周折并未得以解决。就行政机关内部而言，由于行政裁决、行政复议此类准司法性质的行政行为，涉及到当事各方的利益，也关乎行政机关的执法水平，因而是一件很重要的事情。如果行政机关内部也有针对性地对具体承办行政裁决、行政复议事项的工作人员进行必要的、长期的业务培训，这可能既有助于提高办事水准，也有助于消弭在一些问题上的分歧。行政机关与司法机关之间也可以进行交流，共同总结经验教训。在这样的前提下，或许出现本案如此一波多折的事情会少一些。

再次，在申请行政复议时，有的涉及到实行双重管理体制的行政机关时，如房管局、土地局，既可向上一级行政管理机关申请行政复议，也可以向同级人民政府申请行政复议，一般当事人都会考虑向上一级行政管理机关而不向同级人民政府申请行政复议，原因在于同级行政管理机关与同级人民政府的关系密切是显而易见的，而其上一级行政管理机关可能相对就要疏远些。此外，上一级行政管理机关对相关行政复议所涉及的专业知识一般而言可能比下级人民政府更加熟悉，可能处理起来更加专业一些。

第四节 城市房屋拆迁行政诉讼

一、城市房屋拆迁行政诉讼简述

由于城市房屋拆迁的性质和特点,房屋拆迁纠纷中涉及到的行政诉讼占有相当比例。因此,对我国行政诉讼法律制度及法律规定进行必要的了解,方能正确处理此类纠纷,也才能切实地维护自身合法权益。

1. 城市房屋拆迁行政诉讼的概念

城市房屋拆迁行政诉讼是指拆迁当事人认为城市房屋拆迁管理部门及工作人员的具体行政行为侵犯其合法权益时,依法向人民法院提起诉讼,并由人民法院依照法定程序对该具体行政行为是否合法进行审查并判断拆迁当事人的主张是否妥当,据此作出裁判的制度。包含有如下几个方面的意思:

(1) 城市房屋拆迁行政诉讼的原告只能是城市房屋拆迁当事人;

(2) 城市房屋拆迁行政诉讼的被告只能是城市房屋拆迁管理部门、发展与计划管理部门、规划行政管理部门、县级以上人民政府等行政机关;

(3) 城市房屋拆迁行政诉讼的客体是拆迁当事人认为侵犯其合法权益的具体行政行为;

(4) 城市房屋拆迁行政诉讼是一种行政法律救济制度。拆迁当事人在其合法权益受到或可能受到具体行政行为侵犯时,拆迁当事人可以向人民法院提起行政诉讼,以维护自身合法权益。

2. 城市房屋拆迁行政诉讼法律关系

城市房屋拆迁行政诉讼法律关系是指在行政诉讼中,人民法院与拆迁当事人以及其他参与人之间,为了解决城市房屋拆迁行政争议,根据行政诉讼法律规范而形成的诉讼权利和诉讼义务关系的总称。

城市房屋拆迁行政诉讼法律关系包括主体、客体、内容三个基本要素。

(1) 城市房屋拆迁行政法律关系的主体

城市房屋拆迁行政法律关系的主体,是指在城市房屋拆迁行政诉讼中,行政诉讼权利和行政诉讼义务的承担者,它与城市房屋拆迁行政诉讼的主体不是同一概念,后者不包括其他诉讼参与人。城市房屋拆迁行政诉讼法律关系的主体,可以分为以下三类:

① 人民法院

人民法院依照我国宪法的规定,是行政国家审判权的机关,在行政诉讼中拥有指挥权、审理权和裁判权,是行政争议的裁决者。

② 行政诉讼参加人

城市房屋拆迁行政诉讼参加人在城市房屋拆迁行政诉讼中,是指拆迁当事人以及拆迁当事人诉讼地位相同的人,包括原告、被告、共同诉讼人、第三人和诉讼代理人等。当然,各行政诉讼参加人之间诉讼权利义务并不相同,比如原告与其诉讼代理人,诉讼代理人对诉讼请求的承认、放弃、变更均需原告授权或追认,而这些原告则可自由处分,无需经他人同意。

③ 行政诉讼的其他参与人

行政诉讼的其他参与人,是指行政诉讼参加人之外的其他参与行政诉讼的人,包括证人、鉴定人及翻译等。

(2) 城市房屋拆迁行政诉讼法律关系的客体,是指在城市房屋拆迁行政诉讼法律关系主体诉讼权利和义务所指向的对象。

(3) 城市房屋拆迁行政诉讼法律关系的内容,是指在该行政诉讼过程中,行政诉讼法律主体所享有的权利和应承担的义务。比如人民法院所享有的权利之一就是审判权,其应承担的义务主要是依法保护诉讼当事人的诉讼权利,并依法作出裁判;原告享有起诉权、辩论权等,同时应执行判决、裁定等,被告等亦有相应权利和义务;而其他行政诉讼参与人,参与诉讼则主要是基于义务。

此外,城市房屋拆迁行政诉讼法律关系的发生、变更和消灭取决于法律事实的出现。法律事实包括法律事件和诉讼行为。法律事件是指非由人的意志而导致法律关系发生、变更和消灭的事实,比如某人的死亡等;诉讼行为是指人民法院和诉讼参加人为实现诉讼目的而实施的导致法律关系发生、变更和消灭的的行为,比如说原告的撤诉行为,人民法院的判决行为等。

3. 城市房屋拆迁行政诉讼受案范围

(1) 哪些行政行为可以提起行政诉讼

在法学上,行政行为可分为作为行政行为和不作为行政行为。作为行政行为,是指行政主体积极改变现有法律状态的行为,如颁发拆迁许可证等;不作为行政行为,是指行政主体消极维持现有法律状态,通常表现为不履行法定职责,如对拆迁当事人提起的城市房屋拆迁裁决申请书不予答复等。不作为行政行为,在城市房屋拆迁行政诉讼中占有相当大的比例。

可诉性行政行为的主要特点有:①是具有行政管理职权的组织所实施的与行政管理活动有关的行为;②能对行政相对人的权利义务产生影响。可诉性不作为行政行为的主要特点是:①可诉性不作为行政行为是被认为违反法定作为义务的行为;②可诉性不作为行政行为是因超过法定期间或合理期间而不履行法定职责的行为。

具体而言,关于行政诉讼的受案范围法律作了相应规定,《中华人民共和国行政诉讼法》第十一条规定,"人民法院受理公民、法人和其他组织对下列具体行政行为不服提起的诉讼:

(一) 对拘留、罚款、吊销许可证和执照、责令停产停业、没收财物等行政处罚不服的;

(二) 对限制人身自由或者对财产的查封、扣押、冻结等行政强制措施不服的;

(三) 认为行政机关侵犯法律规定的经营自主权的;

(四) 认为符合法定条件申请行政机关颁发许可证和执照,行政机关拒绝颁发或者不予答复的;

(五) 申请行政机关履行保护人身权、财产权的法定职责,行政机关拒绝履行或者不予答复的;

(六) 认为行政机关没有依法发给抚恤金的;

(七) 认为行政机关违法要求履行义务的;

(八) 认为行政机关侵犯其他人身权、财产权的。

除前款规定外,人民法院受理法律、法规规定可以提起诉讼的其他行政案件。"

在以往的城市房屋拆迁中，拆迁当事人要提起行政诉讼，往往难以立案，其合法权益也因此难以通过诉讼途径得以救济。为此，1996年7月24日最高人民法院发布了《最高人民法院关于受理房屋拆迁、补偿、安置等案件问题的批复》，明确"公民、法人或者其他组织对人民政府或者城市房屋主管行政机关依职权作出的有关房屋拆迁、补偿、安置等问题的裁决不服，依法向人民法院提起诉讼的，人民法院应当作为行政案件受理。"这一批复对于缓解拆迁矛盾起到了很大作用。

在城市房屋拆迁中，提起行政诉讼主要包括因对颁发规划许可证等行政许可事项有异议的、不服城市房屋拆迁行政裁决书的，对认定违章建筑不服的，还包括对拆迁公告等有异议的等。

(2) 不能提起行政诉讼的行为

并不是所有行政机关的行为都能提起行政诉讼，《中华人民共和国行政诉讼法》第十二条规定，"人民法院不受理公民、法人或者其他组织对下列事项提起的诉讼：

（一）国防、外交等国家行为；

（二）行政法规、规章或者行政机关制定、发布的具有普遍约束力的决定、命令；

（三）行政机关对行政机关工作人员的奖惩、任免等决定；

（四）法律规定由行政机关最终裁决的具体行政行为。"

此外，最高人民法院关于执行《中华人民共和国行政诉讼法》若干问题的解释第一条第二款规定，"公民、法人或者其他组织对下列行为不服提起诉讼的，不属于人民法院行政诉讼的受案范围：

（一）行政诉讼法第十二条规定的行为；

（二）公安、国家安全等机关依照刑事诉讼法的明确授权实施的行为；

（三）调解行为以及法律规定的仲裁行为；

（四）不具有强制力的行政指导行为；

（五）驳回当事人对行政行为提起申诉的重复处理行为；

（六）对公民、法人或者其他组织权利义务不产生实际影响的行为。"

上述均不是人民法院行政诉讼的受案范围,在城市房屋拆迁过程中,若有上述争议应通过其他法定方式解决。

4. 城市房屋拆迁行政诉讼管辖

(1) 概念

城市房屋拆迁行政诉讼管辖是指人民法院系统内审理第一审房屋拆迁行政案件的权限划分的法律制度,是法院内部审理行政案件的分工问题,同时也意味着城市房屋拆迁管理部门等有关行政机关具体行政行为应当接受哪一个人民法院的司法监督的问题。

(2) 种类

依据行政法学理论,城市房屋拆迁行政诉讼管辖可以分为不同的种类:

① 级别管辖与区域管辖

依据人民法院是在上下级之间的权限分工还是同级而不同区域法院之间的权限分工,可分级别管辖和区域管辖。

A. 级别管辖,是不同审级法院之间管辖权的划分。《中华人民共和国行政诉讼法》作了如下规定:

"第十三条 基层人民法院管辖第一审行政案件。

第十四条 中级人民法院管辖下列第一审行政案件:(一)确认发明专利权的案件、海关处理的案件;(二)对国务院各部门或者省、自治区、直辖市人民政府所作的具体行政行为提起诉讼的案件;(三)本辖区内重大、复杂的案件。

第十五条 高级人民法院管辖本辖区内重大、复杂的第一审行政案件。

第十六条 最高人民法院管辖全国范围内重大、复杂的第一审行政案件。"

具体而言,在城市房屋拆迁中,行政诉讼案件一般由基层人民法院作为一审法院,但如果是以县级以上人民政府为被告的,则由中级人民法院作为一审法院。

B. 区域管辖,是依据诉讼当事人或诉讼标的物与法院辖区的关系来确定一个行政案件应当由哪一个地区的人民法院受理的问

题。比如,《中华人民共和国行政诉讼法》规定:

"第十七条 行政案件由最初作出具体行政行为的行政机关所在地人民法院管辖。经复议的案件,复议机关改变原具体行政行为的,也可以由复议机关所在地人民法院管辖。

第十八条 对限制人身自由的行政强制措施不服提起的诉讼,由被告所在地或者原告所在地人民法院管辖。

第十九条 因不动产提起的行政诉讼,由不动产所在地人民法院管辖。"

比如,对拆迁行政裁决书不服的,由城市房屋拆迁管理部门所在地的人民法院管辖。

② 法定管辖与裁定管辖

法定管辖,是指依据法律直接规定可以确定的诉讼管辖;裁定管辖,是指在一定情况下,由人民法院根据法律的有关规定,以移送、指定等行为确定的诉讼管辖,包括移送管辖、指定管辖、管辖权的转移三种形式。比如,前述《中华人民共和国行政诉讼法》第十九条之规定,即是法定管辖。

移送管辖见《中华人民共和国行政诉讼法》第二十一条之规定,"人民法院发现受理的案件不属于自己管辖时,应当移送有管辖权的人民法院。受移送的人民法院不得自行移送。"

指定管辖见该法第二十二条规定,"有管辖权的人民法院由于特殊原因不能行使管辖权的,由上级人民法院指定管辖。人民法院对管辖权发生争议,由争议双方协商解决。协商不成的,报它们的共同上级人民法院指定管辖。"

管辖权的转移见该法第二十三条规定,"上级人民法院有权审判下级人民法院管辖的第一审行政案件,也可以把自己管辖的第一审行政案件移交下级人民法院审判。下级人民法院对其管辖的第一审行政案件,认为需要由上级人民法院审判的,可以报请上级人民法院决定。"

③ 共同管辖与单一管辖

这种划分是按照有管辖权的法院数量确定的。共同管辖,就是指两个以上人民法院同时对一个案件均有管辖权。在此情况下,原告可以选择向其中之一提起行政诉讼，而单一管辖是指仅有一个人民法院对该案件有管辖权，原告没有自由选择的余地。共同管辖见诸《中华人民共和国行政诉讼法》第二十条之规定，"两个以上人民法院都有管辖权的案件，原告可以选择其中一个人民法院提起诉讼。原告向两个以上有管辖权的人民法院提起诉讼的，由最先收到起诉状的人民法院管辖。"在城市房屋拆迁行政诉讼中，共同管辖的情形较少。

二、城市房屋拆迁行政诉讼证据

1. 城市房屋拆迁行政诉讼证据概念

城市房屋拆迁行政诉讼证据是指能够证明房屋拆迁行政案件真实情况的一切材料或者手段。此概念表明如下意思：（1）证明对象主要是城市房屋拆迁管理部门或其他有关机关的具体行政行为的合法性；（2）被告在证明活动中负有特别的法律义务，如举证责任的分担等；（3）作为认定案件事实的证据必须在法庭出示，并经法庭确认。

2. 城市房屋拆迁行政诉讼证据的形式

为准确认定案件事实，公正、及时地审理行政案件，最高人民法院在总结审判经验的基础上于2002年7月24日发布了《最高人民法院关于行政诉讼证据若干问题的规定》，该规定于同年10月1日实施。在城市房屋拆迁行政诉讼中，证据的表现形式有：①书证；②物证；③视听资料；④证人证言；⑤当事人的陈述；⑥鉴定结论；⑦勘验笔录、现场笔录。这是我国行政诉讼法规定的证据形式。

（1）书证

书证是指以文字、符号、图画等所表达和记载的思想内容证明案件事实的书面文件或其他物品。包括房屋所有权证书、拆迁公告等。

（2）物证

物证是指用物品的外形、特征、质量等来证明案件事实的部分或全部的物品。当然在某种意义上而言，同一物品同时可能符合书证和物证的特征，如对违章建筑的认定书。

(3) 视听资料

视听资料是指用录音、录像、计算机储存等的方法记录下来的有关案件的事实材料。如用录音机录制的声响、语音；用录像机录取的人物形象及其活动；用电子计算机储存的数据等。如在城市房屋拆迁中，在实施强制拆迁前，公证机关对被强制拆迁的房屋所作的录像。

(4) 证人证言

证人证言是指了解案件情况的以口头或书面方式向人民法院所作的对案件事实的陈述。除了精神或生理上有缺陷而不能正确表达意志的人和案件的诉讼代理人不能作为案件的证人外，任何公民和组织都有作证的义务。证人作证应亲自出庭，接受询问，确有特殊情况不能到庭的，经人民法院许可后可以用书面证言的形式作证。当然，证人在行政诉讼中享有权利并承担义务，证人有权要求使用本民族的语言文字进行陈述，有权请求支付作证所需的相关费用，同时其也负有出庭作证和如实作证的义务。

(5) 当事人的陈述

当事人的陈述是指当事人就其所经历的案件事实，向人民法院所作的陈述。由于行政争议就是在当事人之间进行的，所以他们最了解争议的事实。当事人的陈述是查明案件事实的重要线索。由于行政争议直接涉及到当事人双方的利害关系，所以人民法院对当事人的陈述应客观对待，注意是否有片面和虚假的部分。当事人的陈述只有和本案的其他证据结合起来，才能确定能否作为认定案件事实的依据。

(6) 鉴定结论

鉴定结论是指人民法院指定的专门机关对行政案件中出现的专门性问题，通过技术鉴定作出的结论。比如在城市房屋拆迁中，拆迁当事人对原估价机构的复核结果有异议或者另行委托估价的结果与原估价结果有差异且协商达不成一致意见的，可以自收到复核结果或者另行委托估价机构出具的估价报告之日起 5 日内，可以向被拆迁房屋所在地的房地产价格评估专家委员会申请技术鉴定，此技术鉴定结论即是鉴定结论。

(7) 勘验笔录、现场笔录

勘验笔录是指人民法院对能够证明案件事实的现场或者对不能、不便拿到人民法院的物证,就地进行分析、检验、勘查后作出的记录。它是客观事物的书面反映、是保全原始证据的一种证据形式。如对房屋面积大小的争议,由人民法院勘查所作的记录。

现场笔录,是指行政机关及其工作人员在执行职务的过程中,对某些事项当场所作的能够证明案件事实的记录。

3. 城市房屋拆迁行政诉讼中的非法证据

(1) 非法证据,根据中国《诉讼法大辞典》的解释是"不符合法定来源和形式的或者违反诉讼程序取得的证据资料"。一般而言,是指因收集或提供证据的主体、证据的内容、证据的形式、收集证据或提供证据的程序、方法中任一不合法所产生的证据材料。在我国现行法律框架下的非法证据有如下:

①《中华人民共和国行政诉讼法》(以下简称为《行政诉讼法》)第三十一条规定,"证据有以下几种:(一)书证;(二)物证;(三)视听资料;(四)证人证言;(五)当事人的陈述;(六)鉴定结论;(七)勘验笔录、现场笔录。"从此可以看出,凡不具备该七种法定证据形式的皆为非法证据。

②《行政诉讼法》第三十三条规定,"在诉讼过程中,被告不得自行向原告和证人收集证据。"第三十四条第二款规定,"人民法院有权向有关行政机关以及其他组织、公民调取证据。"可见,收集或提供证据的主体不合法构成非法证据。

③《最高人民法院关于执行〈中华人民共和国行政诉讼法〉若干问题的解释》第三十条规定,"下列证据不能认定为被述具体行政行为合法的证据:(一)被告及其诉讼代理人在作出具体行政行为后自行收集的证据;(二)被告严重违反法定程序收集的其他证据。"显然,收集或提供证据的程序、方法不合法即为非法证据。

(2) 非法证据排除的例外情形,是指行政诉讼的当事人在取证过程中,由于取证缺乏或违反法定程序等,但非出于主观恶意且对整个程序影响不大的非法证据,或者涉及国家利益、公共利益或者他人合法权益的事实认定的严重违反法定程序取得的非法证据,基于价值权衡及行政诉讼效率原则,允许进行相应的修复补救后予以采纳的情形。也就是说,在此情况下,该证据经采取补救措施后可以采纳,从而具有证据效力。

4. 城市房屋拆迁行政诉讼中的举证责任的分配

(1) 举证责任这一法律概念,最早出现在罗马法民事诉讼中。我国行政诉讼中,举证责任首先是由1990年10月1日实施的《中华人民共和国行政诉讼法》引进的。具体而言,城市房屋拆迁行政诉讼中的举证责任是指在法律规定的情况下,若行政案件的真实情况无法确定的,由拆迁当事人中的一方提供证据加以证明,若其不能提供证明案件事实情况的证据,则承担败诉风险及其他不利后果的制度。包括两方面的意思:一是举证人提供证据的责任;二是举证人证明案件事实的责任。

(2) 关于举证责任的分配

在城市房屋拆迁行政诉讼中,举证责任的分配与民事诉讼存在较大区别,即作为被告的城市房屋拆迁管理部门等应当负有更多的举证义务,同时作为原告的拆迁当事人亦负一定的举证责任。具体分述如下:

① 行政诉讼的举证责任主要由被告承担。

《中华人民共和国行政诉讼法》第三十二条规定,"被告对作出的具体行政行为负有举证责任,应当提供作出该具体行政行为的证据和所依据的规范性文件。"《最高人民法院关于行政诉讼证据若干问题的规定》第一条,"根据行政诉讼法第三十二条和第四十三条的规定,被告对作出的具体行政行为负有举证责任,应当在收到起诉状副本之日起10日内,提供据以作出被诉具体行政行为的全部证据和所依据的规范性文件。被告不提供或者无正当理由逾期提供证据的,视为被诉具体行政行为没有相应的证据。

被告因不可抗力或者客观上不能控制的其他正当事由,不能在前款规定的期限内提供证据的,应当在收到起诉状副本之日起10日内向人民法院提出延期提供证据的书面申请。人民法院准许延期提供的,被告应当在正当事由消除后10日内提供证据。逾期提供的,视为被诉具体行政行为没有相应的证据。"

第二条,"原告或者第三人提出其在行政程序中没有提出的反驳理由或者证据的,经人民法院准许,被告可以在第一审程序中补充相应的证据。"

作为被告的城市房屋拆迁管理部门等首先应对其实施的具体行政行为的合法性承担举证责任,必须举出事实根据和法律根据来证明该具体行政行为合法,否则,被告就应当承担败诉的法律后果。如被拆迁人提起诉讼,称城市房屋拆迁管理部门颁发的拆迁许可证违法,则在诉讼中,城市房屋拆迁管理部门应就其许可相应的单位进行该区域的房屋拆迁的合法性进行举证,若其不能举证证明,则承担败诉的法律后果。

② 原告亦应承担一定的举证责任。

《中华人民共和国行政诉讼法》并未就原告的举证责任问题作出明确规定,但《最高人民法院关于行政诉讼证据若干问题的规定》第四条规定,"公民、法人或者其他组织向人民法院起诉时,应当提供其符合起诉条件的相应的证据材料。"同时,"在起诉被告不作为的案件中,原告应当提供其在行政程序中曾经提出申请的证据材料。"因为不作为案件是行政管理相对人以行政机关拒绝、不予答复、拖延或没有有效履行职责为由而提起诉讼的案件,因而行政相对人的申请是行政机关实施一定行为的前提,没有申请行为,不作为行为无从谈起。比如在递交城市房屋拆迁行政裁决申请后,城市房屋拆迁管理部门在法定期限内未以书面方式对申请人的申请是否受理或应补正进行通知,则申请人若提起行政诉讼,须提供证据证明其已向裁决机关递交了申请书,如通过邮寄方式的,应当提供交邮的证明。此外,《最高人民法院关于执行〈中华人民共和国行政诉讼法〉若干问题的解释》第二十七条规定,原告对下列事项承担举证责任:A. 证明起诉符合法定条件但被告认为原告起诉超过起诉期限的除外;B. 在起诉被告不作为的案件中,证明其提出申请的事实;C. 在一并提起的行政赔偿诉讼中,证明因受被诉行为侵权而造成损失的事实;D. 其他应当由原告承担举证责任的事项。这里,第A项是被告认为已过起诉期限的,应由原告来证明未超过法定起诉期限。因为，只有在法定期限内提起诉讼，人民法院才能进入实体审判阶断，同时，在法定期限内提起诉讼，也是原告的义务；第 B 项与前述司法解释规定的内容基本一致；第 C 项则是有损失才有赔偿，因此原告应当提供证据证明因此所受的损失，以确定被告赔偿的数额；第 D 项是兜底条款，在出现上述几种情形之外的应当由原告进行举证证明的，由人民法院自由裁量决定。

5. 城市房屋拆迁行政诉讼中的证据规则

关于行政诉讼证据规则，主要体现在 2002 年 10 月 1 日实施的《最高人民法院关于行政诉讼证据若干问题的规定》，下面将依据此司法解释、《中华人民共和国行政诉讼法》及《最高人民法院关于执行〈中华人民共和国行政诉讼法〉若干问题的解释》，结合城市房屋拆迁的现实状况，对城市房屋拆迁行政诉讼中的证据规则进行梳理。

(1) 提供证据的规则

① 人民法院有权要求当事人提供或者补充证据。对拆迁当事人无争议，但涉及国家利益、公共利益或者他人合法权益的事实，人民法院可以责令拆迁当事人提供或者补充有关证据。

② 对证据的提供，应当符合相应的要求，否则可能因不符合要求，不能作为认定案件事实的依据，这一点，应当引起拆迁当事人的充分注意。下面根据证据的形式，分而述之。

A. 拆迁当事人提供书证的，应当符合如下要求：

a. 提供书证的原件，原本、正本和副本均属于书证的原件；提供原件确有困难的，可以提供与原件核对无误的复印件、照片、节录本；

b. 提供由有关部门保管的书证原件的复制件、影印件或者抄录件的，应当注明出处，经该部门核对无异后加盖其印章；

c. 提供报表、图纸、会计账册、专业技术资料、科技文献等书证的，应当附有说明材料；

d. 被告提供的被诉具体行政行为所依据的询问、陈述、谈话类笔录，应当有行政执法人员、被询问人、陈述人、谈话人签名或者盖章。

法律、法规、司法解释和规章对书证的制作形式另有规定的，从其规定。

B. 拆迁当事人提供物证的，应当符合如下要求：

a. 提供原物；提供原物确有困难的，可以提供与原物核对无误的复制件或者证明该物证的照片、录像等其他证据；

b. 原物为数量较多的种类物的，提供其中的一部分。

C. 拆迁当事人提供视听资料的，应当符合如下要求：

a. 提供有关资料的原始载体；提供原始载体确有困难的，可以提供复制件；

b. 注明制作方法、制作时间、制作人和证明对象等；

c. 声音资料应当附有该声音内容的文字记录。

D. 拆迁当事人提供证人证言的，应当符合如下要求：

a. 写明证人的姓名、年龄、性别、职业、住址等基本情况；

b. 有证人的签名，不能签名的，应当以盖章等方式证明；

c. 注明出具日期；

d. 附有居民身份证复印件等证明证人身份的文件。

E. 城市房屋拆迁管理部门等行政机关向人民法院提供的在行政程序中采用的鉴定结论，应当载明委托人和委托鉴定的事项、向鉴定部门提交的相关材料、鉴定的依据和使用的科学技术手段、鉴定部门和鉴定人鉴定资格的说明，并应有鉴定人的签名和鉴定部门的盖章。通过分析获得的鉴定结论，应当说明分析过程。

F. 城市房屋拆迁管理部门等行政机关向人民法院提供的现场笔录，应当载明时间、地点和事件等内容，并由执法人员和当事人签名。当事人拒绝签名或者不能签名的，应当注明原因。有其他人在现场的，可由其他人签名。法律、法规和规章对现场笔录的制作形式另有规定的，从其规定。

G. 拆迁当事人向人民法院进行陈述时，应当本着实事求是的原则，在开庭前，应当总结成书面的材料。因为，在实际当中，拆迁当事人大部分还是头一次进法庭，难免有些紧张，在此情况下，难以进行完整和清晰的陈述，从而影响法庭调查事实。

③ 拆迁当事人提供的证据是在中华人民共和国领域外形成的，

应当说明来源,经所在国公证机关证明,并经中华人民共和国驻该国使领馆认证,或者履行中华人民共和国与证据所在国订立的有关条约中规定的证明手续;所提供的在中华人民共和国香港特别行政区、澳门特别行政区和台湾地区内形成的证据,应当具有按照有关规定办理的证明手续。

④ 拆迁当事人向人民法院提供外文书证或者外国语视听资料的,应当附有由具有翻译资质的机构翻译的或者其他翻译准确的中文译本,由翻译机构盖章或者翻译人员签名。

⑤ 拆迁当事人所提供的证据涉及国家秘密、商业秘密或者个人隐私的,提供人应当作出明确标注,并向法庭说明,法庭予以审查确认。

⑥ 拆迁当事人应当对其提交的证据材料分类编号,对证据材料的来源、证明对象和内容作简要说明,签名或者盖章,注明提交日期。人民法院收到拆迁当事人提交的证据材料,应当出具收据,注明证据的名称、份数、页数、件数、种类等以及收到的时间,由经办人员签名或者盖章。现在不少法院都已启用证据接收单,对当事人提供的证据材料予以记载,将其中的一联给当事人。但同时,也有不少法院,仍然在接收当事人的材料后,不将证据材料进行登记,有的甚至在当事人提出异议的情况下,仍拒不出具材料接收单。此举不仅侵犯了当事人的权利,同时也有损人民法院的形象,因此,这一点应当引起有关法院及其工作人员的注意。

⑦ 对于案情比较复杂或者证据数量较多的案件,人民法院可以组织有关当事人在开庭前向对方出示或者交换证据,并将交换证据的情况记录在卷。这一制度,可以减少开庭时因证据过多在证据交换时花费过多时间,从而有利于提高工作效率。

⑧ 关于举证期限

对于城市房屋拆迁管理部门等被告而言,其对作出的具体行政行为负有举证责任,应当在收到起诉状副本之日起 10 日内,提供据以作出被诉具体行政行为的全部证据和所依据的规范性文件。若不提供或者无正当理由逾期提供证据的,视为被诉具体行政行为没有相应的证据;因不可抗力或者客观上不能控制的其他正当事由,不能在前述期限内提供证据的,应当在收到起诉状副本之日起10日内向人民法院提出延期提供证据的书面申请。人民法院准许延期提供的,被告应当在正当事由消除后10日内提供证据。逾期提供的,视为被诉具体行政行为没有相应的证据。

对于被拆迁人或被拆迁房屋的承租人而言,应当在开庭审理前或者人民法院指定的交换证据之日提供证据。因正当事由申请延期提供证据的,经人民法院准许,可以在法庭调查中提供。逾期提供证据的,视为放弃举证权利。

我们常说,打官司就是打证据,此话不无道理。因此,在规定的时间内提供证据,是确保所提供的证据能证明自己的主张前提,对于各方当事人而言,均是至关重要的。同时,人民法院也负有相应的法定义务,即人民法院向拆迁当事人送达受理案件通知书或者应诉通知书时,应当告知其举证范围、举证期限和逾期提供证据的法律后果,并告知因正当事由不能按期提供证据时应当提出延期提供证据的申请。

(2)调取、收集证据的规则

① 人民法院在涉及国家利益、公共利益或者他人合法权益的事实认定或者涉及依职权追加当事人、中止诉讼、终结诉讼、回避等程序性事项的情况下有权向有关行政机关以及其他组织、公民调取证据。

根据城市房屋拆迁行政诉讼实践,人民法院在下列情况下,有权调取相关证据:

A. 被拆迁人或被拆迁房屋的承租人、第三人提供了证据线索,但由于客观原因而无法自行收集的:由国家有关部门保存而须由人民法院调取的证据材料,涉及国家秘密、商业秘密、个人隐私的证据材料,确因客观原因不能自行收集的其他证据材料;

B. 拆迁当事人提供的证据互相矛盾无法认定,需进一步查实的;

C. 人民法院认为需要鉴定、勘验的;

D. 应当提供证据材料的原件或原物而未提供的;

E. 人民法院认为应当调取的其他证据材料。

上述例外的规定有：人民法院不得为证明被诉具体行政行为的合法性，调取被告在作出具体行政行为时未收集的证据。

② 在城市房屋拆迁行政诉讼过程中，被告方不得自行向原告和证人收集证据。这一规定，有利于保障行政诉讼证据的真实性和合法性。在行政诉讼过程中，除非经人民法院允许或应人民法院的要求的情况下，被告原则上不得向证人收集证据，违反此规定收集的证据不能作为认定案件事实的依据。

此外，在拆迁当事人因客观原因无法提供应提供证据的情况下，可以向人民法院申请调取该证据。调取证据申请书应当包括如下内容：证据持有人的姓名或者名称、住址等基本情况；拟调取证据的内容；申请调取证据的原因及其要证明的案件事实。人民法院对当事人调取证据的申请，经审查符合调取证据条件的，应当及时决定调取；不符合调取证据条件的，应当向当事人或者其诉讼代理人送达通知书，说明不准许调取的理由。当事人及其诉讼代理人可以在收到通知书之日起3日内向受理申请的人民法院书面申请复议一次。人民法院应当在收到复议申请之日起5日内作出答复。人民法院根据当事人申请，经调取未能取得相应证据的，应当告知申请人并说明原因。

(3) 证据保全的规则

证据保全是指在证据可能灭失或者以后难以取得的情况下，诉讼参加人可以向人民法院申请保全证据，人民法院也可以主动采取保全措施。保全措施主要有查封、扣押、拍照、录音、录像、复制、鉴定、勘验、制作笔录等。

① 证据保全的条件

首先，应当存在证据可能灭失或日后难以取得的情况。如作为证人的自然人有可能死亡或马上要出国，作为证据的物品即将腐烂、变质等。

其次，所保全的证据与案件具有关联性，也就是说，如果跟案件没有任何联系的，不得对之采取保全措施。

最后，申请证据保全有时间限制，即一般应当是诉讼开始之后法庭调查程序开始之前。

② 启动证据保全的方式

证据保全一般由诉讼参加人向人民法院提出申请,在特定条件下,人民法院亦可依职权采取保全措施。

③ 证据保全的管辖

证据保全申请应当向该证据所在地的人民法院提出。情况紧急的,也可以向应询问人或文书持有人的住所地或者勘验物所在地的基层人民法院提出。

证据保全申请书
申请人(自然人的姓名、性别、年龄、职业和住所;法人或者其他组织的名称、地址和法定代表人的姓名或主要负责人的姓名、职务):
案由(本案是什么纠纷):
请求事项(具体写明请求法院保全什么证据):
事实与理由(述明案件事实,简要陈述理由):
此　致 某某人民法院 　　　　　　　　　　　　　　申请人:(签名或盖章) 　　　　　　　　　　　　　　　　　年　月　日

(4) 审查证据的规则

人民法院对各种证据应当按照法定程序对证据的合法性、真实性、关联性进行审查。

对证据合法性审查,是指人民法院对该证据的主体、取得证据的程序、方法以及证据的形式是否符合法律规定所进行的甄别。比如在审查城市房屋拆迁估价报告时,就应当审查做出该估价报告的人员是否具备相应的资格;城市房屋拆迁管理部门提供的证据是否违反法定程序擅自向行政相对人收集;证人证言是否经对方当事人当庭质证。《最高人民法院关于行政诉讼证据若干问题的规定》第五十五条规定,"法庭应当根据案件的具体情况,从以下方面审查证据的合法性：(一)证据是否符合法定形式；(二)证据的取得是否符合法律、法规、司法解释和规章的要求；(三)是否有影响证据效力的其他违法情形。"

对证据真实性的审查，是指人民法院审查该证据是否能够客观地反映案件的真实情况。一般从以下两个方面进行：一方面是从证据的来源进行审查。比如，提供证据的人是不是直接感知案件事实的人，提供证据的人与案件当事人有无利害关系等。另一方面是从证据的内容进行审查，比如，某证人所叙述的事件经过是否符合情理等。《最高人民法院关于行政诉讼证据若干问题的规定》第五十六条规定，"法庭应当根据案件的具体情况，从以下方面审查证据的真实性：(一)证据形成的原因；(二)发现证据时的客观环境；(三)证据是否为原件、原物，复制件、复制品与原件、原物是否相符；(四)提供证据的人或者证人与当事人是否具有利害关系；(五)影响证据真实性的其他因素。"

对证据关联性的审查，是指人民法院审查该证据是否与案件待证明的事实具有某种联系。法庭应当对经过庭审质证的证据和无需质证的证据进行逐一审查和对全部证据综合审查，遵循法官职业道德，运用逻辑推理和生活经验，进行全面、客观和公正地分析判断，确定证据材料与案件事实之间的证明关系，排除不具有关联性的证据材料，准确认定案件事实。在审查判断某一证据是否具有关联性时，应当将该证据与有关被诉具体行政行为合法性的每一部分的事实进行分析，看其是否可以用来证明哪一部分事实。如果与被诉具体行政行为的合法性的某一部分事实具有内在联系，该证据就具有关联性；如果与任何部分的事实都没有内在联系的，该证据就不具有关联性。《最高人民法院关于行政诉讼证据若干问题的规定》第四十九条第一款规定，"法庭在质证过程中，对与案件没有关联的证据材料，应予排除并说明理由。"

(5)质证的规则

《最高人民法院关于行政诉讼证据若干问题的规定》第三十五条第一款规定："证据应当在法庭上出示，并经庭审质证。未经庭审质证的证据不能作为定案的依据。"这一规定确立了行政诉讼证据规则的基本原则：证据必须要在法庭上出示并经过质证，未经质证的证据不得作为定案依据。庭审中，当事人应当围绕证据的关联性、合法性和真实性，针对证据有无证明效力以及证明效力大小，进行质证。下面结合城市房屋拆迁行政诉讼，将此中涉及到的有关质证的细节分述如下：

① 经人民法院合法传唤，因城市房屋拆迁管理部门等被告无正当理由拒不到庭而需要依法缺席判决的，被告提供的证据不能作为定案的依据，但当事人在庭前交换证据中没有争议的证据除外。

② 涉及国家秘密、商业秘密和个人隐私或者法律规定的其他应当保密的证据，不得在开庭时公开质证。

③ 当事人申请人民法院调取的证据，由申请调取证据的当事人在庭审中出示，并由当事人质证；人民法院依职权调取的证据，由法庭出示，并可就调取该证据的情况进行说明，听取当事人意见。

④ 对书证、物证和视听资料进行质证时，当事人应当出示证据的原件或者原物。但是符合下列情况之一者除外：出示原件或者原物确有困难并经法庭准许可以出示复制件或者复制品；原件或者原物已不存在，可以出示证明复制件、复制品与原件、原物一致的其他证据。同时，视听资料应当当庭播放或者显示，并由各方当事人进行质证。

⑤ 证人应当出庭作证，这是证人的法定义务。但是，经人民法院准许，在特殊情况下，当事人可以提交书面证言：当事人在行政程序或者庭前证据交换中对证人证言无异议的；证人因年迈体弱或者行动不便无法出庭的；证人因路途遥远、交通不便无法出庭的；证人因自然灾害等不可抗力或者其他意外事件无法出庭的；证人因其他特殊原因确实无法出庭的。鉴于证人是就其耳闻目睹的有关案件情况向法庭所作的陈述，因此证人能否正确表达其意志，成为关键。经一方当事人申请，人民法院可以对证人能否正确表达意志进行审查或者交由有关部门鉴定。必要时，人民法院也可以依职权交由有关部门鉴定。

关于申请证人出庭作证的，申请人应当在举证期限届满前提出,并经人民法院许可。人民法院准许证人出庭作证的,应当在开庭审理前通知证人出庭作证。当事人在庭审过程中要求证人出庭作证的,法庭可以根据审理案件的具体情况,决定是否准许以及是否延期审理。证人出庭作证时,应当出示证明其身份的证件。法庭应当告知其诚实作证的法律义务和作伪证的法律责任。证人不得旁听案件的审理。法庭询问证人时,其他证人不得在场,但组织证人对质的除外。

⑥法庭在质证过程中,准许当事人补充证据的,对补充的证据仍应进行质证。法庭对经过庭审质证的证据,除确有必要外,一般不再进行质证。此规定属于例外情形,是法官自由裁量权的体现,是为了查清案情的需要。

(6) 关于新证据

行政诉讼中的新证据,是指:①在一审程序中应当准予延期提供而未获准许的证据;②当事人在一审程序中依法申请调取而未获准许或者未取得,人民法院在第二审程序中调取的证据;③原告或者第三人提供的在举证期限届满后发现的证据。实践中,新证据往往对案件的定性起到至关重要的作用,正是因为该证据没有调取到而导致败诉。在城市房屋拆迁中,如至关重要的证人在一审开庭时已出国,无法与其联系,而在二审时,该人业已回国,此时其所作的证言便是新证据。对于依法提供的新的证据,法庭应当组织质证,以确定该证据的证明效力。

三、城市房屋拆迁行政诉讼程序

1. 起诉

城市房屋拆迁行政诉讼的起诉是指拆迁当事人认为城市房屋拆迁管理部门以及相关行政主管部门的具体行政行为侵犯其合法权益,向人民法院提起诉讼,请求人民法院审查该具体行为的合法性并向其提供法律救济的行为。

根据《中华人民共和国行政诉讼法》第四十一条规定,"提起诉讼应当符合下列条件:(一)原告是认为具体行政行为侵犯其合法权益的公民、法人或者其他组织;(二)有明确的被告;(三)有具体的诉讼请求和事实根据；（四）属于人民法院受案范围和受诉人民法院管辖。"拆迁当事人提起行政诉讼，应当符合上述条件。

行政起诉状的参考格式如下：

行 政 起 诉 状
原告（自然人的写明性别、年龄、民族、职业、工作单位和住所，法人或者其他组织的名称、住所和法定代表人或者主要负责人的姓名、职务）：
被告（名称、住所和法定代表人或者主要负责人的姓名、职务）：
诉讼请求（原告的主张，应当简洁明了）：
事实与理由（述明案件事实，简要陈述理由）：
此致 某某人民法院 <div align="right">具状人： 年 月 日</div>
附：本诉状副本 份。

2. 人民法院对起诉的审查

首先，人民法院应当审查相应案件是否属于人民法院行政诉讼的受案范围和受诉人民法院管辖。

《中华人民共和国行政诉讼法》第十一条规定了人民法院受理行政案件的范围，拆迁当事人提起行政诉讼，应当符合该规定，除此之外，该案件还应当是受诉人民法院管辖的，也就是说，该案件本来是甲法院管辖，拆迁当事人起诉到乙法院，则乙法院不应受理，而应告知拆迁当事人向甲法院起诉，即使乙受理后也应当将该案件移送至甲法院。

其次，人民法院应当审查案件是否属于应先经行政复议。

法律规定有的案件应当先向行政机关申请行政复议，即行政复议是前置程序，只有经此程序后方可向人民法院提起诉讼。《中华人民共和国行政复议法》第三十条第一款规定，"公民、法人或其他组织认为行政机关的具体行政行为侵犯其已经依法取得的土地、矿藏、水流、森林、山岭、草原、荒地、滩涂、海域等自然资源的所有权或者使用权的，应当先申请行政复议；对行政复议决定不服的，可以依法向人民法院提起行政诉讼。"

再次，人民法院应当审查案件是否超过起诉期限。

一般而言，经过复议的案件，当事人可以在收到复议决定书之日起 15 日内向人民法院提起诉讼。复议机关逾期不作决定的，申请人可以在复议期满之日起 15 日内向人民法院提起诉讼；法律规定可直接向人民法院提起诉讼的，应当在知道作出具体行政行为之日起 3 个月内提出。

特殊规定有：行政机关作出具体行政行为时，未告知公民、法人或者其他组织诉权或者起诉期限的，起诉期限从公民、法人或者其他组织知道或者应当知道诉权或者起诉期限之日起计算，但从知道或者应当知道具体行政行为内容之日起最长不得超过 2 年。复议决定未告知公民、法人或者其他组织诉权或者法定起诉期限的，适用前述规定。

此外，对于行政不作为案件，法律并未规定起诉期限，对此在理论及实务界存有争议，有多种观点，这里不作过多探究，只述明本人的意见，即在确定行政不作为案件的起诉期限时，应当区分两种情况：一种情况是行政不作为行为尚未终了的，拆迁当事人可以在《最高人民法院关于执行〈中华人民共和国行政诉讼法〉若干问题的解释》规定的 60 日期限届满后的任意时间内，随时提起诉讼。因为不作为行为具有持续性特点，"拒不履行"或"不予答复"行为往往处于一种持续状态。根据诉讼时效的一般原理，时效应当在该行为完成后起计算。另一种情况是行政不作为行为实际已经实行终了的，可以依照行政诉讼法以及前述司法解释的具体规定确定起诉期限。

3. 受理

行政诉讼的受理，是指人民法院对原告的起诉进行审查后，认为符合法律规定的起诉条件，决定立案并启动诉讼程序或认为起诉不符合法律规定的条件，决定不予受理的行为。

首先，人民法院应当组成合议庭对原告的起诉进行审查。符合起诉条件的，应当在 7 日内立案；不符合起诉条件的，应当在 7 日内裁定不予受理。对此裁定不服的，原告可提起上诉。

受诉人民法院在7日内既不立案，又不作出裁定的，起诉人可以向上一级人民法院申诉或者起诉。上一级人民法院认为符合受理条件的，应予受理；受理后可以移交或者指定下级人民法院审理，也可以自行审理。前述7日从受诉人民法院收到起诉状之日起计算；因起诉状内容欠缺而责令原告补正的，从人民法院收到补正材料之日起计算。

其次，不予受理的情形包括：

法律、法规规定应当先申请复议，公民、法人或者其他组织未申请复议直接提起诉讼的；已经申请行政复议，在法定复议期间内又向人民法院提起诉讼的，人民法院不予受理；

人民法院裁定准许原告撤诉后，原告以同一事实和理由重新起诉的；

公民、法人或者其他组织不知道行政机关作出的具体行政行为内容的，其起诉期限从知道或者应当知道该具体行政行为内容之日起计算。对涉及不动产的具体行政行为从作出之日起超过20年、其他具体行政行为从作出之日起超过5年提起诉讼的。

此外，对于有下列情形之一者，应当裁定不予受理；已经受理的，裁定驳回起诉：

（1）请求事项不属于行政审判权限范围的；

（2）起诉人无原告诉讼主体资格的；

（3）起诉人错列被告且拒绝变更的；

（4）法律规定必须由法定或者指定代理人、代表人为诉讼行为，未由法定或者指定代理人、代表人为诉讼行为的；

（5）由诉讼代理人代为起诉，其代理不符合法定要求的；

（6）起诉超过法定期限且无正当理由的；

（7）法律、法规规定行政复议为提起诉讼必经程序而未申请复议的；

（8）起诉人重复起诉的；

（9）已撤回起诉，无正当理由再行起诉的；

（10）诉讼标的为生效判决的效力所羁束的；

（11）起诉不具备其他法定要件的。

案件受理后，就意味着受诉法院对所争议的行政案件具有审判的权利，也意味着法院即负有解决此纠纷的义务，还意味着排除了其他法院对此案件的管辖权。

4. 城市房屋拆迁行政诉讼一审程序

(1) 审理前的准备

人民法院是我国具体行使行政审判职能的组织，包括行政审判庭、合议庭以及审判委员会。合议庭是其中的基本组织，由三人以上单数审判员或审判员和人民陪审员组成，对案件进行审理和裁判，复杂疑难案件则报院长提交审判委员会讨论决定。

依据《中华人民共和国行政诉讼法》的规定，合议庭组成之后，应当在立案之日起5日内将起诉状副本发送被告，被告应当在收到起诉状副本之日起10日内向人民法院提交作出具体行政行为的有关材料，并提出答辩状。人民法院应当在收到答辩状之日起5日内，将答辩状副本发送原告。当然，被告是否提交答辩状，不影响案件的审理。

在起诉状副本送达被告后，作为原告的被拆迁人等提出新的诉讼请求的，人民法院不予准许，但有正当理由的除外。

合议庭组成之后，应当将组庭情况告知有关当事人。组庭后，承办法官除审查诉讼材料、研究案件外，可根据需要调取证据，决定是否要采取证据保全措施等。

(2) 开庭审理

开庭审理，是人民法院在当事人和其他诉讼参与人的参加下，对案件进行审理的过程。开庭审理是行政诉讼活动中最重要的阶段，是审判活动的中心，开庭审理的前提是审理前准备阶段的结束。

开庭审理包括准备阶段、法庭调查阶段、法庭辩论阶段和评议判决阶段四个阶段。

① 准备阶段

准备阶段是开庭审理的前奏，主要包括：人民法院在确定开庭时期后，应以传票传唤当事人出庭参加庭审，并通知诉讼代理人、证人等到庭参加诉讼活动；人民法院审理行政案件，除涉及国家秘密、个人隐私和法律另有规定的除外，应当公开审理。开庭3日前，人民法院应当将案由、当事人情况、开庭时间和地点等进行公告，张贴于法院门前的公告栏内。

开庭审理前，书记员应当查明当事人和其他诉讼参与人是否到庭，并宣布法庭纪律；开庭审理时，由审判长核对当事人，宣布案由，宣布审判人员、书记员名单，告知当事人有关的诉讼权利义务，询问当事人是否提出回避申请，审查诉讼代理人资格和代理权限。下面主要对回避制度进行必要的阐述：

回避是指为保证案件的公正审判，而要求与案件有一定利害关系的审判人员或其他有关人员，不得参与本案的审理活动或诉讼活动的制度。

回避适用以下人员：审判人员、书记员、翻译人员、鉴定人、勘验人员。院长担任审判长时的回避，由审判委员会决定；审判人员的回避，由院长决定；其他人员的回避，由审判长决定。

回避事由是指：上述人员是本案当事人或当事人的近亲属或与本案有利害关系的或有其他关系，可能影响案件的公正审理的。

回避申请应当在案件审理前提出，回避事由在案件审理之后知道的，也可以在法庭辩论终结前提出。被申请回避的人员，在人民法院作出是否回避的决定前，应当暂停参与本案的工作，但案件需要采取紧急措施的除外。对当事人提出的回避申请，人民法院应当在3日内以口头或者书面形式作出决定。若申请人对驳回回避申请决定不服的，可以向作出决定的人民法院申请复议一次。复议期间，被申请回避的人员不停止参与本案的工作。对申请人的复议申请，人民法院应当在3日内作出复议决定，并通知复议申请人。

② 法庭调查阶段

法庭调查是人民法院在诉讼当事人和诉讼参与人的参加下，核实、审查证据，以查明案件真相的诉讼阶段。

法庭调查的基本程序如下：

A. 由原告宣读起诉状，然后由被告宣读答辩意见。原告主要应说明其合法权益受到被告的具体行政行为侵害的事实，被告则应围绕证明自己所作出的具体行政行为合法进行阐述，并提供据以作出被诉具体行政行为的全部证据和所依据的规范性文件。当事人陈述完毕，然后传证人到庭作证或宣读证人证言。证人到庭后，法庭应当告知其诉讼权利义务。对证人的证词，双方当事人及其代理人经法庭准许后，可向证人提问、质证。此外，若证人因客观原因不能到庭时可以宣读证人证言，但此证人证言同样应在法庭经由双方当事人质证。

B. 在当事人陈述和证人作证后，审查书证、物证等，宣读鉴定结论、勘验笔录和现场笔录，双方当事人及其诉讼代理人围绕证据的合法性、真实性、关联性发表质证意见。如果合议庭认为案件事实业已查清，审判长即可宣布法庭调查结束，进入辩论阶段。

③ 法庭辩论阶段

法庭辩论阶段是各方当事人运用证据和法律规范，就案件争议事实充分表达意见的阶段。法庭辩论由审判长主持，各方当事人发言须经审判长准许。辩论中，提出与案件有关的事实、证据，由合议庭决定停止辩论，恢复法庭调查。法庭辩论的顺序是：首先由原告及其诉讼代理人发言，接着被告及其诉讼代理人答辩，然后双方之间进行辩论。若有第三人参加诉讼的，应在原、被告发言后再行发言。第一轮辩论结束后，依此顺序进入第二轮辩论，针对上一轮辩论中对方的要点和主张进行反驳，并进一步阐明本方的观点，相互辩论的次数和时间由审判长确定，但不得限制各方当事人的辩论权利，同时亦不可使当事人重复自己的主张。法庭辩论结束后，由审判长依照原告、被告、第三人的顺序依次征询各方最后意见。当审判长认为案件事实已查明，即可结束法庭辩论程序，宣布休庭。

④ 评议判决阶段

休庭后，合议庭对本案进行评议。评议时，合议庭成员根据经认定的证据，确认案件事实，依据法律和行政法规、地方性法规、参照规章，形成人民法院对案件的判决。合议庭评议时适用少数服从多数的原则，但不同意见应记入合议笔录，合议庭成员均应在合议笔录上签字确认。对于重大、疑难案件，则交由院长报审判委员会讨论决定。

经过合议庭评议后，庭审进入最后阶段——宣判。宣判是人民法院在对行政案件审理终结后，根据查明认定的事实和法律规定，对双方当事人争议的行政案件，作出具有强制性的决断。行政案件无论是否公开开庭审理，都应公开宣判，能当庭宣判的，应当庭宣判。人民法院应当在立案之日起3个月内作出第一审判决。有特殊情况需要延长的，由高级人民法院批准，高级人民法院审理第一审案件需要延长的，由最高人民法院批准。

当庭宣判的行政案件，人民法院应在一定期限内将判决书发送至当事人，不能当庭宣判的需要报经审判委员会讨论决定的案件，应当定期宣判，定期宣判的，宣判后应立即将判决书发给当事人。宣判后，人民法院应当在10日内发送行政判决书（行政裁定书或行政赔偿调解书）。

(3) 城市房屋拆迁行政诉讼中的裁定与判决

行政诉讼中的裁定，是指法院在审理行政案件的过程中对有关诉讼程序的事项作出的判定。在行政诉讼一审中，裁定主要有以下几种：

① 不予受理的裁定。《中华人民共和国行政诉讼法》第四十二条规定，"人民法院接到起诉状，经审查，应当在7日内立案或者作出裁定不予受理。原告对裁定不服的，可以提起上诉。"

② 停止执行的裁定。在实践当中，有的具体行政行为如果执行会造成无法弥补的损失，在这一具体行政行为停止执行不损害公共利益的情况下，人民法院应当作出停止执行的裁定。

③ 采取诉讼保全措施的裁定。《中华人民共和国行政诉讼法》第三十六条规定，"在证据可能灭失或者以后难以取得的情况下，诉讼参加人可以向人民法院申请保全证据，人民法院也可以主动采取保全措施。"

④ 准予或不准予撤诉的裁定。《中华人民共和国行政诉讼法》第五十一条规定，"人民法院对行政案件宣告判决或者裁定前，原告申请撤诉的，或者被告改变其所作的具体行政行为，原告同意并申请撤诉的，是否准许，由人民法院裁定。"

⑤ 中止、终结审理的裁定。人民法院对在行政诉讼过程中，由于发生了一些客观情况中途需要停止诉讼的和由于发生了特殊原因而原告要求撤销诉讼的等，使诉讼无法继续进行而需终结诉讼

的，均应裁定。

《中华人民共和国行政诉讼法》第四十四条规定，"诉讼期间，不停止具体行政行为的执行。但有下列情形之一的，停止具体行政行为的执行：（一）被告认为需要停止执行的；（二）原告申请停止执行，人民法院认为该具体行政行为的执行会造成难以弥补的损失，并且停止执行不损害社会公共利益，裁定停止执行的；（三）法律、法规规定停止执行的。"

《最高人民法院关于执行〈中华人民共和国行政诉讼法〉若干问题的解释》第五十一条规定，"在诉讼过程中，有下列情形之一的，中止诉讼：

（一）原告死亡，须等待其近亲属表明是否参加诉讼的；

（二）原告丧失诉讼行为能力，尚未确定法定代理人的；

（三）作为一方当事人的行政机关、法人或者其他组织终止，尚未确定权利义务承受人的；

（四）一方当事人因不可抗力的事由不能参加诉讼的；

（五）案件涉及法律适用问题，需要送请有权机关作出解释或者确认的；

（六）案件的审判须以相关民事、刑事或者其他行政案件的审理结果为依据，而相关案件尚未审结的；

（七）其他应当中止诉讼的情形。"

上述司法解释对终结审理亦作出了明确的规定，其第五十二条规定，"在诉讼过程中，有下列情形之一的，终结诉讼：

（一）原告死亡，没有近亲属或者近亲属放弃诉讼权利的；

（二）作为原告的法人或者其他组织终止后，其权利义务的承受人放弃诉讼权利的。

因本解释第五十一条第一款第（一）、（二）、（三）项原因中止诉讼满90日仍无人继续诉讼的，裁定终结诉讼，但有特殊情况的除外。"

行政诉讼判决，是指人民法院审理行政案件终结时，根据事实和法律，以国家审判机关的名义，就行政案件作出的结论性处理决定。它是人民法院就行政案件的实体问题所作的决定。行政诉讼一审的判决形式主要有如下：

① 维持判决。人民法院作出的维持被告的具体行政行为的判决，也即不支持原告的诉请。根据《中华人民共和国行政诉讼法》第五十四条之规定，"具体行政行为证据确凿，适用法律、法规正确，符合法定程序的，判决维持。"

② 撤销判决。即人民法院经过审查，认为具体行政行为存在主要证据不足的、适用法律法规错误的、违反法定程序的、超越职权的、滥用职权五种情形之一者，可作如下判决：判决全部撤销该具体行政行为，判决部分撤销该具体行政行为，判决撤销该具体行政行为的同时判决被告重新作出具体行政行为。此外，人民法院撤销行政机关的具体行政行为之后，若判决被告重新作出具体行政行为的，被告不得以同一事实和理由，作出与原具体行政行为基本相同的具体行政行为。

③ 履行判决。即人民法院认定被告负有法定职责而无正当理由拒不履行或拖延履行的，责令被告限期履行法定职责的判决。"被告不履行或者拖延履行法定职责的，判决其在一定期限内履行。"

④ 变更判决。即人民法院经过审理，认定行政处罚行为显失公正，运用国家审判权直接予以改变的判决。

⑤ 赔偿判决。即人民法院作出令被告作出行政赔偿的判决。赔偿判决可以单独作出，也可同其他判决一并作出。赔偿判决的作出是基于被告的具体行政行为违法，侵犯了相对人的合法权益并造成了损害。

⑥ 驳回判决。即人民法院基于下列理由，可作出驳回原告诉讼请求的判决：起诉被告不作为理由不能成立的，起诉具体行政行为合法但存在合理性问题的，被诉具体行政行为合法但因法律、政策变化需要变更或者废止的，其他应当判决驳回诉讼请求的。

⑦ 确认判决。即指法院经审理后，依法确认被诉之对象合法、有效、无效或违法的判决形式。人民法院对下列情况，应当作出确认被诉具体行政行为违法或者无效的判决：被告不履行法定职责但判决责令其履行法定职责已无实际意义的，被诉具体行政行为违法但不具有可撤销内容的，被诉具体行政行为依法不成立或者无效的。

在行政判决书中我们常能见到"干部"这一词汇,如被告或被上诉人的委托代理人往往是其单位工作人员,如果不是科长、处长等带长的,在判决书中便会表述为"委托代理人某某,系某某局干部"。其实,我们知道,干部是指列入干部编制、享受干部待遇,从事各种公共管理工作的公职人员。主要包括以下6类人员:①国家机关的领导和工作人员;②中国共产党的工作干部,各民主党派的领导和机关工作人员;③在军队中担任排级以上职务的现役军人;④社会政治团体与群众组织的领导与工作人员;⑤专业技术干部;⑥国有企、事业单位中从事管理工作的人员。但干部一词并非法言法语,用于法院的判决显然不妥,多少有些不太协调。此外,在行政诉讼案件中被告方代理人除律师外,以其单位工作人员居多,大都是国家公务员,公务员是一个法律术语。因此,在这种情况下,将被告代理人表述为"某某某,系某某局公务员"或许更加恰当。

(4) 行政诉讼的阻却事由

行政诉讼的阻却是指由于某些特定的原因,出现诉讼阻却的情况,使诉讼过程中断或不能按正常程序进行审理和裁判。主要表现为如下几种情形:

① 延期审理。是指在法院决定开庭或开庭审理案件时,因为发生了法律规定的一些情况,而推迟审理案件时间的诉讼制度。主要包括:因行政机关改变被诉具体行政行为的,因必须到庭的当事人和其他诉讼参与人没有到庭的;因当事人申请回避不能进行审理的;需要通知新的证人到庭,调取新的证据,重新鉴定勘验或者需要补充证据的;因合议庭成员临时有紧急任务或者特殊意外情况不能出庭且无人代替的;其他需要延期审理的情况等。对于延期后开庭审理的时间,可以在延期审理决定时确定,也可以另行通知。

② 延长审理期限

延长审理期限,是指人民法院在审理行政案件过程中,因为出现特殊情况而无法在规定的审理期限内审结案件,经高级人民法院或最高人民法院批准而延长审理期限的诉讼行为。《中华人民共和国行政诉讼法》第五十七条规定,"人民法院应当在立案之日起3个月内作出第一审判决。有特殊情况需要延长的,由高级人民法院批准,高级人民法院审理第一审案件需要延长的,由最高人民法院批准。"因此,基层人民法院及中级人民法院无权批准延长审理期限。

③ 撤诉

撤诉是原告放弃或处分自己诉讼权力的行为,也是原告放弃其诉讼请求的一种诉讼方式。《中华人民共和国行政诉讼法》第五十一条规定,"人民法院对行政案件宣告判决或者裁定前,原告申请撤诉的,或者被告改变其所作的具体行政行为,原告同意并申请撤诉的,是否准许,由人民法院裁定。"

一般认为,撤诉可分为申请撤诉和视为撤诉两种情况。申请撤诉,即原告基于一定原因,自愿撤回对被告的起诉,当然起诉是否能够撤回,须经人民法院批准。如果原告申请撤诉是为了规避法律或损害公共利益的,人民法院不得准许。视为撤诉,是指人民法院基于推定原告已撤回起诉。主要有如下三种情形:原告经人民法院两次合法传唤,无正当理由拒不到庭的;在开庭时期间,原告未经法庭许可中途擅自退庭,拒不返回的;在法定期间内,原告不预交案件受理费用,又不提出缓交、减免诉讼费用申请或申请未获批准的。

原告撤诉后,不得再以同样事实与理由重新起诉,但原告有正当理由,基于不同事实与理由重新起诉的,人民法院应当受理。

④ 缺席判决

缺席判决,是指人民法院开庭审理时,当事人一方经合法传唤无正当理由拒不到庭,法庭继续审理案件并依法作出裁判的诉讼活动。

缺席判决主要有两种情况:一是被告经合法传唤无正当理由拒不到庭或到庭后未经法庭准许中途退庭的;二是经人民法院依法传唤,原告无正当理由拒不到庭或未经许可中途退庭的。

此外,第三人经合法传唤无正当理由拒不到庭或未经法庭准许中途退庭的,不影响案件的正常审理。

⑤ 诉讼中止

行政诉讼中止,是指在行政诉讼过程中,因出现需要中断诉讼进行的情形,诉讼暂时停止,等该引起诉讼中止的原因消失后诉讼再继续进行的制度。《最高人民法院关于执行〈中华人民共和国行

政诉讼法〉若干问题的解释》第五十一条规定,"在诉讼过程中,有下列情形之一的,中止诉讼:

(一)原告死亡,须等待其近亲属表明是否参加诉讼的;

(二)原告丧失诉讼行为能力,尚未确定法定代理人的;

(三)作为一方当事人的行政机关、法人或者其他组织终止,尚未确定权利义务承受人的;

(四)一方当事人因不可抗力的事由不能参加诉讼的;

(五)案件涉及法律适用问题,需要送请有权机关作出解释或者确认的;

(六)案件的审判须以相关民事、刑事或者其他行政案件的审理结果为依据,而相关案件尚未审结的;

(七)其他应当中止诉讼的情形。

中止诉讼的原因消除后,恢复诉讼。"

⑥ 诉讼终结

行政诉讼终结,是指在行政诉讼过程中,因出现需要诉讼不能进行或没有必要继续进行的情形,人民法院决定结束行政诉讼案件审理的制度。主要有如下几种情况:A. 原告死亡,没有近亲属或者近亲属放弃诉讼权利的;B. 作为原告的法人或者其他组织终止后,其权利义务的承受人放弃诉讼权利的;C. 原告死亡,中止诉讼满90日仍无人继续诉讼的;D. 原告丧失诉讼行为能力,超过90日未确定法定代理人的;E. 作为一方当事人的行政机关、法人或者其他组织终止,超过90日未确定权利义务承受人的。

⑦ 案件的移送

行政诉讼案件的移送,是指人民法院在审理行政诉讼案件过程中,因出现相关情况,将审理的案件全部或部分送交有关部门处理的措施。主要有如下情形:A. 人民法院发现受理的案件不属于自己管辖,将整个案件移送给有管辖权的人民法院管辖;B. 人民法院在审理行政案件过程中,发现被处罚人的行为涉嫌犯罪,应当追究刑事责任的,将有关材料移送有关部门的。

(5)城市房屋拆迁行政诉讼二审程序

行政诉讼二审程序,又称为上诉审程序,是指二审法院依照法律规定,对当事人在法定期限内提起的上诉,对第一审案件所作出的尚未发生生效的判决或者裁定进行审理的程序。

① 行政诉讼上诉的提起

行政诉讼二审因当事人的上诉而发生,因而它并不是每一个行政案件的必经程序。二审程序的提起,应当符合下列条件:

首先,各方主体应适格,即上诉人和被上诉人的诉讼主体资格必须适格。一审原告、被告、第三人及其法定代理人、法人和其他组织的法定代表人,均有资格提起上诉。被上诉人则应是提起上诉的当事人的对方当事人。

其次,审查的对象应适格,即二审程序审查的应当是未生效的第一审行政判决或裁定。如果第一审的判决或裁定业已发生法律效力,则应通过申诉途径解决。

再次,上诉应在法定时间内提起,即"当事人不服人民法院第一审判决的,有权在判决书送达之日起15日内向上一级人民法院提起上诉。当事人不服人民法院第一审裁定的,有权在裁定书送达之日起10日内向上一级人民法院提起上诉。逾期不提起上诉的,人民法院的第一审判决或者裁定发生法律效力。"

② 行政诉讼上诉的受理

行政诉讼上诉的受理,最高人民法院的司法解释作出了规定,即"当事人提出上诉,应当按照其他当事人或者诉讼代表人的人数提出上诉状副本。

原审人民法院收到上诉状,应当在5日内将上诉状副本送达其他当事人,对方当事人应当在收到上诉状副本之日起10日内提出答辩状。

原审人民法院应当在收到答辩状之日起5日内将副本送达当事人。

原审人民法院收到上诉状、答辩状,应当在5日内连同全部案卷和证据,报送第二审人民法院。已经预收诉讼费用的,一并报送。"二审人民法院在收到全部案卷、书状和证据后,经审查认为符合法律规定的,即应立案受理。

③ 行政诉讼二审的审理

行政诉讼二审是一审的延续，虽然在称谓上发生了一定变化，但双方当事人之间的诉讼主张与一审有着密切联系。二审法院审理上诉案件也应当首先组成合议庭，由合议庭对一审判决或裁定认定事实是否清楚、适用法律是否正确、诉讼程序是否合法进行全面审查，不受上诉人在上诉状中上诉范围和上诉内容的限制。

行政诉讼二审的审理分为书面审理和开庭审理。书面审理适用于一审裁判认定事实当事人的上诉案件。二审法院经审查一审法院报送的所有材料后，认为事实清楚的，可通过该审查后即作出裁判。开庭审理的程序基本与一审开庭审理的程序相同，这里不再展开。开庭审理适用于"当事人对原审人民法院认定的事实有争议的，或者第二审人民法院认为原审人民法院认定事实不清楚的"。

④ 行政诉讼中上诉的撤回

在二审法院受理上诉至其作出二审裁判之前，上诉人均可向二审法院申请撤回上诉，经人民法院审查是否符合法律规定，从而决定是否准许其撤回上诉的制度。人民法院应当审查该撤诉行为是否意在规避法律，有无损害国家、集体、他人合法权益以及社会公共利益，若无此不得撤诉之情形，人民法院应当准许上诉人撤回上诉。

上诉一旦撤回，将产生一系列法律后果：上诉人丧失对该案的上诉权，不得再行提起上诉，一审裁判即发生法律效力，上诉费用即由上诉人承担。

⑤ 行政诉讼二审的裁判

关于行政诉讼二审的裁判，《中华人民共和国行政诉讼法》第六十一条规定，"人民法院审理上诉案件，按照下列情形，分别处理：

（一）原判决认定事实清楚，适用法律、法规正确的，判决驳回上诉，维持原判；

（二）原判决认定事实清楚，但是适用法律、法规错误的，依法改判；

（三）原判决认定事实不清，证据不足，或者由于违反法定程序可能影响案件正确判决的，裁定撤销原判，发回原审人民法院重审，也可以查清事实后改判。当事人对重审案件的判决、裁定，可以上诉。"

即视情况可分为：维持原判、依法改判、裁定撤销原判决、发回重审三种形式。

⑥ 行政上诉状的参考格式如下：

行 政 上 诉 状
上诉人（自然人写明姓名，性别，年龄，住址等，单位等写明名称，住所地及法定代表人姓名及职务等）：
被上诉人（写明名称，住所地及法定代表人姓名及职务等）：
上诉人因　　　一案，不服　　　人民法院　年　月　日（　）字第　　号行政判决（或裁定），现依法提起上诉。
上诉请求（写明提起上诉所希望达到的目的，即要求撤销一审判决等）：
事实与理由（此部分应当述明案件主要事实，并针对一审判决的事实与法律依据进行剖析，得出支持本方上诉请求的结论）：
此　致 某某人民法院 <div style="text-align:right">上诉人： 年　月　日</div>
附：本上诉状副本　　份

(6) 城市房屋拆迁行政诉讼再审程序

行政诉讼再审程序，基于审判监督权的存在。我国现行法律规定，启动行政诉讼再审程序的主体有三：当事人、人民法院、人民检察院。作为一种特殊情形，本书不作具体展开，建议掌握法律的规定，即《中华人民共和国行政诉讼法》的下列规定：

"第六十二条　当事人对已经发生法律效力的判决、裁定，认为确有错误的，可以向原审人民法院或者上一级人民法院提出申诉，但判决、裁定不停止执行。

第六十三条　人民法院院长对本院已经发生法律效力的判决、裁定，发现违反法律、法规规定认为需要再审的，应当提交审判委员会决定是否再审。

上级人民法院对下级人民法院已经发生法律效力的判决、裁定，发现违反法律、法规规定的,有权提审或者指令下级人民法院再审。

第六十四条 人民检察院对人民法院已经发生法律效力的判决、裁定,发现违反法律、法规规定的,有权按照审判监督程序提出抗诉。"

当事人申请再审,应当在判决、裁定发生法律效力后 2 年内提出。当事人对已经发生法律效力的行政赔偿调解书,提出证据证明调解违反自愿原则或者调解协议的内容违反法律规定的,可以在 2 年内申请再审。

行政再审申请书的基本格式,可参考如下:

行政再审申请书
申请人(自然人的写明姓名,性别,年龄,住址等,单位等写明名称,住所地及法定代表人姓名及职务等):
申请人因　　　一案,不服　　人民法院　　年　月　日(　　)字第　　号行政判决(或裁定),现申请再审。
请求事项(要写明申请撤销的判决书或裁定书的文号):
事实与理由(着重阐述生效判决或裁定存在程序违法或适用法律错误等法定情形):
此　致 　　　　人民法院 　　　　　　　　　　　　　　　　　　　申请人: 　　　　　　　　　　　　　　　　　　　年　月　日
附:原审判决书(或裁定书)　　份

四、城市房屋拆迁行政诉讼案例

2004 年底,我们承接了一宗涉及自建房拆迁的案件,自建房拆迁纠纷具有一定的代表性,现将这一案件的代理意见收录如下,以供大家交流,基本案情见代理意见之事实概述部分。

关　于
罗甲诉北京市乙区国土资源和房屋管理局不予受理房屋
拆迁纠纷裁决申请一案之 代理意见

尊敬的审判长、审判员、人民陪审员:

北京市惠诚律师事务所依法接受本案原告罗甲之委托,指派事务所房地产业务部杨应军律师、罗建国律师代理其与北京市乙区国土资源和房屋管理局不予受理房屋拆迁纠纷裁决申请一案。我们在调查取证以及参加庭审后，兹依据庭审情况，发表如下代理意见，以供法庭参酌：

一、本案事实概述

位于原北京市某区140号内共有房屋六间，其中三间有产权证书，另外三间属于自建房屋，自建房屋中有东房一间系原告罗甲于1984年自行建造并长期居住至拆迁之时。

2003年10月，经北京市乙区国土资源和房屋管理局批准，北京某房地产开发有限公司在北京市某区某地一带进行居住区绿化带征地项目拆迁工程，原告罗甲长期居住的东房位于拆迁范围之内。在拆迁过程中，原告的哥哥丙与拆迁人就拆迁补偿与安置事宜经协商达成一致意见并签订了拆迁协议书，之后，罗丙搬迁离开了原房屋，原房屋被拆迁人拆除。

原告在拆迁人入户调查即量房时即已向拆迁人申请了拆迁补助，后经多次与拆迁人就上述拆迁补助事宜协商后没有结果，原告于2004年5月提出了拆迁裁决申请，经被告北京市乙区国土资源和房屋管理局审查，该局以原告提供的材料不能证明其是被拆迁房屋的所有人，且该房屋已经灭失为由，通知原告不予受理其拆迁裁决申请。

原告对该通知不服，申请行政复议，案经北京市某区人民政府审查，复议机关认为：罗甲作为申请人提供的材料不能证明其是该房屋的所有权人和承租人，因此其不是被拆迁人，被告作出的不予受理通知是正确的，并进一步认为：虽然《北京市城市房屋拆迁补助有关规定》规定了拆迁补助费的支付问题，但该规定没有规定对此类纠纷解决应当由拆迁裁决主管部门裁决，因此罗甲提出的拆迁裁决申请超越北京市乙区国土资源和房屋管理局受理拆迁裁决的范围，复议机关以上述理由对罗甲的复议申请予以维持。

原告罗甲不服上述不予受理的通知，向贵院提起行政诉讼，并经贵院受理，现本案庭审工作已经结束。

二、有关本案证据

1. 原告方向法庭提供了如下证据：

证据一、罗甲身份证，证明罗甲的身份信息。

证据二、常住人口登记卡，证明罗甲一家三口独立分户。

证据三、罗甲自建房照片，证明罗甲有一间自建房的事实。

证据四、证人张某、李某证言，证明罗甲有自建房一间的事实。

证据五、北京市某区某街道居民委员会致拆迁办的居住证明，证明罗甲系某区140号常住户。

证据六、公证书（某证民字第0889号），证明罗甲没有取得其父房屋遗产。

证据七、赠与书及公证书（某证民字第0690号），证明吴某将本案所指房产赠与罗丙的事实。

证据八、受赠与及公证书（某证民字第0691号），证明罗丙接受吴某房产赠与的事实。

证据九、北京市某区农业资料土产公司出具的无房证明，证明罗甲及其丈夫、儿子无其他住房。

2. 被告方向法庭提供了如下证据：

证据一、裁决申请书

证据二、北京市郊区房地产所有证

证据三、公证书

证据四、北京市住宅房屋拆迁货币补偿协议

证据五、户籍

证据六、要求补证的通知及送达回执

证据七、不予受理的通知及送达回执

证据八、城市房屋拆迁行政裁决工作规程

证据九、北京市某区人民政府行政复议决定书

被告提供了上述证据，但并未予以说明其所要证明的内容。

（1）对于被告提供的证据之一、二、三、五、六、七、九原告予以认可，对其证据之四，我们认为系拆迁人与罗丙签订的协议，与原告无关，因而该证据与本案不具有关联性。

（2）对于被告所提供的证据八，我们认为本案应适用行为时的法律即北京市城市房屋拆迁裁决程序规定，而不应适用该规定。

(3) 对于原告提供的证据，被告认可其中的一、二、三、四，而对其他的证据存有异议。依据被告认可并经法庭确认的可以作为认定本案事实依据的四项证据，可以得出如下事实：原告罗甲在原某区140号内有自建房一间，并由其一家三口长期居住至拆迁之时。

三、支持原告诉讼请求的理由

1. 原告罗甲与拆迁人之间的纠纷属于拆迁纠纷

房屋拆迁纠纷，依据《城市房屋拆迁管理条例》第十三条（拆迁人与被拆迁人应当依照本条例的规定，就补偿方式和补偿金额、安置用房面积和安置地点、搬迁期限、搬迁过渡方式和过渡期限等事项，订立拆迁补偿安置协议。拆迁租赁房屋的，拆迁人应当与被拆迁人、房屋承租人订立拆迁补偿安置协议）、第十六条（拆迁人与被拆迁人或者拆迁人、被拆迁人与房屋承租人达不成拆迁补偿安置协议的，经当事人申请，由房屋拆迁管理部门裁决。房屋拆迁管理部门是被拆迁人的，由同级人民政府裁决。裁决应当自收到申请之日起30日内作出。当事人对裁决不服的，可以自裁决书送达之日起3个月内向人民法院起诉）是指拆迁人与被拆迁人或者拆迁人、被拆迁人与房屋承租人经协商对补偿方式和补偿金额、安置用房和安置地点、搬迁期限、搬迁过渡方式和过渡期限等达不成拆迁补偿安置协议而发生的纠纷。

依据上述规定，一个拆迁纠纷应当有如下特点：

(1) 争议双方应为拆迁当事人

根据《城市房屋拆迁管理条例》第十六条之规定，拆迁当事人包括拆迁人，被拆迁人，房屋承租人。本案中，罗甲长期居住的房屋系其建造，其是该自建房的所有人，根据《城市房屋拆迁管理条例》第四条之规定，其是被拆迁人，是本案的拆迁当事人。

本案庭审中，被告声称其依法行政，认为原告不是被拆迁人，但并未明确自建房属于什么性质，是非法建筑还是违章建筑？抑或其他？如果自建房是违章建筑或非法建筑，则规范自建房补助的由北京市人民政府批复的《北京市城市房屋拆迁补助有关规定》（京政函[2001]109号）规定自建房在符合相关条件的情况下应当给予拆迁安置补助就没有法律依据，对于自建房就不应当给予补助。上述文件是依据《北京市城市房屋拆迁管理办法》制定的，在北京市范围内具有法律效力。如果被告真的依法行政，那为什么对这些文件视而不见，对北京市的实际情况熟视无睹呢？依法行政，执政为民，又从何谈起？

有关自建房的拆迁补助，我们不能只看其字面意思，而要根据实际情况来探析立法本意。自建房的补助也是法定的，而非可以契约方式自行处分。而且，根据《城市房屋拆迁管理条例》第三十一条规定，"拆迁人应当对被拆迁人或者房屋承租人支付搬迁补助费。在过渡期限内，被拆迁人或者房屋承租人自行安排住处的，拆迁人应当支付临时安置补助费；被拆迁人或者房屋承租人使用拆迁人提供的周转房的，拆迁人不支付临时安置补助费。搬迁补助费和临时安置补助费的标准，由省、自治区、直辖市人民政府规定。"这一条是规定在《城市房屋拆迁管理条例》第三章即拆迁补偿与安置这一章里，也就是说立法者虽然没有直接说拆迁补助实质上是一种对因房屋被拆除而给予的一种补偿，但从法律条文的行文来看，立法者实质上也认为拆迁补助性质就是一种补偿，由此观之，被告在庭审中所称拆迁补助裁决申请非其行政职能范围而不予受理，对拆迁补偿则予受理的说法也是错误的，没有法律依据，被告的行为完全属于行政不作为。

综上，原告罗甲属于本案被拆迁人，被告所持理由不能成立。

（2）拆迁当事人之间未达成有关拆迁补偿安置协议

《城市房屋拆迁管理条例》第十三条之规定，本案中，拆迁人并未根据北京市人民政府京政函[2001] 109号文件的规定，给予罗甲有关自建房的拆迁安置补助。由于历史的原因，自建房在北京市数量较多，基于对现实情况的考虑并切实解决实际问题，北京市人民政府规定对自建房在符合条件的情况下，可以向拆迁人申请拆迁安置补助，该补助是建立在其自建房将由拆迁人拆除的基础之上。同时，依据该规定经核查后符合规定条件的自建房居民，拆迁人应当按照经济适用房均价和规定面积给予拆迁安置补助。北京市人民政府京政函[2001] 109号文件作为《北京市城市房屋拆迁管理办法》的配套规定,是北京市处理自建房拆迁问题的一个规范性文件,本案中拆迁人应当给予罗甲自建房的拆迁补助,然而拆迁人并未与罗甲就有关拆迁安置补助的事宜达成协议。

因此,本案中,罗甲因其自建房拆迁问题而与拆迁人之间发生的纠纷属于拆迁纠纷。

2. 被告应受理原告拆迁纠纷之裁决申请

经法庭审查被告的职责范围并依据被告的陈述,受理拆迁纠纷裁决申请属于被告法定职责之一。如1所述,原告是本案中被拆迁房屋的所有人,是被拆迁人,其因拆迁补助费与拆迁人发生纠纷属于拆迁纠纷,属于被告受理拆迁纠纷裁决案件范畴。被告所称本案中某区140号房屋已与罗丙签订拆迁货币补偿协议,这一说法显然是错误的,因为该140号房屋内共有房屋六间,其中东房一间系原告建造,属其所有,而拆迁人是与罗丙签订的拆迁补偿协议中也处分了这一间房屋,拆迁人与罗丙以协议的方式对这一间东房的处分是无效的,也就是说被告并未就该一间东房与原告签订有关协议,因而被告所称理由并不成立。

被告称本案所指房屋已灭失的问题,裁决工作规程之所以如此规定,主要是考虑到如果房屋已灭失则无法进行实地评估,而本案中罗甲所有的房屋属于自建房,按照北京市人民政府京政函[2001] 109号批复的规定,拆迁人应当按照经济适用住房均价给予20平方米的补助,该补偿是固定的,与房屋的灭失并无关系,因而不存在评估问题。如果因此而不受理原告的裁决申请,则势必使该文件形同虚设,这一点,已由复议机关纠正。京政函[2001] 109号批复是依据《北京市城市房屋拆迁管理办法》制定的,自建房所有人可向拆迁人申请拆迁补助,如拆迁人不依法给予自建房所有人拆迁补助,在此情况下,如果不能申请拆迁裁决,则自建房所有人的利益将无法保障,京政函[2001] 109号批复的法律精神将无从得以体现,该文件形同虚设,而且原告与拆迁人之间的纠纷属于"拆迁人与被拆迁人对补偿形式和补偿金额、安置用房面积和安置地点、搬迁过渡方式和过渡期限,经协商达不成协议的,由批准拆迁的房屋拆迁主管部门裁决",因此被告在庭审中所持理由不能成立。

此外，根据拆迁工作的一般程序，开发建设单位应当对用地范围内被拆迁人、房屋承租人的全部房屋情况以及居民人口情况等进行调查、登记、核实。要对被拆迁人和房屋承租人的要求进行摸底、分类记录。之后，根据调查核实的实际情况和国家、地方人民政府的补偿安置等相关规定，编制拆迁计划和拆迁方案。在此基础之上，根据《城市房屋拆迁管理条例》第七条第一款第五项之规定，拆迁人申请拆迁许可证，应当提交"办理存款业务的金融机构出具的拆迁补偿安置资金证明"。而依据北京市人民政府的规定，则如本案原告罗甲情况的自建房，应当给予补偿，也就是说，这一部分的补偿费用应当在拆迁补偿安置资金证明中得以体现。而拆迁许可是在上述条件完备的情况下，才能获得被告的行政许可。本案中，被告在庭审中居然声称原告就其所有之自建房因拆迁补助费申请拆迁纠纷裁决不属于其职责范围，也就是说被告一方面批准了拆迁补偿方案，另一方面又说该方案的内容与其无关，显然自相矛盾。

综上，原告是本案中某区140号中东房的所有人，其是被拆迁人，被告应当受理其因拆迁补助费与拆迁人之间纠纷的裁决申请。

3. 被告所援引的法律不适用本案

本案中被告的主要法律依据是《城市房屋拆迁行政裁决工作规程》，对于该规定是否适用本案，我们认为依据《中华人民共和国立法法》第八十四条之规定，"法律、行政法规、地方性法规、自治条例和单行条例、规章不溯及既往，但为了更好地保护公民、法人和其他组织的权利和利益而作的特别规定除外。"《城市房屋拆迁行政裁决工作规程》由中华人民共和国建设部颁布，于2004年3月1日开始实施，而本案拆迁纠纷发生的事实在2003年12月（即在搬迁期限范围内并未达成拆迁补偿安置协议），应当适用行为时的法律，故本案中被告应当依照2002年12月16日施行的《北京市城市房屋拆迁裁决程序规定》处理本案，而不应以《城市房屋拆迁行政裁决工作规程》作为处理本案的依据。

根据《北京市城市房屋拆迁裁决程序规定》第四条之规定，一般情况下，裁决机关不予受理拆迁纠纷裁决申请，应当符合下列条件之一：

(1) 当事人已签订拆迁补偿安置协议的；

(2) 搬迁期限未满，或者已超过拆迁期限的；

(3) 非因拆迁补偿安置事项申请裁决的。

从上述规定可以看出，原告罗甲向被告所提起之拆迁纠纷裁决申请符合法律规定，被告应当受理，而不是拒之门外，致使原告得不到相应救济。

综上，被告作为辖区内房屋行政主管机关，裁决有关房屋拆迁纠纷属于其法定职责之一，被告应依法行政，应当依据《城市房屋拆迁管理条例》、《北京市城市房屋拆迁管理办法》、《北京市城市房屋拆迁补助有关规定》、《北京市城市房屋拆迁裁决程序规定》的规定受理本案并依法裁决。因此，恳请人民法院本着依法纠正行政机关的违法行政行为、维护原告及所有自建房所有人的合法权益之原则，依法判允原告之请求。

代理人：北京市惠诚律师事务所

杨应军　律师

罗建国　律师

2004年12月8日星期三

第五节　城市房屋拆迁民事诉讼

一、城市房屋拆迁民事诉讼基本知识概述

在城市房屋拆迁中，民事诉讼相对于行政诉讼而言，数量较少，表现形式多为因拆迁补偿安置协议所引起的纠纷、房屋的租赁合同纠纷、产权纠纷等，对于拆迁当事人而言，此中的民事诉讼亦相当重要，往往决定其是否有权获得拆迁补偿安置，因此，有必要对其进行深入探讨。

1. 城市房屋拆迁民事诉讼，是人民法院在当事人和其他诉讼参与人的参加下，审理和解决拆迁民事案件的活动，以及在这种活动中产生的各种法律关系的总称。

2. 关于民事诉讼的基本原则的概念及其内涵，在理论界存在

不同的理解。本人认为，民事诉讼的基本原则是指在民事诉讼的整个阶段起着指导作用的准则，具体包括当事人诉讼权利平等原则、辩论原则、处分原则、诚实信用原则、独立审判原则、直接原则、言词原则和不间断审理原则。

3. 民事审判的基本制度

(1) 合议制度

根据《中华人民共和国民事诉讼法》第十条之规定，人民法院审理民事案件实行合议制度。合议制度是指由审判人员3人以上组成合议庭对案件进行审理并按少数服从多数进行裁判的制度。《中华人民共和国民事诉讼法》第一百四十五条规定，"简单的民事案件由审判员一人独任审理。"除此之外，人民法院审理民事案件，应当依法组成合议庭。

(2) 陪审制度

《中华人民共和国民事诉讼法》第四十条规定，"人民法院审理第一审民事案件，由审判员、陪审员共同组成合议庭或者由审判员组成合议庭。合议庭的成员人数，必须是单数。……陪审员在执行陪审职务时，与审判员有同等的权利义务。"具体而言，陪审制度只适用于第一审案件，而且并不要求必须适用陪审制度；对审判员、陪审员共同组成的合议庭中二者的比例未作限制规定，实际中大都因法官数量有限，往往由一名法官和两名陪审员组成合议庭；一审案件中哪些案件适用陪审制，由人民法院根据案件的具体情况决定，法律未作限制；合议庭成员在评议和议决时，具有同等的权利；当合议庭成员的意见不一时，实行少数服从多数的原则；在合议庭形成不了一致意见时，应提交审委会讨论决定；评议中的不同意见，应当如实记入评议笔录。

(3) 回避制度

回避制度是指在民事诉讼中，审判人员和其他有关人员，因出现可能影响案件公正审理的事由，而依法退出案件审理活动的诉讼制度。

《中华人民共和国民事诉讼法》第四十五条规定，"审判人员有下列情形之一的，必须回避，当事人有权用口头或者书面方式申请他们回避：(一)是本案当事人或者当事人、诉讼代理人的近亲属；(二)与本案有利害关系；(三)与本案当事人有其他关系，可能影响对案件公正审理的。"回避的范围包括审判人员、书记员、翻译人员、鉴定人、勘验人。在回避的决定方面，院长担任审判长时的回避，由审判委员会决定；审判人员的回避，由院长决定；其他人员的回避，由审判长决定。

(4) 公开审判制度

公开审判制度是指人民法院审理民事案件，除法律规定的涉及国家秘密等情况外，审判过程及结果应当向社会公开。

《中华人民共和国民事诉讼法》第一百二十条规定，"人民法院审理民事案件，除涉及国家秘密、个人隐私或者法律另有规定的以外，应当公开进行。"

(5) 两审终审制度

两审终审制度是指一个民事案件经过两级人民法院审判后即告终结的制度。两审终审制的设立，既有利于保障当事人正当权利的行使；又有利于实现法院内部的审判监督。

民事诉讼中的两审终审制也有例外情形：最高人民法院作为第一审法院所作的裁判，当事人不能上诉；人民法院按特别程序审理的案件实行一审终审，如选民资格案件等。

4. 民事诉讼管辖

(1) 民事诉讼管辖的概念

民事诉讼管辖，是指不同级别法院之间以及同级各个不同法院之间受理第一审民事案件的权限和分工。也就是说当事人在发生纠纷时，应到哪一级的哪一个人民法院去起诉或应诉的问题。

(2) 民事诉讼管辖的划分

依据《中华人民共和国民事诉讼法》第二章的规定，管辖主要有：级别管辖、地域管辖、移送管辖和指定管辖。

① 级别管辖

级别管辖，是指按照法院组织系统划分上下级人民法院之间受理第一审民事案件的分工和权限，解决案件由哪一级法院进行管辖的问题。

《中华人民共和国民事诉讼法》规定：
"基层人民法院管辖第一审民事案件，但本法另有规定的除外。
中级人民法院管辖下列第一审民事案件：(一)重大涉外案件；(二)在本辖区有重大影响的案件；(三)最高人民法院确定由中级人民法院管辖的案件。
高级人民法院管辖在本辖区有重大影响的第一审民事案件。
最高人民法院管辖下列第一审民事案件：(一)在全国有重大影响的案件；(二)认为应当由本院审理的案件。"

② 地域管辖

地域管辖，是指确定同级人民法院在各自的辖区内管辖第一审民事案件的分工和权限。包括一般地域管辖、特殊地域管辖、专属管辖，解决所提起的纠纷由哪个法院进行管辖的问题。

A. 一般地域管辖是指根据当事人所在地来确定案件的管辖。通常适用的原则是《中华人民共和国民事诉讼法》第二十二条确立的"原告就被告"，即原告应向被告住所地人民法院起诉。对自然人提起的民事诉讼，由被告住所地人民法院管辖；被告住所地与经常居住地不一致的，由经常居住地人民法院管辖。对法人或者其他组织提起的民事诉讼，由被告住所地人民法院管辖。同一诉讼的几个被告住所地、经常居住地在两个以上人民法院辖区的，各该人民法院都有管辖权。一般地域管辖有其例外，下列情况原告可以向原告住所人民法院起诉：a. 对不在我国领域内居住的人提起的有关身份关系的诉讼；b. 对下落不明或宣告失踪人提出的有关身份关系的诉讼；c. 对被劳动教养的人提起的诉讼；d. 对被监禁的人提起的诉讼。

B. 特殊地域管辖，是指以诉讼标的所在地或者引起民事法律发生、变更、消灭法律事实所在地为标准确定的管辖。在城市房屋拆迁中，可能涉及到的有：a. 因合同纠纷提起的诉讼，由被告住所地或者合同履行地法院管辖；b. 因侵权行为提起的诉讼，由侵权行为地或被告住所地人民法院管辖。

C. 专属管辖根据法律规定，某些案件必须由特定的人民法院管辖，其他法院无权管辖，也不允许当事人协议变更管辖，这是一种排他性的管辖。在城市房屋拆迁中，可能涉及到的有：a. 因不动产纠纷提起的诉讼，由不动产所在地法院管辖；b. 因继承遗产纠纷提起的诉讼，由被继承人死亡时住所地或者主要遗产所在地法院管辖。

③ 移送管辖

移送管辖，是指人民法院将自己受理的无管辖权的案件，移送到对该案有管辖权的人民法院管辖。移送管辖移送的是案件，而非管辖权。根据《中华人民共和国民事诉讼法》第三十六条之规定，移送管辖案件的条件：A. 案件必须已由移送人民法院受理；B. 移送人民法院必须对该案无管辖权；C. 受移送人民法院必须对该案有管辖权。这三个条件要同时具备才能移送，受移送的人民法院认为移送来的案件本院也无管辖权时，只能报请上级人民法院指定管辖，不能将该案再退回，也不能再移送给其他人民法院。

④ 指定管辖

指定管辖，是指上级人民法院依法用裁定的方式将某一案件指定某一个下级法院管辖。依据《中华人民共和国民事诉讼法》第三十七条之规定，有两种情况需要上级人民法院指定管辖：一是由于特殊原因有管辖权的人民法院不能行使管辖权（如该法院辖区发生了不可抗力事件）；二是两个以上人民法院对案件管辖发生争议不能自行解决，由上级法院指定管辖。

此外，《中华人民共和国民事诉讼法》第三十九条规定，"上级人民法院有权审理下级人民法院管辖的第一审民事案件，也可以把本院管辖的第一审民事案件交下级人民法院审理。下级人民法院对它所管辖的第一审民事案件，认为需要由上级人民法院审理的，可以报请上级人民法院审理。"

（3）民事诉讼参加人

根据民事诉讼法学理论，当事人向人民法院提出的保护其合法民事权益的请求，称为诉。当事人所享有的这种权利，称为诉权。

民事诉讼参加人是指民事诉讼中的当事人以及当事人的诉讼代理人。证人、鉴定人、翻译人员仅协助人民法院查明案件事实，与诉讼结果并无利害关系，不是诉讼参与人，不是诉讼参加人。

① 关于当事人

民事诉讼中的当事人,是指因民事权利义务发生纠纷,以自己的名义进行诉讼,并受人民法院裁判或调解约束的利害关系人。《中华人民共和国民事诉讼法》第四十五条第一款规定,"公民、法人和其他组织可以作为民事诉讼的当事人。"

依据《中华人民共和国民事诉讼法》的规定,当事人在诉讼中主要的诉讼权利有:A. 有权委托代理人代为进行诉讼活动,行使诉讼权利;B. 有权要求审判人员及其他人员进行回避;有权收集、提供证据;C. 有权进行辩论;D. 有权请求人民法院进行调解;E. 有权提起上诉;F. 有权申请人民法院执行;G. 当事人可以查阅、复制本案有关材料和法律文书;H. 双方当事人可以自行和解;I. 原告在诉讼过程中可以放弃或者变更诉讼请求,被告可以承认或者反驳诉讼请求;有权提出反诉等。当事人的诉讼义务主要有:A. 必须依法行使诉讼权利的义务;B. 遵守诉讼秩序的义务;C. 履行发生法律效力的判决书、裁定书和调解书的义务。若当事人不履行上述义务时,应承担相应的法律责任。

② 原告与被告

原告,是指因民事权益发生争议或受到侵害,为维护自身合法权益,以自己名义向人民法院提起诉讼的人。被告,是指原告起诉侵害了他的民事权益,或者与其发生了民事权益争议,依法被人民法院传唤应诉的人。不具备独立的民事主体资格的组织,不能成为民事诉讼活动的主体。原告和被告是民事诉讼中重要的诉讼主体,在诉讼过程中具有平等的诉讼地位,享有平等的诉讼权利。

③ 共同诉讼人

《中华人民共和国民事诉讼法》第五十三条规定,"当事人一方或者双方为二人以上,其诉讼标的是共同的,或者诉讼标的是同一种类、人民法院认为可以合并审理并经当事人同意的,为共同诉讼。"共同诉讼人是指共同诉讼的当事人一方或双方为二人以上共同起诉或共同应诉的人。共同诉讼的一方当事人对诉讼标的有共同权利义务的,其中一人的诉讼行为经其他共同诉讼人承认,对其他共同诉讼人发生效力;对诉讼标的没有共同权利义务的,其中一人的诉讼行为对其他共同诉讼人不发生效力。

共同诉讼分为必要共同诉讼和普通共同诉讼。必要共同诉讼，是指多数当事人对同一诉讼标的享有共同的权利或承担共同义务的共同诉讼。普通共同诉讼，是多数当事人对同种类诉讼标的的共同诉讼，这类共同诉讼不是基于同一事实和法律原因产生的，而是由于诉讼标的属于同一类型，经人民法院决定合并审理。

④ 诉讼代表人

诉讼代表人，是指经众多当事人的一方推选，为维护本方的利益而进行诉讼活动的人。诉讼代表人不同于共同诉讼人，也不同于诉讼代理人。诉讼代表人的诉讼行为对其所代表的一方当事人具有法律效力。但是，凡变更、放弃诉讼请求或者承认对方当事人的诉讼请求，进行和解，必须经被代表的当事人特别授权或征得其同意。

⑤ 诉讼中的第三人

民事诉讼中的第三人，是指因案件的处理结果与其有法律上的利害关系，而申请或以人民法院通知参加到原告与被告业已开始的诉讼中来的人。诉讼中的第三人分为有独立请求权的第三人和无独立请求权的第三人。

有独立请求权的第三人，是指对原告、被告之间争议的诉讼标的认为有独立的请求权，而参加到原告、被告已经开始的诉讼中的人。如无独立请求权的第三人，是指对其他人的诉讼标的没有独立请求权，但认为诉讼结果与自己有利害关系而参加诉讼的人。

⑥ 诉讼代理人

诉讼代理人，是指在法律规定、法院指定或者当事人授权的范围内，以被代理人的名义，在法律规定或被代理人授权范围内进行民事诉讼活动的人。

诉讼代理人的特征：首先，诉讼代理人必须以被代理人的名义进行诉讼，为维护被代理人的利益而进行诉讼行为。其次，诉讼代理人只能代理当事人一方进行诉讼活动，不能同时代理当事人双方。再有，诉讼代理人只能在代理权限范围内进行诉讼活动。法律后果由被代理人承担。

诉讼代理人分为法定代理人、指定代理人、委托代理人三种。法定代理人，是指按照法律规定代理无诉讼行为能力的当事人实施民事诉讼行为的人。指定代理人，是指代无诉讼行为能力人，没有法定代理人，或者虽有法定代理人，但不能行使代理权的情况下，经人民法院指定代理当时进行诉讼的人。委托代理人，是指根据当事人、法定代理人委托代为进行诉讼行为的人。

二、城市房屋拆迁民事诉讼证据

1. 民事诉讼证据的概念和特征

民事诉讼证据是指能够证明民事案件真实情况的一切客观事实。当然，关于民事诉讼证据的概述存在多种学说，主要有：事实说、根据说、综合说，因与解决实际问题并无直接关系，故不作展开。

在民事诉讼中，具体案件的法律适用往往以案件事实得到证明为前提，而案件事实是已经发生的事实，纠纷往往是因对案件事实有不同的认识而发生分歧，从而导致诉讼。因此，人民法院必须借助于各种证据，才能认定案件事实，进而才能作出裁判。相对于人民法院而言，证据是查明案件事实作出正确裁判的根据；而对各方当事人而言，证据是证明有利于己的事实、反驳不利于己的事实，维护自身合法权益的方法和手段。总之，民事诉讼从开始、继续到终结都离不开证据的运用，证据制度是民事诉讼制度的核心。

一般认为，民事诉讼证据具有关联性、真实性和合法性等三个特征。

（1）关联性

证据的关联性，是指证据与待证事实之间有客观内在的联系，即以证据能够认定的事实与当事人所主张的事实(部分或全部)具有同一性。如果证据不能支持当事人所主张的事实，则该证据不具有关联性。这种内在的联系表现为，证据应当能证明案件事实的全部或部分。缺乏关联性的事实材料，不是争议案件的证据，当然对案件没有证明力。确定某一证据与案件事实是否有关联性，往往取决于人们有关的生活经验和科学发展水平。如根据 DNA 技术进行亲子关系鉴定,以前是不可能的,正是科学技术的发展提高了人们认识世界的能力。

(2) 客观性

证据的客观性是指证据事实应是伴随案件发生、发展过程而遗留下来的,并不以人们的主观意志为转移而客观存在的事实。证据是证明待证事实的根据或方法,它必须是可靠、可信的,否则就无法得出符合案件真相的认识。尽管提出证据、调查证据可能会受人的主观因素的影响,但是证据事实必须是客观存在的,而非任何人猜测或主观臆造的产物。

(3) 合法性

民事证据的合法性是指民事证据在诉讼中必须按照法律要求和法定程序取得,亦即民事证据的提供、收集、审查均须符合民事诉讼程序之要求。证据的合法性要求证据应当符合法律规定的形式。如《中华人民共和国合同法》规定建设工程合同等必须采用书面形式。证据的合法性亦要求取得证据的程序须合法,《最高人民法院关于民事诉讼证据的若干规定》第六十八条规定,"以侵害他人合法权益或者违反法律禁止性规定的方法取得的证据,不能作为认定案件事实的依据。"

2. 民事诉讼证据的分类

根据不同的标准,理论上对民事诉讼证据进行了不同的分类,一般而言包括:本证与反证、直接证据与间接证据、原始证据与传来证据、言词证据与实物证据等,简述如下。

(1) 本证与反证

根据民事诉讼证据与当事人主张的事实之间的关系,可将诉讼证据分为本证与反证。本证,是指当事人一方主张某种事实,提出能证明该事实存在的证据。反证,则是指能够证明对方当事人主张的事实不存在的证据。因此,在审判实务上,被告所提出的证据未必均属反证,原告的证据亦未必均属于本证。

本证的目的在于使人民法院对待证事实的存在与否予以确信,并加以认定,而反证的作用则在于使法官对本证的真实性产生怀疑,对其证明力的认识产生动摇。

在城市房屋拆迁民事诉讼中,如腾房纠纷,原告出示的其为所有人的房屋所有权证即是本证,而被告出示的关于原告许可其居住五年(至此时尚不到一年)的录音即是反证。

(2) 直接证据与间接证据

根据证据与待证事实之间联系的不同,民事诉讼证据可分为直接证据与间接证据。直接证据能够单独证明案件事实的存在。如城市房屋拆迁公告,即直接证明了拆迁事实的发生。间接证据是指不能直接证明而必须通过推理来确立其所要证明的事实主张的证据。

一般而言,直接证据的证明力要大于间接证据,因而在诉讼中,应当尽量提供直接证据。当然,在无法获得直接证据时,必须借助间接证据认定案件事实,在此情况下,通过间接证据形成证据链条,亦可认定案件事实。具体认定时,应当审查各个间接证据是否真实可靠、间接证据是否形成完整的证据链条、各间接证据之间是否具有一致性。❶

(3) 原始证据与传来证据

按照民事诉讼证据的来源,可以将证据分为原始证据和传来证据。原始证据是直接来源于案件事实,或者说是在案件事实的直接作用和影响中形成的证据,也称"第一手证据"。

传来证据是间接来源于案件事实的证据,也称"派生证据"或"衍生证据"。

由于技术设备以及人们认知事物能力的差异等因素的影响,转述、复制的内容很可能出现差错。而且,转述、复制的次数越多,经过的环节越多,出现差错的可能性也越大,因而也极易伪造。有鉴于此,《最高人民法院〈关于民事诉讼证据的若干规定〉》就明确规定,"原始证据的证明力一般大于传来证据。"此外,在证据的提供上,该司法解释第十条规定,"当事人向人民法院提供证据,应当提供原件或者原物。如需自己保存证据原件、原物或者提供原件、原物确有困难的,可以提供经人民法院核对无异的复制件或者

---

❶ 参见肖建国、肖建华著. 民事诉讼证据操作指南. 中国民主法制出版社, 2002, 16

复制品。"第二十条规定,"调查人员调查收集的书证,可以是原件,也可以是经核对无误的副本或者复制件。是副本或者复制件的,应当在调查笔录中说明来源和取证情况。"第二十一条规定,"调查人员调查收集的物证应当是原物。被调查人提供原物确有困难的,可以提供复制品或者照片。提供复制品或者照片的,应当在调查笔录中说明取证情况。"第二十二条规定,"调查人员调查收集计算机数据或者录音、录像等视听资料的,应当要求被调查人提供有关资料的原始载体。提供原始载体确有困难的,可以提供复制件。提供复制件的,调查人员应当在调查笔录中说明其来源和制作经过。"这些都是为了尽量获得原始证据,以利案件事实的查明。

(4) 言词证据与实物证据

根据证据的表现形式,证据可以分为言词证据与实物证据。言词证据,是以陈述的形式表现证据事实的各种证据,包括证人证言、当事人的陈述等。

实物证据,系言词证据的对称,指以实物形态存在的物体证明案件事实的证据。这类证据,或者以物体的外部特征、性质、位置等证明案情,或者以其记载的内容对查明案件事实具有意义。书证、物证、勘验笔录等都是实物证据。

3. 民事诉讼证据的种类

根据我国《民事诉讼法》第六十三条之规定,民事诉讼证据可分为如下七种:

(1) 书证

书证是指以文字、符号、图画等所表达的思想内容来证明案件事实的书面文件或其他物品。如房屋产权证书等。

(2) 物证

物证是指以其外部特征和物质属性,即以其形状、质量等证明案件事实部分或全部的物品或者痕迹。如被拆迁的房屋。

(3) 视听资料

视听资料是指以录音、录像、电子计算机及其他技术设备制成的录音带、录像带、光盘及贮存的资料来证明案件事实的证据。比如现在常用的录音取证,通过录音方式制作的录音带即是。

(4) 证人证言

证人证言是指证人就其所了解的案件事实向法庭所作的陈述，包括口头陈述也包括文字陈述。证人应当出庭作证，接受质询。值得注意的是，提供文字陈述的必须具备如下情形之一，否则不应被法庭所采信：

A. 年迈体弱或者行动不便无法出庭的；
B. 特殊岗位确实无法离开的；
C. 路途特别遥远，交通不便难以出庭的；
D. 因自然灾害等不可抗力的原因无法出庭的；
E. 其他无法出庭的特殊情况。

当然，在上述情况下，有条件的也可通过电话等双向传输工具对证人进行询问。

(5) 当事人陈述

当事人陈述是指当事人在诉讼过程中就有关案件事实情况向人民法院所作的陈述。

(6) 鉴定结论

鉴定结论是指鉴定人运用自己的专门知识，根据所提供的案件材料，对案件中的专门性问题进行分析、鉴别后作出的结论。比如在房屋拆迁案件中，对拆迁评估有异议的，依法可以申请复核，这就是一种鉴定，得出的结论即是鉴定结论。

(7) 勘验笔录

勘验笔录是指人民法院为查明案件事实对有关现场和物品进行勘查检验所作的记录。

4. 民事诉讼证据规则

为保证人民法院正确认定案件事实，公正、及时审理民事案件，保障和便利当事人依法行使诉讼权利，最高人民法院于2001年12月21日发布了《最高人民法院关于民事诉讼证据的若干规定》，该规定自2002年4月1日起施行。现依据此规定及其他法律法规，将有关民事诉讼证据的相应规则简要归纳如下：

(1) 提供证据的规则

当事人提供证据，应当遵循如下规则：

A. 以提供原件或原物为原则

《最高人民法院关于民事诉讼证据的若干规定》第十条规定，"当事人向人民法院提供证据，应当提供原件或者原物。如需自己保存证据原件、原物或者提供原件、原物确有困难的，可以提供经人民法院核对无异的复制件或者复制品。"可见，在有证据原件或原物的情况下，应当优先提供，只有在规定的情形下才可考虑复制件或复制品。这一规定，主要考虑到了原件或原物是原始证据，与作为传来证据的复制件或复制品而言，更加接近案件事实，其证明力相对较大。

B. 无争议事实无需举证

一般而言，对当事人之间无争议的事实无需提供证据证明。当然这一情形有其例外，《最高人民法院关于民事诉讼证据的若干规定》第十三条规定，"对双方当事人无争议但涉及国家利益、社会公共利益或者他人合法权益的事实，人民法院可以责令当事人提供有关证据。"也就是说，有的情况下，即使双方当事人之间对某一事实并无争议，但基于该事实有损国家、集体或其他公民的合法权益，有损社会经济秩序或社会道德风尚，如犯罪行为等，则仍应提供相应证据予以证实。在此情况下，若当事人不提供相应证据的，人民法院可以责令当事人提供相关证据。

C. 举证期限

举证期限，是指负有举证责任的当事人应当在法律规定或人民法院指定的期限内提出证明其主张的相应证据，否则就将承担举证不能的民事诉讼制度。

举证期限的确定方式有两种：当事人协商和人民法院指定。《最高人民法院关于民事诉讼证据的若干规定》第三十三条规定，"……举证期限可以由当事人协商一致，并经人民法院认可。由人民法院指定举证期限的，指定的期限不得少于30日，自当事人收到案件受理通知书和应诉通知书的次日起计算。"在一定情况下，举证期限可以延长，上述规定第三十六条，"当事人在举证期限内提交证据材料确有困难的，应当在举证期限内向人民法院申请延期举证，经人民法院准许，可以适当延长举证期限。当事人在延长的举证期限内提交证据材料仍有困难的,可以再次提出延期申请,是否准许由人民法院决定。"

D. 证据材料的提交与接收

当事人在提交证据材料和人民法院在接收证据时,均应当依照《最高人民法院关于民事诉讼证据的若干规定》第十四条之规定进行,即"当事人应当对其提交的证据材料逐一分类编号,对证据材料的来源、证明对象和内容作简要说明,签名盖章,注明提交日期,并依照对方当事人人数提出副本。人民法院收到当事人提交的证据材料,应当出具收据,注明证据的名称、份数和页数以及收到的时间,由经办人员签名或者盖章。"

由此可见,当事人举证时应当对证据材料分类编号,并简要说明证据材料的来源、证明对象和内容;对所提交的证据材料签名盖章予以确认;按对方当事人人数提交相应副本。

对于人民法院而言,在收到当事人及其代理人提交的各类与案件事实有关的证据材料时,均应出具收据,并将收据中的一联交给提交人。接收人应在收据上注明所收到证据的名称、份数以及页数和收到的时间,并在收据上签名或盖章,予以确认。这些均是人民法院的义务。而在实践中,有的法院及经办人员并未按照最高人民法院颁布的规定的要求进行办理,有的甚至在当事人要求的情况下,仍置之不理。对于这类情况,一定要严加处理,以维护人民法院的权威以及当事人的合法权益。对经办人员故意刁难当事人,对应当立案而不立案以及应当出具相应收据而不出具的等,应建立有效的投诉处理机制,并将处理结果公开,以方便群众监督,并应切实提高为人民服务的意识。

(2) 调取、收集证据的规则

A. 一般情况下,根据谁主张谁举证的原则,证据应当由当事人自行提供。若在当事人因为客观原因而无法取得的情况下,可依法申请人民法院调取。《最高人民法院关于民事诉讼证据的若干规定》第三条第二款规定,"当事人因客观原因不能自行收集的证据,可申请人民法院调查收集。"第五十一条第二款规定,"人民法院依照当事人申请调查收集的证据,作为提出申请的一方当事人提供的证据。"在下列情况下，当事人可以申请人民法院调取有关证据：

a. 申请调查收集的证据属于国家有关部门保存并须人民法院依职权调取的档案材料；

b. 涉及国家秘密、商业秘密、个人隐私的材料；

c. 当事人及其诉讼代理人确因客观原因不能自行收集的其他材料。

B. 申请调取证据的形式

《最高人民法院关于民事诉讼证据的若干规定》第十八条规定，"当事人及其诉讼代理人申请人民法院调查收集证据，应当提交书面申请。申请书应当载明被调查人的姓名或者单位名称、住所地等基本情况、所要调查收集的证据的内容、需要由人民法院调查收集证据的原因及其要证明的事实。"

C. 申请调查证据的期限与程序

关于申请调查证据的期限及程序，《最高人民法院关于民事诉讼证据的若干规定》第十九条作出了规定，"当事人及其诉讼代理人申请人民法院调查收集证据，不得迟于举证期限届满前7日。人民法院对当事人及其诉讼代理人的申请不予准许的，应当向当事人或其诉讼代理人送达通知书。当事人及其诉讼代理人可以在收到通知书的次日起3日内向受理申请的人民法院书面申请复议一次。人民法院应当在收到复议申请之日起5日内作出答复。"

（3）证据保全的规则

证据保全，是指在证据可能灭失或者以后难以取得的情况下，人民法院采取的固定和保护证据的制度。保全措施主要有查封、扣押、拍照、录音、录像、复制、鉴定、勘验、制作笔录等。《中华人民共和国民事诉讼法》第七十四条规定，"在证据可能灭失或者以后难以取得的情况下，诉讼参加人可以向人民法院申请保全证据，人民法院也可以主动采取保全措施。"《最高人民法院关于民事诉讼证据的若干规定》第二十三第一款规定了申请保全证据的期限，即"当事人依据《民事诉讼法》第七十四条的规定向人民法院申请保全证据，不得迟于举证期限届满前7日。"

A. 证据保全的条件

当事人向人民法院申请保全证据,应当具备如下条件:

首先,所需保全的证据应当能证明案件事实。也就是说所保全的证据是与案件具有关联性的,如果跟案件没有任何联系的,不得对之采取保全措施。

其次,所需保全的证据应当存在证据可能毁损、灭失或日后难以取得的情况。如作为证人的自然人患有恶疾,有可能死亡;作为证据的物品即将腐烂、变质等。

最后,申请证据保全有时间限制,根据前述,当事人申请人民法院进行证据保全不得迟于举证期限界满前7日。

B. 申请证据保全

a. 申请证据保全的形式

对于申请证据保全是否一定要采取书面形式呢?法律规定了诉前证据保全需采取书面形式,诉讼中的证据保全是否需采取书面形式,未有明确规定。但一般而言,适用普通程序审理案件的,申请证据保全应当采取书面形式,但适用简易程序的,则一般采取口头形式。

b. 证据保全的管辖

申请证据保全应向证据所在地的人民法院提出,情况紧急的,可以向应询问人或者持有文书的人的住所地或者勘验物所在地的基层人民法院提出申请。

c. 人民法院对证据保全申请作出保全证据裁定的,对方当事人可以申请复议。

d. 证据保全的担保

《最高人民法院关于民事诉讼证据的若干规定》第二十三条第二款规定,"当事人申请保全证据的,人民法院可以要求其提供相应的担保。"由此可见,担保并非申请证据保全的前提条件,对于是否需要担保,由人民法院审查决定。

e. 证据保全的效力与保全费用

证据保全将产生如下效力:申请人或者被申请人均可利用被保全的证据;被保全的证据证明了待证事实的,可免除有关当事人的举证义务;被保全的证据经过审查核实,可以作为定案的根据。

申请证据保全,应当缴纳保全申请的费用,由申请人预交给人民法院,待终审判决后由败诉方承担。

(4) 审查证据的规则

人民法院对各种证据应当按照法定程序对证据的合法性、真实性、关联性进行审查。

A. 对证据合法性审查,是指人民法院对该证据的主体、取得证据的程序、方法以及证据的形式是否符合法律规定所进行的甄别。比如在审查城市房屋拆迁估价报告时,就应当审查作出该估价报告的人员是否具备相应的资格等。

对证据真实性的审查,是指人民法院审查该证据是否能够客观地反映案件的真实情况。一般从证据的来源及内容进行审查。

对证据关联性的审查,是指人民法院审查该证据是否与案件待证明的事实具有某种联系。《最高人民法院关于民事诉讼证据的若干规定》第六十六条规定,"审判人员对案件的全部证据,应当从各证据与案件事实的关联程度、各证据之间的联系等方面进行综合审查判断。"

B. 对单一证据的审查,审判人员应当从下列方面入手:

证据是否原件、原物,复印件、复制品与原件、原物是否相符;

证据与本案事实是否相关;

证据的形式、来源是否符合法律规定;

证据的内容是否真实;

证人或者提供证据的人,与当事人有无利害关系。

C. 非法证据的排除

《最高人民法院关于民事诉讼证据的若干规定》第六十八条,"以侵害他人合法权益或者违反法律禁止性规定的方法取得的证据,不能作为认定案件事实的依据。"具体而言,应排除的非法证据包括:

a. 通过刑事违法行为所收集的证据,应当予以排除。比如采取绑架、抢劫、盗窃、抢夺、侵犯他人住宅等暴力方式所获得的证据等。如用刀逼迫被拆迁人书写的对其不利的材料的。

b. 采用侵犯他人人格权、隐私权、商业秘密权等重要民事权益的方式所收集的证据。比如在他人住房安装窃听器等。

c. 违背法律禁止性规定所收集的证据。

(5) 质证的规则

《最高人民法院关于民事诉讼证据的若干规定》第四十七条第一款规定，"证据应当在法庭上出示，由当事人质证。未经质证的证据，不能作为认定案件事实的依据。"这一规定确立了民事诉讼证据规则的基本原则：证据必须要在法庭上出示并经过质证，未经质证的证据不得作为定案依据。庭审中，当事人应当围绕证据的关联性、合法性和真实性，针对证据有无证明效力以及证明效力大小，进行质证。下面结合城市房屋拆迁民事诉讼，将此中涉及到的有关质证的细节分述如下：

A. 当事人在证据交换过程中认可并记录在卷的证据，经审判人员在庭审中说明后，可以作为认定案件事实的依据。

B. 涉及国家秘密、商业秘密和个人隐私或者法律规定的其他应当保密的证据，不得在开庭时公开质证。

C. 对书证、物证和视听资料进行质证时，当事人应当出示证据的原件或者原物。但是符合下列情况之一者除外：出示原件或者原物确有困难并经法庭准许可以出示复制件或者复制品；原件或者原物已不存在，可以出示证明复制件、复制品与原件、原物一致的其他证据。同时，视听资料应当当庭播放或者显示，并由各方当事人进行质证。

D. 质证按下列顺序进行：a. 原告出示证据，被告、第三人与原告进行质证；b. 被告出示证据，原告、第三人与被告进行质证；c. 第三人出示证据，原告、被告与第三人进行质证。

E. 人民法院依照当事人申请调查收集的证据，作为提出申请的一方当事人提供的证据。人民法院依照职权调查收集的证据应当在庭审时出示，听取当事人意见，并可就调查收集该证据的情况予以说明。

F. 证人应当出庭作证，这是证人的法定义务。但是，经人民法院准许，在特殊情况下，当事人可以提交书面证言：当事人在庭前证据交换中对证人证言无异议的;年迈体弱或者行动不便无法出庭的;特殊岗位确实无法离开的;路途特别遥远,交通不便难以出庭的;因自然灾害等不可抗力的原因无法出庭的;其他无法出庭的特殊情况。鉴于证人是就其耳闻目睹的有关案件情况向法庭所作的陈述,因此证人能否正确表达其意志,成为关键。经一方当事人申请,人民法院可以对证人能否正确表达意志进行审查或者交由有关部门鉴定。必要时,人民法院也可以依职权交由有关部门鉴定。

关于申请证人出庭作证的,申请人应当在举证期限届满10日前提出,并经人民法院许可。人民法院准许证人出庭作证的,应当在开庭审理前通知证人出庭作证。当事人在庭审过程中要求证人出庭作证的,法庭可以根据审理案件的具体情况,决定是否准许以及是否延期审理。证人出庭作证时,应当出示证明其身份的证件。法庭应当告知其诚实作证的法律义务和作伪证的法律责任。证人不得旁听案件的审理。法庭询问证人时,其他证人不得在场,但组织证人对质的除外。

G. 关于新证据

《最高人民法院关于民事诉讼证据的若干规定》第四十一条对新证据予以了明确,即:"(一)一审程序中的新的证据包括:当事人在一审举证期限届满后新发现的证据;当事人确因客观原因无法在举证期限内提供,经人民法院准许,在延长的期限内仍无法提供的证据。(二)二审程序中的新的证据包括:一审庭审结束后新发现的证据;当事人在一审举证期限届满前申请人民法院调查取证未获准许,二审法院经审查认为应当准许并依当事人申请调取的证据。"

关于举证,现在不少法院都推出了举证通知书,将一些常见的证据知识归纳告知当事人,下面是举证通知书的样本,可供读者朋友参考。

××人民法院举证通知书

根据《中华人民共和国民事诉讼法》和最高人民法院《关于民事诉讼证据的若干规定》,现将有关举证事项通知如下:

一、当事人应当对自己提出的诉讼请求所依据的事实或者反驳对方诉讼请求所依据的事实承担举证责任。当事人没有证据或者提出的证据不足以证明其事实主张的，由负有举证责任的当事人承担不利后果。

二、向人民法院提供证据，应当提供原件或者原物，或经人民法院核对无异的复制件或者复制品。并应对提交的证据材料逐一分类编号，对证据材料的来源、证明对象和内容作简要说明，依照对方当事人人数提出副本。

三、申请鉴定，增加、变更诉讼请求或者提出反诉，应当在举证期限届满前提出。

四、你方申请证人作证，应当在举证期限届满的　日向本院提出申请。

五、申请证据保全，应当在举证期限届满的　日前提出，本院可根据情况要求提供相应的担保。

六、你在收到本通知书后，可以与对方当事人协商确定举证期限后，向本院申请认可。

你方与对方当事人未能协商一致，或者未申请本院认可，或本院不予认可的，你方应当于开庭前向本院提交证据。

七、你方在举证期限内提交证据材料确有困难的，可以依照最高人民法院《关于民事诉讼证据的若干规定》第三十六条的规定，向本院申请延期举证。

八、你方在举证期限届满后提交的证据不符合最高人民法院《关于民事诉讼证据的若干规定》第四十一条、第四十三条第二款、第四十四条规定的"新的证据"的规定的，视为你方放弃举证权利。但对方当事人同意质证的除外。

九、符合最高人民法院《关于民事诉讼证据的若干规定》第十七条规定的条件之一的，你方可以在举证期限届满的7日前书面申请本院调查收集证据。

二〇〇　年　月　日

注：适用简易程序，不受本通知第四条、第五条和第六条所规定期间的限制。

三、城市房屋拆迁民事诉讼一审程序(普通程序)

1. 起诉与受理

(1) 关于诉、诉权与诉讼标的

① 民事诉讼中的诉,是指当事人因民事权利义务关系发生争议,而向法院提出予以司法保护的请求。

诉有如下基本特征:

第一,诉只能向人民法院提出;

第二,诉的内容仅限于请求保护当事人的民事权益,而非其他;

第三,诉的主体包括原告、被告等当事人各方;

第四,诉提起的原因是因当事人之间的民事权利义务关系发生争议。

② 民事诉讼中的诉权,是指民事主体向人民法院起诉和应诉,请求人民法院保护其实体权益的权利。

诉与诉权既有区别,又有联系。两者有如下区别:A. 诉是一种请求,而诉权则是一种权利或者权能;B. 诉处于动态,而诉权则处于静态;C. 诉是具体的,而诉权是抽象的。两者的联系主要是:诉权是诉存在的前提,而诉则是诉权的表现形式。

③ 诉讼标的是指当事人争议的要求人民法院通过审判予以解决的某一民事法律关系或权利。诉讼标的与标的物不同。前者是指当事人之间争议的权利义务关系,而后者则是指当事人争议的权利和义务所指的对象。比如房屋腾退纠纷中,原告、被告之间的房屋腾退争议即是诉讼标的,而房屋则是标的物。

(2) 起诉

民事诉讼中的起诉,是指公民、法人或者其他组织认为其民事权益受到侵害或者与他人发生民事争议时,请求人民法院通过审判方式予以保护的诉讼行为。起诉是实现诉权的一种方式。

起诉应当具备一定条件,对此《中华人民共和国民事诉讼法》第一百零八条规定,"起诉必须符合下列条件:

(一) 原告是与本案有直接利害关系的公民、法人和其他组织;

(二) 有明确的被告；
(三) 有具体的诉讼请求和事实、理由；
(四) 属于人民法院受理民事诉讼的范围和受诉人民法院管辖。"

详述如下：

① 原告适格，即原告必须是有诉讼权利能力、与本案有直接利害关系的公民、法人和其他组织。所谓"直接利害关系"是指公民、法人和其他组织自己的或受自己管理、支配的民事权益受到了侵害或与他人发生民事争议。如果与争议案件没有直接利害关系的，则不是适格的原告，因而也不能以自己的名义向人民法院起诉。也就是说，如果原告诉称的事由与其无任何关系，则不能因为自己看不惯等原因而提起诉讼。

② 有明确的被告，即所指控对象的基本情况要清楚、明了，是个人的应当知道其姓名、住所等情况，以便有关法律文书能够顺利送达；是单位的，应当知道单位名称、法人代表、地址等。

③ 有具体的诉讼请求和事实、理由，原告有权利也有义务确定其诉讼请求的内容及所依据的理由，以便法官进行裁判。事实即是所争议案件的经过，是什么原因产生的纠纷，应当述明，以便法官甄别。理由则是原告你凭什么提出如此诉讼请求，你的依据在哪里，得说明白。这一部分也是书写民事起诉状的重点，事实清楚，理由充分的诉状，能够起到先声夺人的效果。

④ 属于人民法院受理民事诉讼的范围和受诉人民法院管辖。所谓属于人民法院受理民事诉讼的范围是指该争议事项既不属于行政机关处理的范畴，也不是人民法院行使刑事或行政审判权的范围，它必须是人民法院行使民事审判权的职能范围；所谓属于受诉法院管辖，是指原告必须根据民事诉讼法关于人民法院之间管辖民事案件的分工，向有管辖权的人民法院提起民事诉讼。管辖权是审判权的基础，若对案件没有管辖权，则无从审判。

上述四个是起诉的必备条件，不可或缺。此外，提起诉讼应书写起诉状，关于民事起诉状，《中华人民共和国民事诉讼法》对其应当具有的要件作了规定，即其第一百一十条，"起诉状应当记明下列事项：（一）当事人的姓名、性别、年龄、民族、职业、工作单位和住所，法人或者其他组织的名称、住所和法定代表人或者主要负责人的姓名、职务；（二）诉讼请求和所根据的事实与理由；（三）证据和证据来源，证人姓名和住所。"具体参考格式如下：

民事起诉状
原告(自然人的写明性别、年龄、民族、职业、工作单位和住所，法人或者其他组织的名称、住所和法定代表人或者主要负责人的姓名、职务)：
被告(自然人的写明性别、年龄、民族、职业、工作单位和住所，法人或者其他组织的名称、住所和法定代表人或者主要负责人的姓名、职务)：
诉讼请求(原告的主张，即原告你起诉到人民法院，请求人民法院对所争议的纠纷作出何种处理，也就是说原告起诉的主要目的，这一部分应当明确而不能含糊糊)：
事实与理由(这一部分应当述明所引起该纠纷的过往，条理应清晰，词句应简洁，说明经过即可；理由部分应当力求论证层次分明，富有逻辑性)：
此　致 某某人民法院 　　　　　　　　　　　　　　　　　具状人： 　　　　　　　　　　　　　　　　　年　月　日
附：本诉状副本　份。

（3）人民法院对起诉的审查

审查起诉，是指人民法院在收到原告的起诉状或口头起诉后，对起诉进行审查，确定是否符合法律的规定，从而决定是否立案受理。

人民法院对起诉的审查，主要从形式与实体两个方面进行：

① 形式审查

形式审查，主要审查起诉状是否具备了《中华人民共和国民事诉讼法》第一百一十条之规定的事项，如有遗漏或失误的，应当通知原告补正。

② 实质审查

实质审查，主要审查起诉是否具备《中华人民共和国民事诉讼法》第一百零八条规定的四个条件。要审查原告是否与本案有利害关系、被告是否明确、原告的诉讼请求和有关事实理由是否明确、是否是人民法院行使民事审判权的范围和受诉人民法院管辖的范围。人民法院经审查,对不符合受理条件的,应当区分情况进行处理:A. 依照行政诉讼法的规定,属于行政诉讼受案范围的,告知原告提起行政诉讼;B. 依照法律规定,双方当事人对合同纠纷自愿达成书面仲裁协议向仲裁机构申请仲裁、不得向人民法院起诉的,告知原告向仲裁机构申请仲裁;C. 依照法律规定,应当由其他机关处理的争议,告知原告向有关机关申请解决;D. 对不属于本院管辖的案件,告知原告向有管辖权的人民法院起诉;E. 对判决、裁定已经发生法律效力的案件,当事人又起诉的,告知原告按照申诉处理,但人民法院准许撤诉的裁定除外;F. 依照法律规定,在一定期限内不得起诉的案件,在不得起诉的期限内起诉的,不予受理;

此外,人民法院收到起诉状或者口头起诉,经审查,认为符合起诉条件的,应当在7日内立案,并通知当事人;认为不符合起诉条件的,应当在7日内裁定不予受理;原告对裁定不服的,可以提起上诉。在告知当事人诉讼风险及收到当事人诉讼材料出具材料接收单方面,一般而言,中级以上人民法院是做得比较好的,而基层法院有的则不太重视,这一点有待加强。

(4) 受理

受理是指人民法院对原告的起诉进行审查后,认为符合法律规定的起诉条件,而决定立案并启动诉讼程序的行为。任何一个民事案件诉讼程序的开始都是源于原告提起诉讼、人民法院的受理。如果原告未提起民事诉讼,人民法院不得对所争议的事项进行处理,即所谓"不告不理"。如果人民法院对原告所提起之民事诉讼不予受理,则诉讼程序亦无从开始。案件受理后,受诉法院即取得了对该案件的审判权。

如果纠纷不得解决,要提起诉讼或应诉的话,对于当事各方而言,最好能事先了解一下诉讼方面的知识,有一个初步的了解,做到心中有数,然后咨询或委托专业律师来解决。随着司法改革的推进,法院根据案件性质发放案件受理通知,将有关诉讼费及举证的基本要求告知当事人。值得一提的是,为了帮助当事人避免常见的诉讼风险，减少不必要的损失，2003年12月24日，最高人民法院发布了关于印发《人民法院民事诉讼风险提示书》的通知。该诉讼风险提示书由最高人民法院制作统一文本，各法院在立案时，应当向当事人发放。该风险提示书对于并无多少法律知识的群众而言，可谓是一本宝典，对当事人正确参与诉讼、减少诉讼风险具有重要意义。该提示书的样本如下：

人民法院民事诉讼风险提示书

为方便人民群众诉讼，帮助当事人避免常见的诉讼风险，减少不必要的损失，根据《中华人民共和国民法通则》、《中华人民共和国民事诉讼法》以及最高人民法院《关于民事诉讼证据的若干规定》等法律和司法解释的规定，现将常见的民事诉讼风险提示如下：

一、起诉不符合条件

当事人起诉不符合法律规定条件的，人民法院不会受理，即使受理也会驳回起诉。

当事人起诉不符合管辖规定的，案件将会被移送到有权管辖的人民法院审理。

二、诉讼请求不适当

当事人提出的诉讼请求应明确、具体、完整，对未提出的诉讼请求人民法院不会审理。

当事人提出的诉讼请求要适当，不要随意扩大诉讼请求范围；无根据的诉讼请求，除得不到人民法院支持外，当事人还要负担相应的诉讼费用。

三、逾期改变诉讼请求

当事人增加、变更诉讼请求或者提出反诉，超过人民法院许可或者指定期限的，可能不被审理。

四、超过诉讼时效

当事人请求人民法院保护民事权利的期间一般为二年（特殊的为一年）。原告向人民法院起诉后，被告提出原告的起诉已超过法律保护期间的，如果原告没有对超过法律保护期间的事实提供证据证明，其诉讼请求不会得到人民法院的支持。

五、授权不明

当事人委托诉讼代理人代为承认、放弃、变更诉讼请求，进行和解，提起反诉或者上诉等事项的，应在授权委托书中特别注明。没有在授权委托书中明确、具体记明特别授权事项的，诉讼代理人就上述特别授权事项发表的意见不具有法律效力。

六、不按时交纳诉讼费用

当事人起诉或者上诉，不按时预交诉讼费用，或者提出缓交、减交、免交诉讼费用申请未获批准仍不交纳诉讼费用的，人民法院将会裁定按自动撤回起诉、上诉处理。

当事人提出反诉，不按规定预交相应的案件受理费的，人民法院将不会审理。

七、申请财产保全不符合规定

当事人申请财产保全，应当按规定交纳保全费用而没有交纳的，人民法院不会对申请保全的财产采取保全措施。

当事人提出财产保全申请，未按人民法院要求提供相应财产担保的，人民法院将依法驳回其申请。

申请人申请财产保全有错误的，将要赔偿被申请人因财产保全所受到的损失。

八、不提供或者不充分提供证据

除法律和司法解释规定不需要提供证据证明外，当事人提出诉讼请求或者反驳对方的诉讼请求，应提供证据证明。不能提供相应的证据或者提供的证据证明不了有关事实的，可能面临不利的裁判后果。

九、超过举证时限提供证据

当事人向人民法院提交的证据，应当在当事人协商一致并经人民法院认可或者人民法院指定的期限内完成。超过上述期限提交的，人民法院可能视其放弃了举证的权利，但属于法律和司法解释规定的新的证据除外。

十、不提供原始证据

当事人向人民法院提供证据，应当提供原件或者原物，特殊情况下也可以提供经人民法院核对无异的复制件或者复制品。提供的证据不符合上述条件的，可能影响证据的证明力，甚至可能不被采信。

十一、证人不出庭作证

除属于法律和司法解释规定的证人确有困难不能出庭的特殊情况外，当事人提供证人证言的，证人应当出庭作证并接受质询。如果证人不出庭作证，可能影响该证人证言的证据效力，甚至不被采信。

十二、不按规定申请审计、评估、鉴定

当事人申请审计、评估、鉴定，未在人民法院指定期限内提出申请或者不预交审计、评估、鉴定费用，或者不提供相关材料，致使争议的事实无法通过审计、评估、鉴定结论予以认定的，可能对申请人产生不利的裁判后果。

十三、不按时出庭或者中途退出法庭

原告经传票传唤，无正当理由拒不到庭，或者未经法庭许可中途退出法庭的，人民法院将按自动撤回起诉处理；被告反诉的，人民法院将对反诉的内容缺席审判。

被告经传票传唤，无正当理由拒不到庭，或者未经法庭许可中途退出法庭的，人民法院将缺席判决。

十四、不准确提供送达地址

适用简易程序审理的案件，人民法院按照当事人自己提供的送达地址送达诉讼文书时，因当事人提供的己方送达地址不准确，或者送达地址变更未及时告知人民法院，致使人民法院无法送达，造成诉讼文书被退回的，诉讼文书也视为送达。

十五、超过期限申请强制执行

向人民法院申请强制执行的期限，双方或者一方当事人是公民的为一年，双方是法人或者其他组织的为六个月。期限自生效法律文书确定的履行义务期限届满之日起算。超过上述期限申请的，人民法院不予受理。

十六、无财产或者无足够财产可供执行

被执行人没有财产或者没有足够财产履行生效法律文书确定义务的，人民法院可能对未履行的部分裁定中止执行，申请执行人的财产权益将可能暂时无法实现或者不能完全实现。

十七、不履行生效法律文书确定义务

被执行人未按生效法律文书指定期间履行给付金钱义务的,将要支付迟延履行期间的双倍债务利息。

被执行人未按生效法律文书指定期间履行其他义务的,将要支付迟延履行金。

2. 审理前的准备

所谓审理前的准备,也称审前准备程序,是指人民法院在受理案件后,开庭审理前为了保证案件审理工作的顺利进行所作的各项诉讼活动。

(1) 审判组织

民事诉讼中的审判组织是指具体行使国家民事审判权利的组织。民事诉讼的审判组织包括独任庭、合议庭和审判委员会三种类型,合议庭是基本的审判组织,独任庭是适用简易程序审理案件的审判组织,而审判委员会则是讨论决定重大、疑难、复杂案件的审判组织。

根据我国民事诉讼法的规定,人民法院审理第一审民事案件,由审判员、陪审员共同组成合议庭或者由审判员组成合议庭。合议庭的成员人数,必须是单数。适用简易程序审理的民事案件,由审判员一人独任审理。陪审员在执行陪审职务时,与审判员有同等的权利义务。合议庭的审判长由院长或者庭长指定审判员一人担任;院长或者庭长参加审判的,由院长或者庭长担任。

(2) 通知被告应诉和发送诉讼文书

人民法院对决定受理的案件,应当在受理案件通知书和应诉通知书中向当事人告知有关的诉讼权利义务,或者口头告知。人民法院在立案后,由立案庭将有关材料转交承办法官,承办法官收到材料后,应当在立案之日起5日内将起诉状副本发送被告,被告在收到之日起15日内提出答辩状。被告提出答辩状的,人民法院应当在收到之日起5日内将答辩状副本发送原告。被告不提出答辩状的,不影响人民法院审理。在合议庭组成人员确定后,应当在3日内告知当事人。

(3) 调查收集证据

组庭后,审判人员应当认真审核诉讼材料,调查收集必要的证据。在调查时,审判人员应当依法进行,应当向被调查人出示证件,调查笔录经被调查人校阅后,由被调查人、调查人签名或者盖章。在必要时,人民法院可以委托其他人民法院调查。受委托的人民法院在收到委托书后,应当在 30 日内完成调查。因故不能完成的,应当在收到委托书后 30 日内及时函告委托人民法院。

(4) 确认、更换和追加当事人

人民法院在这一过程中,应当审查原告、被告、第三人的资格,对不具备当事人资格的应更换,对必须共同进行诉讼的当事人没有参加诉讼的,人民法院应当通知其参加诉讼。

3. 开庭审理

(1) 庭审准备

庭审准备是人民法院在正式对案件进行实体审理之前,为保证案件审理的顺利进行而进行的各项准备工作。根据《中华人民共和国民事诉讼法》第一百二十一条至一百二十三条之规定,庭审准备的内容包括:

① 传唤当事人,通知其他诉讼参与人出庭参加诉讼。人民法院应当在开庭 3 日前将传票送达各方当事人,将出庭通知书送达其他诉讼参与人,传票和通知书应当写明案由、开庭的时间和地点,以确保当事人和其他诉讼参与人为参加庭审做好准备。

② 对公开审理的案件,人民法院应当在开庭 3 日前公告当事人的姓名、案由和开庭的时间、地点。公告可以在法院的公告栏张贴,巡回审理的可以在案发地或其他相关的地点张贴。

③ 查明当事人及其他诉讼参与人是否到庭,宣布法庭纪律。正式开庭审理之前,由书记员查明原告、被告、第三人、诉讼代理人、证人、鉴定人、翻译人员等是否到庭,并向审判长报告。同时宣布法庭纪律,告知全体诉讼参与人和旁听人员必须遵守。

④ 开庭审理时,由审判长核对当事人,核对的顺序是原告、被告、第三人,核对的内容包括姓名、性别、年龄、民族、籍贯、工作单位、职业和住所等。法人和其他组织的,核对法定代表人的姓名、职务。对于诉讼代理人应当查明其代理资格和代理权限,是律师的应当查验律师执业证书。核对完毕由审判长宣布案由,宣布

审判人员、书记员名单,告知当事人有关的诉讼权利义务,询问当事人是否提出回避申请。

(2) 法庭调查

法庭调查是双方当事人及其诉讼代理人在审判人员主持下,通过陈述、举证、质证等程序,最终查明案件事实的过程。法庭调查的重点是双方当事人争执的主要事实。当事人在提出自己的主张或者反驳对方时,都应提供证据。当事人提供的与争议事实有关的证据,都须经对方辨认、质证。法庭调查的一般步骤是:原告陈述,被告答辩,第三人陈述或者答辩,双方当事人质证,证人出庭作证或宣读证人证言等。双方当事人都承认的事实,记录在案,不再进行法庭调查。

(3) 法庭辩论

法庭辩论是指各方当事人在法庭上就法庭调查阶段所出示的证据及陈述的事实,分别提出自己的主张,就事实的认定、责任的归属以及适用法律等提出本方的意见,互相进行辩论的活动。法庭辩论应围绕案件的焦点展开,案件的焦点由审判长在法庭调查的基础上总结出来。还有,审判人员不得对案件性质、责任承担等在庭审中发表意见,亦不得与当事人进行辩论。

(4) 案件评议及宣判

经调解不成或当事人不愿意调解的,合议庭应当休庭评议。合议庭评议案件应当秘密进行,并实行少数服从多数原则,对不同意见应当记入评议笔录,评议笔录不得对外公开。

宣判分为当庭宣判和定期宣判两种情况。当庭宣判,即合议庭评议后由审判长宣布继续开庭并宣读裁判书。当庭宣判的,应当在10日内向当事人发送裁判文书。定期宣判的,就是在开庭后的某日公开宣告判决,定期宣判的,应当当场送达裁判文书。

四、城市房屋拆迁民事诉讼二审程序(普通程序)

民事诉讼的二审程序,是指第一审当事人不服地方各级人民法院的判决、裁定而依法向上一级人民法院提起上诉,要求撤销或变更原判决或裁定,上一级人民法院对案件进行审判所适应的程序。

1. 上诉的条件

(1) 上诉人与被上诉人应当适格，应当符合法律的规定。

(2) 当事人提起上诉判决、裁定，必须是法律规定允许上诉的一审判决或裁定，如选民资格案件等不得提起上诉。

(3) 上诉须在法定期间内提出，即当事人不服地方人民法院第一审判决的，有权在判决书送达之日起15日内向上一级人民法院提起上诉。不服一审裁定的，应当在裁定书送达之日起10内向上一级人民法院提起上诉。

(4) 上诉应当提交民事上诉状(参考格式见下)。

民 事 上 诉 状
上诉人(自然人的写明性别、年龄、民族、职业、工作单位和住所，法人或者其他组织的名称、住所和法定代表人或者主要负责人的姓名、职务)：
被上诉人(自然人的写明性别、年龄、民族、职业、工作单位和住所，法人或者其他组织的名称、住所和法定代表人或者主要负责人的姓名、职务)：
上诉请求(上诉人的主张，即上诉人上诉到二审人民法院，请求二审人民法院对一审裁判是撤销还是改判等，也就是说上诉人上诉的目的，这一部分应当明确而不能含含糊糊)：
事实与理由(这一部分简要叙述所引起该纠纷的过往，并着重论述一审判决在事实的认定，证据的采信以及适用法律等方面存在错误，导致上诉人合法权益未得到维护，这一部分应当层次分明，推理严密)：
此　致 某某人民法院 　　　　　　　　　　　　　　　　　　　上诉人： 　　　　　　　　　　　　　　　　　　　年　月　日
附：1. 一审判决书(裁定书)　　份 　　2. 上诉状副本　　份

2. 上诉的程序

(1) 受理

① 原审人民法院收到上诉状，应当依法进行审查。上诉状有欠缺的，应当要求当事人限期补正。若无欠缺的，应当在5日内将上诉状副本送达对方当事人，对方当事人在收到之日起15日内提出答辩状。

② 原审人民法院应当在收到答辩状之日起5日内将副本送达上诉人。对方当事人不提出答辩状的，不影响人民法院审理。

③ 原审人民法院收到上诉状、答辩状后，应当在5日内连同全部案卷和证据，报送第二审人民法院。经二审法院审查符合法定条件的，应予受理；若上诉欠缺法定条件的，应当裁定不予受理。

(2) 撤回上诉

撤回上诉，是指上诉人在二审法院受理上诉后至作出裁判之前，申请撤回上诉的行为。上诉人申请撤回上诉仅仅是一种意思表示，能否撤回须经人民法院审查决定。《最高人民法院关于适用〈中华人民共和国民事诉讼法〉若干问题的意见》第一百九十条规定，"在第二审程序中，当事人申请撤回上诉，人民法院经审查认为一审判决确有错误，或者双方当事人串通损害国家和集体利益、社会公共利益及他人合法权益的，不应准许。"除此情形之外，应当准许上诉人对其上诉权利的处分。

(3) 上诉案件的审理

上诉案件审理的程序，与一审程序大致相同，在此不再多述，读者可参考前述一审程序。

(4) 上诉案件的裁判

① 维持原判

第二审人民法院经审理后，认为原判决认定事实清楚，适用法律正确的，应当判决驳回上诉，维持原判决，对此情形二审法院只能以判决的形式作出，而不能使用裁定的形式。

② 依法改判

在下列情形下，二审人民法院应当依法改判：

A. 原判决认定事实清楚，但适用法律错误的。

B. 原判决认定事实有错误的。

C. 原判决认定事实不清,证据不足的。

③ 发回重审

第二审人民法院经审理,认为原判决认定事实错误,原判决认定事实不清、证据不足的,原判决违反法定程序、可能影响案件正确判决的,应当裁定撤销原判决,发回原审人民法院重新审判。

此外,第二审人民法院发现第一审人民法院有下列违反法定程序的情形之一,可能影响案件正确判决的,应依照民事诉讼法第一百五十三条第一款第(四)项的规定,裁定撤销原判,发回原审人民法院重审:

A. 审理本案的审判人员、书记员应当回避未回避的;

B. 未经开庭审理而作出判决的;

C. 适用普通程序审理的案件当事人未经传票传唤而缺席判决的;

D. 其他严重违反法定程序的。

(5) 不服裁定上诉的

第二审人民法院对不服第一审人民法院裁定的上诉案件的处理,一律使用裁定。当事人不服第一审人民法院提起上诉的裁定有四种:

① 不予受理的裁定

② 对管辖权异议的裁定

③ 驳回起诉的裁定

④ 驳回破产申请的裁定

二审法院经审查后,认为原审认定事实清楚,证据充分且适用法律正确的,应裁定驳回上诉,维持原裁定;原裁定认定事实不清,证据不足或者适用法律有错误的,应裁定撤销原裁定,重新作出正确的裁定。

此外,二审法院若认为一审法院所作的不予受理、驳回起诉的裁定有错误的,应当在撤销原裁定的同时,指令一审法院立案受理或者进行审理。

五、城市房屋拆迁民事诉讼案例

【案例一】 谁是被拆迁人？

2002年，北京市某区市政工程中心因地铁五号线建设项目，需要拆迁东四南大街某某号房屋。上述房屋系直管公房，承租人为王某某，陈甲、陈丙、秦某某以及陈乙的户籍均在此处，陈甲与陈乙系兄弟，陈丙系陈甲与秦某某之子，陈乙并不在此居住。王某某在拆迁前依法购买所承租之公房后，作为被拆迁人与拆迁人签订了《北京市住宅房屋拆迁货币补偿协议》，并据此领取了有关拆迁补偿款项。后陈乙以其亦是被拆迁人之一为由向人民法院提起诉讼，要求王某某、陈甲、陈丙、秦某某等四被告返还拆迁补偿款项8万元并承担诉讼费用。

【分析】

1. 诉状中援引的法律依据

陈乙在诉状中援引的法律依据是1991年3月22日国务院颁布的《城市房屋拆迁管理条例》（国务院第78号令）第三条第二款"本条例所称被拆迁人是指被拆除房屋及其附属物的所有人（包括代管人、国家授权的国有房屋及其附属物的管理人）和被拆除房屋及其附属物的使用人。"以及第二十七条第二款"被拆除房屋使用人是指在拆迁范围内具有正式户口的公民和在拆迁范围内具有营业执照或者作为正式办公地的机关、团体、企业、事业单位。"然而，随着国家对拆迁政策的调整，国务院早已于2001年6月13日对该78号令进行了修订，新修订的《城市房屋拆迁管理条例》（国务院第305号令）已于2001年11月1日起在全国施行。同时，各地也对其辖区内的拆迁规定进行了修订。根据陈乙在诉状中的陈述以及庭审调查认定的事实可知，本案所涉及的拆迁事实发生在2002年，此时，应当适用国务院第305号令及《北京市城市房屋拆迁管理办法》（2001年11月1日起施行，即北京市人民政府第87号令），而非原告陈乙所援引之已被《城市房屋拆迁管理条例》（下称305号令）第四十条明令废止的国务院第78号令。

2. 判定本案的法律依据

凡在2001年11月1日之后，在北京市辖区内进行城市房屋拆迁，均应当依照现行的《城市房屋拆迁管理条例》（305号令）以及《北京市城市房屋拆迁管理办法》（87号令）进行。《城市房屋拆迁管理条例》（305号令）第四条第三款规定，"本条例所称被拆迁人，是指被拆迁房屋的所有人。"《北京市城市房屋拆迁管理办法》（87号令）第四条第三款规定，"本办法所称被拆迁人是指被拆迁房屋的所有权人。"可见，较之旧的《城市房屋拆迁管理条例》新规定已排除了使用人作为被拆迁人的可能，因此，原告陈乙并非本案所涉拆迁中的被拆迁人。更何况在本案中，原告陈乙也不是被拆迁房屋的使用人之一。

根据《北京市城市房屋拆迁管理办法》（87号令）第二十八条第一款"拆迁市和区、县人民政府所有、并指定有关单位管理的公有住房（以下简称直管公有住房）的，直管公有住房应当按照房改政策出售给房屋承租人。房屋承租人购买现住公房后作为被拆迁人，由拆迁人按照本办法第二十七条规定给予补偿"之规定，原房屋承租人王某某购买了其承租的直管公房后，作为被拆迁人，其依法与拆迁人签订了《北京市住宅房屋拆迁货币补偿协议》，并领取了相应的拆迁补偿款。因此，本案中所涉及拆迁房屋的所有人是被告王某某，其是惟一的被拆迁人，拆迁款项属于其个人所有，与原告陈乙没有任何关系。同理，被告陈甲、陈丙、秦某某也与本案所涉及之拆迁补偿款无任何关系，因而，此三被告均非本案之适格被告。

最后，法院采纳了被告律师的代理意见，依法驳回了原告陈乙的诉讼请求。

【案例二】 共有房屋拆迁如何处理？

李某某之夫刘子顺与刘子全、刘汝德、刘汝贤系兄弟姐妹关系，刘宇飞、刘宇翔系李某某之子，原位于某市某区解放路11号院系刘子顺、刘子全、刘汝德、刘汝贤之父留下的祖业产。2001年11月15日，李某某与刘子全、刘汝德、刘汝贤签订协议书，内容为：根据（2000）某证民字第某某号公证书，我们6人是坐落在某市某区解放路11号院北房3间的合法继承人，经协商，达成析产协议如下：一、北房3间中的西数第1间归刘子全所有。二、北房3间的中间1间归刘子全、刘汝德所有，各占二分之一产权。三、北房3间中的东数第1间归刘汝贤、李某某、刘宇飞、刘宇翔共同所有，刘汝贤与李某某、刘宇飞、刘宇翔三人各占二分之一产权。该协议经某市某区公证处公证后生效。2003年12月23日，位于某市某区解放路11号北房3间拆迁，同年12月28日，刘子全领取了拆迁补偿款、补助费1002846.60元及其他费用［受补偿的房屋除了经公证的三间(59.08平方米)外，包括刘子全在公证之后又加盖的房屋二处(共计78.82平方米)及杂屋等25.42平方米］后，至今下落不明。

后李某某等以刘子全及某市某房地产开发有限公司(下称房地产公司)为被告向某市某区人民法院提起诉讼，请求人民法院依法确认二被告签订的某市住宅房屋拆迁补偿协议无效。2004年6月25日，某市某区人民法院做出(2004)某民初字第某号民事判决书，依法确认了某地产公司与刘子全所签订的某市住宅房屋拆迁补偿协议无效。两被告均未就此判决提起上诉，该判决书发生法律效力。但是，此后房地产公司并未与李某某等签订住宅拆迁补偿协议，亦未支付相关拆迁补偿款。期间，李某某等与拆迁人房地产公司多次协商未果，且案件所指之房屋已被拆除。在此情况下，李某某等的权益如何维护呢？

关于本案的处理，可作如下分析：

1. 需要确定的是，谁是本案中的被拆迁人？

从案情来看，根据(2000)某证民字第某号公证书，关于本案诉争之房屋应归李某某、刘子全、刘汝德、刘汝贤、刘宇飞、刘宇翔共同所有，故此六人应为本案所指房屋拆迁中的被拆迁人。而在本案中，其余五人并未推举刘子全为代表人，因此刘子全并不能作为某市某区解放路11号院的产权人与房地产公司签订住宅拆迁补偿协议。因此，某市某区人民法院确认刘子全与房地产公司之间的住宅房屋拆迁补偿协议无效。

2. 在刘子全与房地产公司之间的补偿协议被确认无效后，依据《中华人民共和国合同法》第五十八条之规定，产生合同无效的法律后果。因该补偿协议取得的财产，应当予以返还；不能返还或者没有必要返还的，应当折价补偿。有过错的一方应当赔偿对方因此所受到的损失，双方都有过错的，应当各自承担相应的责任。刘子全占有该笔补偿款并无法律依据，但基于房屋已被拆除这一现实，房地产公司亦无法将房屋返还。刘子全等可协商确定代表人与房地产公司重新签订补偿协议，支取补偿款项。然而，本案中，由于刘子全无法联系，李某某等五人找到房地产公司协商，房地产公司坚称其对解放路11号院已经补偿过了，不可能再掏一笔补偿费。房地产公司的说法有无法律依据呢？显然，在此情况下，如前所述，刘子全占有补偿款已无法律依据，其应将此款返还或与房地产公司以及李某某等协商解决这一问题。在刘子全拒不返还补偿款的情况下，房地产公司应当通过法律途径解决这一问题，刘子全拒不返还该款，不能成为房地产公司不对李某某等支付拆迁补偿款项的理由。房地产公司在入户调查以及签订拆迁补偿协议时（未有证据表明双方恶意串通），其应当查明该房屋的权利人状况，因解放路11号院的房主，房地产权属证书上记载的还是刘子全等的父亲，而老人早已去世多年。在这样的情况下，房地产公司仍与刘子全签订协议，存在过错。在补偿协议被确认无效后，房地产公司应本着切实解决问题的态度与李某某等接触，协商解决补偿事宜，而不应当将因自己过错所产生的法律后果由无任何过错的第三方来承受，这显然是不行的，不利于事情的解决。在房地产公司拒不支付补偿款的情况下，李某某等五人要维护自身权益，可采取如下措施：

（1）鉴于李某某等五人为被拆迁房屋的部分所有权人，是被拆迁人之一，在拆迁人与其达不成补偿协议时，可申请拆迁行政裁决。然而，在本案中，争议房屋已被拆除，依据《城市房屋拆迁行政裁决工作规程》之规定，拆迁行政裁决机关将不予受理。但同时考虑到，如果此纠纷未经房屋拆迁行政主管部门裁决，人民法院可能不会受理，在立案时可能就会难以进行下去。因此，李某某等五人向某区国土房管局提交了城市房屋拆迁行政裁决申请。不久，某区国土房管局作出了对李某某等五人提交的申请不予受理的决定。

(2) 在李某某等的申请未被受理之后，其可向人民法院提起民事诉讼，要求房地产公司支付拆迁补偿款项。

第六节 城市房屋拆迁中的仲裁

一、仲裁的概念和特点

1. 仲裁的概念

城市房屋拆迁中的仲裁属于民商事仲裁，与房屋拆迁中的行政裁决并非同一概念。民商事仲裁是指仲裁机构对平等主体之间发生的合同纠纷和其他财产权益纠纷，依当事人申请居中进行的裁决。

2. 仲裁的特点

(1) 解决纠纷的灵活与便利；

(2) 由双方共同选择的第三方来居中处理纠纷；

(3) 仲裁应当遵循一定的程序；

(4) 仲裁裁决具有强制性。

城市房屋拆迁中的仲裁主要为因拆迁当事人之间签订的补偿安置协议产生纠纷，而双方在该协议中又明确约定因本协议发生纠纷时，提交某仲裁委员会处理，主要涉及到不支付或支付补偿款不到位、安置用房不能及时交付或协议中没有约定具体履行期限等而引起纠纷。

二、仲裁程序

1. 申请与受理

当事人申请仲裁应当：有仲裁协议，有具体的仲裁请求和事实、理由，属于仲裁委员会的受理范围。

符合受理条件的，仲裁委员会应当在收到仲裁申请书之日起5日内予以受理，并通知当事人；认为不符合受理条件的，应当书面通知当事人不予受理，并说明理由。仲裁申请书的参考格式如下：

2. 组成仲裁庭

仲裁委员会的仲裁庭可以由三名仲裁员或一名仲裁员组成。

仲裁申请书
申请人(自然人的写明性别、年龄、民族、职业、工作单位和住所,法人或者其他组织的名称、住所和法定代表人或者主要负责人的姓名、职务):
被申请人(自然人的写明性别、年龄、民族、职业、工作单位和住所,法人或者其他组织的名称、住所和法定代表人或者主要负责人的姓名、职务):
案由(即提请仲裁的事项):
仲裁请求(是指当事人通过仲裁,希望解决的问题,一般包括两部分:一是要求被申请人承担的义务,如支付多少款项或赔偿金等,二是要求被申请人承担仲裁费用和律师费用):
事实与理由(这一部分应当述明所引起该纠纷的过往,条理应清晰,词句尽量简洁,说明经过即可;理由部分应当力求论证层次分明,富有逻辑性):
此 致 仲裁委员会 申请人: 年 月 日
附:1. 仲裁申请书副本   份;   2. 证据材料   份   页。

在仲裁员的选定上:若当事人约定由三名仲裁员组成仲裁庭的,应当各自选定或者各自委托仲裁委员会主任指定一名仲裁员,第三名仲裁员由当事人共同选定或者共同委托仲裁委员会主任指定,第三名仲裁员为首席仲裁员;

当事人约定由一名仲裁员成立仲裁庭的,应当由当事人共同选定或者共同委托仲裁委员会主任指定仲裁员。

若当事人没有在仲裁规则规定的限期内约定仲裁庭的组成的方式或者选定仲裁员的,由仲裁委员会主任指定。

此外,仲裁员有如下情形之一者,应当回避:是本案当事人或者当事人、代理人的近亲属;与本案有利害关系;与本案当事人、代理人有其他关系,可能影响公正仲裁的;私自会见当事人、代理人，或者接受当事人、代理人的请客送礼的。

3. 开庭和裁决

仲裁应当开庭进行，当事人协议不开庭的，仲裁庭可以根据仲裁申请书、答辩书以及其他材料作出裁决。

仲裁不公开进行。当事人协议公开的，可以公开进行，但涉及国家秘密的除外。

仲裁开庭审理的基本程序可参考民事诉讼一审开庭程序，具体见各仲裁委员会的仲裁规则。在裁决前，可以先行调解。

仲裁裁决应当按照多数仲裁员的意见作出，少数仲裁员的不同意见可以记入笔录。仲裁庭不能形成多数意见时，裁决应当按照首席仲裁员的意见作出。

由于仲裁员的组成包括经验丰富的律师、法官以及相关领域的学者，而且仲裁员仲裁的领域也是划分得比较细，都是其擅长的领域，因此仲裁的权威性不言而喻；加之仲裁不像法院往往在人、财、物等方面受制于地方政府，因此仲裁的公正性也是有口皆碑，此外，仲裁一裁终局，能减轻当事人在诉讼上的负担，而这些正是人们所看重的。因此，除了《中华人民共和国仲裁法》第三条规定的情形之外，约定所产生的较大的民商事纠纷交由仲裁委员会处理，对当事人而言无疑是有好处的。

第七节 城市房屋拆迁中的刑事责任

刑事责任是指行为人因其犯罪行为所应承受的法律后果。城市房屋拆迁中，涉及到的刑事案件主要体现在人身伤害、非法拘禁、妨害公务、挪用、贪污拆迁款项等方面。当事人在发现此类情况时，可向公安、检察机关进行举报、检举，由其依法查处。故本章只作一般介绍，不再展开。

一、故意伤害罪

故意伤害罪，是指故意伤害他人身体的行为。对于本罪，首先，应当有损害他人身体的行为。其次，损害他人身体的行为必须是非法进行的。最后，损害他人身体的行为必须已造成了他人人身一定程度的损害，一般应为轻伤以上。在拆迁中，为达到快速拆除目的，有的拆迁人违反法律规定，对被拆迁人等进行恐吓，有的甚至不惜触犯刑律，将被拆迁人殴打致残。这些，应当依照法律规定进行惩罚。《中华人民共和国刑法》第二百三十四条规定，"故意伤害他人身体的，处三年以下有期徒刑、拘役或者管制。犯前款罪，致人重伤的，处三年以上十年以下有期徒刑；致人死亡或者以特别残忍手段致人重伤造成严重残疾的，处十年以上有期徒刑、无期徒刑或者死刑。本法另有规定的，依照规定。"

二、非法拘禁罪

非法拘禁罪，是指以拘押、禁闭或者其他强制方法，非法剥夺他人人身自由的行为。对于本罪，首先本罪侵犯的客体是他人的身体自由权。其次，本罪客观上表现为非法剥夺他人身体自由的行为。最后，本罪的主体为一般主体，主观方面表现为故意。在拆迁中，非法拘禁多与涉黑涉暴紧密相联。往往是拆迁人或者拆除公司对一些其所谓的"钉子户"所实施的伎俩，往往还伴随着殴打等。犯本罪的应当按照《中华人民共和国刑法》第二百三十八条之规定进行惩处。即"非法拘禁他人或者以其他方法非法剥夺他人人身自由的，处三年以下有期徒刑、拘役、管制或者剥夺政治权利。具有殴打、侮辱情节的，从重处罚。犯前款罪，致人重伤的，处三年以上十年以下有期徒刑；致人死亡的，处十年以上有期徒刑。使用暴力致人伤残、死亡的，依照本法第二百三十四条、第二百三十二条的规定定罪处罚……国家机关工作人员利用职权犯前三款罪的，依照前三款的规定从重处罚。"

三、妨害公务罪

妨害公务罪，是指以暴力、威胁的方法，阻碍国家机关工作人员依法执行职务的行为。本罪表现为：首先，应有以暴力或者威胁的方法阻碍国家机关工作人员依法执行职务的行为。其次，国家机关工作人员必须是在依法执行职务。如果行为人不是以暴力或者威胁的方法，而是以侮辱、谩骂的方式阻碍国家机关工作人员的依法执行职务的行为，则不构成本罪。对于本罪，《中华人民共和国刑法》第二百七十七条规定，"以暴力、威胁方法阻碍国家机关工作人员依法执行职务的，处三年以下有期徒刑、拘役、管制或者罚金。以暴力、威胁方法阻碍全国人民代表大会和地方各级人民代表大会代表依法执行代表职务的，依照前款的规定处罚。在自然灾害和突发事件中，以暴力、威胁方法阻碍红十字会工作人员依法履行职责的，依照第一款的规定处罚。故意阻碍国家安全机关、公安机关依法执行国家安全工作任务，未使用暴力、威胁方法，造成严重后果的，依照第一款的规定处罚。"在拆迁中，因为双方未达成拆迁补偿安置协议，拆迁人因而申请城市房屋拆迁行政裁决，内容一般请求强制拆除所针对的房屋。在拆迁人提供了相应安置房或拆迁款后，房屋拆迁行政裁决主管部门会支持拆迁人的请求，作出限期拆除决定书。裁决送达后，被拆迁人不服的，不影响城市房屋拆迁，包括经由拆迁人申请，人民法院或有关人民政府组织的强制拆迁。在实践中，被拆迁人等因为不服拆迁裁决，对强制拆迁存在一定的抵触情绪，如果实施强制拆迁的工作人员不做细做好被拆迁人等的工作，而是一味地认为我拆房有法律依据，你能怎么着的话，这样就极易使被拆人难以接受，甚至产生以暴抗法，出现人身伤亡的严重后果。虽然，在此情况下，被拆迁人往往被认定为构成妨害公务罪。但是，我们不得不说的是，在我国民众法治意识和对法律知识的了解度还有待进一步加强的情况下，作为政府部门或人民法院显然在这方面是懂得较多的一方，因此在实施强制拆迁时，执行人员的工作态度和工作作风以及对被拆迁人等的说服教育是非常重要的。做得好，可以有效地预防和减少此类事件的发生。同时，作为被拆迁人也应当认识到强制拆迁在依照一定法律程序后是可以实施的。在经过了一系列法定程序后，在现行法律框架下，被拆迁人不得阻碍强制拆迁的实施，否则就有可能涉嫌妨害公务，因此在面临此类问题时，一定要冷静行事。

四、挪用公款罪

挪用公款罪，是指国家工作人员，利用职务上的便利，挪用公款归个人使用,进行非法活动的,或者挪用公款数额较大、进行营利活动的,或者挪用数额较大、超过三个月未还的行为。根据最高人民法院《关于审理挪用公款案件具体应用法律若干问题的解释》(1998年5月9日施行)的规定,挪用公款归个人使用,进行非法活动的,以五千元至一万元为起点;挪用公款归个人进行营利活动的或挪用公款归个人使用超过三个月未还的,以一万元至三万元为起点。如果挪用公款未达到以上标准的,一般可不认为构成犯罪。在拆迁中,主要有挪用有关拆迁补偿款项的行为。《中华人民共和国刑法》第三百八十四条规定,"国家工作人员利用职务上的便利,挪用公款归个人使用,进行非法活动的,或者挪用公款数额较大、进行营利活动的,或者挪用公款数额较大、超过三个月未还的,是挪用公款罪,处五年以下有期徒刑或者拘役;情节严重的,处五年以上有期徒刑。挪用公款数额巨大不退还的,处十年以上有期徒刑或者无期徒刑。"

五、贪污罪

贪污罪是指国家工作人员利用职务上的便利,侵吞、窃取、骗取或者以其他手段非法占有公共财物的行为。构成贪污罪必须具备以下四个要件:(1)主体是国家工作人员;(2)客体是国家工作人员职务行为的廉洁性和公共财产;(3)主观方面是具有非法占有公共财物的目的;(4)客观方面表现为利用职务上的便利,侵吞、窃取、骗取或者以其他手段非法占有公共财物。贪污罪的起刑点一般为5000元。行政机关工作人员私分或者变相私分行政许可收费,数额在5000元以上,构成贪污罪。《南方都市报》于2004年就曾报道,广东某拆迁办主任就因贪污数百万元拆迁补偿款被判处无期徒刑。

当然,在城市房屋拆迁过程中,上述犯罪行为只是其中的一部分,个案应依照具体情况,视情节而定。

第八节 城市房屋拆迁注意事项

遇到拆迁,我该怎么办?这是每一个被拆迁户所共同面临的问题，下面结合实践，简要地谈一下在拆迁中，作为被拆迁户的您应当采取的措施或者说您应当如何应对。

一、拆迁前

拆迁前，也就是大家从媒体或政府部门、居委会等渠道了解到所居住的片区即将要拆迁。在此情况下，为了维护自身合法权益，未雨绸缪是必要的。比如说所居住的房屋是遗产而又未办理过户手续的，应当视具体情况进行处理：

1. 多人均有继承权而又未放弃继承的，应当组织大家共同协商推选一人或多人或由各继承人共有此房产，若协商不成的，可诉请人民法院处理，总之应当确定该房产的权利归属，免得一旦拆迁开始，因为房产权属无法确定，导致因此产生纠纷或无法与拆迁人签订拆迁补偿安置协议。对于产权不明确的房屋，《城市房屋拆迁管理条例》第二十九条规定，"拆迁产权不明确的房屋，拆迁人应当提出补偿安置方案，报房屋拆迁管理部门审核同意后实施拆迁。拆迁前，拆迁人应当就被拆迁房屋的有关事项向公证机关办理证据保全。"可见，拆迁人拟订出一个拆迁补偿安置方案并经房屋拆迁管理部门同意，在办理相应证据保全及将拆迁款提存（货币补偿时）、提供安置用房（实物补偿时）后即可实施拆除。而此中，若后来经确定的被拆迁人对该房屋估价报告及在此基础上的补偿安置方案等不服的，可能将面临无法通过提起房屋拆迁行政裁决的方式予以救济，而实际上此类纠纷在还是占有一定比例的。一般通过房屋拆迁管理部门进行协调，既然是协调即在法律上并没有强制力，协调的时间、程序都没有明确的法律规定予以约束，因而对被拆迁方也是相当不利的，如果要通过国家赔偿等方式解决，则难度更大。

2. 对于所承租的公房而言，若承租人在拆迁前去世而共居人又未办理更名的，应当考虑办理更名手续，免得拆迁时，非共居人的其他亲属等又以是遗产为由要求进行继承，生出不少事端来。

因为根据《城市房屋拆迁管理条例》第四条第三款的规定，被拆迁人是指被拆迁房屋的所有人。由于承租的公房在拆迁时，承租人可以通过购买该公房后成为产权人并进而以被拆迁人身份与拆迁人签订拆迁补偿安置协议。因而，确定承租人以及房屋的所有人是非常重要的。

3. 房屋拆迁过程中，房屋拆迁许可证的取得涉及到立项、规划、用地等多种行政许可，这些行政许可是否合法，关系到拆迁许可是否合法。2004年7月1日《中华人民共和国行政许可法》（具体可见本书法律规定汇编部分）开始实施，这一部法律对规范行政机关依法实施行政许可具有重要现实意义，可认真对其加以阅读。在此基础上，要对该拆迁许可行为是否合法进行审查，一个违法的拆迁许可时常伴随补偿标准低、纠纷多等特点。

二、正式拆迁

这里所称的正式拆迁包括从量房到房屋拆除的整个过程，而非指拆迁公告发布之日。

1. 量房阶段

房屋的丈量是确定该地区拆迁面积及房屋的现状、附属设施等的具体情况，为拆迁人确定应支付的拆迁补偿款等款项数额或应安置的房屋面积，同时也确定了每一个被拆迁人所应得到的拆迁补偿款或应当安置的房屋面积等。在量房时，被拆迁人应当注意工作人员是否有遗漏未量的以及是否量准了，该登记的各项是否有遗漏，如果有此情况或登记不完全的，则应当提醒工作人员补全。在确认时，一定要认真仔细核对清楚，方可签字，千万不能马马虎虎，也不要受工作人员误导。

此外，在这一阶段还应当了解邻近区域拆迁安置补偿的具体情况，如基准地价与基准房价的标准以及有关基准地价与基准房价的政府文件。同时，在房屋拆迁时，各地会有一些针对特殊人员的照顾或优惠，应当了解获得这些照顾或优惠的前提条件。

2. 评估阶段

对被拆迁的房屋如何进行补偿或安置，这关系到被拆迁户的切身利益，因此合理合法妥善对被拆迁人进行补偿或安置，关系到社会稳定大局，必须高度重视。有鉴于此，建设部发布了《城市房屋估价指导意见》，该部门规章于2004年1月1日开始实施。该意见对规范城市房屋拆迁估价行为,维护拆迁当事人的合法权益起到了积极的作用。

应当澄清一个认识,即在实践中,不少被拆迁人认为在估价报告送达时,我不签字确认或我不接收该估价报告书,就应当认为我没有收到此估价报告书。我们知道,即使你不签字,送达人员也会在估价报告送达回证中注明,并请当地的居委会或村委会(农村宅基地房屋拆迁)盖章确认你不签字的情形;如果你不接收该估价报告书,送达人员会将此估价报告书留置在被拆迁人处,并请居委会或村委会盖章见证这一事实。因此,估价报告书你是否签收并不影响该送达行为的完成。此外,于被拆迁人而言,不积极应对此事相反是很不利的。曾经有这样的笑话,一个被拆迁人听说自己所在的区域的补偿价格与邻近区域的补偿价格相差较大,她一气之下,竟将估价报告书给烧了。最后,拆迁人在其不签订拆迁补偿安置协议时,向房屋拆迁管理部门申请行政裁决,此时这位才想起要看评估的具体补偿数额等。因此,对于被拆迁人而言,如果对估价报告书有异议的,应当通过法定途径解决,不可采取消极或过激的行为,以免使自身合法权益得不到有效地维护。如有异议,应依《城市房屋估价指导意见》第二十条"拆迁当事人对估价结果有异议的,自收到估价报告之日起 5 日内,可以向原估价机构书面申请复核估价,也可以另行委托估价机构评估"之规定进行处理。虽然,我国房屋拆迁估价市场仍然存在不少问题,市场有待进一步健全,从业人员素质有待进一步加强,但在目前情况下,这是惟一的程序,被拆迁人不可因为前述原因,放弃自己的权利,我们应当相信,绝大部分估价从业人员的业务水平和业务素质还是相当高的,是能够作出公正估价的。

3. 签订补偿安置协议阶段

在签订房屋拆迁补偿安置协议时,应当视具体情况而定:

(1)货币补偿的,应当注意所补偿的数额是否准确,支付货币的方式、期限、违约责任等是否约定明确。在涉及到己方义务时,如多长时间内应将房屋腾空交与拆迁人,违约责任是如何约定的。

(2)选择实物安置方式的,应当明确是现房还是期房,现房的应当明确在什么时候交付,己方的义务,如应在什么时候付款等,双方之间的违约责任更应当明确,不能笼统地说"如一方违约,应当承担相应的违约责任"等,应当明确"如一方违反本协议第某某条之约定,应当按合同总价款的百分之几支付守约方违约金",免得以后一旦出现纠纷,难以确定赔偿数额。

如果是期房的,应当明确房款、周转费用、周转期限、房屋的具体楼层(因为有的地方房屋楼层不带四、七,免得出现约定的六层变成了五层等情况)、违约责任也应约定具体比例。此外,有关办理房屋产权证书的时间及违约责任亦应明确。

房屋拆迁纠纷,虽然千头万绪,涉及面极广,但终究可作为一个法律问题进行处理。在目前情况下,我国民众的法律意识以及对法律知识的掌握仍有待加强。对于房屋拆迁纠纷这样涉及民事行为、行政行为,甚至涉及刑事犯罪的复杂法律问题,作为被拆迁人个人而言,一般都顾此失彼,难以全面把握纠纷的实质进而采取有效的法律措施。因此,为了维护自身合法权益,人们往往聘请律师来把关,这在发达国家尤甚。关于聘请律师及其注意事项,请参见本书第二篇第七章的内容。

土地征收篇

第一章 土地法律知识概述

第一节 土地概述

一、土地概念

土地是什么？可能大家都会笑起来，心想土地不就是我们脚下所踩的这个人类赖以生存的实实在在的大家伙吗？这是我们最平常的理解。其实，早在春秋时期管仲就在其《管子·水地》篇中认为"地者，万物之本源，诸生之根菀也"。关于土地，在秦始皇眼中，则是"普天之下，莫非王土"。时至今日，人们对土地的认识和理解也有进一步加深，专家学者多有论述，但存在一定的争议，有不同的观点。但就整体而言，各方观点可以从地学和经济学两方面来表述。❶

从地学方面来看，土地被视作地球的表面，具体而言，这派观点又有细化：有的认为，土地是指有地面有肥力可以生长植物的土壤；有的认为，土地就是指纯陆地，不包括陆地水面；有的认为土地即地面，包括陆地和海洋；还有的认为，土地是指除海洋之外的地球所有陆地和水面的总称。

就经济学方面而言，伟大的马克思认为"经济学上所说的土地是指未经人的协助而自然存在的一切劳动对象"；美国土地经济学家伊利则认为土地是指"自然的各种力量，或自然资源"等等。

当然，上述观点，均存在缺陷。土地是一个内容很宽泛、很丰

---

❶ 张小华，黎雨主编. 中国土地管理实务全书. 中国大地出版社，1997，3

富的名词,很难用一句话将之表述清楚,要把握土地这个名词,至少应当从下面几方面入手:[1]

1. 土地有广义和狭义之分。广义的土地是指地球表面的陆地部分和上下一定空间中的自然物及人类活动的结果所组成的自然经济综合体;狭义的土地仅指地球表面的陆地部分。

2. 土地是一种自然资源,具体为人类利用的价值。

3. 土地是地球表面受自然地理要素相互作用、相互制约而形成的自然综合体。

二、土地的性质

土地是自然与经济的结合体,其特性包括自然与经济两个方面:

从自然角度而言,土地是一种有限的资源,每一幅土地的地理位置相对固定,其面积相对而言亦是一定的。土地作为滋养万物的母体,我们一定要万分珍惜,对土地利用的规划应当全面考虑各方面的因素,考虑到长远的影响。应当认为,没有对土地资源的涵养和保护,就谈不到对土地的利用。

从经济角度而言,由于土地是有限的,因此在利用这一珍贵资源时并不是每一个需要利用土地的人的要求都能得以满足。土地一经用于某一用途,与周围的环境相适应后,需要再行改变其用途,势必对周围的环境造成巨大影响,有的甚至是毁灭性的,这些可见诸各类媒体报道的滥采滥伐、无序开发等。

三、土地的分类

1. 土地分类是指根据土地的性状、地域和用途等方面存在的差异性,按照一定的规律,将土地归并成若干个不同的类别。按照不同的目的和要求,有不同的分类。我国的土地目前大致有三种分类:

(1) 按土地的自然属性分类,如按地貌、植被、土壤等进行

---

[1] 张小华,黎雨主编. 中国土地管理实务全书. 中国大地出版社,1997,4

分类；

(2) 按土地的经济属性分类，如按土地的生产水平、土地的所有权、使用权等进行分类；

(3) 按土地的自然和经济属性以及其他因素进行的综合分类，如按土地利用现状分类。

2. 根据《中华人民共和国土地管理法》第三条之规定，我国土地分为三大类，即农用地、建设用地和未利用地。

(1) 农用地是指直接用于农业生产的土地，包括耕地、林地、草地、农田水利用地、养殖水面等；

(2) 建设用地是指建造建筑物、构筑物的土地，包括城乡住宅和公共设施用地、工矿用地、交通水利设施用地、旅游用地、军事设施用地等；

(3) 未利用地是指农用地和建设用地以外的土地。

当然，上述分类还可作进一步的细化。

第二节 土地权利制度

一、土地所有权

1. 土地所有权的概念

土地所有权，是指土地所有者对其拥有的土地在法律规定的范围内所享有的占有、使用、收益、处分的权利。土地所有权的归属，就世界范围而言，有多种形式，如归国家所有、归国王所有、归集体所有以及归私人所有等等。

2. 土地所有权的内容

土地所有权包括对土地的占有、使用、收益、处分四项权能，具体如下：

(1) 土地占有权

土地占有权，是指土地所有者对土地的实际占领和控制的权利。占有土地是行使所有权的前提，不实际占有土地，则无法为使用、处分等行为。因此，法律禁止他人侵犯土地所有者对土地的占有权。

(2) 土地使用权

土地使用权,是指对土地进行合法利用的权利。通过对土地的利用,以满足人们相应的自我需求及社会需要。对土地的利用,既可以由土地所有人进行,亦可通过土地所有人有偿或无偿使用来实现。

(3) 土地收益权

土地收益权,是指通过土地来获取利益的权利。包括种植农作物,收取土地租金等。对土地收益有约定且合乎法律规定者,从其约定;无约定者,协商解决之。

(4) 土地处分权

土地处分权,是指土地所有权人依法支配、处置其土地的权利,是土地所有权最核心的权能。土地所有权人能自由处分其土地,但也有一些例外。如土地征收,即是国家为了公共利益之需要,强制性将集体所有的土地变为国有。

3. 土地所有权的法律特征

土地所有权作为重要的物权,具有如下法律特征:

(1) 土地所有权是对世权,其权利主体特定,而义务主体则很广泛,不特定。

(2) 土地所有权,不需要他人的积极行为就能径直实现。

(3) 土地所有权的内容是由法律规定的排他性取得对土地的管理和收益、支配的权利。

(4) 土地所有权具有物权追及的效力,即不论土地转由何人控制,所有权人均可追及并主张权利。

4. 我国土地所有权的分类

关于我国土地所有权的分类,《中华人民共和国土地管理法》第八条规定,"城市市区的土地属于国家所有。农村和城市郊区的土地,除由法律规定属于国家所有的以外,属于农民集体所有;宅基地和自留地、自留山,属于农民集体所有。"可见,在我国,土地所有权分为国有土地所有权和集体土地所有权。

(1) 国有土地所有权是指国家对其依法所有的土地,享有占有、使用、收益和处分的权利。国有土地所有权包含土地占有权、土地使用权、土地收益权和土地处分权四项权能。依据《中华人民共和国土地管理法实施条例》第二条之规定，下列土地属于全民所有：

① 城市市区的土地；

② 农村和城市郊区中已经依法没收、征收、征购为国有的土地；

③ 国家依法征用的土地；

④ 依法不属于集体所有的林地、草地、荒地、滩涂及其他土地；

⑤ 农村集体经济组织全部成员转为城镇居民的，原属于其成员集体所有的土地；

⑥ 因国家组织移民、自然灾害等原因，农民成建制地集体迁移后不再使用的原属于迁移农民集体所有的土地。

（2）集体土地所有权是以符合法律规定的农村集体经济组织的农民集体为所有权人，对归其所有的土地所享有的受法律限制的支配性权利。

依据《中华人民共和国土地管理法》第八条第二款之规定，农村和城市郊区的土地，除由法律规定属于国家所有的以外，属于农民集体所有；宅基地、自留地、自留山属于农民集体所有。该法第十条规定了农民集体土地所有权的主体及其代表，即农民集体所有的土地依法属于村农民集体所有的，由村集体经济组织或者村民委员会经营、管理；已经分别属于村内两个以上农村集体经济组织的农民集体所有的，由村内各该农村集体经济组织或者村民小组经营、管理；已经属于乡（镇）农民集体所有的，由乡（镇）农村集体经济组织经营、管理。

二、土地使用权

土地使用权，是指土地使用者对其所使用的土地，依法享有利用和获取收益的权利。土地使用权的期限有长有短，长的如新建商品房，达七十年之久，短的则如临时用地的期限，为两年之内，当然还有划拨的土地其使用权是无期限的。土地使用者依法利用土地，行使权利，其他人等不得侵犯。土地使用权是从土地所有权派生出来的新的物权，具有相对的稳定性。土地使用权的内容相对于土地所有权而言，除了不包括处分权这一权能外，其他的三项权能均包括，即占有、使用、收益，如前所述。此外，学术界对我国物权立法中是否应当继续保留土地使用权这一概念存有争议，计有四种观点。第一种观点认为，我国应采用地上权的概念；第二种观点认为，我国应采用基地使用权的概念来代替土地使用权；第三种观点则认为，应当使用建设用地使用权的概念；第四种观点即主张物权立法应当继续保留土地使用权这一已为国民所广泛接受的概念。基于我国土地使用权的复杂性，应当认为在物权立法中继续保留土地使用权这一概念或许比创设一个新概念更符合实际，更加妥贴。

1. 土地使用权的分类

土地使用权依所使用的土地的所有性质，可分为国有土地使用权和集体土地使用权。国有土地使用权又可分为以租赁方式取得的土地使用权、国有出让土地使用权和国有划拨土地使用权。集体土地使用权主要包括农地承包经营权（又称农地使用权）、宅基地使用权、乡镇企业建设用地使用权和公共设施、公益事业建设用地使用权。

（1）国有土地租赁是指国家将国有土地出租给使用者使用，与使用者以县级以上人民政府土地行政主管部门签订一定年期的土地租赁合同，并支付租金的行为。国有土地租赁是国有土地有偿使用的一种形式，是出让方式的补充。

国有土地使用权出让，是指国家将国有土地在一定年限内出让给土地使用者，由土地使用者向国家支付土地使用权出让金的行为，由此取得的土地使用权即是国有出让土地使用权。

国有划拨土地使用权是指土地使用者通过各种方式依法取得无偿的使用土地的权利。

此外，与国有划拨土地使用权相近概念中的国有土地租赁和国

有土地使用权出租极易混淆,两者的区别主要有:❶

首先,国有土地租赁属于土地一级市场,而国有土地使用权出租属于土地二级市场。

其次,在法律关系主体上,国有土地租赁的一方主体始终是人民政府;国有土地使用权出租的双方主体则是其他人。

再次,在土地使用者权利方面,国有土地租赁的土地使用者取得的承租土地使用权是土地使用权的一种,其权益范围相对较广。而国有土地使用权出租的土地使用者权利范围相对较小。

(2)农地承包经营权是指农民在法律规定和合同约定的范围内对于集体所有的农村土地占有、使用和收益的权利。

宅基地使用权,是指公民个人在依法取得的国家所有或农村集体组织所有的宅基地上建筑房屋并享有居住使用的权利。由于城市居民申请建房缺乏必要的条件,一般而言,宅基地主要是指农村村民经批准取得的可以在其上依法建造住宅的集体土地。

乡镇企业建设用地使用权是指乡镇企业取得的对农民集体所有土地在法律允许的范围内占有、使用、收益的权利。

乡村公共设施、公益事业建设用地使用权是指乡村公共设施、公益事业建设单位依法取得的对农村集体土地在法律允许的范围内占有、使用、收益的权利。

2. 土地使用权的取得和终止情形

大致有如下:

(1)通过协议取得的,因协议到期或协商一致而终止。

(2)通过协议取得的,因一方不履行约定义务,另一方经法定程序终止。

(3)承包的土地,因土地征收而终止。

(4)经批准取得的宅基地,因土地征收而终止。

(5)划拨取得的土地,未经原批准机关同意,连续两年未使用的。

(6)有偿取得国有土地,因不按批准用途使用,土地管理部门

---

❶ 参见殷琳,《土地租赁的两种方式》,新华网载。

收回土地而终止。

（7）依法取得使用权的铁路、机场、矿场等经核准报废的，土地使用权被依法收回而终止。

三、土地登记制度

土地登记是指国家依法对国有土地使用权、集体土地所有权、集体土地使用权和土地他项权利的登记。为建立土地登记制度，维护土地的社会主义公有制，保障土地权利人的合法权益，1995年12月18日，原国家土地管理局发布了《土地登记规则》，该规则于1996年2月1日施行。下面依据土地管理法律及该规则之规定，将集体土地登记制度的内容简要介绍如下：

1. 土地登记的法律依据

（1）《中华人民共和国土地管理法》

农民集体所有的土地，由县级人民政府登记造册，核发证书，确认所有权。农民集体所有的土地依法用于非农业建设的，由县级人民政府登记造册，核发证书，确认建设用地使用权。确认林地、草原的所有权或者使用权，确认水面、滩涂的养殖使用权，分别依照《中华人民共和国森林法》、《中华人民共和国草原法》和《中华人民共和国渔业法》的有关规定办理。

依法登记的土地的所有权和使用权受法律保护，任何单位和个人不得侵犯。

（2）《中华人民共和国土地管理法实施条例》

国家依法实行土地登记发证制度，依法登记的土地所有权和土地使用权受法律保护，任何单位和个人不得侵犯，土地登记资料可以公开查询。

农民集体所有的土地，由土地所有者向土地所在地的县级人民政府土地行政主管部门提出土地登记申请，由县级人民政府登记造册，核发集体土地所有权证书，确认所有权。

农民集体所有的土地依法用于非农业建设的，由土地使用者向土地所在地的县级人民政府土地行政主管部门提出土地登记申请，由县级人民政府登记造册，核发集体土地使用权证书，确认建设用地使用权。

设区的市人民政府可以对市辖区内农民集体所有的土地实行统一登记。

2. 土地登记的分类

土地登记分为初始土地登记和变更土地登记。

初始土地登记又称总登记，是指在一定时间内，对辖区全部土地或者特定区域的土地进行的普遍登记。

变更土地登记，是指初始土地登记以外的土地登记，包括土地使用权、所有权和土地他项权利设定登记，土地使用权、所有权和土地他项权利变更登记，名称、地址和土地用途变更登记，注销土地登记等。

3. 集体土地初始登记

(1) 申报

① 通告

通告是土地登记工作的开始，由县级以上人民政府发布，其主要内容包括：A. 土地登记区的划分；B. 土地登记的期限；C. 土地登记收件地点；D. 土地登记申请者应当提交的有关证件；E. 其他事项。

② 申请

集体土地所有权由村民委员会或者农业集体经济组织及法定代表人申请登记。集体土地使用权由使用集体土地的单位及法定代表人或者使用集体土地的个人申请登记。申请集体土地登记，应当向土地管理部门提交如下材料：A. 土地登记申请书；B. 单位、法定代表人证明，个人身份证明或者户籍证明；C. 土地权属来源证明；D. 地上附着物权属证明。

申请土地登记，申请者须向土地管理部门领取土地登记申请书。土地登记申请书应载明下列基本事项，并由申请者签名盖章：A. 申请者名称、地址；B. 土地坐落、面积、用途、等级、价格；C. 土地所有权、使用权和土地他项权利权属来源证明；D. 其他事项。

③ 审查

土地管理部门接受土地登记申请者提交的申请书及权属来源证明,应当在收件簿上载明名称、页数、件数,并给申请者开具收据。

(2) 审核

① 土地管理部门应当根据地籍调查和土地定级估价成果,对土地权属、面积、用途、等级、价格等逐宗进行全面审核,填写土地登记审批表。

经土地管理部门审核,对认为符合登记要求的宗地予以公告。公告的主要内容包括:

A. 土地使用者、所有者和土地他项权利者的名称、地址;

B. 准予登记的土地权属性质、面积、坐落;

C. 土地使用者、所有者和土地他项权利者及其他土地权益有关者提出异议的期限、方式和受理机关;

D. 其他事项。

② 土地登记申请者及其他土地权益有关者在公告规定的期限内,可以向土地管理部门申请复查,并按规定缴纳复查费。经复查无误的,复查费不予退还;经复查确有差错的,复查费由造成差错者承担。

③ 经公告后,土地管理部门将经审核的登记申请书、审批表报同级人民政府批准。

(3) 登记

公告期满后,集体土地登记申请人在土地登记审核结果未提出异议的情况下,提请人民政府办理登记手续。

(4) 发证

土地证书由市、县人民政府向土地的合法权利人颁发。

4. 集体土地变更登记

《中华人民共和国土地管理法》第十二条规定,"依法改变土地权属和用途的,应当办理土地变更登记手续。"

划拨新征农民集体所有土地的,被征地单位应当依照本规划规定,同时申请集体土地所有权注销登记或者变更登记。

集体土地依法转为国有土地后,原集体土地使用者继续使用该国有土地的,应当在土地所有权性质变更后 30 日内,持原《集体土地使用证》和其他有关文件申请国有土地使用权设定登记。

集体土地所有者将集体土地使用权作为联营条件兴办三资企业和内联企业的,双方当事人应当在联营合同签订后 30 日内,持县级以上人民政府批准文件和入股合同申请变更登记。

第二章 土地征收制度及相关知识

第一节 土地征收制度

一、土地征收的概念和特点

1. 土地征收的概念

土地征收一词在中国法律上得到正确的运用，也是2004年3月14日全国人大进行宪法修正以来的事情，以前对土地所有权的转移叫做土地征用或征用土地。而实际上，征用土地是基于土地使用权的变更，而非所有权。这一概念上的澄清，从一个侧面也反映了我国立法和法治水平的进一步提升。《中华人民共和国宪法》修正案第二十条规定：宪法第十条第三款"国家为了公共利益的需要，可以依照法律规定对土地实行征用"。修改为："国家为了公共利益的需要，可以依照法律规定对土地实行征收或者征用并给予补偿。"在此基础上，全国人大常委会于2004年8月28日对《中华人民共和国土地管理法》进行了适宪性修改，内容即是将土地所有权属变更由原来的"征用"修改为"征收"。至此，我国土地征收法律制度在法律层面上得以完整体现。

土地征收，依据现行法律规定，是指国家基于公共利益之需要，将属于农民集体所有的土地强制地征归国有，并依法对其进行补偿的法律制度。《中华人民共和国土地管理法》第四十七条第一款规定，"征收土地的，按照被征收土地的原用途给予补偿。"

2. 土地征收制度的特点

我国现行法律框架下的土地征收制度具有如下特点：

(1) 征收土地的主体的惟一性，即只能是国家，具体办理的机构是各土地局,有权批准征收的机关是省级以上人民政府。

(2)征收土地对象的限定性,即只能是农村集体土地,因为征收土地的内容就是将农村集体土地变为国有土地,因而国有土地不存在征收的问题。

(3)征收土地权属流向的单一性,即征收土地只能从集体土地变为国有土地,不存在国有土地征为集体土地的情形。

(4)征收土地补偿方式的法定性,即按照被征收土地的原用途给予补偿,具体而言,标准如下:征收耕地的补偿费用包括土地补偿费、安置补助费以及地上附着物和青苗的补偿费。征收耕地的土地补偿费,为该耕地被征用前三年平均年产值的6~10倍。征收耕地的安置补助费,按照需要安置的农业人口数计算。需要安置的农业人口数,按照被征收的耕地数量除以征地前被征收单位平均每人占有耕地的数量计算。每一个需要安置的农业人口的安置补助费标准,为该耕地被征收前三年平均年产值的4~6倍。但是,每公顷被征收耕地的安置补助费,最高不得超过被征收前三年平均年产值的15倍。当然,2004年11月3日,国土资源部为贯彻《国务院关于深化改革严格土地管理的决定》发布了《关于完善征地补偿安置制度的指导意见》,该意见明确提出,"土地补偿费和安置补助费合计按30倍计算,尚不足以使被征地农民保持原有生活水平的,由当地人民政府统筹安排,从国有土地有偿使用收益中划出一定比例给予补贴。经依法批准占用基本农田的,征地补偿按当地人民政府公布的最高补偿标准执行。"当然这项制度是好的,关键还是如何操作以及如何落实的问题。

3. 土地征收的权限

所谓土地征收的权限,是指批准征收土地的行政机关在什么范围内拥有批准权。在1998年之前,县级以上人民政府均有权征收土地,由此导致土地市场的混乱,在此情况下,1998年8月29日第九届全国人民代表大会常务委员会第四次会议对《中华人民共和国土地管理法》进行了修订,内容之一便是将土地的征收权收归为省级以上人民政府。具体而言,即是:

(1)征收的土地是基本农田的,由国务院批准。

(2) 征收的土地系基本农田之外的耕地，面积超过 35 公顷的，由国务院批准。

(3) 征收的土地面积超过 70 公顷的，由国务院批准。

(4) 上述范围之外的土地，即既非基本农田，也非面积超过 35 公顷的耕地，其他土地面积亦未超过 70 公顷的，则由省级人民政府批准。

二、土地征收程序

长期以来，在土地征收过程中，基本程序是用地单位看中某地块后，与集体经济组织进行商谈，然后依法向有关部门报送申请用地等材料，最后在土地征为国有后，与有关国土行政主管部门签订土地出让协议，在支付相应土地出让金后，取得该土地的使用权。"由于国有土地资产通过市场配置的比例不高，透明度低，不仅严重影响了对土地的保护和合理开发、利用，而且滋生腐败现象。"为此，国务院于 2001 年 4 月 30 日发布了《国务院关于加强国有土地资产管理的通知》。2002 年 5 月 9 日，国土资源部发布了《招标拍卖挂牌出让国有土地使用权规定》，该文件叫停了已沿用多年的土地协议出让方式，要求从 2002 年 7 月 1 日起，所有经营性开发的项目用地都必须通过招标、拍卖或挂牌方式进行公开交易。征收土地作为利用集体土地的一种重要方式，在涉及经营性开发项目时应由土地开发公司或土地储备中心进行一级开发或其委托具有相应开发资质的开发公司进行一级开发，关于土地储备制度利弊的认识，存在不同的看法：四川大学杨继瑞教授在《构建城市土地储备制度的再思考》中总结了土地储备制度的益处大致有如下：有利于保护耕地；（城市）政府取得巨额土地收益；政府对房地产市场的调控得以加强；国有土地资产的发展权得到保障等。对此论述，黄一航律师在《城市土地储备制度的反思——兼评〈构建城市土地储备制度的再思考〉》一文中进行了批驳，认为"无疑，土地储备制度将进一步加强政府即得利益者的地位，从而妨碍制度改革的可能或使改革成本增大；同时，因为利益趋向而失去中立，这样的政府随时都可以用它的公权大棒将市场参与者的利益保护之盾砸得粉碎！"

北京师范大学黄兴文博士亦认为,"土地储备制度设立的主要目的不是为了使政府的收益最大化,而是为了使公众利益最大化。如果政府操作不当,比如说存在短期行为或者不能制定科学合理的供地计划,就可能适得其反,背离初衷。在土地供应高度垄断只有一个出口的情况下,政府有意限制土地供应量,并且没有地价控制计划,采取拍卖方式,价高者得,必然导致地价飞速攀升。这种地价的攀升不是经济发展带来的,而是垄断和政策带来的,可能对政府的短期利益有好处,但可能会损害普通民众的利益,不利于房地产市场的可持续发展。有些已实行土地储备制的城市,操作不当的弊端已经在市场中表现出来。此外,土地储备制度可能会与现有的一些法律规章相冲突。例如,有关法律条文规定,征用的土地是耕地,两年不开发将被无偿收回。如果土地储备机构储备的开发建设用地是征用的耕地,且两年内没有招标拍卖和挂牌,是否也要被收回?相关法规还规定,土地使用权可以采取协议、招标和拍卖三种方式出让,而国土资源部11号令和一些地方的土地储备制度规定,土地出让只能采取招标拍卖和挂牌方式,这与以前的法律条文不相符。"还有人认为现行土地储备制度有政府圈地之嫌。对此争议,本书不加评论,只将征收土地的主要程序进行介绍。此外,有关征地中的行政许可,读者朋友可参考城市房屋拆迁部分有关章节并结合土地管理法、城市规划法等进行掌握,不再赘述。

土地征收程序主要包括预申请、申请、拟订方案并上报、审批、公告及落实。

1. 预申请

建设项目可行性研究论证或编制项目建议书时,建设单位应当向建设项目批准机关的同级土地行政主管部门提出建设用地预申请。建设用地预申请的内容应当包括建设项目的前期论证情况,拟占用土地的区域位置、用地数量、地类,拟用地的时间及年度土地利用计划、耕地开垦方案及经费的落实等。土地行政主管部门对建设单位用地预申请,应依据土地利用总体规划和国家土地供应政策,对建设项目的有关事项进行预审,并出具建设项目用地预审报告。

2. 申请

建设用地项目在可行性研究报告或项目建议书批准后,建设单位应当持有关文件向土地所在地的市、县人民政府土地行政主管部门提出用地申请,并填写《建设用地申请表》。该《建设用地申请表》应当附具如下材料:(1)建设单位有关资质证明;(2)项目可行性研究报告批复或者其他有关批准文件;(3)土地行政主管部门出具的建设项目用地预审报告;(4)初步设计或者其他有关批准文件;(5)建设项目总平面布置图;(6)占用耕地的,必须提出补充耕地方案;(7)建设项目位于地质灾害易发区的,应当提供地质灾害危险性评估报告。

3. 拟订方案并上报

市、县人民政府土地行政主管部门对材料齐全、符合条件的建设用地申请,应当受理,并在收到申请之日起30日内拟订农用地转用方案(对于此农用地转用的审批程序如下:(1)市县人民政府土地行政主管部门审查建设用地申请及有关批准文件,按照土地利用年度计划拟订农用地转用方案,补充耕地方案,征收土地方案经市县人民政府审核同意后,逐级上报有批准权的人民政府审批;(2)有批准权的人民政府土地行政主管部门对农用地转用各项方案进行审查,提出审查意见,报有批准权的人民政府批准;其中,补充耕地方案由批准农用地转用方案的人民政府在农用地转用方案时一并批准;(3)农用地转用有关方案经批准后,由市县人民政府组织实施,按具体建设项目分别供地)、补充耕地方案、征收土地方案(征收土地方案由拟征收土地所在地县、市人民政府或其土地行政主管部门拟定,包括征收土地的目的及用途,征收土地的范围、地类、面积,地上附着物的种类及数量,征收土地及地上附着物和青苗的补偿,劳动力安置途径,原土地的所有权人及使用权人情况等)和供地方案,编制建设项目用地呈报说明书,经同级人民政府审核同意后,报上一级土地行政主管部门审查。

有关土地行政主管部门收到上报的建设项目呈报说明书和有关方案后,对材料齐全、符合条件的,应当在5日内报经同级人民政府审核。同级人民政府审核同意后,逐级上报有批准权的人民政府，并将审查所需的材料及时送该级土地行政主管部门审查。省、自治区、直辖市人民政府批准农用地转用。国务院批征收土地的，省、自治区、直辖市人民政府批准农用地转用方案后，应当将批准文件和下级土地行政主管部门上报的材料一并上报。

4. 审批

有批准权的人民政府土地行政主管部门应当自收到上报的农用地转用方案、补充耕地方案、征收土地方案和供地方案并按规定征求有关方面意见后30天内审查完毕。征收土地方案符合规定条件的，土地行政主管部门方可报人民政府批准。建设项目施工和地质勘察需要临时使用农民集体所有的土地的，依法签订临时使用土地合同并支付临时使用土地补偿费，不得办理土地征收手续。

5. 公告及落实

征收土地方案和征地补偿、安置方案应当在被征收土地所在地的村、组内以书面形式公告。其中，征收乡（镇）农民集体所有土地的，在乡（镇）人民政府所在地进行公告。被征收土地所在地的市、县人民政府应当在收到征收土地方案批准文件之日起10个工作日内进行征收土地公告，该市、县人民政府土地行政主管部门负责具体实施。

市、县人民政府土地行政主管部门会同有关部门根据批准的征收土地方案，在征收土地公告之日起45日内以被征收土地的所有权人为单位拟订征地补偿、安置方案并予以公告。被征地农村集体经济组织、农村村民或者其他权利人对征地补偿、安置方案有不同意见的或者要求举行听证会的，应当在征地补偿、安置方案公告之日起10个工作日内向有关市、县人民政府土地行政主管部门提出。

市、县人民政府土地行政主管部门在将征地补偿、安置方案报市、县人民政府审批时，应当附具被征地农村集体经济组织、农村村民或者其他权利人的意见及采纳情况，举行听证会的，还应当附具听证笔录。市、县人民政府土地行政主管部门应当受理对征收土地公告内容和征地补偿、安置方案公告内容的查询或者实施中问题的举报，接受社会监督。

未依法进行征收土地公告的，被征地农村集体经济组织、农村村民或者其他权利人有权依法要求公告，有权拒绝办理征地补偿登记手续。未依法进行征地补偿、安置方案公告的，被征地农村集体经济组织、农村村民或者其他权利人有权依法要求公告，有权拒绝办理征地补偿、安置手续。因未按照依法批准的征收土地方案和征地补偿、安置方案进行补偿、安置引发争议的，由市、县人民政府协调；协调不成的，由上一级地方人民政府裁决。

三、现行土地征收制度的缺陷

我国现行土地征收制度虽然促进了经济建设，但不能回避的是，这一制度仍然存在不少缺陷，主要体现在：一是征地范围过大；二是征地补偿费过低，征地安置不落实；三是征地程序不合理，侵犯了被征地农民的知情权、参与权和申诉权。

1. 征地范围过大

所谓征地范围过大，是指动用国家征地权的原因甚多。我国法律原则性地规定了土地征收必须符合"公共利益"，但具体什么事业符合"公共利益"却没有明确的规定。因此，在实践中凡是能促进社会发展，甚至只要不是为了一己之私利都可算作公共利益，比如说建商品房，是为了满足人们对居住或改善居住条件的需要，这即算作是为了公共利益，并没有区分公益性建设用地和经营性建设用地。这样原则性的规定所带来的必然问题就是开发商为了自身利益，不惜一切代价攻关，公务员们有的虽受党教育多年，仍然经受不住财色的诱惑，被奸商们拉下水，在审查方面大开绿灯，最后因触犯国法，锒铛入狱，这一方面的教训实在是太多了。因此，过于原则性的规定不利于约束行政机关严格依法实施土地征收，亦不利于我国土地市场的良性循环。

2. 征地补偿费过低，征地安置不落实

《中华人民共和国土地管理法》第四十七条第二款规定，"征用耕地的补偿费用包括土地补偿费、安置补助费以及地上附着物和青苗的补偿费。征用耕地的土地补偿费，为该耕地被征用前三年平均年产值的六至十倍。征用耕地的安置补助费，按照需要安置的农业人口数计算。需要安置的农业人口数，按照被征用的耕地数量除以征地前被征用单位平均每人占有耕地的数量计算。每一个需要安置的农业人口的安置补助费标准,为该耕地被征用前三年平均年产值的四至六倍。但是,每公顷被征用耕地的安置补助费,最高不得超过被征用前三年平均年产值的十五倍。"但从总体上看,各类建设用地征地补偿费普遍较低。依前述规定,征地按土地原用途进行补偿,具体测算按被征土地前三年平均年产值的倍数确定补偿费用。然而实际工作中,由于年产值不确定,倍数标准存在幅度较大的问题,政府或征地单位往往在法定范围内压低征地补偿费用,而不是依据实际情况给农民补偿。尤其是基础设施建设项目用地的补偿费是最低的。一些国家和地方重点基础设施建设项目,为节省投资,采取"省部协议"、"政府定价"的办法确定征地补偿标准,使农民没有得到应得的土地收益。据统计湖北襄荆高速公路等 15 个基础设施建设项目,征地费用在建设项目总投资预算的比重甚至比工程设计费、监理费还低,一般只占工程总投资的 2%～4%,最低的只占 0.94%,最高也只有 12.15%,由此产生了众多的纠纷,得不偿失。根据江苏省国土资源厅的调研,"以高速公路征地为例,我省的高速公路征地标准从 1999 年以来虽然不断调整,从 3000 元/亩调整到 12000 元/亩(其中 4000 元在工程完工后两年付清)。但 12000 元/亩的标准,远远低于省《条例》规定的最低补偿标准,且在补偿费用的分配中,存在层层克扣现象。不少市规定,从征地补偿安置费用中,每亩提取 2000 元作为农田水利设施配套费,占补偿安置总费用的 16.7%,使到农民手中的征地补偿安置费用更低。由于高速公路是线状工程,这样的征地及补偿安置标准对经济欠发达又远离城镇的地区影响很大,使被征地农民的生活水平明显下降。如 1998 年京沪高速公路征用淮安市楚州区马甸镇乾益村一组耕地 435 亩,征地前该组农业人口 368 人,拥有耕地 450 亩,人均耕地 1.22 亩,农民生活水平处于该地区中上等。征地后,该组农民赖以生存的耕地所剩无几,按照当时的补偿标准,人均只能分得 632.6 元的征地补偿费,显然不能解决 368 人今后的生计问题。用当地镇、村干部的话说就是,高速公路轻装上阵了,把负担全抛给了当地。"

目前，我国土地征收补偿安置的主要途径是一次性货币安置，即一次性发放安置补助费，让农民自谋职业。据统计，近年来90%以上的建设用地项目采用这种办法。对于政府而言，这种方式操作简单，只要按法定标准计算安置费用，造册发放到人就可以了。对农民来说，由于村集体内部调整土地比较困难，再考虑到眼前利益，因而一般乐于接受货币安置。但实际上，货币安置虽能解决被征地农民的暂时生活问题，保证征地工作顺利进行，却难以解决他们的长远生计。尤其是这种补偿安置办法未能充分考虑到土地对于农民不仅是生产资料，更是生存和生活的保障的事实。广大农民一旦失去土地，便永远失去了赖以生存的根基，由于缺少谋生手段，很快便坐吃山空，成为"三无"（无地、无业、无保障）农民。据调查，每年因失地农民安置问题未能得到妥善解决而引发的群众上访占总上访量的1/3。特别是，其中"男60，女55"的农民生活状况更令人担忧。如何妥善解决这部分人的安置问题，是当前征地工作值得十分注意的问题。有的地方已开始对这类人员按退休最低标准发放费用并享受相应的医疗等福利。

此外，《中华人民共和国土地管理法实施条例》规定，"对补偿标准有争议的，由县级以上地方政府协调；协调不成的，由批准征用土地的人民政府裁决。"征地补偿、安置争议不影响征收土地方案的实施。由于集体土地的征收本来就是地方政府行为，政府是征地的主体，因此把双方争议的事项交由其中一方来裁决，被征地的农民是完全处于被动的弱势地位。

3. 征地程序不合理，侵犯了被征地农民的知情权、参与权和申诉权

在土地征收过程中，法律规定并没有真正落到实处，在对征地公告进行宣传时，往往是粗枝大叶，有的甚至是往墙上一贴了事，甚至有的严重违反法律规定，对此重要信息不予公示，使得当地农民对土地被征收，完全处于不知情的状态，在这样的情况下，当然不利于征收土地的顺利进行，也严重侵犯了农民的知情权。有的公务员认为，在征地过程中，农民知道的越少，就越有利于征地的快速进行。实际上，我们知道，征收的集体土地是农民集体所有，如

果征地过程中，缺少农民的参与，尤其是积极参与，这个征地的程序肯定不完善，是不合法的，同时也是难以顺利推进的。农民对征收土地及其补偿有不同意见及要求举行听证会的，《征用土地公告办法》规定，"有关市、县人民政府土地行政主管部门应当研究被征地农村集体经济组织、农村村民或者其他权利人对征地补偿、安置方案的不同意见。对当事人要求听证的，应当举行听证会。确需修改征地补偿、安置方案的，应当依照有关法律、法规和批准的征用土地方案进行修改。"此中，在操作上很难进行：首先，土地行政主管部门应当"研究"，至于"研究"的结果，农民是否有其他救济方式？其次，对于听证何时、何地举行？参与人员都有哪些？等等，这些都给了国土行政管理部门对农民进行搪塞的理由，也极易滋生腐败。由于对征地补偿有异议的，应当申请县级以上人民政府协调，协调不成的，由批准征收土地的人民政府裁决，即由批准征地的省级以上人民政府进行裁决，作为批准征地补偿、安置方案的上级或上上级，其裁决的公正性往往受到质疑，难以令人信服。

第二节 土地征收的相关知识

一、农村承包经营制度概述

农村承包经营是指农村集体经济组织的成员，在法律允许的范围内，按照承包合同的约定从事农产品经营的活动。为稳定和完善以家庭承包经营为基础、统分结合的双层经营体制，赋予农民长期而有保障的土地使用权，维护农村土地承包当事人的合法权益，促进农业、农村经济发展和农村社会稳定，2002年8月29日第九届全国人民代表大会常务委员会第二十九次会议通过了《中华人民共和国农村土地承包经营法》。该法以法律的形式对土地承包中涉及的重要问题作出规定，对进一步稳定党在农村的土地承包政策，对于保障亿万农民的根本权益，促进农业发展，保持农村稳定，具有深远意义。

1. 承包方式

我国实行农村土地承包经营制度，农村土地承包一般采取农村集体经济组织内部的家庭承包方式，对不宜采取家庭承包方式的荒山、荒沟、荒丘、荒滩等农村土地，可以采取招标、拍卖、公开协商等方式承包。

2. 承包原则及程序

农村土地承包应当遵循以下原则：(1)按照规定统一组织承包时，本集体经济组织成员依法平等地行使承包土地的权利，也可以自愿放弃承包土地的权利；(2)民主协商，公平合理；(3)承包方案应当按照本法第十二条的规定，依法经本集体经济组织成员的村民会议三分之二以上成员或者三分之二以上村民代表的同意；(4)承包程序合法。

土地承包应当按照以下程序进行：(1)本集体经济组织成员的村民会议选举产生承包工作小组；(2)承包工作小组依照法律、法规的规定拟订并公布承包方案；(3)依法召开本集体经济组织成员的村民会议，讨论通过承包方案；(4)公开组织实施承包方案；(5)签订承包合同。

3. 承包期限

耕地的承包期为30年。草地的承包期为30～50年。林地的承包期为30～70年；特殊林木的林地承包期，经国务院林业行政主管部门批准可以延长。发包方应当与承包方签订书面承包合同。

4. 发包方的权利与义务

发包方的权利：

(1) 发包本集体所有的或者国家所有依法由本集体使用的农村土地；

(2) 有权收取土地承包金；

(3) 监督承包方依照承包合同约定的用途合理利用和保护土地；

(4) 制止承包方损害承包地和农业资源的行为；

(5) 法律、行政法规规定的其他权利。

发包方的义务：

(1) 维护承包方的土地承包经营权，不得非法变更、解除承包合同；

(2) 尊重承包方的生产经营自主权，不得干涉承包方依法进行正常的生产经营活动；

(3) 依照承包合同约定为承包方提供生产、技术、信息等服务；

(4) 执行县、乡(镇)土地利用总体规划，组织本集体经济组织内的农业基础设施建设。

5. 承包方的权利与义务

承包方的权利：

(1) 承包人有对集体所有的农业用地实际支配、控制的权利。

(2) 承包人有按照土地的自然属性和合同约定的用途对承包地进行使用的权利。

(3) 承包人有获取土地上所产生的利益的权利。在实践中，这一权利的行使可能会受到一定的限制。

(4) 承包方有将土地承包经营权依法有偿转移给他人的权利。此种承包经营权通常只能在同一集体内部进行，而且转让权受到相当程度的限制。

(5) 承包方在经发包方同意的情况下，可将自己承包的土地的一部或全部转租予第三人，由第三人向承包方履行约定义务，再由承包方向原发包方履行承包合同。

承包方的义务：

(1) 维持土地的农业用途，不得用于非农建设；

(2) 依法保护和合理利用土地，不得给土地造成永久性损害。

此外，2005年3月29日，最高人民法院公布了《最高人民法院关于审理涉及农村土地承包纠纷案件适用法律问题的解释》，该解释自2005年9月1日实施。解释在总结农村土地承包纠纷案件的审判经验的基础上，对土地承包纠纷案件的具体问题提出了解决办法，也体现了最新的理论与实践成果。因此，读者朋友在有涉及这方面的问题时，应当查阅该司法解释，以利纠纷之解决。

二、农村集体建设用地能否转让

《中华人民共和国土地管理法》第六十三条规定,"农民集体所有的土地的使用权不得出让、转让或者出租用于非农业建设;但是,符合土地利用总体规划并依法取得建设用地的企业,因破产、兼并等情形致使土地使用权依法发生转移的除外。"由此可见,除非存在法定事由,否则农村集体土地不得转让用于非农业建设。也就是说,农村集体土地是可转让用于农业建设的。

实践中,不少村委会或村集体经济组织将本村的土地转让用于非农业建设,租予他人开办工厂等,这显然违反了土地管理法的上述规定。但是,也正是由于多年以来形成的对农村集体建设用地的需求所致,为了盘活集体建设用地,让集体土地流转市场化运作,从而吸引更多的投资。因此,近年来国家在各地对农村建设用地的流转进行试点。

1995年以前,土地行政主管部门一度推行"转权让利"政策,规定集体建设用地必须转为国有,才能进入二级市场流转。此后,国家的政策导向发生变化,不再强调必须转为国有,但亦未明确怎么办。截至2001年底,全国多数地方仍沿袭"转权"模式。少数地方另辟蹊径,探索保留集体土地所有权、允许土地使用权流转的新模式。目前能追溯到最早的基层自发集体建设用地使用权流转试点,是1995年的江苏苏州试点;接着是1997年浙江的湖州市试点,再往后是福建古田、河南安阳。1998年国土资源部成立后,也于2000年3月在安徽芜湖五个镇进行试点。[1] 2004年10月28日,国务院下发《关于深化改革严格土地管理的决定》,提出"在符合规划的前提下,村庄、集镇、建制镇中的农民集体所有建设用地的使用权可以依法流转"。这说明,从地方到中央,对于农民集体所有建设用地使用权的流转政策已有明显松动。

当然,我们回头看土地管理法的规定,作为法律,其应当被遵

---

[1] 参见2005年10月2日《南方周末》,常红晓《"农地入市"为何难在全国施行?》一文。

守。为了推行一项利国利民的好政策进行试点是符合我国国情的,对于各地做法,应当及时总结经验,并将之尽快上升到法律或对法律进行必要的修正。因此,在涉及这类纠纷时,亦应当根据实际情况,进行妥善处理。

三、什么是土地利用总体规划

土地利用总体规划是在一定区域内,根据国家经济可持续发展的要求和当地自然、经济、社会条件,对土地的开发、利用、治理、保护在空间上、时间上所作的总体安排。

1. 各级人民政府组织编制土地利用总体规划的主要依据之一是国民经济和社会发展规划。国土整治规划(指为了协调经济发展与人口、资源、环境之间的关系而进行的规划)也是编制土地利用总体规划的重要依据。在组织编制土地利用总体规划时,要充分考虑资源环境保护的要求:既要从国家和民族的长远利益出发,按照可持续发展的要求,在保持耕地总量稳定的前提下,制定土地利用总体规划,还要充分考虑生态环境建设的要求。此外,编制土地利用总体规划时,应当充分考虑当地的土地供求状况。

土地管理法规定,土地利用总体规划按照下列原则编制:(1)严格保护基本农田,控制非农业建设占用农用地;(2)提高土地利用率;(3)统筹安排各类、各区域用地;(4)保护和改善生态环境,保障土地的可持续利用;(5)占用耕地与开发复垦耕地相平衡。

2. 土地利用总体规划的规划期限由国务院规定。一般而言,该期限为15年,我国第一次土地利用总体规划的期限为1985—2000年,现在实行的是从1995年开始到2010年结束的第二次土地利用总体规划。

3. 土地利用总体规划的修改

经批准的土地利用总体规划的修改,须经原批准机关批准;未经批准,不得改变土地利用总体规划确定的土地用途。

经国务院批准的大型能源、交通、水利等基础设施建设用地,需要改变土地利用总体规划的,根据国务院的批准文件修改土地利用总体规划。

经省、自治区、直辖市人民政府批准的能源、交通、水利等基础设施建设用地，需要改变土地利用总体规划的，属于省级人民政府土地利用总体规划批准权限内的，根据省级人民政府的批准文件修改土地利用总体规划。

四、基本农田及其保护制度

基本农田，是指按照一定时期人口和社会经济发展对农产品的需求，依据土地利用总体规划确定的不得占用的耕地。基本农田保护区，是指为对基本农田实行特殊保护而依据土地利用总体规划和依照法定程序确定的特定保护区域。为了对基本农田实行特殊保护，促进农业生产和国民经济的发展，国务院于1998年12月27日发布了《基本农田保护条例》，条例自1999年1月1日起施行。现依据该条例将基本农田及其保护制度介绍如下：

1. 基本农田保护管理机关

国务院土地行政主管部门和农业行政主管部门按照国务院规定的职责分工，依照本条例负责全国的基本农田保护管理工作。

县级以上地方各级人民政府土地行政主管部门和农业行政主管部门按照本级人民政府规定的职责分工，依照本条例负责本行政区域内的基本农田保护管理工作。

乡（镇）人民政府负责本行政区域内的基本农田保护管理工作。

2. 基本农田的划定

（1）各级人民政府在编制土地利用总体规划时，应当将基本农田保护作为规划的一项内容，明确基本农田保护的布局安排、数量指标和质量要求。县级和乡（镇）土地利用总体规划应当确定基本农田保护区。省级人民政府划定的基本农田应当占本行政区域内耕地总面积的80%以上，并应根据全国土地利用总体规划逐级分解下达具体指标。

（2）下列耕地应当划入基本农田保护区，实行严格管理：

经国务院有关主管部门或者县级以上地方人民政府批准确定的粮、棉、油生产基地内的耕地；有良好的水利与水土保持设施的耕地，正在实施改造计划以及可以改造的中、低产田；蔬菜生产基地；农业科研、教学试验田。

此外，根据土地利用总体规划，铁路、公路等交通沿线，城市和村庄、集镇建设用地区周边的耕地，应当优先划入基本农田保护区，但需要退耕还林、还牧、还湖的耕地，不应当划入基本农田保护区。

(3) 基本农田保护区以乡(镇)为单位划区定界，由县级人民政府土地行政主管部门会同同级农业行政主管部门组织实施。

划定的基本农田保护区，由县级人民政府设立保护标志，予以公告，由县级人民政府土地行政主管部门建立档案，并抄送同级农业行政主管部门。

基本农田划区定界后，由省级人民政府组织土地行政主管部门和农业行政主管部门验收确认，或者由省级人民政府授权设区的市、自治州人民政府组织土地行政主管部门和农业行政主管部门验收确认。

3. 基本农田的保护

国家对基本农田的保护是十分严格的，明确各级人民政府必须确保土地利用总体规划确定的本行政区域内基本农田的数量不得减少。此外，任何单位和个人不得改变或者占用基本农田。国家能源、交通、水利、军事设施等重点建设项目选址确实无法避开基本农田保护区，需要占用基本农田，涉及农用地转用或者征用土地的，必须经国务院批准。

经国务院批准占用基本农田的，当地人民政府应当按照国务院的批准文件修改土地利用总体规划，并补充划入数量和质量相当的基本农田。占用单位应当按照占多少、垦多少的原则，负责开垦与所占基本农田的数量与质量相当的耕地；没有条件开垦或者开垦的耕地不符合要求的，应当按照省、自治区、直辖市的规定，缴纳耕地开垦费，专款用于开垦新的耕地。占用基本农田的单位应当按照县级以上地方人民政府的要求，将所占用基本农田耕作层的土壤用于新开垦耕地、劣质地或者其他耕地的土壤改良。

对于未经批准或者采取欺骗手段骗取批准，非法占用基本农田的；超过批准数量，非法占用基本农田的；非法批准占用基本农田的；买卖或者以其他形式非法转让基本农田的，应依法予以严惩。此外，《基本农田保护条例》还规定了对下列违法行为的处理：

（1）应将耕地划入基本农田保护区而不划入的，由一级人民政府责令限期改正，拒不改正的，对直接负责的主管人员和其他直接责任人员依法给予行政处分或纪律处分。

（2）破坏或者擅自改变基本农田保护区标志的，由县级以上地方人民政府土地行政主管部门或者农业行政主管部门责令恢复原状，可以处1000元以下罚款。

（3）占用基本农田建窑、建房、建坟、挖砂、采石、采矿、取土、堆放固体废弃物或者从事其他活动破坏基本农田，毁坏种植条件的，由县级以上人民政府土地行政主管部门责令改正或者治理，恢复原种植条件，处占用基本农田的耕地开垦费1倍以上2倍以下的罚款；构成犯罪的，依法追究刑事责任。

（4）侵占、挪用基本农田的耕地开垦费，构成犯罪的，依法追究刑事责任；尚不构成犯罪的，依法给予行政处分纪律处分。

五、征地补偿费

征地补偿费是指由用地单位支付的，因征地产生的各项费用和土地管理费的总称。包括土地补偿费、安置补助费以及地上附着物和青苗的补偿费。

土地补偿费是指因国家征收土地对土地所有者在土地上的投入和收益造成损失的补偿，补偿的对象是土地所有权人，补偿的标准是为该耕地被征收前3年平均年产值的6～10倍。按照土地补偿费主要用于被征地农户的原则，土地补偿费应在农村集体经济组织内部合理分配。土地被全部征收，同时农村集体经济组织撤销建制的，土地补偿费应全部用于被征地农民生产生活安置。

安置补助费是指国家建设征收农民集体土地后，为了解决以土地为主要生产资料并取得生活来源的农业人口因失去土地造成生活困难所给予的补助费用。征用耕地的安置补助费，按照需要安置的农业人口数计算。需要安置的农业人口数，按照被征用的耕地数量除以征地前被征用单位平均每人占有耕地的数量计算。每一个需要安置的农业人口的安置补助费标准，为该耕地被征用前3年平均年产值的4~6倍。但是，每公顷被征用耕地的安置补助费，最高不得超过被征用前3年平均年产值的15倍。

地上附着物补偿费，是指对被征收土地上的各种地上建筑物、构筑物，如房屋、水井、道路、管线、水渠等的拆迁和恢复费以及被征收土地上林木的补偿或者砍伐费等。对于地上附着物补偿费，土地管理法没有明确规定，授权各省级人民政府制定具体标准，但是，对于这方面的规定，各省制定有明确规定的较少，多在实践中形成工作经验和标准。

青苗补偿费是指征收土地时，对被征收土地上生长的农作物，如水稻、小麦、玉米、土豆、蔬菜等造成损失所给予的一次性经济补偿费用。土地管理法同样没有对此进行明确规定，而是授权各省级人民政府制定具体标准。《北京市建设征地补偿安置办法》第十六条规定，"青苗补偿按照1季产值计算，但多年生的农作物青苗按照1年产值计算……其他经济作物的补偿，由征地双方根据经济作物生长情况协商确定；协商不成的，可以委托评估机构参照届时市场价格评估确定。"

关于征地补偿费，各地纷纷推出了辖域标准，如最低保护标准等。因此，在对征地补偿费有异议时，还应根据本地征地补偿的具体标准予以确定。征收土地的各项费用应当在自征地补偿、安置方案批准之日起3个月内全额支付。

六、征地补偿、安置方案

1. 征地区域的市、县人民政府土地行政主管部门会同有关部门根据批准的征收土地方案，在征收土地公告之日起45日内以被征收土地的所有权人为单位拟订征地补偿、安置方案并予以公告。征地补偿、安置方案公告应当包括下列内容：(1)本集体经济组织被征收土地的位置、地类、面积、地上附着物和青苗的种类、数量，需要安置的农业人口的数量；(2)土地补偿费的标准、数额、支付对象和支付方式；(3)安置补助费的标准、数额、支付对象和支付方式；(4)地上附着物和青苗的补偿标准和支付方式；(5)农业人员的具体安置途径；(6)其他有关征地补偿、安置的具体措施。

2. 被征地农村集体经济组织、农村村民或者其他权利人对征地补偿、安置方案有不同意见的或者要求举行听证会的，应当在征地补偿、安置方案公告之日起10个工作日内向有关市、县人民政府土地行政主管部门提出。市、县人民政府土地行政主管部门应当研究被征地农村集体经济组织、农村村民或者其他权利人对征地补偿、安置方案的不同意见。对当事人要求听证的，应当举行听证会。确需修改征地补偿、安置方案的，应当依照有关法律、法规和批准的征用土地方案进行修改。此外，市、县人民政府土地行政主管部门将征地补偿、安置方案报市、县人民政府审批时，应当附具被征地农村集体经济组织、农村村民或者其他权利人的意见及采纳情况，举行听证会的，还应当附具听证笔录。

3. 征地补偿、安置方案经批准后，由有关市、县人民政府土地行政主管部门组织实施。有关市、县人民政府土地行政主管部门将征地补偿、安置费用拨付给被征地农村集体经济组织后，有权要求该农村集体经济组织在一定时限内提供支付清单。

市、县人民政府土地行政主管部门有权督促有关农村集体经济组织将征地补偿、安置费用收支状况向本集体经济组织成员予以公布，以便被征地农村集体经济组织、农村村民或者其他权利人查询和监督。

市、县人民政府土地行政主管部门应当受理对征用土地公告内容和征地补偿、安置方案公告内容的查询或者实施中问题的举报，接受社会监督。

七、大中型水利、水电工程建设征地

大中型水利水电工程，是指水库库容在1000万立方米以上或水电站装机容量在5万千瓦以上的水利水电工程。

土地管理法第五十一条规定，"大中型水利、水电工程建设征用土地的补偿费标准和移民安置办法，由国务院另行规定。"为加强大中型水利水电工程建设征地和移民的管理，合理征用土地，妥善安置移民，1991年2月15日，国务院发布《大中型水利水电工

程建设征地补偿和移民安置条例》，条例于同年 5 月 1 日开始实施。条例对大中型水利水电工程征地的补偿和移民安置进行了规定，但该条例制定之后，土地管理法已经对此进行了多次修订，有些已不合土地管理法的规定，因此，对这一条例不做深入介绍，主要介绍一下长江三峡工程和南水北调工程这两个我国大中型水利、水电工程代表的征地与移民事宜。

1. 为了做好三峡工程建设移民工作，维护移民合法权益，保障三峡工程建设，促进三峡库区经济和社会发展，国务院于 2001 年 2 月 21 日颁布了《长江三峡工程建设移民条例》。条例规定：三峡工程建设移民安置，应当编制移民安置规划。移民安置规划应当与土地利用总体规划相衔接。水利部长江水利委员会会同湖北省、重庆市人民政府，负责编制《长江三峡工程水库淹没处理及移民安置规划大纲》（以下简称《规划大纲》），报国务院三峡工程建设委员会审批。湖北省、重庆市人民政府应当按照《规划大纲》，负责组织本行政区域内有关市、县、区人民政府编制并批准有关市、县、区的移民安置规划，并分别汇总编制本省、直辖市的移民安置规划，报国务院三峡工程建设委员会备案。国务院三峡工程建设委员会移民管理机构应当加强对移民安置规划实施情况的监督。条例对移民安置、淹没区、安置区的管理、移民资金使用的管理和监督以及扶持措施等进行了详细的规定。

2. 南水北调工程规划分东线、中线和西线三部分，东线从长江江苏扬州段调水，经过江苏、山东到达河北、天津。中线从湖北丹江口水库调水经河南、河北到北京、天津，西线规划从长江上游调水到黄河上游，供应西北和华北，正在规划中。

为了规范南水北调主体工程（以下简称南水北调工程）建设征地补偿和移民安置工作，维护移民合法权益，保障工程建设顺利进行，经国务院同意，国务院南水北调工程建设委员会于 2005 年 1 月 27 日发布了《南水北调工程建设征地补偿和移民安置暂行办法》（下称《办法》）。《办法》规定：南水北调工程建设征地补偿和移民安置工作，实行国务院南水北调工程建设委员会领导、省级人民政府负责、县为基础、项目法人参与的管理体制。有关地方各级人民政府应确定相应的主管部门承担本行政区域内南水北调工程建设征地补偿和移民安置工作。此外,《办法》还就移民安置规划、征地补偿、实施管理等内容进行了详细规定。2002年12月27日,朱镕基总理宣布了南水北调工程开工,该工程预计工期15年。因此,如果因南水北调工程涉及土地被征收等事宜,应对《办法》进行深入了解。

八、临时用地纠纷的处理

临时用地是指工程建设施工和地质勘查需要临时使用、在施工或者勘查完毕后不再需要使用的国有或者农民集体所有的土地,不包括因临时使用建筑或其他设施而使用的土地。

《中华人民共和国土地管理法》第五十七条规定,"建设项目施工和地质勘查需要临时使用国有土地或者农民集体所有的土地的,由县级以上人民政府土地行政主管部门批准。其中,在城市规划区内的临时用地,在报批前,应当先经有关城市规划行政主管部门同意。土地使用者应当根据土地权属,与有关土地行政主管部门或者农村集体经济组织、村民委员会签订临时使用土地合同,并按照合同的约定支付临时使用土地补偿费。临时使用土地的使用者应当按照临时使用土地合同约定的用途使用土地,并不得修建永久性建筑物。临时使用土地期限一般不超过二年。"

临时用地纠纷多体现在土地上修建永久性建筑物、临时用地到期后拒不交还土地等。我国农村集体土地在管理制度上并不是很健全,在实践中,往往是村支书或村委会主任一人说了算,这些人在得到好处后,擅自同意临时用地人在临时用地上修建永久性建筑物,有的修建厂房,有的修建住宅,还有的则因为该宗土地马上要被国家征收而修建房屋等等,但不管有没有经得村委会主任或村支书的同意,根据土地管理法的上述规定,临时用地人的行为都是违法的。临时用地使用期满后,用地人负有将该土地上的建筑物或构筑物拆除,将土地恢复原状的义务,用地人不得将土地再行使用而拒不交还。

对于上述情形,临时用地人的行为已违反了土地管理法的规定,相关权利人可根据临时用地合同提起民事诉讼,请求人民法院判决临时用地人交还土地,恢复原状,造成损失的,还可要求赔偿损失。同时,相关权利人也可向土地管理部门举报临时用地人的土地违法行为,有关部门应当对之进行查处。此外,土地管理部门也可在发现土地违法行为时进行查处。

九、日本和中国台湾地区征地制度简介❶

1. 日本征地制度

日本土地有65％为私人所有,因而,公共事业建设用地,必然涉及到对私有土地的征收。1951年,日本政府制度了土地征收法。该法规定,重要的公共事业可采取征地方式获取建设用地。

(1)日本征地程序

① 申请

起业者(公共事业的经营者)需要征地时,应先向建设大臣或道府县知事申请,由该官员对申请项目进行研究,以决定是否批准。

② 登记

征地申请被批准后,起业者便可实地测量房屋和土地,进行登记,并由相关权利人签字确认。

③ 签约

起业者与土地所有者及其他权利人,经协商一致的,便可签订征购协议。之后,该征购协议还应提请征地委员会确认。经征地委员会确认的协议具有法律效力,约束当事各方。

④ 征地裁定

若起业者与土地权利人等达不成征购协议,起业者可申请征地委员会裁定。征地委员会在听取各方意见的情况下,根据具体情况审慎地决定是否准许征地。如准许,该裁定须明确征地范围、补偿数额等内容。

⑤ 让地裁定

---

❶ 本部分参见张小华、黎雨主编《中国土地管理实务全书》第三篇日本与台湾征地制度部分,中国大地出版社,1997年10月。

作出征地裁定后，在征地申请被批准之日起 4 年内，征地委员会根据当事人之申请，作出让地裁定。决定在征地裁定中规定的损失之外的赔偿和让地的期限。

⑥ 征地结束

在让地期限前，起业者支付相应赔偿，权利人让出土地，征地程序即告完结。但若权利人不让出土地时，则用地方可申请都府道县知事代为执行，有关知事可采取强制方法执行之，以完成土地征收。

(2) 征地补偿

日本征地法对征地赔偿有所规定，但不甚具体。1962 年日本内阁制定了《公共用地取得损失赔偿标准纲要》将赔偿标准、赔偿项目和赔偿金额进行统一。征地补偿主要有如下种类：

① 征地损失赔偿，即指按被征财产的市场价格计算所得的赔偿。

② 通损赔偿，即指地上附着物补偿和搬迁费用。

③ 少数残存者补偿，主要指对诸如居住区因修建水库等受到影响而又不必搬离的情况下的补偿。

④ 离职者赔偿，指土地权利人所雇佣工人的赔偿。

⑤ 事业损失赔偿，指对因公共事业开工后所造成的影响环境等损害而给予的赔偿。

2. 中国台湾地区征地制度

(1) 征地目的

台湾土地法律规定，土地征收只能基于下列原因而运用："一是为兴办公共事业的需要；二是为实施国家经济政策。"

(2) 征地程序

① 申请

台湾土地征收权只能由政府行使，需要用地者应向政府有关土地征收主管部门申请。申请征收土地者，首先应证明其所兴办的事业得到法令许可，是合法的；其次应提出详细的征收计划书，并应附具征收土地图与土地使用计划图。

除非因公共安全急需使用土地，需地者须与土地权利人进行协商，以便与之签订协议或其他方式取得土地。只有在协议不成的情况下，才可依法定程序申请征地。

② 核准

A. 台湾"行政院"、"省政府"为征地核准机关，两者核准的权限不同。

B. 关于土地征收核准需按标准进行之。如"同一土地有两人以上申请征收时，以其举办事业性质的轻重为核定标准；其性质相同者，以其申请的先后为核定标准。"

C. 通知"中央地政机关"核准征收土地后，应将原案全部通知土地所在地市、县政府地政机关。

③ 公告

A. 市、县政府地政机关于接到"中央地政机关"通知核准征收土地案时，应即公告，并通知土地所有权人及他项权利人，公告之期间为30日。

B. 被征收土地的所有权或者他项权利以公告之日土地登记簿所记载者为准。被征收之土地公告后，除于公告前因继承、强制执行或法院之判决而取得所有权或他项权利，并于公告期间内申请将其权利登记者外，不得移转或设定负担。土地权利人或使用人并不得在该土地增加改良物；其于公告时已在工作中者，应即停止工作。

C. 土地权利利害关系人对于公告事项有异议者，应于公告期间内向市、县政府地政机关书面提出。地政机关接受异议后应即查明处理，并将查处情况以书面通知土地权利关系人。土地权利关系人对于征地补偿价额不服查处情形的，地政机关应当提请地价评议委员会复议，土地权利关系人不服复议结果的，可依法提起行政救济。市、县主管机关在补偿费发放完毕后，不因土地权利关系人提出异议或提起行政救济而停止公告征收处分的执行。

④ 执行

土地所在地的市县地政机关负责执行事宜。

(3) 征地补偿

台湾征地补偿项目如下：

① 土地补偿费。该补偿被征收的土地，应当按照被征收土地当期公告的土地现值，补偿其地价。但实际操作中，一般是按市场价补偿。

② 改良物的补偿。改良物包括建筑改良物与农作物改良物。建筑改良物是指附着于土地的建筑物或工事；农作物改良物是指附着于土地的农作物及其他植物与水利土壤的改良。具体补偿如下：

A. 建筑改良物补偿，按征收当时该建筑改良物的重置成本计算。

B. 农作物改良物的补偿，于农作物改良物被征收时与其成熟期相距在1年以内的，按成熟期估定；超过1年的，按其种植及培育费用，并参酌现值估定。

C. 合法营业损失补偿。合法经营使用的建筑改良物，因征收导致营业停止或者规模缩小的损失，应当给予补偿，其标准由省主管机关确定。

③ 改良物迁移补偿

即改良物所有权人自愿迁移改良物的，应给予其适当的补偿。

④ 接连地损失补偿，因土地征收，影响到接连土地的效用或者效益的，该接连土地所有权人可要求用地人给予相当的补偿，但其补偿金额以不超过接连地因受土地征收影响而减低的价格为准。

⑤ 残地征收补偿，征收土地残余部分，面积过小或形状不整，致不能为相当使用时，所有权人得于征收公告期满6个月内，向市、县政府地政机关要求一并征收。

第三章 土地征收中的房屋拆迁

如前所述，土地征收是国家基于公共利益之需要，将属于农民集体所有的土地强制地征归国有，并依法对其进行补偿的法律制度。土地征收，不仅涉及到耕地及其他农用地的补偿，也涉及到青苗的补偿，还涉及到地上附着物的补偿，这里的地上附着物，包括农村居民的房屋、村办企业的厂房及其他营业用房、农田水利及机电排灌设施、电力、广播、通讯设施等。征收土地过程中，对上述房屋及设施的拆迁，一般称之为征地拆迁。多年以来，征地拆迁所引发的纠纷一直上升态势，体现了相当尖锐的社会矛盾，纠纷和矛盾的焦点无疑是征地过程中各项补偿费用的低廉，对此学者们多有论述，中央媒体也多有关注，这些无疑对缓解社会矛盾和促进纠纷的解决起到促进作用。本书主要介绍在征地拆迁中的补偿问题。

土地征收中的补偿，是按照土地的原用途进行的，一般都是以货币的方式一次性支付被征地区域的农民。其补偿标准如下：对于耕地而言，其补偿费用包括土地补偿费、安置补助费以及地上附着物和青苗的补偿费。应支付的土地补偿费，为该耕地被征收前三年平均年产值的六至十倍；应支付的安置补助费，为该耕地被征收前三年平均年产值的四至六倍。征收土地的地上附着物和青苗的补偿标准，法律授权省级人民政府制定。征收其他土地的土地补偿费和安置补助费标准，由省、自治区、直辖市参照征用耕地的土地补偿费和安置补助费的标准规定。

《中华人民共和国土地管理法》第四十七条规定，"征收其他土地的土地补偿费和安置补助费标准，由省、自治区、直辖市参照征收耕地的土地补偿费和安置补助费的标准规定。被征收土地上的附着物和青苗的补偿标准，由省、自治区、直辖市规定。"各地也依据此制定了各自的土地管理法实施条例或是办法，在操作方法上也有所不同，主要体现在对房屋及附属物等的补偿及对人员的安置上。

由于涉及到拆迁行政许可，因而绝大部分由省级人民政府制定征地拆迁规定，都已不具有法律效力或即将失效，而在省级以下级别的人民政府制定的征地拆迁规定，若在没有地方性法规设定有行政许可的前提下，亦是无效的，这在下面的关于北京市的征地拆迁部分将进行详细介绍，其他省市不再赘述。基于这一实际情况，并考虑到法律规定的延续性，下面对部分大中城市的征地拆迁补偿进行介绍，对于具体案件，读者仍应依据实际情况正确选择所应适用的法律规定。

第一节　北京市的征地拆迁

对于集体土地房屋的拆迁，北京市区分为宅基地房屋拆迁与非宅基地房屋拆迁。宅基地房屋拆迁，由《北京市集体土地房屋拆迁管理条例》调整；对于非宅基地房屋拆迁及对土地所有权及青苗、水井、道路、管线、水渠等建筑物、构筑物以及林木和其他经济作物等的补偿，则由《北京市建设征地补偿安置办法》调整。

一、宅基地房屋的拆迁

对于宅基地房屋的拆迁，《北京市集体土地房屋拆迁管理条例》规定，"可以实行货币补偿或者房屋安置，有条件的地区也可以另行审批宅基地。"拆迁宅基地上房屋实行货币补偿的，拆迁人应当向被拆迁人支付补偿款。补偿款按照被拆除房屋的重置成新价和宅基地的区位补偿价确定；拆除宅基地上房屋以国有土地上房屋安置的，拆迁人与被拆迁人应当按照本办法第十四条第一款的规定确定拆迁补偿款，并与安置房屋的市场评估价款结算差价；但按照市人民政府规定以经济适用住房安置被拆迁人的除外。对利用宅基地内自有房屋从事生产经营活动并持有工商营业执照的，拆迁人除按照本办法的规定予以补偿、安置外，还应当适当补偿停产、停业的经济损失。此外，拆迁人应当向被拆迁人支付搬迁补助费。对于宅基地房屋的拆迁，该条例参照了《北京市城市房屋拆迁管理办法》的相关规定。该条例是于 2003 年 8 月 1 日开始实施的，而 2004 年 7 月 1 日，《中华人民共和国行政许可法》实施，该法第十五条明确规定，"……尚未制定法律、行政法规和地方性法规的，因行政管理的需要，确需立即实施行政许可的，省、自治区、直辖市人民政府规章可以设定临时性的行政许可。临时性的行政许可实施满一年需要继续实施的，应当提请本级人民代表大会及其常务委员会制定地方性法规。"可见，对于集体土地房屋拆迁的行政许可，如果不上升为地方性法规，将面临无法可依的局面。因此，2005 年 3 月 15 日开始，北京市人民政府法制办公室在市政府网站上就《北京市集体土地房屋拆迁管理条例(草案)》征求意见，以便提交北京市人大常委会制定地方性法规。

二、征地的补偿安置以及对非宅基地房屋的拆迁

1. 征地的补偿

对于征地的补偿以及对非宅基地房屋的拆迁，《北京市建设征地补偿安置办法》进行了相应规定。征地单位支付的征地补偿费包括土地补偿费和安置补助费。涉及青苗(指尚未收获的农作物)和其他土地附着物(包括房屋、水井、道路、管线、水渠等建筑物、构筑物以及林木和其他经济作物等)的，还应当向所有权人支付青苗补偿费和其他土地附着物补偿费。北京市对征地补偿费实行最低保护制度，具体由市国土资源局以乡镇为单位结合被征地农村村民的生活水平、农业产值、土地区位以及本办法规定的人员安置费用等综合因素确定，报市人民政府批准后公布执行。这里的征地补偿费最低保护标准，即是指在征地时，对相关区域的补偿，不得低于该标准。比如说昌平南口镇征地补偿费保护标准为 4 万元/亩，即在该镇征地的补偿费不得低于每亩 4 万元，在区域位置较好的地方，如朝阳区的太阳宫地区与南磨坊地区，征地补偿费保护标准则高达 18 万元/亩。

2. 征地的程序

在征地的程序上，该办法也有相应规定，即：被征地农村集体经济组织或者村民委员会应当就协议主要内容经村民大会或者村民代表大会等民主程序形成书面决议。土地行政主管部门应当对农村集体经济组织或者村民委员会在签订征地补偿安置协议前是否履行民主程序、征地双方达成协议的内容是否符合法律规定进行监督，并可就监督内容听取农村村民意见。土地行政主管部门在向批准征地机关报送征用土地方案时，应当附具征地双方签订的征地补偿安置协议。此外，还应当依法进行公告。

3. 房屋的拆迁补偿

办法第十七条规定：拆迁非住宅房屋和其他建筑物、构筑物的，按照重置成新价格予以补偿；公益公共设施确需迁建的，应当迁建。拆迁经营性用房造成停产停业经济损失的，应当按照规定给予一次性停产停业补助费。拆迁未超过批准期限的临时建筑，按照重置成新价格予以适当补偿；超过批准期限的临时建筑和违法建筑，不予补偿。《北京市建设征地补偿安置办法》于2004年7月1日开始实施，与《中华人民共和国行政许可法》实施的日期相同，从办法的第十七条来看，亦涉及到了拆迁许可，据前一所述之理由，该办法在2005年7月1日之后，其在拆迁许可这方面的规定显然已不再具有法律效力，应尽快上升为地方性法规。

对于利用住宅房屋进行工商业活动的，拆迁这样的房屋如何补偿，北京市通州区人民政府于2004年4月5日颁布了《北京市通州区人民政府关于确定通州区集体土地房屋拆迁宅基地面积控制标准、区位补偿价标准及有关补助费的通知》。该通知作了如下规定：

1. 经营性用房的停产停业综合补助费标准

（1）经营面积的确定。对利用宅基地内自有正式房屋从事生产经营活动并持有工商营业执照的，营业执照上标明的经营场所与被拆迁的房屋一致，营业执照在有效期内，可给予一次性停产停业综合补助费。经营面积按实测的正式房屋经营面积确定。

（2）停产停业综合补助费发放标准。对于经营行为符合下列条件：

① 连续生产经营两年以上，生产经营活动的起始时间自取得

工商执照日期计算,截止日期到拆迁公告公布时间为准。

② 年纳税额在 1800 元以上,由拆迁人对被拆迁人按被拆除房屋确定的经营面积给予每平方米 700 至 800 元一次性停产停业综合补助费;

年纳税额在 1800 元以下,1000 元以上,由拆迁人对被拆迁人按被拆除房屋确定的经营面积给予每平方米 500 至 600 元一次性停产停业综合补助费;

年纳税额在 1000 元以下,600 元以上,由拆迁人对被拆迁人按被拆除房屋确定的经营面积给予每平方米 300 至 400 元一次性停产停业综合补助费。

③ 不符合上述条件的经营行为,由拆迁人对被拆迁人按被拆除房屋确定的经营面积给予每平方米 100 至 300 元一次性停产停业综合补助费。

在暂停期限内取得工商营业执照的,不予补偿。

2. 人员安置

征收农民集体所有土地的,相应的农村村民应当同时转为非农业户口。应当转为非农业户口的农村村民数量,按照被征收的土地数量除以征地前被征地农村集体经济组织或者该村人均土地数量计算。应当转为非农业户口的农村村民人口年龄结构应当与该农村集体经济组织的人口年龄结构一致。

转非劳动力在征地时被单位招用的,征地单位应当从征地补偿款中支付招用单位一次性就业补助费;转非劳动力自谋职业的,一次性就业补助费支付给本人。一次性就业补助费按如下标准支付:A. 转非劳动力年满 30 周岁、不满 40 周岁的,为征地时本市月最低工资标准的 60 倍;B. 转非劳动力男年满 55 周岁、女年满 45 周岁的,为征地时本市月最低工资标准的 48 倍,年龄每增加 1 岁递减 1/6,至达到国家规定的退休年龄时止;C. 其他转非劳动力为征地时本市月最低工资标准的 48 倍。对于超转人员(男年满 60 周岁、女年满 50 周岁及其以上的人员和经认定完全丧失劳动能力的人员),由北京市民政局进行管理,享受相应的社会保险。

转非劳动力失业的,可以将本人档案转到户籍所在地的区、县失业保险经办机构,并办理失业登记、申领失业保险金手续。有关部门应当按照规定为其发放《北京市再就业优惠证》。

3. 社会保险

农村集体经济组织或者村民委员会应当在转非劳动力办理转为非农业户口手续后30日内,到所在区、县社会保险经办机构为其办理参加社会保险手续,补缴社会保险费。至于转非劳动力补缴的社会保险费,由征地单位从征地补偿费中直接拨付到其所在区、县社会保险经办机构。具体而言,转非劳动力达到国家规定的退休年龄时,累计缴纳基本养老保险费满15年及其以上的,享受按月领取基本养老金待遇。基本养老金由基础养老金和个人账户养老金两部分组成。基础养老金按照本人退休时上一年本市职工月平均工资的20%计发;个人账户养老金按照个人账户累计储存额的1/120计发。转非劳动力按月领取的基本养老金低于本市基本养老金最低标准的,按照最低标准发放,并执行基本养老金调整的统一规定。办法还对保险的交纳等具体问题作了规定。

应当说,北京市对征收土地以及在此基础上的房屋拆迁,制定了较完备的规定。但从实际运行来看,根据北京市政协常委张嘉兴的统计,截止到2001年底,北京近郊因征地而造成的"农转非"人员共计20.5万人,其中劳动年龄人口11.4万人,获得就业安置的为5.3万人,仅占46.49%,就业安置并未能完全解决劳动力的实际问题。此外,失地农民就业门路窄,就业质量不高,加之社会保险的保障水平仍有待提高,社会保险资金的筹措渠道亦不畅通等,都使得这些成为解决失地农民问题的阻碍。但无论如何,只有给失地农民一个长远的生计或保障,或许才能解决实际问题。

第二节 武汉市的征地拆迁

2004年2月1日,《武汉市征用集体所有土地补偿安置办法》与《武汉市征用集体所有土地房屋拆迁管理办法》同时实施。可见,在武汉市对于征地的补偿是区分房屋与土地进行规定的,两者同时实施,并行不悖,操作起来也比较明确,下面进行介绍。

一、征地补偿安置

《武汉市征用集体所有土地补偿安置办法》吸收了土地管理法及其实施条例以及《征用土地公告办法》等的内容，规定：

1. 征收耕地的，按该耕地被征收前3年平均年产值的10倍补偿；征收园地、林地以及其他农用地的，按邻近耕地前3年平均年产值的6倍补偿；征收建设用地和未利用地的，按邻近耕地前3年平均年产值的6倍补偿。被征用土地上的青苗，能计算产值的，按其产值进行补偿。能收获的不予补偿；不能收获的，按一季产值进行补偿。不能计算产值的，给予合理补偿。

2. 农田水利及机电排灌设施、电力、广播、通讯设施以及其他附着物，能迁移的，由产权单位自行负责迁移，用地单位付给迁移费；不能迁移的，由用地单位依据重置价给予补偿。

3. 被征用土地上的坟墓，由用地单位以公告形式通知坟主在限期内自行迁移，并按有关规定向坟主支付迁坟费；逾期未迁移的，由土地行政主管部门会同有关部门处理。

此外，该办法还对临时用地的补偿进行了规定：临时使用耕地的，按其前3年平均年产值结合使用年限计算补偿费。使用不足1年的按2年计算，1年以上(含1年)的按3年计算；临时使用其他有收益土地的，按邻近耕地前3年的平均年产值乘以使用年限给予补偿。

4. 农业人口安置

征收耕地的，每一个需要安置的农业人口的安置补助费标准，为该耕地被征收前3年平均年产值的6倍，但是，每公顷被征收耕地的安置补助费，最高不超过该耕地被征收前3年平均年产值的15倍；征收有收益的其他土地，每一个需要安置的农业人口的安置补助费标准为邻近耕地前3年平均年产值的6倍。征收无收益的土地，不支付安置补助费。若上述费用的支付，尚不能使需要安置的农民保持原有生活水平，经省人民政府批准，可以增加安置补助费。但土地补偿费、安置补助费的总和不得超过该耕地被征用前3年平均年产值的30倍。

需要安置的人员由农村集体经济组织安置的，安置补助费支付给农村集体经济组织，由农村集体经济组织管理和使用；由其他单位安置的，安置补助费支付给安置单位；不需要统一安置的，安置补助费发放给被安置人员个人或者征得被安置人员同意后用于支付被安置人员的保险费用。符合参加社会保险条件的，征得被安置人员同意后，安置补助费用于支付被安置人员的社会保险费用。

二、集体土地房屋拆迁的补偿

1. 拆迁中环线以内的住宅房屋，被拆迁人可选择货币补偿安置或以房屋产权调换方式安置；具备条件的，经依法批准，可由农村集体经济组织集中建设多层住宅予以安置；确属从事农业生产需要且人均农用地达到或超过全市人均耕地数，并符合宅基地审批条件的，可申请审批宅基地安置。

拆迁中环线以外的住宅房屋，被拆迁人可选择货币补偿、产权调换或者另辟宅基地进行安置。具备条件的，也可由农村集体经济组织按照农民社区模式，统一集中安置。

2. 实行货币补偿安置的，拆迁人应当向被拆迁人支付补偿款。补偿款按照被拆除房屋重置价和宅基地区位补偿价确定。

3. 拆迁住宅房屋，拆迁人对被拆迁人按照1户1处宅基地进行补偿安置。拆迁补偿中被拆迁住宅房屋的占地面积、建筑面积，应当根据经合法批准的面积认定。被拆迁住宅房屋的占地面积不足60平方米，被拆迁人在本市范围内无其他住房的，被拆迁房屋的占地面积按60平方米认定。《中华人民共和国土地管理法》实施前建成的房屋及所占用的土地，未取得相应权证及主管部门批准文件，但确由本村被拆迁人长期自住的，可给予适当补偿。

4. 拆迁补偿中认定的房屋占地面积，以土地使用证登记的面积为依据；未取得土地使用证但经合法批准的，以批准的用地面积为依据。拆迁补偿中认定宅基地上房屋建筑面积，以房屋所有权证登记的面积为依据；未取得房屋所有权证但具有规划行政主管部门批准建房文件的，以批准的建筑面积为依据。

5. 拆迁农村集体经济组织的非住宅房屋，拆迁人应当按照房屋重置价对被拆迁人进行补偿，房屋占用的土地按《武汉市征用集体所有土地补偿安置办法》规定的标准，对被拆迁人进行补偿。拆迁非住宅房屋，还应当按实际情况对被拆迁人补偿下列费用：按国家和本市规定的货物运输价格、设备安装价格计算的设备搬迁和安装费用；无法恢复使用的设备按重置价结合成新结算的费用；因拆迁造成的停产、停业补偿费；属于商业用房的，应按其营业面积给予营业补偿。

对利用自有住宅房屋从事生产经营活动并持有工商营业执照的，按住宅房屋予以认定，但对其实际用于经营的建筑面积部分给予适当营业补偿。具体补偿标准，按城市房屋拆迁的有关规定执行。

此外，拆迁人还应付给被拆迁人搬迁补助费和临时安置补助费或提供过渡房。

6. 拆除违法建筑和超过批准期限的临时建筑不予补偿；拆除经依法批准尚未超过批准期限的临时建筑，按照重置价结合剩余期限给予适当补偿。

第三节 无锡市集体土地房屋拆迁

我们可以从《无锡市市区集体土地房屋拆迁管理办法》的规定来了解当地的集体土地房屋拆迁补偿情况。

一、住宅房屋拆迁补偿

1. 无锡市对住宅房屋拆迁补偿安置一般实行房屋产权调换方式，这一规定较之其他地方显得更有特点，一般而言，各地对补偿安置的方式大都规定可以实行货币补偿或房屋安置，而且大都以货币补偿为主。

对住宅房屋的被拆迁人提出自行解决住房并作出书面承诺的，经被拆迁人向拆迁人提出申请，由该市拆管机构认定后，可以提取补偿安置款。该补偿安置款的计算公式为：（指定地点的单位建筑面积安置房成本价－单位建筑面积安置房建安价＋单位建筑面积的被拆迁房屋重置价结合成新评估价）×合法建筑面积。

此外，若住宅房屋的被拆迁人要求实行产权调换的，由拆迁人提供拆迁安置房给予产权调换。

2. 被拆迁人以一处宅基地或者合法建房手续为一户，被拆迁人在同一拆迁范围内有多处住房的，应当合为一户计算其原住房面积；被拆迁住宅房屋合法建筑面积经公示后，被拆迁人凭拆迁房屋安置协议书和安置房准购证，每户可以按下列规定进行产权调换：

被拆迁住宅房屋合法建筑面积小于等于 200 平方米的，按被拆迁住宅房屋重置价结合成新与产权调换房的建安价结算差价后，可以按实际被拆迁住宅房屋合法建筑面积最接近的户型进行产权调换；也可以按实际被拆迁住宅房屋合法建筑面积的房屋结构、成新系数等因素折算确定产权调换面积。

被拆迁住宅房屋合法建筑面积大于 200 平方米的，可按实际超出面积的 50% 折算增加产权调换面积，但每户实际安置面积不得超过 250 平方米；大于产权调换面积的部分在其重置价结合成新评估价不低于 120% 不超过 200% 内给予补偿。产权调换房面积大于被拆迁住宅房屋面积部分，按住宅房屋市场价结算。

3. 拆迁住宅房屋，拆迁人应当向被拆迁人支付过渡费、搬家费和固定设施移装费。被拆迁人在规定的搬迁期限内按期全部履行房屋拆迁补偿安置协议的，拆迁人还应当给予适当奖励。

二、非住宅房屋拆迁

1. 拆迁非住宅房屋不作产权调换，对被拆迁人实行货币补偿。被拆迁人的房屋权属证书上载明工矿企业用房及其他非商业经营用房的，由拆迁人按被拆除房屋重置价结合成新评估价的 2.5 倍对被拆迁人予以补偿；被拆迁人的房屋权属证书上载明商业经营用房的，由拆迁人按被拆除房屋重置价结合成新评估价的 3.5 倍对被拆迁人予以补偿。

2. 拆迁非住宅房屋，拆迁人应当向被拆迁人支付搬迁费用和固定设备移装费用。因拆迁造成企业停业、停产等损失的，拆迁人应当按照房屋拆迁补偿总额的 10% 向被拆迁人支付一次性补助费。

被拆迁的房屋已取得工商营业执照并持续营业一年以上的(需提供拆迁前一年的持续营业税单),实际用于经营的建筑面积,按房屋权属证书上载明的用途进行评估补偿,并给予适当补助。补助金额按实际用于经营的建筑面积,由拆迁人按房屋权属证书上载明的用途,按照重置价结合成新评估价增加一倍对被拆迁人给予一次性补助。

三、征收土地的补偿

1. 土地补偿费

无锡市在2004年制定了耕地前三年平均年产值的最低标准为:一类地区每亩2500元(37500元/公顷);二类地区每亩1800元(27000元/公顷);三类地区每亩1600元(24000元/公顷)。并规定这一标准根据经济社会发展状况和物价上涨指数适时调整。对于土地补偿费,按如下标准补偿:(1)征收耕地的,按其被征收前3年平均年产值的10倍计算;(2)征收精养鱼池的,按其邻近耕地前3年平均年产值的12倍计算,征收其他养殖水面的,按其邻近耕地前3年平均年产值的8倍计算;(3)征收果园或者其他经济林地的,按其邻近耕地前3年平均年产值的12倍计算;(4)征收其他农用地的,按其邻近耕地前3年平均年产值的10倍计算;(5)征收未利用地的,按其邻近耕地前3年平均年产值的5倍计算;(6)征收农民集体所有的非农建设用地的,按其邻近耕地前3年平均年产值的10倍计算。

2. 安置补助费

征收耕地的安置补助费,按征收耕地面积计算。征地前被征地单位人均耕地在1/15公顷以上的,安置补助费为征前耕地前3年平均年产值的5倍;人均耕地不足1/15公顷的,从6倍起算,人均耕地每减少1/150公顷,安置补助费相应增加1倍,但最高不得超过征地前3年平均年产值的15倍。

征收其他农用地的安置补助费,按照该土地补偿费标准的70%计算。

征收未利用地和农民集体所有的非农业建设用地的,不支付安置补助费。

土地补偿费的80%和安置补助费不足以安置被征地农民的，不足部分列入征地成本。安置征地人员后有剩余的，剩余部分支付给土地所有者，专户存储，专款专用，主要用于解决历次被征地农民的基本生活保障和建设公共公益事业。

此外，对江阴市、宜兴市还作出了特别的规定。

3. 青苗及地上附着物的补偿

对于一年生作物按前3年平均年产值补偿；一年二季作物以上的，按前3年平均年产值的50%补偿；可以移植的苗木、花草以及多年生经济林木等，支付移植费，不能移植的，给予合理补偿或作价收购；果园、鱼塘或其他养殖业按当年实际损失补偿。地上附着物补偿费按各市（县）、区的具体规定执行。

对于下列地上建（构）筑物、青苗一律不予补偿：不具有合法产权证书或其他有效证明的建筑物、构筑物；规划部门划定征地范围（以征地图或定点图为准）后栽种的花草、林木、青苗及建造的建筑物、构筑物、其他设施和突击装修的；超过批准期限的临时性或暂保使用的建筑物、构筑物。

四、征地农民基本生活保障资金

征地农民基本生活保障，关系到征地农民的长远利益，关乎社会的稳定，因此处理好征地农民的基本生活保障问题，应当是征地过程中需要解决的问题中的重中之重。无锡市在这方面作出了相应的规定，具体如下：

1. 无锡市市区征地农民基本生活保障资金的来源：

（1）80%的土地补偿费和全部的安置补助费；

（2）从土地出让金等土地有偿使用收益中提取一定数额的资金；

（3）被征地农民基本生活保障资金的利息及其增值收入；

（4）其他可用于被征地农民基本生活保障的资金。

2. 江阴市、宜兴市征地农民基本生活保障资金的来源：

（1）安置补助费如果按市区办法计算的，则其来源按上述规定筹集。

（2）安置补助费如果按《江苏省征地补偿和被征地农民基本生

活保障试点办法》规定计算的,则其来源按《江苏省征地补偿和被征地农民基本生活保障试点办法》第十五条规定筹集:

① 不低于80%的土地补偿费和全部的安置补助费;

② 政府从土地出让金等土地有偿使用收益中列支的部分(提取的数额按新征用建设用地面积计算,江阴原则上每亩不低于13000元,宜兴原则上每亩不低于10000元);

③ 被征地农民基本生活保障资金的利息及其增值收入;

④ 其他可用于被征地农民基本生活保障的资金。

此外,对于基本生活保障资金不足支付的,由同级财政部门负责解决。

3. 对经依法批准征收土地后需安置的人员,以市、市(县)、区人民政府同意征地的时间为界限,将之划分为以下三个年龄段:

第一年龄段为16周岁以下,以及16周岁以上的在校学生;

第二年龄段为男16周岁以上至50周岁、女16周岁以上至40周岁(不含上款所列对象);

第三年龄段为男50周岁以上、女40周岁以上。以上所称"以上"均包含本数。

根据上述规定的年龄情况,对于第一年龄段的人员,实行一次性补偿,发给一次性生活补助费。一次性生活补助费标准最低为:一类地区8000元、二类地区6000元、三类地区5000元。年满16周岁或16周岁以上的在校生毕业后,按照城镇新成长劳动力进行管理;

对于第二年龄段的人员,实行保障安置,纳入城镇企业职工社会保险范围,按企业职工社会保险规定享受相应的社会保险待遇。具体办法如下:

(1) 折算养老保险缴费年限。

按照被征地农民实际从事农村生产劳动的时间(上学期间以及被依法判处拘役、有期徒刑或被劳动教养期间除外),每两年折算为一年缴费年限,折算的缴费年限不足3年的按3年确定,但最多不超过10年;征地前按照国家、省、市规定可计算为连续工龄(视同缴费年限)的时间,每一年计算为一年缴费年限;征地前参加城镇职工社会保险的实际缴费年限(含市区被征地农民参加原郊区养老统筹的实际缴费年限),每一年计算为一年缴费年限。上述三项可分段确定、合并计算。

(2) 建立基本养老保险个人账户。

按照规定的社会保险缴费基数乘以记账比例(11%)、再乘以按上款确定的本人实际折算缴费年限,推算其个人账户储存额。其中征地前已参加城镇职工社会保险的人员,其基本养老保险个人账户原储存额高于重新推算的金额的部分,予以保留。

(3) 在无锡市市区2002年1月1日以前折算的养老保险缴费年限,视同医疗保险缴费年限。江阴市、宜兴市、锡山区、惠山区则以当地具体规定为准。

(4) 第二年龄段的人员,征地前未参加城镇职工社会保险,本人愿意且用人单位同意接收的,也可申请就业安置。用人单位录用就业安置人员应签订劳动合同并缴纳社会保险费。用人单位为就业安置人员缴纳的社会保险费(不包括个人缴费部分),由各统筹地区劳动就业管理机构按当地上一年职工平均工资为缴费基数逐年核拨就业补偿费,本人工资收入低于当地上一年职工平均工资的,按本人工资收入确定核拨就业补偿费的缴费基数,补偿期限累计为7年。保障安置办法和就业安置办法不重复享受。

(5) 第三年龄段的人员,按下列办法享受待遇:

征地前未参加城镇职工社会保险的,可自愿选择政府保养、保障安置或就业安置(已到达法定退休年龄的,实行政府保养)。实行政府保养的,按月发给保养金;征地前已参加城镇职工社会保险的,按规定实行保障安置或就业安置。

征地前已享受城镇职工基本养老保险退休(职)、保养待遇的,仍按原标准享受退休(职)、保养待遇,并给予一次性补偿。一次性补偿费标准最低为:一类地区8000元、二类地区6000元、三类地区5000元。

被征地农民未就业的,纳入户籍所在地镇(街道)劳动保障所管理,由劳动就业管理机构提供培训、就业等服务,享受失业人员各项优惠政策。符合失业保险条例规定条件的,享受失业保险待遇。

符合最低生活保障条件的，向户籍所在地民政部门申请享受城镇居民最低生活保障。

被征地农民实行一次性补偿、保障安置、就业安置和政府保养等基本生活保障所需费用，以及就业培训和人员管理所需费用，按下列办法确定：一次性补偿费用按实计算。保障安置和就业安置费用，按平均每人缴纳10年社会保险费计算。社会保险缴费基数按照2001年各统筹地区职工平均工资确定，从2005年起，由无锡市劳动保障部门根据经济社会发展状况每两年调整一次。缴费比例按照各统筹地区城镇企业职工养老保险、失业保险和医疗保险缴费比例（均含个人缴费比例）执行。其中医疗保险费用缴纳年限市区从2002年1月1日起计算，江阴市、宜兴市、锡山区、惠山区以当地规定为准。政府保养费用，按各统筹地区确定的保养金标准一次性计算20年。就业培训和人员管理费用，由各统筹地区人民政府确定具体标准。

实行一次性补偿、就业安置和政府保养人员所需的费用，以及就业培训和人员管理所需费用，按规定的标准，在移交人员名单时，从财政专户一次性划入各统筹地区劳动就业管理机构。由各统筹地区劳动就业管理机构建立资金专户，统一管理，专款专用。实行保障安置人员所需费用，在移交人员名单时，按规定的标准，从财政专户一次性划入各统筹地区社会保险经办机构社会保险基金专户。

实行一次性补偿的人员，由土地行政主管部门委托统筹地区劳动就业管理机构办理费用支付手续；实行保障安置或就业安置的人员，由土地行政主管部门委托统筹地区劳动就业管理机构和社会保险经办机构分别办理涉及劳动就业和社会保险的相关手续；实行政府保养的人员，由土地行政主管部门委托统筹地区社会保险经办机构办理保养金支付手续，所需费用由财政部门按照实际发放数额，从资金专户中按月划拨。

五、历次被征地农民基本生活保障

所谓的历次被征地农民基本生活保障，是无锡市为了解决以往被征地农民,由于失地而生活困难所出台的政策。历次被征地农民是指 1982 年 5 月 14 日《国家建设征用土地条例》实施以来至本办法实施以前(崇安、南长、北塘、滨湖四区在 2002 年 12 月 2 日前,下同)批准征地的并已按当时规定进行补偿安置以及采取发放生活补贴等其他方式解决失地失业困难的被征地农民。但农户集体土地被征用后,村或村民小组按被征收土地数量补偿土地或村、村民小组按人均占有土地数对土地重新进行调整的,不列入历次被征地农民统计。

所谓按当时规定进行补偿安置是指按规定的标准将土地补偿费及安置补助费以现金方式一次性支付给被征地农民个人(给被征地农民购买社保的款项视同现金支付),或以协议(计划)的方式安排相对稳定工作岗位并由用人单位办理城镇职工社会保险的。对已按当时规定进行补偿安置的被征地农民以 2004 年 5 月 31 日为界限,划分为三个年龄段,在原有补偿安置的基础上,由被征地的市(县)、区人民政府在 2007 年底前将其逐步纳入被征地农民基本生活保障体系。

其基本生活保障办法为:

1. 第一年龄段的人员,待其达到法定劳动年龄或毕业后,按照城镇新成长劳动力进行管理。

2. 第二年龄段的人员,在本办法实施前尚未就业或此前安置就业现已失业的,由市(县)、区、镇人民政府纳入就业援助范围和提供就业服务,进行失业登记,发放《就业登记证》,并在一年内免费为其推荐三次就业岗位。以上人员享受失业人员各种优惠政策。符合失业保险条例规定条件的,享受失业保险待遇。符合最低生活保障条件的,向户籍所在地民政部门申请享受城镇居民最低生活保障。就业后,用人单位应与其签订劳动合同,参加城镇企业职工社会保险。参保人员按城镇企业职工社会保险规定享受相应的待遇。

3. 第三年龄段的人员,在本办法实施前已参加城镇职工社会保险或已享受城镇职工基本养老保险退休(职)、保养待遇的,原待遇不变。未参加城镇职工社会保险的,为保障其基本生活,由当地市(县)、区政府按月发给适当数额养老补贴,养老补贴数额由各市(县)、区政府根据当地实际情况确定;有条件的市(县)、区可采取个人出资一部分、政府补贴一部分的办法直接进入政府保养体系。该年龄段的人员,符合最低生活保障条件的,可向户籍所在地民政部门申请享受城镇居民最低生活保障。

此外,对采取发放生活补贴等其他方式解决失地失业困难的被征地农民,市(县)、区人民政府可分别采取以下办法,力争在2007年底以前将其纳入被征地农民基本生活保障体系:

1. 根据各市(县)、区解决历次被征地农民基本生活保障资金来源情况及政府保养金年度支付能力,分期分批逐步将女年满40周岁、男年满50周岁的人员按规定给予保障。

2. 在本村、组发生新的征地事项时,对仍未纳入被征地农民基本生活保障体系的历次被征地农民,要按规定优先办理基本生活保障手续。在历次被征地时已办理"农转非"手续的,其从事农村生产劳动的时间,从办理"农转非"手续之时起往前计算。

3. 在未按前两款办法将被征地农民纳入被征地农民基本生活保障体系前,各市(县)、区要继续采取发放生活补贴办法确保其基本生活,并千方百计优先帮助其就业。

解决历次被征地农民基本生活保障所需资金来源为:

1. 2005年1月15日后征收的建设用地,其土地补偿费的20%;
2. 被征地单位历年积累的征地补偿安置费用;
3. 从土地出让金等土地有偿使用收益中提取一定数额的资金;
4. 市(县)、区、镇两级财政部门补贴;
5. 其他可用于被征地农民基本生活保障的资金。

此外,江苏省人民政府于2005年7月31日发布了《江苏省征地补偿和被征地农民基本生活保障办法》,该办法实际上将无锡市的做法在省内进行推广。

第四节 厦门市征地拆迁规定

厦门市人民政府在2003年7月15日就有关征收集体土地过程

中的房屋拆迁,出台了《厦门市征用集体土地房屋拆迁补偿安置规定》。总体而言,对于征收集体土地房屋拆迁的补偿方式可以实行货币补偿,也可以实行房屋产权调换。厦门市集美区、海沧区、同安区、翔安区在规划许可的条件下,经拆迁人报所在区人民政府批准,可以采用批宅基地自建的补偿方式,具体如下:

1. 货币补偿的金额。货币补偿的金额,根据被拆迁房屋所在区位的房屋补偿价及房屋的重置价结合成新确定。宅基地红线内的空地、天井按被拆迁房屋所在区位的土地使用权补偿价给予补偿。

被拆迁房屋货币补偿的金额＝被拆迁房屋的建筑面积
　　×(区位房屋补偿价＋被拆迁房屋的重置价结合成新)
　　＋红线内空地面积×区位土地使用权补偿价

可居住的被拆迁房屋的成新率不得低于50%。

2. 实行产权调换的,拆迁人与被拆迁人应当计算被拆迁房屋的补偿金额和所调换房屋的价格,结清产权调换的差价。

安置房屋的价格＝安置房屋的建筑面积×(区位房屋补偿价
　　＋安置房的建安平方米造价)

安置房屋配有杂物间的,杂物间的计价标准按安置房屋建安平方米造价的60%结算。

3. 批宅基地自建的,按下列规定给予补偿:

(1)宅基地按照"一户一宅"的原则执行,"一户一宅"的认定按厦府[1998]综002号文第7条规定执行;

(2)宅基地面积和房屋建筑面积的标准按照省、市有关规定执行;

(3)被拆迁房屋按照重置价结合成新给予补偿。被拆迁房屋建筑面积大于新批建房屋建筑面积的,拆迁人应对多出的部分按区位房屋补偿价给予补偿。

4. 被拆迁人住宅房屋人均合法批建面积小于30平方米的,对人均不足30平方米的部分,已建成的,可直接认定产权;未建成的,可按区位房屋补偿价给予货币补助。人均合法批建面积的计算,以具有常住户口且实际居住的家庭成员为依据,被拆迁人在本行政村范围内,属"一户多宅"的,已批合法面积应合并计算,属"多户一宅"的,其人口应合并计算。

住宅房屋实行货币补偿或产权调换的,按人均30平方米建筑面积(不足人均30平方米的,按实际建筑面积计算)给予不超过区位房屋补偿价20%的补贴。实行货币补偿的,在享有以上补贴的基础上,按被拆迁房屋的建筑面积给予不超过区位房屋补偿价20%的奖励。

5. 拆迁村镇企业用地上的非住宅房屋,土地按征地的土地补偿费标准补偿给村镇集体经济组织。有合法批建手续的地上建筑,按重置价结合成新给予补偿;无合法批建手续的地上建筑,不予补偿。拆迁非住宅房屋造成经营者停产、停业的,拆迁人除根据经营者在社会保障经办机构登记的职工人数、本企业上年度职工平均工资,给予经营者和职工六个月的补偿外,还应当根据经营者上年度平均税后利润额,一次性给予六个月的经济补偿。

6. 对于被拆迁房屋的区位补偿价、重置成新价、建安造价以及拆迁补助费,厦门市均出台了明确的规定,现将2003年7月15日颁布的各项标准附后。在处理实际问题时,切记应注意了解各项补偿标准是否已更新。

厦门市集体土地房屋拆迁补偿重置价格表

序号	类别	等级	重置价格(元/m²)		房屋主要结构
			思明、湖里	海沧、集美、同安、翔安	
一	多层框架结构	1	700	680	钢筋混凝土框架结构,砖墙厚度24cm,层高2.8m以上,屋面有隔热层,墙面中级粉刷,铝合金或塑钢门窗,外墙有磁砖等装饰面,水、电、卫设施到位且较好
		2	650	630	钢筋混凝土框架结构,砖墙厚度18cm,层高2.8m以上,屋面有隔热层,墙面普通粉刷,铝合金或塑钢门窗,外墙有装饰面,水、电、卫设施到位

续表

序号	类别	等级	重置价格(元/m²)		房屋主要结构
			思明、湖里	海沧、集美、同安、翔安	
二	砖混结构	1	600	580	砖混结构，五层以上楼房，层高2.8m以上，屋面有隔热层，铝合金或塑钢门窗，外墙有装饰面，水、电、卫设施到位且较好，中级粉刷，独立阳台
		2	550	530	砖混结构，三层或四层的楼房，层高2.8m，屋面有隔热层，铝合金或塑钢门窗，外墙有装饰面，水、电、卫设施到位，中级粉刷，独立阳台
		3	500	480	砖混结构，一、二层的楼房，层高2.8m，屋面有隔热层，铝合金或塑钢门窗，外墙有装饰面，水、电、卫设施到位，普通粉刷，独立阳台
三	砖木结构	1	500	480	清水红砖墙，厚度24cm以上，层高3.2m以上(旧式别墅)，木基层楼板及层面，有天花板、红砖、木瓦、水泥瓦或嘉庚瓦屋面，铝合金门窗，墙面中级粉刷，斗底砖地面，水、电、卫设施到位
		2	450	430	厚度24cm以上，层高3.2m以上，木基层楼板及层面，有天花板、红砖、木瓦、水泥瓦或嘉庚瓦屋面，铝合金门窗，墙面中级粉刷，斗底砖地面，水、电、卫设施到位
		3	350	330	厚度18~24cm，层高3.2m以上(旧式大厝)，木基层楼板及层面，有天花板、红砖、木瓦、水泥瓦或嘉庚瓦屋面，普通门窗，普通油漆，墙面普通粉刷，斗底砖地面，水、电、卫设施到位
		4	300	280	厚度18cm以上，层高3m以上，木基层本瓦屋面平瓦，有天花板、红砖、木瓦、水泥瓦或嘉庚瓦屋面，普通木门窗，普通油漆，墙面普通粉刷，斗底砖地面，水、电、卫设施到位

续表

序号	类别	等级	重置价格(元/m²) 思明、湖里	重置价格(元/m²) 海沧、集美、同安、翔安	房屋主要结构
四	石木结构	1	500	450	清水条石墙，墙厚22cm以上，屋高3.2m以上，石板层面铺斗底砖或木基层坡屋面，斗底砖或花砖地面，铝合金门窗，墙面中级粉刷，中等油漆，水、电、卫设施到位且较好
四	石木结构	2	400	380	混水条石墙，墙厚22cm以上，屋高3.2m以上，石板层面铺斗底砖或木基层坡屋面，斗底或花砖地面，铝合金门窗，墙面中级粉刷，普通油漆，水、电、卫设施到位
四	石木结构	3	350	330	普通条石墙，墙厚22cm以上，屋高3.2m以上，石板层面铺斗底砖或木基层坡屋面，斗底砖或花砖地面，普通木门窗，墙面普通粉刷，普通油漆，水、电、卫设施到位
四	石木结构	4	250	230	块石或乱石墙，墙厚25cm以上，屋高3.2m以上，简易平层，木基层，水泥瓦，改良瓦或本瓦屋面，斗底砖或花砖地面，普通木门窗，墙面普通粉刷，普通油漆，水、电、卫设施到位
五	土木结构	1	350	330	土墙厚度35cm以上，窗下条石或块石墙，层高3.5m以上，有砖柱、石柱、木基层，本瓦或改良瓦屋面，斗底砖地面或水泥地面，普通木门窗，普通油漆，墙面普通粉刷，水、电、卫设施到位
五	土木结构	2	250	230	土墙厚度35cm以上，层高3.2m以上，有砖柱、石柱、木基层，本瓦或改良瓦屋面，斗底砖地面或水泥地面，普通木门窗，普通油漆，墙面普通粉刷，水、电、卫设施到位
六	砖石土木混合结构	1	400	380	砖、石、土混合墙，墙厚24cm以上，层高3.5m以上，木基层坡屋面，本瓦屋面，斗底砖或水泥地面，铝合金门窗，墙面中级粉刷，普通油漆，水、电、卫设施到位
六	砖石土木混合结构	2	300	280	砖、石、土混合墙，墙厚24cm以上，层高3.2m以上，木基层本瓦屋面，斗底砖或水泥地面，普通木门窗，墙面中级粉刷，普通油漆，水、电、卫设施到位

续表

序号	类别	等级	重置价格(元/m²)		房屋主要结构
			思明、湖里	海沧、集美、同安、翔安	
七	木结构	1	400	380	木柱、木梁、木楼板、外墙木板钉鱼鳞板，木基层、本瓦、水泥瓦屋面，有天花板，内墙镶板墙、铝合金门窗、部分门假墙抹灰浆，普通油漆，斗底砖或水泥地面，墙面普通粉刷，水、电、卫设备基本到位
		2	250	230	木柱、木楞、木基层、本瓦或水泥瓦改良瓦屋面，窗脚杂墙，普通木门窗，部分油漆、水、电、卫设施基本到位

集体土地房屋拆迁区位房屋补偿价

区域		区位房屋补偿价(元/m²)	非住宅红线内土地补偿费(元/m²)	住宅红线内土地补偿费(元/m²)	区位范围
思明、湖里		1500	300	200	思明区、湖里区
集美	Ⅰ	750	200	100	集美街道、杏林镇、杏林街道辖区
	Ⅱ	700	180	80	侨英街道，文教区规划区、灌口镇区规划范围(10.8km)²
	Ⅲ	500	150	60	除Ⅰ、Ⅱ以外的区域
海沧	Ⅰ	750	200	100	海沧生活区
	Ⅱ	700	180	80	除海沧生活区以外的区域
同安、翔安	Ⅰ	750	200	100	大同、祥平街道辖区内
	Ⅱ	700	160	90	西柯镇、新民镇、马巷镇、新店镇
	Ⅲ	650	130	80	洪塘镇、新圩镇、五显镇、内厝镇、凤南农场
	Ⅳ	500	110	70	大嶝镇、白沙仑农场、竹坝农场、莲花镇和汀溪镇的平原地区
	Ⅴ	400	90	60	大帽山农场、莲花镇和汀溪镇的山区

征收集体土地房屋拆迁安置房建安平方米造价表

区　域	框架结构（元/m²）		砖混结构（元/m²）
	高　层	多　层	
思明、湖里	1450	700	600
集美、海沧	1350	680	580
同安、翔安	1250	680	580

厦门市征收集体土地房屋拆迁补助费标准

序号	项　目	补助金额	
		思明区、湖里区	集美区、海沧区、同安区、翔安区
1	住宅搬迁补助	10元/m²	7元/m²
2	住宅自行过渡的安置补助费	10元/(月·m²)	7元/(月·m²)
3	自行过渡逾期安置补助费	半年以内	安置补助费×2倍
		半年以内	安置补助费×4倍
4	由拆迁人提供周转房过渡逾期安置补助费	半年以内	5元/(月·m²)
		半年以内	8元/(月·m²)

7. 关于征地中的土地补偿费、安置补助费、地上附着物及青苗的补助费，这些在此拆迁办法中未有涉及，可以从福建省的规定来进行了解：

（1）土地补偿费按下列标准计付：

① 征收耕地，属水田、菜地、鱼塘的，按同类土地被征收前3年平均年产值的8～10倍补偿；属其他耕地的，按该耕地被征收前3年平均年产值的6～8倍补偿；

② 征收果园或者其他经济林地，按水田补偿费的60%～70%补偿；原属耕地的，按同类土地补偿标准补偿；

③ 征收非经济林地，按水田补偿费的40%补偿；

④ 征收养殖生产的水面、滩涂，按水田补偿费的60%～70%补偿；

⑤ 征收盐田，按水田补偿费的50%补偿；

⑥ 征收其他未利用土地，按水田补偿费的15%补偿。

(2) 需要安置的人员由集体经济组织安置的,安置补助费支付给集体土地经营管理单位;由其他单位安置的,安置补助费支付给安置单位;不需要统一安置的,安置补助费支付给被安置人员个人或者征得被安置人员同意后用于支付被安置人员的保险费用。

征收耕地的安置补助费,按照需要安置的农业人口数计算。需要安置的农业人口数,按照被征收的耕地数量除以征地前被征收单位平均每人占有耕地的数量计算。每一个需要安置的农业人口的补助标准,按该耕地被征收前3年平均年产值的4~6倍补助;征收果园和其他经济林地,按该土地被征收前4年平均年产值的3~5倍补助;征收盐田和有养殖生产的水面、滩涂,按该土地被征收前四年平均年产值的2~4倍补助。

(3) 青苗和地上附着物补偿费应当支付给土地承包经营者或者地上建筑物的产权人。青苗或者地上附着物补偿费按下列标准计付:

① 农作物按前3年平均年产值的1倍补偿;

② 人工营建的水产养殖设施按其重置价格并结合成新补偿,苗种按工本费的60%补偿;

③ 房屋及其他建筑物、构筑物的补偿费,按重置价格并结合成新确定。具体标准由市、县人民政府制定,报上一级人民政府批准后执行。

(4) 地上附着物为林(果、竹)木的,征收后砍伐的林(果、竹)木,归原所有者所有。其补偿费按下列标准计付:

① 用材林中的幼林按造林工本费的2倍补偿,中龄林按成熟林亩材积产值的40%~60%补偿,成熟林按其亩材积产值的30%补偿;

② 竹林按产值的2倍补偿;

③ 果树和其他经济林按征收前4年平均年产值的2~7倍补偿,但果树未产果的,按工本费的2倍补偿;已产果的,应当根据果树的生长周期和树势的盛衰,按其产值的4~7倍补偿;

④ 特种用途林、防护林按用材林同类林木标准的4~7倍补偿;

⑤ 薪炭林按用材林同类林木标准的40%~60%补偿,违法建

筑物和征地公告发布后抢栽、抢种的农作物，不予补偿。

此外，因国防、军事用地，城市基础设施、公益事业用地，国家或者省重点扶持的能源、交通、水利等基础设施用地，抢险救灾修建永久性建筑物和其他设施用地而征收土地的，各项补偿按规定的补偿、补助标准幅度的低限计付。

第五节　福州市征地补偿模式

为了维护被征地农民的合法权益，保障失地农民的生产生活出路，福州市人民政府于2004年10月21日发布了《关于征用农村集体土地留用地使用管理的实施意见（试行）》，该意见对有关留用地的用途、标准、管理等作了规定：

1. 建设项目由政府统一征收农村集体土地时，原则上按被征收农用地面积10%的比例确定留给被征地的农村集体经济组织，用于被征收土地的村集体经济组织和村民发展二、三产业，解决村民生产安置及生活出路问题；村集体经济组织可以申请将留用地委托政府出让。委托政府出让的留用地原则上不超过60%，其收入款扣除政府规费及税金后返还给村集体经济组织。

2. 村集体经济组织要在符合土地利用总体规划、城市建设规划和国家产业政策的前提下，用好留用地，发展优势产业、培植稳定的收入来源，以解决本村村民的生产、生活出路问题。

村集体经济组织可注册全资公司或委托镇（街）将留用地进行开发建设用于自主经营或出租的农贸市场、集体公寓、宾馆、餐饮服务设施等经营性项目，缴交的地段差、配套费扣除土地开发金、储备金、工业调节金"三金"之后全额奖励补助给村集体经济组织。

3. 留用地可以出让，留用地申请委托出让的，街、镇应指导村集体经济组织制订解决本村生产生活出路问题的措施和工作方案，报区政府审查、市政府审批后方可出让。

委托政府出让所得的土地价款主要用于被征地农民的基本生活保障、就业安置、发展生产。

农村集体经济组织要坚持民主理财、村务公开和农村审计等各项制度，确保返还土地款的规范使用，区、镇（街）要加强监督、引导。

4. 村留用地由所在区人民政府统一组织管理，各区在核实情况的基础上，必须将留用地落实到村。村、镇（街）、区以及国土、规划部门要建立台账制度，不能及时兑现的零星留用地应记入台账，加强留用地的使用和管理。

此外，该意见规定由福州市人民政府进行解释。

应当说，福州市的做法体现了被征地农民要求，是一种将眼前利益与长远利益相结合的补偿方式，值得各地借鉴和学习。

简要总结

通过对全国大部分省市征地及征地拆迁法律规定的研究，我们不难看出：

1. 各省关于土地管理法的实施条例或办法，没有及时根据上位法的更新作出相应的变更，再加之各地关于征地拆迁的法律规定更是少之又少，有的地方实际上是无法可依。

2. 不少地方法律规定基本照搬土地管理法的规定，不但冗长，而且操作性差，并没有真正地考虑到实际情况。

3. 大部分法律规定层级较低，规章级别较多，尤其是行政许可法实施之后，不少法律规定面临失效的尴尬局面。

当然，应当肯定的是：近年来，各地在解决失地农民实际问题和保障被征地农民的生产生活、维护农民合法权益方面做了大量工作，不少省市均作了有益的探讨，注重从长远角度解决征地农民的生存问题，如留地制度、补偿加保险制度等，这些有利于维护农民的合法权益，化解社会矛盾。但是，关键的问题是我们更应该看到工作的不足，只有人民满意了，征地拆迁才能顺利进行，社会主义的和谐社会也才得以真正构建。

第四章 征地纠纷处理及案例分析

征地过程中出现的纠纷,主要是补偿问题,说得更明确主要就是补偿低了,以各种方式压低补偿标准,使得被征地农民难以获得法定的补偿,有的甚至通过暴力介入,如2005年6月发生的河北定州事件。中央三令五申,要求文明进行征地拆迁,要给被征地农民法定的或更合理的补偿,要好好安排被征地农民的生产生活,然而在这样一种大背景下,邻近首都的河北定州竟然发生震惊全国的恶性事件,不能不引起人们的深思。看来,整顿征地及拆迁,重点还是执行,对于顶风作案的一定要严惩不怠,因为如果违法成本太低的话,就不能起到震慑和约束的作用。

第一节 征地纠纷的种类

征地纠纷,顾名思义,即是因征收土地而引起的各类纠纷。广义而言,既包括平等主体的公民、法人或其他组织之间的民事纠纷,也包括上述主体与行政机关之间的行政纠纷,还包括因征地而引起的刑事责任的承担问题。具体而言,征地纠纷主要有如下几类:

一、征地中的民事纠纷

1. 征地补偿费纠纷

引起这类纠纷多是由于村委会或村集体经济组织在征地补偿费已支付的情况下,不按规定将这笔费用支付给放弃统一安置的村民及地上附着物与青苗的所有者,而有关土地补偿费一般情况下,各地都允许擅自发放给村民个人;同时,还有一种情况,就是与村委会签订征地补偿协议的用地单位,未按照该征地补偿协议之约定,将有关款项支付到位，这类纠纷所产生的社会影响面更大，因为它往往涉及数百人的生计问题。

征地补偿费纠纷，对于村委会或集体经济组织而言，处理不好，必将导致该村人心向背，各项工作难以开展，还易引发群体性上访事件，影响村内稳定；对于用地单位而言，如果想在征地补偿款项方面做文章的话，其征地之后的拆迁及建设工作将很难正常进行，实践中，因用地单位拖欠征地补偿费，村民自发或村委会、集体经济组织村民到工地阻拦施工的事件时有发生，有的甚至产生激烈冲突，引发流血事件。因此，各方均应理智地对待，积极协商，通过法律途径解决。

2. 租赁合同纠纷

这里所指的租赁合同纠纷包括两个方面的意思，一是基于租赁合同所产生的腾房纠纷，二是经营性房屋的转租纠纷。当然，这两方面在一定程度上有重叠的地方。而且，此处的租赁合同纠纷实际上也是从征地补偿费纠纷中派生出来的。

（1）这里的腾房纠纷是指在因国家征地，租赁双方合同终止，合同所指的房屋需拆除，承租方应当搬离的情况下，因承租方不搬离，出租方根据其与用地单位之间的补偿合同之约定，向人民法院提起诉讼，请求判令承租方立即腾房的纠纷。一般而言，这类纠纷的产生多基于出租方在得到征地补偿款后，未支付或未依法支付承租方因征地所造成的损失，承租方因此而不同意搬离的情况。此外，有的承租人嫌法定补偿太少而不搬离，有的承租人的租赁合同在征地前已到期，出租人在合同到期前已表明不再续签的情况下，仍向出租人要求补偿而不搬离的。

（2）经营性房屋的转租纠纷，也就是因所讼争房屋并非由承租人使用，而是承租人将之转租给第三人，当然还有第三人再转租至第四人等等，对于转租又分为经出租人同意或事后追认以及未经出租人同意。这里的经营性房屋主要是指村镇企业以及原村镇企业因被兼并等原因土地使用权发生变化之后，新的土地使用权人所建造的房屋等。这类房屋因为历史或人为的原因，有的并没有土地及房屋权属证书。在征地过程中，这类房屋一般均给予补偿，当然也有不给补偿或给的补偿太少，以致双方对簿公堂的情形。在征地纠纷中，这类经营性房屋的转租又可细分房屋所有权归村镇企业所有和不归村镇企业所有的情形。此外，这一类纠纷往往涉及多人，多个租赁合同，处理起来甚为繁杂，下面尽可能进行比较详细的介绍。

① 经出租人同意或事后追认的转租

A. 房屋所有权归村镇企业所有

由于村镇企业系村、乡（镇）人民集体所有，其房屋与土地的权利人一致，所得的征地补偿款应归村镇集体。转租后，原承租人不再实际使用房屋，该转租行为已经出租人同意或追认，在此情况下，造成的停产停业损失，用地单位给予的补偿在支付村、镇集体之后，应当如何分配呢？在这一问题上，分歧很大。以转租一次为例予以说明，其他情况类推。

原承租人认为，其应当取得该补偿款，因为其与出租人之间存在合同关系，而出租人与次承租人并无直接的法律关系，其若将此补偿款付给次承租人，没有法律依据；次承租人则认为，因征地承租人并不存在营业损失，其损失无非就是一个租金的差价，其取得这笔补偿款，没有法律依据；有的出租人认为房屋与土地都是集体的，所有的补偿都是给集体的，与其他人等一概无关，因而拒绝将营业损失补偿款支付给承租人或次承租人。

关于这个问题，我们应当看到，村、乡（镇）集体在征地过程中，其取得了因丧失土地所有权与房屋所有权的所有补偿，其中包括有关经营性房屋的营业损失，而作为村镇集体，并未实际经营，因此，其损失除了房屋之外，也就是租金的损失，而这一项在作价评估时，已作考虑。故村镇集体无权取得此笔补偿费。对于承租人而言，其虽与出租人签订了租赁协议，但其又将房屋转租给次承租人以赚取租金差价，并未实际经营，其损失无非是租金差价，并无其他。次承租人是房屋的实际经营者，其因征地而停产停业的，应当得到相应的补偿。在实践中，由于用地单位一次性将所征土地所涉及的所有补偿费全部支付给村、乡（镇）集体。因而在出租人不同意支付给次承租人营业损失的情况下，次承租人要通过诉讼途径解决这一问题，也会面临不少麻烦。在立案过程中就都是问题，法院往往认为次承租人与出租人之间并无直接法律关系,出租人不是适格被告。而你告承租人,承租人并未取得该补偿,又如何赔偿你损失?当然,更多的是以承租人为被告,以出租人为第三人,这虽然在形式上解决了立案问题。但实际上,如前所述,承租人并无营业损失,其也未取得该营业损失补偿,次承租人的营业损失也并非其造成的,因此很难要求承租人支付给次承租人营业损失。当然,有的案件经过法官耐心细致地做调解工作,三方达成了调解协议,但这毕竟是少数。由此看来,对于这类纠纷的处理,出台统一的征地补偿实施细则应是当务之急。

B. 房屋所有权人为出租人

这类情形主要是村镇企业因被兼并等原因,导致土地使用权与房屋所有权人发生变化。同时,还包括土地使用权发生变化后,权利人新建房屋的转租行为。征地后,地上附着物的补偿归其所有人所有,作为房屋所有者的出租人有权取得该补偿。在实践中,有的用地单位将此补偿费用一并支付给村镇集体,因而产生纠纷。同样,关于营业损失的支付也纠纷四起,解决起来十分繁杂。

② 未经出租人同意的转租

出租人可以依照《中华人民共和国合同法》第二百二十四条"承租人经出租人同意,可以将租赁物转租给第三人。承租人未经出租人同意转租的,出租人可以解除合同"的规定解除租赁合同。而原租赁合同解除后,将导致转租合同处于履行不能。在这种情况下,因原租赁合同约定不得转租且出租人事后未追认的,由此产生的责任应由承租人承担。也就是说,在涉及营业损失补偿的时候,转租合同的承租人可向原承租人主张权利,要求其赔偿损失。

此外,由于农村土地管理还存在不少漏洞,农村违章建筑不少,尤其是有些邻近市区的村委会利用村内土地违章建造菜市场、百货市场等,进行出租,收取租金。这类市场有的规模很大,当地政府因为可以收税,因而也睁一只眼闭一只眼,有的甚至是支持。这类市场在土地被征收后,面临拆迁。由于这类房屋因征地拆迁的补偿,用地单位基本按合法建筑进行补偿。对于这里的经营者,土地所有者一般谎称违章建筑不予补偿,自己也没有得到补偿,因而不予补偿或给予极少的补偿。因这类征地拆迁所引发的纠纷，亦不在少数。由于经营者一般都取得了营业执照，合法经营，依法纳税，因征地其肯定受到损失，如果不给予其一定补偿的话，经营者也不会轻易搬离。对于土地所有者及当地政府而言，要使征地拆迁得以顺利实施，就应当考虑到经营者依法纳税，已给当地经济做出贡献的实际情况，与经营者进行协商，给予经营者一定的补偿。而经营者，亦不可不切实际，漫天要价。

（3）欠款纠纷

此处所谓欠款纠纷，是指用地单位在征地后，在支付部分征地补偿款后，以借款的方式暂缓支付剩余的征地补偿款，因此而引起的纠纷。当然，这个欠款纠纷实际也是征地补偿款纠纷。这类纠纷在实践中，并不多见，但往往少则几十、几百万元，多则数千万元。签订此类协议的原因，多为村委会主任或村支书一手操纵，为谋取非法利益，不惜丧失原则，侵害村民利益。而且，这类欠款在征地补偿费核查时，往往漏掉，应当引起国土管理部门的高度重视。

《中华人民共和国土地管理法实施条例》第二十五条第四款规定，"征收土地的各项费用应当自征地补偿、安置方案批准之日起3个月内全额支付。"因此，所谓的借款是违反该行政法规规定的。因此，村委会或村民集体可以请求法院确认该合同无效，并要求对方立即返还该款并赔偿损失。

征地纠纷因其涉及人数、相关费用的金额一般巨大，社会影响很大，此类纠纷处理不当易引发群体上访事件，不利于社会和谐稳定，人民政府应当切实本着为民谋利的原则，在征地时多站在群众的角度来考虑，要多考虑社会效益，切不可一味地追究政绩，至于暴力征地、违法征地的事情绝对要严厉惩处，以敬效尤。

二、征地中的行政纠纷

征地中的行政纠纷，本书主要是指行政相对人因对批准征收土地的人民政府以及具体负责实施该征地事宜的土地管理机关等的行政行为不服，存有异议，由此申请行政复议或提起行政诉讼等的情况。行政类纠纷在征地过程中，比较多见，具体而言，常见的行政纠纷有如下：

1. 被征地农民对征收土地决定不服，认为征地程序违法

对于被征地农民认为征地程序违法，由此引起的纠纷，具体而言，又包括无权或超越权限征地、未进行征地公告和征地补偿方案公告等等。

无权或超越权限征地具体又有如下情况：根据土地管理法的规定，有权征收土地的机关是省级以上人民政府，因此县级等行政级别低于省级的人民政府均无权批准征地。征收基本农田必须经国务院批准，因此除国务院外，其他任何人民政府批准征收基本农田，都是无权审批，是违法行为。还有省级人民政府超过土地管理法规定的耕地 35 公顷、其他土地 70 公顷的权限批准征地的行为。当然，实践中，更多的是省级人民政府在批地时，往往将土地分成几个批准进行，实际上是一种规避土地管理法的行为。

未进行征地公告和征地补偿方案公告，包括在征地过程中，未进行征收土地的公告，导致被征地农民难以获知征地的具体情况。有关征地补偿方案的公告，涉及被征地群众的切身利益，未进行此公告的，显然不符合土地管理法的规定。这些也都是征地程序违法的表现形式。

对于上述纠纷，省级人民政府批准征地的，被征地农民可以向该省级人民政府申请行政复议，对于复议决定不服的，可以向该省级人民政府所在地的中级人民法院提起行政诉讼，也可以向国务院申请裁决。国务院的裁决是最终裁决，当事人不得再申请行政复议或提起行政诉讼。这里需要说明的有一点，就是土地管理法规定的须国务院批准的土地征收项目，具体由国土资源部来实施。1999 年 10 月 22 日，国务院批准了国土资源部《报国务院批准的建设用地审查办法》，根据该办法之规定，"建设用地经国务院批准后，由国土资源部负责办理建设用地批复文件，批复有关省、自治区、直辖市人民政府，并抄送国务院各有关部门，批复文件中注明"经国务院批准"字样。"也就是说，如果征收土地中含有基本农田或是基本农田以外的耕地超过 35 公顷的、其他土地超过 70 公顷的，征地批复下来后，上面盖章的是中华人民共和国国土资源部，而非中

华人民共和国国务院,当然上面同时也注明了经国务院同意。因此,对这类征地决定不服的,应向中华人民共和国国土资源部申请行政复议,对其复议决定不服的,可以向中华人民共和国国务院申请裁决,也可以向北京市第一中级人民法院提起行政诉讼。

2. 对征地补偿、安置方案不服的情形

拟征地项目的补偿标准和安置方案,是指某一具体的征地项目涉及的具体被征地块的补偿标准和安置方案。该方案具体内容包括:(1)本集体经济组织被征用土地的位置、地类、面积,地上附着物和青苗的种类、数量,需要安置的农业人口的数量;(2)土地补偿费的标准、数额、支付对象和支付方式;(3)安置补助费的标准、数额、支付对象和支付方式;(4)地上附着物和青苗的补偿标准和支付方式;(5)农业人员的具体安置途径;(6)其他有关征地补偿、安置的具体措施。对征地补偿、安置方案有异议的情况,主要是对补偿的数额等有异议。根据土地管理法实施条例的规定,"对补偿标准有争议的,由县级以上地方人民政府协调;协调不成的,由批准征收土地的人民政府裁决。"对征地补偿标准有争议的,可以向批准该征地补偿、安置方案的市县人民政府申请协调。协调不成的,相关权利人可以向批准征收土地的人民政府申请裁决。对于裁决之后,相关权利人不服的,实践当中的做法是:省级人民政府批准征收的,向该人民政府申请行政复议,对复议决定不服的,向国务院申请裁决或提起行政诉讼;国务院批准的,由国土资源部具体行文,可以向国土资源部申请行政复议,对复议决定不服的,可以向国务院申请裁决或提起行政诉讼。然而,也有人对此处理提出了异议,具体将在本章第二节行政终局裁决行为中进行叙述。

3. 不查处违法征地、占地行为

违法征地,是指违反土地管理法的规定,无权或超越征地审批权限,非法批准征收土地的行为。违法占地,是指行为人违反土地管理法及相关法律之规定,未经批准或超越批准范围占用土地,造成土地毁损的行为。对于土地违法行为,一般由违法行为地人民政府的土地管理部门进行查处,当然《土地违法案件查处办法》另有规定的除外,如在全国范围内有重大影响的土地违法案件,应由国土资源部进行查处。此外，政府非法批地的土地违法案件，由上级人民政府土地管理部门管辖。

查处违法征地、占地行为，是相关土地管理部门的职责之一。然而，在实践中，由于涉及各种利益、利害关系，对于土地违法案件，土地管理部门并未进行查处，即使查处了，在处理上也是极其轻微。这些都严重损害了受害方的合法权益。既然，查处土地违法行为是土地管理部门的职责，是其法定义务。因此，当受害方申请土地管理部门查处或者土地管理部门发现土地违法行为不查处的情况下，有关受害方可依据行政诉讼法之规定，向有权查处该土地违法行为的土地管理部门所在地的人民法院提起行政诉讼，请求人民法院判令土地管理部门履行法定职责，依法查处该土地违法案件。

三、征地中的刑事问题

一直以来，我国的房地产业以暴利著称。房地产商也是多如牛毛，俗话说，林子大了，什么鸟都有。在房地产界，开发商起家的方式不尽相同，大部分是通过合法途径获取财富的，当然也有的是通过违法犯罪攫取暴利后，再"成功"转型至房地产的，如通过黑社会起家的，典型的如刘涌；还有的则是通过官商勾结，在当地垄断土地资源从而暴富的，等等。

在征地中，由于监管机制缺乏或不健全，基于同一利益要求而结成的官商勾结以及黑社会的参与等原因，使得在此过程中，犯罪行为时有发生，不仅扰乱了法律的正常实施，也侵害了被征地群众的合法权益，有的恶性事件还造成了相当的负面影响，经过媒体的报道之后，一时之间，这类犯罪行为成为众矢之的，人人喊打。但是，我们必须清醒地看到，基于利益的驱动，征地过程中的犯罪行为实难一时消灭，我们只能从各方面尽量预防，把这些毒种消灭在萌芽状态。下面就征地过程中涉及到的犯罪表现形态进行介绍：

1. 犯罪简介

(1) 我国刑法规定，"一切危害国家主权、领土完整和安全，分裂国家、颠覆人民民主专政的政权和推翻社会主义制度、破坏社会秩序和经济秩序，侵犯国有财产或者劳动群众集体所有的财产，侵犯公民私人所有的财产，侵犯公民的人身权利、民主权利其他权利，以及其他危害社会的行为，依照法律应受到刑罚处罚的，都是犯罪，但是情节显著轻微危害不大的，不认为是犯罪。"这是我国刑法关于犯罪概念的规定。犯罪的法律后果，就是涉及刑事责任的承担问题。刑事责任是指行为人因其犯罪行为所必须承受的法律后果。如果行为人需要承担刑事责任，则其将面临刑罚的处罚，刑罚是刑事责任的后果。

(2) 我国刑事诉讼法规定，"任何单位和个人发现有犯罪事实或者犯罪嫌疑人，有权利也有义务向公安机关、人民检察院或者人民法院报案或者举报。被害人对侵犯其人身、财产权利的犯罪事实或者犯罪嫌疑人，有权向公安机关、人民检察院或者人民法院报案或者控告。公安机关、人民检察院或者人民法院对于报案、控告、举报，都应当接受。对于不属于自己管辖的，应当移送主管机关处理，并且通知报案人、控告人、举报人；对于不属于自己管辖而又必须采取紧急措施的，应当先采取紧急措施，然后移送主管机关。"

该法还规定了刑事案件的管辖：

"刑事案件的侦查由公安机关进行，法律另有规定的除外。贪污贿赂犯罪，国家工作人员的渎职犯罪，国家机关工作人员利用职权实施的非法拘禁、刑讯逼供、报复陷害、非法搜查的侵犯公民人身权利的犯罪以及侵犯公民民主权利的犯罪，由人民检察院立案侦查。对于国家机关工作人员利用职权实施的其他重大的犯罪案件，需要由人民检察院直接受理的时候，经省级以上人民检察院决定，可以由人民检察院立案侦查。自诉案件，由人民法院直接受理。

基层人民法院管辖第一审普通刑事案件，但是依照本法由上级人民法院管辖的除外。

中级人民法院管辖下列第一审刑事案件：

（一）危害国家安全案件；

（二）可能判处无期徒刑、死刑的普通刑事案件；

（三）外国人犯罪的刑事案件。

高级人民法院管辖的第一审刑事案件，是全省（自治区、直辖市)性的重大刑事案件。

最高人民法院管辖的第一审刑事案件,是全国性的重大刑事案件。

因征地过程中发生的犯罪案件,任何单位和个人都可以报案或举报,受害人有权控告,人民检察院和公安机关依照职权范围进行侦察,由人民法院进行审判并依法追究刑事责任。"

2. 征地犯罪形态

征地过程中的犯罪行为,表现方式多样,下面介绍常见的几种犯罪行为:

(1) 非法批准征收、占用土地罪

非法批准征收、占用土地罪是指国家机关工作人员徇私舞弊,违反土地管理法规,滥用职权,非法批准征收、占用土地,情节严重的行为。主要是指各级人民政府以及土地管理部门违反土地管理法第四十五条之规定,无权或超越审批权限批准征收、占用土地,且造成相应后果的行为。为统一执法口径,更好地打击这类犯罪行为,最高人民法院于2000年6月19日发布了《最高人民法院关于审理破坏土地资源刑事案件具体应用法律若干问题的解释》,并于同年6月22日开始实施。该解释规定,非法批准征收土地,情形严重是指"非法批准征用、占用基本农田10亩以上的;非法批准征用、占用基本农田以外的耕地30亩以上的;非法批准征用、占用其他土地50亩以上的;虽未达到上述数量标准,但非法批准征用、占用土地造成直接经济损失30万元以上;造成耕地大量毁坏等恶劣情节的。"下列情形属于致使国家或者集体利益遭受特别重大损失:"(一)非法批准征用、占用基本农田20亩以上的;(二)非法批准征用、占用基本农田以外的耕地60亩以上的;(三)非法批准征用、占用其他土地100亩以上的;(四)非法批准征用、占用土地,造成基本农田5亩以上,其他耕地10亩以上严重毁坏的;(五)非法批准征用、占用土地造成直接经济损失50万元以上等恶劣情节的。"

刑法规定对这一类犯罪的处罚:"国家机关工作人员徇私舞弊,违反土地管理法规,滥用职权,非法批准征收、占用土地,或者非法低价出让国有土地使用权,情节严重的,处三年以下有期徒刑或者拘役;致使国家或者集体利益遭受特别重大损失的,处三年以上七年以下有期徒刑。"

这一犯罪,主要是有些地方政府为了所谓的"政绩",大兴土木,搞形象工程,如建广场、公园、商业街、工业园等。由于国家对土地资源进行管制,在缺乏土地指标,没有经得有批准权机关批准的情况下,这些国家机关竟置党纪国法与群众利益于不顾,非法批准征收土地。此外,这些非法批准的项目在操作中,由于批准程序违法,加之补偿又低,一般实难进行。于是政府不得不再次出面,动用国家机器推进征地工作,由此引发警农冲突,而这些更加剧了当地群众的不满,流血事件亦时有发生,这实非繁荣稳定国家之和谐音符。

(2) 非法拘禁罪

非法拘禁罪,是指以非法扣押、关押、绑架或者其他方法剥夺他人人身自由的行为。征地过程中的非法拘禁罪主要有如下情况:滥用职权、非法拘禁无辜群众,造成恶劣影响的;非法拘禁他人,并实施捆绑、殴打、侮辱等行为的;多次大量非法拘禁他人,或非法拘禁多人,或非法拘禁时间较长的;非法拘禁,致人重伤、死亡、精神失常或自杀的;非法拘禁,造成其他严重后果的。此外,也包括被征地群众对有关国家机关工作人员所实施的非法拘禁的情形。

我国刑法第二百三十八条规定了对非法拘禁罪的处罚:"非法拘禁他人或者以其他方法非法剥夺他人人身自由的,处三年以下有期徒刑、拘役、管制或者剥夺政治权利。具有殴打、侮辱情节的,从重处罚。

犯前款罪,致人重伤的,处三年以上十年以下有期徒刑;致人死亡的,处十年以上有期徒刑。使用暴力致人伤残、死亡的,依照刑法第二百三十四条、第二百三十二条的规定定罪处罚。

为索取债务非法扣押、拘禁他人的,依照前两款的规定处罚。

国家机关工作人员利用职权犯前三款罪的,依照前三款的规定从重处罚。"

(3) 刑讯逼供罪

刑讯逼供罪是指司法工作人员对犯罪嫌疑人、被告人使用肉刑或者变相肉刑逼取口供的行为。征地过程中的刑讯逼供往往基于违法的征地行为，而在此过程中针对被征地群众所非法采取的各类强制措施以及刑讯逼供等行为，都是给我国法制建设泼脏水，给本来就不平静的征地工作带来了新的难度，应当进行重点整治，以促进依法征地，文明拆迁。

刑法第二百三十七条规定，"司法工作人员对犯罪嫌疑人、被告人实行刑讯逼供或者使用暴力逼取证人证言的，处三年以下有期徒刑或者拘役。致人伤残、死亡的，依照本法第二百三十四条、第二百三十二条的规定定罪从重处罚。"

(4) 贪污罪

贪污罪是指国家工作人员利用职务上的便利，侵吞、窃取、骗取或者以其他手段非法占有公共财物的行为。征地中的贪污罪的主体主要是直接实施征地的人民政府和土地管理部门的工作人员，主要是领导人员以及类似征地指挥部这样的机构的工作人员、村民委员会工作人员等。贪污的款项主要是征地补偿款。这里有一点需要说明的是，村民委员会等基层组织工作人员也能成为贪污罪的主体，这是一个例外。我们知道，贪污罪的主体一般是国家工作人员。然而，在实践过程中，村民委员会等基层组织工作人员侵吞公款的现象也时有发生。为此，2000年4月29日，全国人民代表大会常务委员会发布了关于《中华人民共和国刑法》第九十三条第二款的解释，明确村民委员会等村基层组织人员协助人民政府从事土地征收补偿费用的管理和发放行政管理工作时，利用职务上的便利，非法占有公共财物，构成犯罪的，适用刑法第三百八十二条和三百八十三条贪污罪的规定。

刑法第三百八十三条规定，对犯贪污罪的，根据情节轻重，分别依照下列规定处罚："（一）个人贪污数额在十万元以上的，处十年以上有期徒刑或者无期徒刑，可以并处没收财产；情节特别严重的，处死刑，并处没收财产。

（二）个人贪污数额在五万元以上不满十万元的，处五年以上有期徒刑，可以并处没收财产；情节特别严重的，处无期徒刑，并处没收财产。

（三）个人贪污数额在五千元以上不满五万元的，处一年以上七年以下有期徒刑；情节严重的，处七年以上十年以下有期徒刑。个人贪污数额在五千元以上不满一万元，犯罪后有悔改表现、积极退赃的，可以减轻处罚或者免予刑事处罚，由其所在单位或者上级主管机关给予行政处分。

（四）个人贪污数额不满五千元，情节较重的，处二年以下有期徒刑或者拘役；情节较轻的，由其所在单位或者上级主管机关酌情给予行政处分。

对多次贪污未经处理的，按照累计贪污数额处罚。"

关于在征地过程中的挪用公款罪以及受贿罪，可参阅刑法第三百八十四条、第三百八十五条和第三百八十六条的规定，这里不再详谈。

(5) 妨害公务罪

妨害公务罪是指行为人以暴力、威胁等方法阻碍国家机关工作人员依照法律规定执行自己的职务，致使依法执行职务的活动无法正常进行。妨害公务罪有如下特点：

① 在主体方面，凡达到刑事责任年龄且具备刑事责任能力的自然人均能构成本罪，即一般主体。

② 在主观方面表现为故意，即明知对方是正依法执行职务的国家机关工作人员、人大代表、红十字会工作人员，而故意对其实施暴力或者威胁，使其不能执行职务。

③ 在客体方面为复杂客体，包括国家机关的管理活动及国家机关工作人员、红十字会工作人员等的人身权利。

④ 在客观方面表现为以威胁或暴力方法阻碍国家机关工作人员等履行职责、故意阻碍国家安全机关、公安机关依法执行国家安全工作任务，未使用暴力、威胁方法，但造成严重后果的等。

刑法第二百七十七条规定了妨害公务罪及其处罚："以暴力、威胁方法阻碍国家机关工作人员依法执行职务的，处三年以下有期徒刑、拘役、管制或者罚金。以暴力、威胁方法阻碍全国人民代表大会和地方各级人民代表大会代表依法执行代表职务的，依照前款的规定处罚。在自然灾害和突发事件中，以暴力、威胁方法阻碍红十字会工作人员依法履行职责的，依照第一款的规定处罚。故意阻碍国家安全机关、公安机关依法执行国家安全工作任务，未使用暴力、威胁方法，造成严重后果的，依照第一款的规定处罚。"

妨害公务罪可谓是拆迁、征地领域中最为常见的罪名，有关被征地农民因涉嫌妨害公务被拘留、逮捕甚至判刑的事例也是不绝于耳。是什么导致被征地农民不惜"以身试法"，屡屡"妨害公务"呢？恐怕主要原因还是征地目的不纯、征地工作方式粗暴、征地补偿不仅低而且难以到位等。

近年来，征地往往并非基于公共利益的需要。官商勾结，在利益同盟的框架下进行的商业开发，农民不仅连本来就不高的法定补偿都难以得到，征地补偿费也是层层克扣，再加之开发商为推动征地进程，甚至通过黑社会势力对农民进行恐吓、伤害，更是激起了农民的愤怒。此外，最让被征地农民不能认同的就是政府组织公安干警、联防队员、城管等人员参与到征地中去，对征地及征地补偿有异议的农民进行打压。在这样的情况下，被征地农民又怎么会拥护征地呢？对于不能以等价有偿的方式，并在合法、尊重他们权利的基础上转让土地，被征地农民往往对征地丧失信心，进而保护生于斯、长于斯的土地，抵制征地工作的进行。应当认为，农民们的行为还是可以理解的。然而，令人遗憾的是，政府及用地单位为尽快结束征地工作，组织大批公安等人员，对在工地上阻拦征地实施的农民进行驱赶，并对所谓的闹事者采取强制措施。而在此情况下，往往就有不少农民因涉嫌妨害公务被逮捕，进而被判处刑罚。虽然，对于政府及用地单位而言，这一招很管用，抓了几个之后，人心惶惶，少数几个意志坚定一些的，也只能远走他乡，还往往被通缉。

妨害公务罪的前提是国家机关及其工作人员必须是正在依法履行职责。如果国家机关及其工作人员的行为本身就违法，那农民的行为还能构成妨害公务罪吗？正如土地管理法关于征地补偿是以不降低被征地农民生活水平为原则，绝大部分农民并非存在过高的要求,他们获得的补偿大多因为被征地农民除种地之外往往并无其他生存技能,再加之在社会竞争异常激烈,大学生找不到工作也并非个别的情况下,他们找不到工作,因而坐吃山空,最终沦为赤贫,成为令人痛心的社会问题。也正因为有前车之鉴,所以农民们并不希望重蹈覆辙,他们采取的方式有时虽然失当,但我们怎能对这些在法律知识、资金、信息等各方面都处于劣势的人们空谈理论呢?毛主席提出"为人民服务",这是我们党的宗旨。作为政府,有权利也有义务做好征地补偿工作,采取各种有效措施,建立完善的补偿机制,要考虑农民长远的生产生活问题,还要考虑将失地农民纳入社会保险体系之中,在保障被征地农民生活水平不降低的基础上,应当更进一步提高他们的生活水平。通过有效措施的采取,给被征地农民以信心。只有在农民现在及未来的生活不会因为征地而降低的情况下,他们才会真正地拥护征地政策,征地工作也才能顺利有效地开展。此外,对征地过程中,确系妨害公务,触犯刑律的,亦应依法惩处,以维护法律的尊严和其他群众的合法权益。

对于征地纠纷的处理,相关权利人可以采取协商、控告、举报、行政复议、行政诉讼、民事诉讼、仲裁、信访等方式进行处理,有关协商、行政复议、行政诉讼、民事诉讼、仲裁等处理方式,可参阅本书在城市房屋拆迁部分的内容并结合本地关于征地拆迁的具体法律规定进行处理,这里不再赘述,下面仅介绍有关行政终局裁决行为与土地信访、土地监察方面的知识。

第二节 行政终局裁决行为

行政终局裁决行为,亦称最终裁决行为,是指法律规定由行政机关最终裁决的具体行政行为。对于行政终局裁决,行政相对人不得就行政复议决定或原具体行政行为向人民法院提起诉讼。由于行政终局裁决行为意味着剥夺了公民、法人或者其他组织对该行为的诉权和人民法院对该行为的司法审查权,因此,行政终局裁决行为的设定应当慎重,一般应由法律规定,即由全国人民代表大会及其常委会制定的规范性文件规定,其他文件不得为之。现行法律中有

《中华人民共和国外国人入境出境管理法》、《中华人民共和国公民出境入境管理法》和《中华人民共和国行政复议法》等规定了行政终局裁决。如《中华人民共和国行政复议法》第三十条第二款规定，"根据国务院或者省、自治区、直辖市人民政府对行政区划的勘定、调整或者征用土地的决定，省、自治区、直辖市人民政府确认土地、矿藏、水流、森林、山岭、草原、荒地、滩涂、海域等自然资源的所有权或者使用权的行政复议决定为最终裁决。"在我国，决定征收土地是国务院、省级人民政府的职权，对根据国务院和省级人民政府作出的征收土地决定，省级人民政府作出的自然资源确权的行政复议决定，实行最终裁决制度，有利于提高行政效率，有利于解决社会矛盾。

这里需要探讨的是，《中华人民共和国土地管理法实施条例》第二十五条第二款规定，"征地补偿、安置方案报市、县人民政府批准后，由市、县人民政府土地行政主管部门组织实施。对补偿标准有争议的，由县级以上地方人民政府协调；协调不成的，由批准征用土地的人民政府裁决。征地补偿、安置争议不影响征用土地方案的实施。"这里所说的裁决是否为行政终局裁决？该行政法规规定了在协调不成之后，该纠纷由批准征地的人民政府（包括省级人民政府和国务院）裁决。这里我们应当看到，是有关当事人因为不服市、县人民政府的批准行为，经协调不成再进而申请批准征地的人民政府裁决。因此，市、县人民政府的批准行为是原具体行政行为，不能认为批准征地的人民政府的裁决行为是原具体行政行为，之所以如此区分，目的在于明确有关当事人在批准征地的是省级人民政府的情况下能否向国务院申请最终裁决？由于市、县人民政府的批准征地补偿安置方案行为是原具体行政行为，因此申请批准征地的人民政府对纠纷进行裁决，是一种救济方式，因此在批准征地的人民政府裁决之后，对于这一纠纷的处理也就告一段落，不能再进行行政复议、申请国务院裁决或提起行政诉讼，从这一点来看，这里的裁决行为应当是终局裁决行为。

《中华人民共和国行政诉讼法》第十二条规定，"人民法院不受理公民、法人或者其他组织对下列事项提起的诉讼……（二）行政法规、规章或者行政机关制定、发布的具有普遍约束力的决定、命令……(四)法律规定由行政机关最终裁决的具体行政行为。"在这一条中，立法者对法律、行政法规等规范性文件进行了区分，故此中的法律应作狭义理解，即特指全国人大及其常委会制定的规范性文件。由此可见，从立法者的立法本意来看，最终裁决权由于对行政相对人的权利有重大影响，出于慎重考虑，只能由法律来设定。人民法院不受理对于公民、法人或者其他组织提起的因不服法律规定范围内的行政机关有最终裁决权的具体行政行为的行政诉讼。也就是说，法律之外的其他规范性文件不得设立终局裁决权，即使设立也无效，人民法院对这些所谓的终局裁决行为所提起的行政诉讼应予受理。由于《中华人民共和国土地管理法实施条例》系行政法规，因此该行政法规虽规定了终局裁决行为，不能认为这一终局裁决权的设定符合法律规定。

此外，对行政诉讼法中应否设置行政最终裁决制度理论界与实务界均有不同的认识（参见梁小雪《关于行政诉讼受案范围中的几个问题的研究》一文，最高人民法院行政审判庭编，行政执法与行政审判，2005年第1集总第13集）。主张废除最终裁决制度的主要理由有：首先，行政机关的最终裁决行为如果涉及法律问题，鉴于"司法是社会正义的最后一道防线"，应当允许司法介入。其次，有些如国务院针对各部委或省级政府决定作出的最终裁决有很多涉及法律问题，排除法院的管辖缺少理论支持。再次，我国已经加入WTO，根据我国的入世承诺，政府在经济贸易领域的管理行为将接受法院的最终审查，因此法律规定的排除司法审查的一些最终裁决行为将与入世承诺发生冲突。主张保留最终裁决制度的人的理由有：(1)某一类行政行为涉及国家重要机密，一旦进入诉讼，将会严重危害国家利益；(2)某一类行政行为不可能或者极少可能侵犯行政相对人的合法权益；(3)某类行政行为专业性极强且非常复杂，致使法官的审查徒劳无益；(4)某一类行政行为已有近乎司法程序作保障、行政系统内部已有充分的能确保公正的救济手段；(5)因不可抗力事件使行政救济以外的司法救济成为不可能。实际上由于人民政府并非专司纠纷裁决，其行政程序较之诉讼程序相对简单,加之上下级政府之间存在一定的利益或利害关系,因而难以避免因人为或非人为因素出现的错误。而发生错误后却又不能进入司法程序,实际上剥夺了行政相对人的诉权,有违宪之嫌,不利于行政相对人的合法权益的保护,容易助长官僚主义作风,滋生腐败行为。因此,从履行对入世的承诺,保护行政相对人合法权益以及从长远角度等考虑,对不符合世界通例的最终裁决制度以废除为宜。

第三节 土地监察

土地监察,即土地监督检察,是国家行政管理、法律监督检察的重要组成部分,它是指土地管理部门依法对单位和个人执行和遵守国家土地法律、法规情况进行监督检查以及对土地违法者实施法律制裁的活动。为了保证国家土地法律、法规的实施,加强土地监察工作,原国家土地管理局于1995年6月12日发布了《土地监察暂行规定》,该规定自发布之日起实施。下面结合该规定对土地监察的具体规定叙述如下:

一、土地监察的范围

《土地监察暂行规定》第十八条规定:"土地管理部门依法对单位和个人下列行为的合法性进行监督检查:

(一)建设用地行为;

(二)建设用地审批行为;

(三)土地开发利用行为;

(四)土地权属变更和登记发证行为;

(五)土地复垦行为;

(六)基本农田保护行为;

(七)土地使用权出让行为;

(八)土地使用权转让、出租、抵押、终止行为;

(九)房地产转让行为;

(十)其他行为。"

二、土地监察部门的职责

1. 监督检查土地法律、法规的执行和遵守情况；
2. 受理对土地违法行为的检举、控告；
3. 调查处理土地违法案件；
4. 协助有关部门调查处理土地管理工作人员依法执行职务遭受打击报复的案件；
5. 对下级人民政府土地管理部门履行土地管理职责的情况进行监督检查；
6. 指导或者领导下级人民政府土地管理部门的土地监察工作。

三、土地监察部门的职权

1. 检查权，即土地监察机构依法对本行政区域内单位和个人贯彻执行土地法规及政策的情况和土地使用的情况实行检查的权利。通过经常的、深入的检查，督促用地者依法用地以及土地管理者依法管理，减少土地违法行为。同时，通过巡查，也可发现和处理违法行为。

2. 调查权，即土地监察机构依法对违反土地管理规定者进行调查的权利。包括：对土地违法者有立案调查权；对被调查者有要求提供相关情况及材料的权利；有对用地者使用的土地进入现场察看测量的权利；有对相关人员的询问权。

3. 处罚权和请求权，即土地监察机构以土地管理机关的名义，对违反土地法律规定者，有权依法作出行政处罚的决定；对拒不执行生效处罚决定者，有向人民法院申请强制执行的权利。

4. 建议权，即土地监察机构以土地管理机关的名义，向土地违法者所在单位和有权处理的机关提出给予违法者行政处分或追究刑事责任建议的权利。

5. 制止权和查封权，即土地监察机构对受到限期拆除新建筑物和其他设施的处罚的单位和个人，当继续强行施工时，有权制止并有权对继续施工的设备、建筑材料予以查封。

6. 监督权，即上级土地管理机关对下级土地管理机关查处土地违法案件实施监督的权利;土地管理机关对土地违法者所在单位或者上级机关行政处分违法者的情况进行监督的权利。

四、土地监察的法律后果

《中华人民共和国土地管理法》第七十条规定,"县级以上人民政府土地行政主管部门在监督检查工作中发现国家工作人员的违法行为,依法应当给予行政处分的,应当依法予以处理;自己无权处理的,应当向同级或者上级人民政府的行政监察机关提出行政处分建议书,有关行政监察机关应当依法予以处理。"土地管理部门在监督检查过程中,发现国家工作人员有违法行为的,应当区分不同情况予以处理:

1. 由土地行政主管部门给予行政处分

属于这一类的土地违法行为主要有:

(1) 无权批准征收、使用土地的单位或者个人非法批准占用土地的;

(2) 超越批准权限非法批准占用土地的;有批准权的机关的工作人员不按照土地利用总体规划确定的土地用途批准用地;

(3) 违反法律规定的程序占用使用土地的行为;

(4) 土地行政主管部门工作人员滥用职权、徇私舞弊,尚不构成犯罪的;

(5) 侵占挪用被征地单位的征地补偿费和其他有关费用,尚不构成犯罪的。

对于这一类行为,由县级以上土地行政主管部门依法给予行政处分。

2. 由土地行政主管部门提出行政处分建议书

根据我国土地管理法及其实施条例的规定,应当由行政监察机关或者由违法的国家工作人员所在单位或者上级主管部门给予行政处分的行为主要有:

(1) 买卖或者以其他形式非法转让土地;

(2) 违反土地利用总体规划擅自将农用地改为建设用地的;

(3) 未经批准或者采取欺骗手段骗取批准的;

(4) 无权批准征收使用土地的单位或者个人非法批准占用土地、超越权限批地的；

(5) 不按照土地利用总体规划确定的土地用途用地或者违反规定的程序批准占用土地。

上述行为如果不构成犯罪的，则应当由行政监察机关或者国家工作人员所在单位或者所在单位的上级主管部门给予直接负责的主管人员和其他直接责任人员行政处分。

五、由土地行政主管部门依法给予行政处罚

土地管理法第七十一条规定，"县级以上人民政府土地行政主管部门在监督检查工作中发现土地违法行为构成犯罪的，应当将案件移送有关机关，依法追究刑事责任；不构成犯罪的，应当依法给予行政处罚。"本条中行政处罚具体是指：

1. 没收违法所得。是指县级以上土地行政主管部门将土地违法行为人非法转让土地所获得的全部收入收归国有。

2. 没收在非法占用的土地上新建的建筑物和其他设施。土地管理法第七十三条规定：对违反土地利用总体规划擅自将农用地改为建设用地的，限期拆除在非法转让的土地上新建的建筑物和其他设施，恢复土地原状，对符合土地利用总体规划的，没收在非法转让的土地上新建的建筑物和其他设施。

3. 罚款。是指县级以上土地行政管理部门强制土地违法当事人向国家交纳一定数额的金钱的处罚方式。在土地违法行为的行政处罚中，罚款不能单独适用，它只用和其他行政处罚方式并用。

4. 由土地行政主管部门将案件移交有关机关，依法追究法律责任。土地管理法规定：县级以上人民政府土地行政主管部门在监督检查工作中发现土地违法行为构成犯罪的，应当将案件移送有关机关，依法追究刑事责任；不构成犯罪的，应当依法给予行政处罚。这里的有关机关包括公安机关、检察机关、人民法院。我国《刑法》规定的有关土地犯罪主要有：以牟利为目的，违反土地管理法规，非法转让、倒卖土地使用权，情节严重的；违反土地管理法规，非法占用农用地改作他用，数量较大，造成农用地大量毁坏

的；国家机关工作人员徇私舞弊，违反土地管理法规，滥用职权，非法批准征收、占用土地或者非法低价出让国有土地使用权的。

第四节 土地信访

信访制度是我党成为执政党之后，创造的一种特殊的人权救济方式。早在1951年6月7日，当时的政务院就颁布了《关于处理人民来信和接见人民工作的决定》，这是我国信访制度正式确立的起点。长期以来，各地在信访工作中积累了丰富的经验，也创建了许多操作模式。如20世纪90年代末福建漳州市委组织部创建的"部长夜谈"制度、2003年贵阳市建立了"人大信访法律咨询日"制度、2004年广东建立了信访督查专员制度、2004年四川省将问责制引入信访制度等等。这些措施，对于维护信访人的合法权益起到了积极的作用。土地信访是我国信访制度重要的组成部分，是国土资源信访的一种形式。

2002年7月1日实施的《国土资源信访规定》，是国土资源部制定的针对国土资源信访事宜所作的具体规定。由于国务院《信访条例》于2005年1月5日经国务院第76次常务会议修正，新条例以畅通信访渠道保障信访人权利、创新信访工作机制提高信访工作效率、强化政府责任促进问题及时解决、规范信访行为维护信访秩序为目标，推出了一系列新制度，采取了一系列新举措，如获知相关信息的权利，要求行政机关公开相关的信息；查询信访事项办理情况的权利，要求信访事项的办理机关要为信访人查询有关事项办理情况提供便利；得到书面答复的权利，要求行政机关对信访事项是否受理和处理的结果等情况书面答复信访人；要求复查复核的权利，即信访人对行政机关作出的信访事项的处理意见如果不服的话，可以请求原办理行政机关的上一级行政机关进行复查，如果对复查的结果还不服的话，还可以向复查机关的再上一级行政机关请求复核。因此《国土资源信访规定》亦于2005年12月29日作了相应修改。现将有关土地信访的提起、处理及相关法律责任介绍如下：

一、土地信访的受理范围

根据《国土资源信访规定》,下列事项可向国土资源管理部门提出:

1. 反映土地管理的有关问题;
2. 举报土地管理违法行为;
3. 检举土地管理部门工作人员执行公务中的违法行为;
4. 控告侵害自己的土地所有权、土地使用权的行为;
5. 对土地管理部门及其工作人员提出建议、批评和要求;
6. 其他依法应当由土地管理部门办理的信访事项。

二、土地信访的受理机关

信访人提出土地信访事项,应当向县级土地管理部门提出,不得越级提出。对于重大、突发的信访事项,县级土地管理部门应当及时向上一级土地管理部门报告。

三、土地信访的办理

1. 土地管理部门对依法受理的信访事项,应当依照有关法律、法规、规章及其他有关规定,分别作出以下处理,并制作《国土资源信访事项处理意见书》,书面答复信访人:

(1) 请求事实清楚,符合法律、法规、规章或者其他有关规定的,予以支持;

(2) 请求事由合理但缺乏法律依据的,应当对信访人做好解释工作;

(3) 请求缺乏事实根据或者不符合法律、法规、规章或者其他有关规定的,不予支持。

土地管理部门依照前款第(1)项规定,作出支持信访请求意见的,有关机关或者单位应当执行。

2. 土地管理部门收到信访人提出的信访事项后,能够当场答复的,应当当场答复。

3. 土地管理部门办理信访事项,应当自受理之日起 60 日内办结。情况重大、复杂的，经本部门负责人批准，可以适当延长办理期限，但延长期限不得超过 30 日，并告知信访人延期理由。

4. 信访工作机构受理信访事项后，发现信访人就该信访事项又提起行政复议或者行政诉讼，有关部门已经受理的，信访工作机构可以决定终止办理。

5. 信访人对土地管理部门作出的信访事项处理意见不服的，可以自收到《国土资源信访事项处理意见书》之日起 30 日内，请求同级人民政府或者上一级土地管理部门复查。原办理机关为省级土地管理部门的，按照国务院有关规定向省级人民政府请求复查。

收到复查请求的上一级国土资源管理部门应当自收到复查请求之日起 30 日内，提出复查意见，并制作《国土资源信访事项复查意见书》，书面答复信访人。

6. 信访人对土地管理部门的复查意见不服的，可以自收到《国土资源信访事项复查意见书》之日起 30 日内，向复查机关的同级人民政府或者上一级土地管理部门请求复核。复查机关为省级土地管理部门的，按照国务院有关规定向省级人民政府请求复核。

收到复核请求的上一级土地管理部门应当自收到复核请求之日起 30 日内提出复核意见，制作《国土资源信访事项复核意见书》，书面答复信访人。

7. 上级土地管理部门发现下级土地管理部门有下列情形之一的，应当及时督办，并提出改进建议：

（1）未按规定的办理期限办结信访事项的；

（2）未按规定反馈信访事项办理结果的；

（3）未按规定程序办理信访事项的；

（4）不执行信访处理意见的；

（5）收到督办文书，未在规定期限内反馈办理情况的；

（6）其他需要督办的情形。

8. 信访人对土地管理部门作出的复核意见不服，或者信访人在规定时限内未提出复查或者复核请求，仍然以同一事实和理由提出投诉请求的，有关土地管理部门应当制作《国土资源信访事项不再受理通知书》，书面告知信访人不再受理该信访事项。

第五节 征地纠纷案例分析

征地与拆迁，是近年来人们谈论或面临的比较多的问题，由于补偿费用所引发的矛盾以及由此而引发的社会问题，引起了党中央、国务院的高度重视，中央先后多次发文及召开会议强调切实做好征地拆迁工作的重要性，但毋庸讳言，各地在落实这项工作的时候，仍然没有上升到应有的高度，甚至有的地方依然如故，野蛮征地、拆迁，以 2005 年的河北定州事件为代表，这一事件的恶劣程度，导致定州的父母官下台，但是对于被征地农民而言，他们的痛，恐怕是一时难以弥合的。

其实，征地是国家行为，征地过程中的补偿则是民事行为，用地单位与原土地所有权人之间是平等的关系，应当尊重土地所有者及使用者的合法权利，应当给予其合理的补偿，只有将心比心地进行换位思考，也才能体验别人的感受。若给予的补偿偏低，谁也不会答应，毕竟这是农民一辈子的事，一生就这么一次，一锤子买卖，因此要想在此糊弄糊弄，恐怕付出的代价远比正常的补偿要高；若要是通过黑社会势力或暴力干预，则可能引发更加激烈的冲突，导致各方面关系紧张，甚至可能引发流血事件，这样以来就不光是成本的问题，还很有可能因此触犯刑律，失去人身自由。因此，于政府部门及用地单位而言，不论出于何种利益需求，通过法律途径解决征地过程中出现的纠纷，才符合依法治国的基本国策。当然，对被征地群众而言亦不能漫天要价，阻碍征地工作的正常进行，否则也是得不偿失。

下面结合案例介绍一下有关征地拆迁过程中可能出现的违法行为或纠纷。

一、非法占用土地纠纷

根据我国土地管理法律的规定，非法占用土地主要有以下几种表现形式：未经批准，擅自占用土地；采取各种欺骗手段骗取批准；超过批准数量多占土地；超过规定的宅基地面积标准多占土地；经非法批准使用土地的当事人，拒不退还土地；在土地利用总体规划的禁止开垦区内进行开垦，被责令限期改正而逾期不改正；擅自改变批准用地位置或者范围使用土地。

因非法占用土地所产生的纠纷多涉及面较广，影响较大。下面分析一起土地违法案件：

2000年3月至6月，某镇学校校长某某在未办理合法用地手续的情况下，不听国土资源部门工作人员劝阻，擅自在另一镇西村的基本农田保护区内施工建学校，非法占用耕地面积十余亩，造成该片耕地种植条件严重毁坏。2002年12月，该县人民法院依法作出刑事判决：某某犯非法占用农用地罪，判处有期徒刑2年，并处罚金人民币2万元。

对上述案件，我们只依据公开的文字材料进行占地方面的分析，不考虑其他。首先来了解一下农村建学校的用地手续法律是如何规定的。根据我国土地管理法律规定，农村学校用地属于乡（镇）村公共设施和公益事业建设所需，乡（镇）村公共设施、公益事业建设，需要使用土地的，经乡（镇）人民政府审核，向县级以上地方人民政府土地行政主管部门提出申请，按照省、自治区、直辖市规定的批准权限，由县级以上地方人民政府批准。建设占用土地，涉及农用地转为建设用地的，应当办理农用地转用审批手续。

对于基本农田，我国进行了严格的保护。《基本农田保护条例》第十五条规定，"基本农田保护区经依法划定后，任何单位和个人不得改变或者占用。国家能源、交通、水利、军事设施等重点建设项目选址确实无法避开基本农田保护区，需要占用基本农田，涉及农用地转用或者征用土地的，必须经国务院批准。"

综上，我们知道在农村建学校应当使用农村建设用地，应履行相应的报批手续。使用基本农田进行建设的，必须经中华人民共和国国务院批准，而且适用的范围是重点建设项目。本案中，某某未办理用地手续，非法占用基本农田达十余亩，根据《最高人民法院关于审理破坏土地资源刑事案件具体应用法律若干问题的解释》第三条的规定，非法占用农用地"数量较大"，是指非法占用基本农田五亩以上或者非法占用基本农田以外的农用地十亩以上。且"造成该片耕地种植条件严重毁坏"。显然，某某已构成非法占用农用地罪，应当对其进行刑事处罚。

二、未依法进行征地公告所产生的纠纷

在征收土地过程中，如前所述，涉及到两个必要的公告，即征收土地公告和征地补偿安置方案公告。在实践中，存在征地不进行公告或公告形式及内容不符合规定，侵犯被征地农民的知情权和异议权等。我们知道，征收土地公告的发布是为了让被征地农民群众知道土地已被国家征收，以便被征地农民做好相应的准备，从而为顺利实施征地的下一步工作打好基础。不进行征收土地公告或公告不规范，就不能使被征地群众知道土地已被国家征收，从而对征地事宜产生疑惑，不利于征地工作的进一步开展。实际上，现实中农民对土地被征收，一般都体现合作态度，之所以出现纠纷，主要还是因为补偿较低以及知情权没有得到满足、征地工作人员粗暴执法、对被征地农民的意见不予重视等原因所致。有鉴于此，已有不少人士提出，为了使被征地农民充分了解征地的法律规定及政策，融入到征地中来，在征地公告之前应当设置土地预征收公告程序（当然还需要对各界人士广为诟病的"公共利益"进行法律上的界定），应当向当地农民详细地以各种形式进行宣传，要对当地农民的意见高度重视，听取他们的呼声。在此基础上，才发布正式的征收土地公告。在前面工作顺利进行的基础上，下一步的工作显然就要容易得多。《征用土地公告办法》规定，"未依法进行征用土地公告的，被征地农村集体经济组织、农村村民或者其他权利人有权依法要求公告，有权拒绝办理征地补偿登记手续。"显然，还应当规定，对不履行公告义务的机关、组织以及破坏公告者，应当予以一定的处罚，以确保这一法定程序真正体现其价值。

此外，在征地过程中，还涉及到征地补偿安置方案公告。对征地补偿安置方案的公告，具有重要意义。进行公告，使被征地农民知道在征地后其能够获得哪些补偿，将得到怎样的安置。被征地农民若对补偿安置方案有异议的，可依法提出。《中华人民共和国土地管理法实施条例》第二十五条规定，"……对补偿标准有争议的，

由县级以上地方人民政府协调；协调不成的，由批准征收土地的人民政府裁决。征地补偿、安置争议不影响征收土地方案的实施……"。这是对补偿标准有异议，在法律上的救济方式。行政法规的这一规定，可见被征地农民是处于极其不利的位置：首先，批准征地的人民政府对补偿异议的裁决权，本身在设置上就不能给被征地农民以希望，因为既当运动员又当裁判员的事情，怎么能体现公平呢？其次，也是最关键的，对征地补偿安置的异议，不影响征收土地方案的实施，使得被征地农民的异议，成为无关紧要，也成为肆意侵犯被征地农民利益者在法律上的保护伞。这些，既侵犯了被征地农民的合法权益，亦不利于征地工作的顺利进行，在某种意义上讲，还使被征地农民缺乏对法律的信心，进而通过上访途径去解决问题，导致信访部门不堪重负。随着我国加快物权法的制定步伐，法律人士纷纷建言，希望在物权法中改革征地补偿标准，以此来保护农民的切身利益。"农民的物权与其他社会成员的物权应当得到同等的尊重和保护"，对此，我们拭目以待。

三、有关征地补偿费的纠纷

这里所指的征地补偿费包括土地补偿费、安置补助费，青苗及地上附着物的补偿费。关于征地补偿费纠纷的情况异常复杂，处理起来难度极大。单就这一纠纷的性质，就有不同观点。在立案受理方面，也是困难重重，就审判机关而言，最高人民法院业务庭自1994年至2002年就征地补偿款分配纠纷问题是否受理做了四个复函或答复。一是最高人民法院［1994］民他字第285号《关于王翠兰等六人与庐山区十里黄土岭村六组土地征用费纠纷一案的复函》，该函的意思是对此类纠纷人民法院不予受理；二是最高法院法研［2001］51号《关于人民法院对农村集体经济所得分配是否受理问题的答复》，其主旨却是受理；三是最高法院法研［2001］116号《关于村民因土地补偿费、安置补助费与村民委员会发生纠纷人民法院应否受理问题的答复》，其主旨是受理；最高法院［2002］民立他字第4号《关于徐志君等十一人诉龙家市龙渊镇第八村委会土地征用补偿费分配纠纷一案的复函》，其主旨则是不予受理。正是因为最高人民法院业务庭复函内容的相互矛盾，使得高、中、基层三级法院对此类案件是否受理无所适从，同时也为个别审判人员谋取私利大开方便之门，不利于对被征地群众利益的保护。因此，作者认为，只要符合民事诉讼法第一百零八条的规定，人民法院应当作为民事案件予以受理。

1. 侵犯妇女儿童财产权益而引发的征地补偿费的纠纷

【案例1】案情简介(引自河北房地产信息网)

徐华平系灌南县汤沟镇沟东村7组农民，于1985年2月与灌云东辛农场职工王比学结婚。婚后生两子，长子王大宝(1985年12月生)，次子王二宝(1989年6月生)。徐华平婚后户口一直未迁出。1990年灌南县统一调整土地时，灌南县汤沟镇沟东村民委员会(以下简称沟东村委会)分给两原告责任田1.52亩，王二宝因属计划外生育未分地。1992年8月17日，江苏汤沟酒厂扩建，征用被告418.16亩土地，徐华平及王大宝的责任田也在征用范围内。沟东村委会在将土地补偿费分发给各农户时，以徐华平的丈夫属农村户口，其应在其丈夫处分地为理由，仅发给两原告青苗补偿费388.80元，不发给徐华平和王大宝土地补偿费、安置补助费合计10181.60元，且没有安排徐华平就业，造成徐华平母子生活确实困难。后徐华平多次找沟东村委会要求给付土地补偿费，未果。为此，徐华平、王大宝于1992年10月29日向江苏省灌南县人民法院提起诉讼称：江苏汤沟酒厂扩建，征用我母子两口土地1.52亩，土地补偿费等被被告非法截留，要求沟东村委会给付。沟东村委会辩称：原告丈夫是农村户口，按县委有关文件规定，原告应在其丈夫户籍所在地分责任田，因而土地补偿费不应发给原告。

灌南县人民法院审理认为：两原告户口一直在被告处，并在被告处分得责任田，现被告以原告徐华平丈夫也是农村户口为理由，确定两原告不应在本村分责任田，无法律依据。被告将土地补偿费均分到农户，惟截留了两原告的土地补偿费，显然违反了《民法通则》关于公平原则的规定。两原告土地被征用后，没有被安排就业，生活确实困难，应得到作为其生活补助的土地补偿费，被告应如数发给。依据《中华人民共和国妇女权益保障法》第三十条，

《中华人民共和国国民法通则》第四条、第一百零五条的规定，灌南县人民法院于1993年10月26日作出判决：被告灌南县汤沟镇沟东村委会于判决生效之日起10日内给付原告徐华平、王大宝土地补偿费、安置补助费10181.60元。判决后，被告未提出上诉。

简析

在上述案件中，首先需要确定的是，原告徐华平、王大宝从被告沟东村委会处分得1.52亩责任田。《中华人民共和国妇女权益保障法》第三十条规定，"农村划分责任田、口粮田等，以及批准宅基地，妇女与男子享有平等权利，不得侵害妇女的合法权益。妇女结婚、离婚后，其责任田、口粮田和宅基地等，应当受到保障。"《民法通则》第一百零五条规定，"妇女享有同男子平等的民事权利。"因此，被告所称两原告不应分得责任田，显已违反法律规定。两原告在其土地被征收后，有权取得法律规定的补偿。被告在将土地补偿费下发到各户时，却将两原告的土地补偿费用扣留，已侵犯两原告的合法权益。人民法院判决被告给付两原告相关补偿费用，是正确的。

在征地过程中，征地的各项补偿费，除属于个人的地上附着物和青苗的补偿费支付给个人外，由被征地单位用于发展生产和安排因土地被征用而造成的多余劳动力的就业和不能就业人员的生活补助，不得移作他用，任何单位和个人不得占用。但法律并未明确禁止将土地补偿费分到户，只是明确了土地补偿费的使用范围，至于在上述范围内具体如何使用，由被征地单位自己决定。根据国土资源部《关于完善征地补偿安置指导意见》的规定，"按照土地补偿费主要用于被征地农户的原则，土地补偿费应在农村集体经济组织内部合理分配。具体分配办法由省级人民政府制定。土地被全部征收，同时农村集体经济组织撤销建制的，土地补偿费应全部用于被征地农民生产生活安置。"如北京某区规定，"所得土地补偿费的40%一次性补偿承包农户，其余部分归集体所有。劳动力安置补助费，自谋职业的，按有关规定标准分配给个人。"

在土地补偿费、安置补助费等的支付过程中，应当严格依照法律规定，尊重每一个被征地农民的权利，不得因为性别、贫富、宗祠等予以歧视。

【案例2】案情简介(引自中国法院网，作者：王一雨、张宝乐、居梅)

原告刘旭诉称，2003年12月24日，江苏能源经济技术开发区管委会因建设需要，征用孟桥社区居民委员会耕地145.59亩，其中刘旭(1995年8月5日出生)所在村民小组被征用50.33亩，获赔土地补偿费、安置补偿费218万余元。江苏能源经济技术开发区孟桥社区居民委员会在对刘旭所在村民小组的该笔土地款分配时，按1994年承包土地人口平均分配，每一承包人口分得1.22万元，刘旭因在1994年土地承包调整时尚未出生未获分配。刘旭因未分得征地补偿费，一纸诉状将居委会告上法庭。

孟桥社区居民委员会辩称，该笔土地款的分配是四组代表和群众研究分配的，居民委员会没拿意见，是村民自治，与居民委员会无关。征地时县国土局、江苏能源经济技术开发区在计算土劳比时是按1994年承包土地人口计算的，不是按集体经济组织所有成员计算的。安置补助费是对被征用土地的使用者或承包经营者给予的安置，对新增人员不予考虑；土地补偿费是对土地所有人或使用者对被征用土地的投入和收益造成的损失的补偿。刘旭不应享有该款的分配。

法院经审理，判令江苏能源经济技术开发区孟桥社区居民委员会给付刘旭工地补偿费、安置补偿费1.21万余元。

简析

从上述案情来看，在征地过程中确认被征地农民的人数，亦是征地补偿过程中需要仔细进行的事项。征收土地补偿的对象既包括土地所有权人，也包括土地使用权人。对于土地所有权人而言，毕竟因为是一个组织，因而在确定方面容易进行。对于土地使用权人而言，往往存在生老病死等情形，因而在进行登记确认人数以及计算土劳比时，应当深入调查，入户登记，以免出现活人领不到，死人却占一份的情形。

在出现上述情况时，集体经济组织应当站在为人民服务的高度，采取各种有效办法，切实解决实际问题，不应当采取消极态度。对于权益被侵害者,也可在出现此类事情时,积极与集体经济组织进行协商,争取协商解决问题,这样既降低了解决问题的成本,也融洽了各方关系。

2. 挪用、侵占征地款案件

在征地过程中,不仅涉及到上述集体组织不支付相关补偿费用给被征地农民,也涉及到土地补偿费的拖欠问题,还涉及到村委会等组织的工作人员挪用、侵占征地补偿款项的犯罪问题。据报道,2005年江西上饶县法院对挪用、侵占土地征用费56万余元的三名村干部作出一审判决。法院经审理认为,被告人郑常武、张景松利用职务之便,挪用土地征用补偿费数额巨大,挪用时间已超过三个月,依法应以挪用公款罪论。被告人潘炳红利用职务之便,侵占集体财产数额较大,因其不属于国家工作人员,其行为构成职务侵占罪。由于在本案判决前,三被告人均已退清全部赃款,故法院依法予以从轻从宽处罚,分别判处相应刑罚。

从这些案件所反映出来的问题主要有:首先,可以看出,我国农村关于对村委会及集体经济组织等的监控极其薄弱,甚至可以说没有,一言堂的情况并非个别。其次,村务公开制度,并未落到实处。村务公开的程序、内容以及事后的监督都没有细化。有的村务公开避重就轻,回避问题。再有,也体现出了征地补偿款项的发放制度有其弊病。如果直接对被征地农民,或许情况会改观不少。

上述拖欠、占用、挪用征地补偿款项的情形,严重侵犯了被征地农民及集体组织的合法权益。对于被征地农民而言,失地之后,吃饭成为第一需要,如果有限的补偿款项不及时发放,将对其生存构成严重威胁,由此引发了大量的上访,同时也可能引发违法犯罪行为,直接影响社会稳定。据国土资源部调查截至2004年12月31日,全国共偿还征收农民集体所有土地所拖欠的征地补偿费175.38亿元,占1999年以来全国共拖欠的175.46亿元总额的99.96%。如河南省清查出拖欠农民征地补偿费10.55亿元,已偿还7.25亿元,尚欠3.3亿元。湖北襄荆高速公路的征地补偿费,被有关部门层层克扣截留高达45%。看到这些沉重的数字,每一个有良知的人都会震撼,这可是被征地农民的救命钱!虽然从统计的数字来看,已有高达99.96%的拖欠费用偿还完毕。但是实践中，仍屡见有用地单位从被征地单位(主要见诸村两委负责人由一人担任的情况)处将征地的补偿款项以借款的方式留用，每年支付一定利息，而这些补偿款项的数额达数千万之巨。因而，对这些变相拖欠农民征地补偿款项的行为，也应当进行严厉查处。

四、征地拆迁裁决程序违法案件

【案例】 案情简介(基本案情引自湖州普法网)

1997年9月，某县房屋拆迁工程处(以下简称拆迁处)接受县城镇建设综合开发公司(以下简称开发公司)委托实施拆迁，孙某所有的房屋也在拆迁范围内。该房屋坐落于城关范围内，土地性质属于集体土地。某县人民政府于1997年11月批复同意划拨该地块。县土地管理局于当月颁发"建设用地批准书"，县建设局发出房屋拆迁公告后，开发公司及受委托的拆迁处即与孙某协商签订补偿安置协议。因双方无法达成协议，开发公司依据国务院《城市房屋拆迁管理条例》及《某省城市房屋拆迁管理办法》的规定，向县建设局申请裁决。某县建设局于1998年3月9日作出拆迁纠纷裁决书，认为县城镇建设综合开发公司的安置方案合理，裁决就地安置孙某建筑面积为120平方米的住宅一套。孙某不服该裁决，认为应依照《土地管理法》的规定进行拆迁，向法院提起行政诉讼。

一审法院经审理以县建设局依照《某省城市房屋拆迁管理办法》的有关规定作出的裁决，适用法律正确，程序合法，判决维持县建设局拆迁纠纷裁决书。并认为至于孙某称其使用的土地属集体土地不能拆迁，这涉及土地管理部门是否依法办理建设用地审批手续，不属本案审理范围。孙某不服该判决，提起上诉。

二审法院经审理，认为建设行政主管部门有权对国有土地上的城市房屋拆迁纠纷作出行政裁决，但本案孙某的房屋坐落的土地属集体所有制土地，该土地未经法定程序依法征收，土地所有权仍未变更，还是集体所有制土地。因此，旧城改造的建设项目涉及非国有土地需拆迁房屋的，应先行办理国家建设用地征地审批手续，再由土地管理部门根据《某省土地管理实施办法》的规定组织有关部门负责安置，并由用地单位按规定支付房屋补偿费和搬迁安置费。被上诉人县建设局对此无权处理，其作出的拆迁纠纷裁决属超越职权的具体行政行为。土地部门是否办理征收土地手续，涉及该土地所有权的性质是否改变及建设行政主管部门是否有权处理的问题，是本案行政机关进入行政裁决程序必须解决的首要问题。县建设局理应在受理裁决申请和行政裁决程序中对有关文件的合法性和有效性进行核查，如行政裁决当事人对裁决不服，依法提起行政诉讼，应将核查情况作为证据向法院举证，而一审法院应对被告所举证据的客观性、相关性和合法性进行审查。孙某的上诉理由成立，应予支持。二审法院依照《行政诉讼法》第61条第（二）项、第54条第（二）项第4目，《城市房屋拆迁管理条例》第2条、第39条，《某省城市房屋拆迁管理办法》第2条，《某市城市房屋拆迁管理办法》第2条的规定，判决撤销一审行政判决，撤销被上诉人县建设局拆迁纠纷裁决书。

简析

我国的房屋拆迁，根据房屋所属土地性质之不同，可分为两个方面：一是城市房屋拆迁，一是集体土地房屋拆迁（也称农村房屋拆迁）。城市房屋拆迁所依据的法律规定是国务院305号令《城市房屋拆迁管理条例》及各地的城市房屋拆迁管理办法，《城市房屋拆迁管理条例》于2001年11月1日重新修订后，颁布实施。关于城市房屋的拆迁程序及纠纷处理，本书在前面章节已有阐述；集体土地上的房屋拆迁，实际又可分征地拆迁和占地拆迁两种形式。征地拆迁，是基于国家建设征收集体土地所涉及到的房屋拆迁。占地拆迁，是基于农村建设占用集体土地所涉及到的房屋拆迁。征地拆迁与占地拆迁更多地是涉及土地管理法的规定。

本案中，在土地未经合法征收后，土地的性质仍然是集体土地。如果要在集体土地上建设，则应当涉及到土地征收或者农村建设占地，而事实却是某县建设局依据《某省城市房屋拆迁管理办法》的规定径直裁决，显然适用法律错误，一审法院在此基础居然作出维持该裁决书的判决，也在一定程度上说明了我国法院由于人财物受制于地方政府，在对地方政府机关的诉讼处理中，瞻前顾后，尤其是行政诉讼，更是如此，对于这一问题，学者多有精辟论述，在此不论。

此外，近年来，随着土地征收所产生的矛盾呈上升趋势，各地不但有土地管理法的实施办法，同时为了正确处理征地和占地拆迁问题，给农民合理的补偿，平息和化解社会矛盾，有的省市制定了集体土地房屋拆迁的法律规定，如北京、武汉、青岛、徐州等。对于集体土地房屋的拆迁，各地在补偿方式上也呈现多样化，有货币、产权调换、重批宅基地等。在拆迁程序上，大部分都与城市房屋拆迁的程序类似。有的地方甚至就在城市房屋拆迁法规中规定，集体土地房屋拆迁参照本规定进行。集体土地房屋拆迁也涉及到行政许可，拆迁人亦应当依法取得拆迁许可证，在规定的期限内完成拆迁事项。

五、征地拆迁有关的农村房屋买卖合同纠纷

【案例1】案情简介

1999年1月，李某（河北保定人）在北京某村购买了该村村民王某的三间房屋。支付房款后，李某将房屋装修并择日搬进。

2004年11月，李某从王某处购买的房屋面临拆迁，该处房屋拆迁补偿款在50万元左右。王某知悉后，具状诉至法院以该协议违反土地管理的相关规定，要求确认双方所签订之房屋买卖协议无效。2005年3月，某区法院判决李某与王某签订的房屋买卖协议无效，王某返还李某购房款2万元，李某将三间房屋返还给王某。

简析

随着经济的发展，人口流动的频繁，农村房屋买卖日渐增多。《中华人民共和国土地管理法》规定，"农村村民出卖、出租住房后，再申请宅基地的，不予批准。"由此可见，农村房屋是可以买卖的。该法第六十三条规定，"农民集体所有的土地的使用权不得出让、转让或者出租用于非农业建设；但是，符合土地利用总体规划并依法取得建设用地的企业，因破产、兼并等情形致使土地使用权依法发生转移的除外。"农村宅基地属于集体所有，村民对宅基地只享有使用权，该使用权的转让需经所有权人准许，并应经行政管理机关依法批准。但由于房地一体，因此农村房屋在出卖时，就面临将宅基地使用权一同转让的问题，而这需要履行严格的手续。宅基地所有权属于农民集体所有，村民拥有宅基地使用权是基于其是该村成员之一，是基于一种社员权。因此农村房屋买卖首先需要该买受人应当是本村的成员，并且具有申请宅基地资格。其次，该买卖行为应经村民委员会或村集体经济组织同意。《中华人民共和国村民委员会组织法》对农村群众自治组织的议事规则进行了详细的规定。此外，农村房屋买卖还应当办理过户手续。

在本案中，首先，李某并非本村村民，根本不具有购买王某房屋的资格。其次，当然也不可能办理有关过户手续，即使该村村委会同意。当然如前所述，李某与王某之间的买卖合同也违反了土地管理法的强制性规定，根据《中华人民共和国合同法》第五十二条第五项之规定，违反法律强制性规定的合同无效，因此法院确认双方之间合同无效是正确的。

由于农村房屋买卖许多情况下，当事人双方并不知道该买卖协议是无效的，因此对这一方面的宣传还应当深入，否则到了拆迁的时候，面对巨额补偿，出卖人站出来主张合同无效，而在合同被确认无效后，买受人又感觉自己委屈，从而造成很多不必要的纠纷。而且实践中，往往此类房屋买卖已经很长时间，买受人对房屋已进行了装修、翻修或扩建等等，由于无效合同自始无效，因而确认合同无效也不存在诉讼时效的问题，因此对于保护买受人的合法权益很是不利。为了维护物的正常流转以及各方的合法权益，因此对于各方而言，在房屋买卖之前，最好能向有关政府部门或律师进行咨询，以免因合同无效，带来不必要的麻烦。在此类案件的处理当中，人民法院也应多做调解工作，让当事各方的利益得以平衡，从而能从根本上解决这一纠纷。

【案例2】案情简介

2004年7月，单某(城市居民)与某房地产开发有限公司(下称房地产公司)签订房屋认购单，认购房地产公司开发的位于某村的楼房一套，当日单某交纳定金人民币一万元。后单某了解到该房屋系旧村改造项目，不允许对外销售。故，单某具状诉至某区人民法院，要求确认其与房地产公司签订的认购单无效,并退还定金一万元。

某区人民法院经审理,以双方签订房屋认购单系单某真实意思表示为由,判决驳回其诉讼请求。

简析

本案中所涉及的房屋是因旧村改造所建。所谓旧村改造是指在农村集体建设土地上,按照村镇建设规划,通过村庄整体拆(搬)建、村庄整理、村庄撤并等方式进行拆旧建新,整治环境,改善本集体经济组织成员居住条件,改善村容村貌。因此旧村改造所建房屋的用途必须是安置本集体经济组织内部成员,而不能作为商品房对外出售。

实际上旧村改造就是将本村村民的住宅进行统一规划,统一建设,是为了节约土地,改善居住环境和居住条件,因而是一件造福子孙后代的好事,各方不能借此谋利。当然,村民取得房屋的前提是基于其具有本村宅基地申请资格。旧村改造不是商业房地产开发,其不改变土地的性质,即土地还是农村土地,而非国有土地,因而由此建成的房屋不能上市交易。实践中,借旧村改造之名进行房地产开发的违法事件也是层出不穷,有的甚至占用基本农田,建成的房屋只有少部分安置村民,其余的均以商品房的形式对外公开销售,大肆非法获利。而更为关键的是,有的土地行政管理部门对这些违法的旧村改造却视而不见,对举报不予查处,再加上不少村委会法制观念淡薄,这些都给旧村改造的无序进行提供了条件,也是对土地资源的巨大破坏和浪费。

在本案中,单某不是该村村民,不具有购买该旧村改造房屋的资格。房地产公司与该村村委会将旧村改造的房屋作为商品房对外销售也是违法的,如案例1所述,双方之间所签订之房屋认购单因违法土地管理法的强制性规定而无效,因此某区人民法院的判决是错误的,对单某的诉讼请求,依法应予支持。

六、土地确权纠纷

【案例】案情简介(本案引自桂龙网-当代生活报,韦夏、麻强所撰《武鸣一土地纠纷案 村民告倒县政府》一文)

武鸣县城东镇大梁村第六村民小组（以下简称六组）与本村第十三村民小组（以下简称十三组）争议的土地叫"门头岭"，位于两组之间，面积约17.8亩，大多是荒地，直到上世纪60年代"四固定"前一直未真正确定权属。

1963年，六组开始在门头岭开荒耕种，多年来与十三组基本上还算相安无事。但到了1992年，因为政府要征用门头岭，十三组站出来对门头岭提出了"主权"要求，双方为此发生纠纷，闹到了武鸣县人民政府。县政府经调查后，依据原大梁大队干部梁某等人的证言，认定合作化期间，门头岭属梁同高级社所有，高级社在划分耕作区时将门头岭划给了十三组；1962年"四固定"时期，前身是高级社的大梁大队按高级社时确定的范围，将门头岭固定给了十三组；再加上一份有争议的1975年的协议等资料，县政府作出处理决定，将门头岭划给了十三组。六组不服，向南宁市人民政府申请行政复议。市政府维持了县政府的行政行为。后六组将武鸣县人民政府告上法院。

武鸣县人民法院一审认为，六组的主张"理由不充分，证据不足"，判决维持县政府的处理决定。随后，六组向南宁市中级人民法院提起了上诉。

南宁市中级人民法院经调查、审理后认为，门头岭在"四固定"以前未确定权属，武鸣县人民政府认定门头岭在合作化及"四固定"时期已由当时的高级社及生产大队划分给十三组与事实不符。原大梁大队干部梁某等人的证人证言，因没有其他证据支持，不作定案证据。

1975年的协议也不能认定门头岭的归属。六组从1963年开始，1975年以后继续对门头岭使用直到1992年，属于长期管理使用。而土地权属的确定，如果主张权属的各方均没有充分证据的，则应该按"谁使用，所有权归谁"的原则处理。

南宁市中级人民法院最后判决，撤销一审判决及武鸣县人民政府对门头岭土地权属纠纷的处理决定。

简析

本案是一起土地确权案件，土地确权是因土地权属发生争议时，申请人民政府根据有关法律法规及有关原则确认土地权属的行政行为。《中华人民共和国土地管理法》第十一条规定，"农民集体所有的土地，由县级人民政府登记造册，核发证书，确认所有权。""农民集体所有的土地依法用于非农业建设的，由县级人民政府登记造册，核发证书，确认使用权。"对于农村土地确权案件，应当先通过向县级以上人民政府申请，对之不服的需要经行政复议。《中华人民共和国行政复议法》第三十条第一款明确规定，"公民、法人或其他组织认为行政机关的具体行政行为侵犯其已经依法取得的土地、矿藏、水流、森林、山岭、草原、荒地、滩涂、海域等自然资源的所有权或者使用权的，应当先申请行政复议；对行政复议决定不服的，可以依法向人民法院提起行政诉讼。"由此可见，法律规定了行政复议为对土地权属行政案件提起行政诉讼的必经程序，即行政复议前置。

为了确定土地所有权和使用权，依法进行土地登记，1995年3月11日，原国家土地管理局发布了《确定土地所有权和使用权的若干规定》，该规定自1995年5月1日起施行。对于集体土地所有权的确权，上述规定作了详细规定：

1. 土地改革时分给农民并颁发了土地所有证的土地，属于农民集体所有；实施《六十条》时确定为集体所有的土地，属农民集体所有，属于国家所有的除外。

2. 村农民集体所有的土地，按目前该村农民集体实际使用的本集体土地所有权界线确定所有权。

根据《六十条》确定的农民集体土地所有权，由于下列原因发生变更的，按变更后的现状确定集体土地所有权。

（1）由于村、队、社、场合并或分割等管理体制的变化引起土地所有权变更的；

（2）由于土地开发、国家征地、集体兴办企事业或者自然灾害等原因进行过土地调整的；

（3）由于农田基本建设和行政区划变动等原因重新划定土地所有权界线的。行政区划变动未涉及土地权属变更的，原土地权属不变。

3. 农民集体连续使用其他农民集体所有的土地已满20年的，

应视为现使用者所有；连续使用不满 20 年，或者虽满 20 年但在 20 年期满之前所有者曾向现使用者或有关部门提出归还的，由县级以上人民政府根据具体情况确定土地所有权。

在本案中，六组使用所争议的土地近 30 年，并没有人提出任何异议，只是由于国家征地，涉及到利益，十三组才出来主张权利。这么多年来，十三组并未对所争议土地进行任何管理，没有对之行使任何权利，因此，依据上述法律规定，其不能取得该土地的所有权。

七、是土地信访还是不履行法定职责

【案例】案情简介

2003 年 6 月，A 公司在 B 镇人民政府的同意下，未办理任何用地手续即与 C 村村委会签订征地补偿协议，约定 A 公司以极其低廉的价格取得 C 村 400 余亩农用地（含 305 亩耕地）的使用权，用以修建厂房等。C 村村委会事后通知了本村村民。C 村本属地少人多，人均耕地不足 0.6 亩。A 公司要占用 300 余亩耕地，使得该村耕地所剩无几。此外，该公司给予的补偿又特别低，且又是一次性货币补偿，对被征地农民也无安置。加之，此次占地又没有省人民政府的征地批文。村民们对 A 公司的非法占地行为都表示反对，多次向村镇反应均无结果。

2003 年 7 月初，A 公司不顾村民劝阻，强行开工，将大批施工机械开进农田，将尚待收割的农作物夷为平地，并在上面修建厂房，引起村民的强烈不满。期间，C 村村民为阻止 A 公司的违法占地行为，与其发生冲突。

2003 年 7 月中旬，C 村村民联名向 D 省国土资源厅提出申请，请求其履行法定职责，依法查处 A 公司的非法占地行为。该厅收到村民的申请后，即转至 E 县国土资源局处理。C 村村民认为省国土资源厅的做法属于不履行法定职责。于是以此为由具状诉至省国土资源厅所在地的 F 市中级人民法院。F 法院经审理，以 C 村村民的行为系信访，信访不得越级，因而省国土资源厅的转办行为合法为由驳回 C 村村民的诉讼请求。C 村村民不服，上诉至省高级人民法院。省高级法院经审理，以同样理由驳回上诉，维持原判。

简析

关于本案，焦点在于 C 村村民请求 D 省国土资源厅查处土地违法案件的行为是否属于土地信访事项，D 省国土资源厅是否应查处。分析如下：

1. 关于土地信访事项

为保持国土资源管理部门与人民群众的密切联系，保护公民、法人和其他组织的合法权益，规范国土资源信访工作，国土资源部于 2002 年 5 月 9 日颁布了《国土资源信访规定》（下称《规定》），该规定于 2002 年 7 月 1 日开始实施。

《规定》第二条规定了国土资源信访的概念，即指公民、法人和其他组织采用书信、电话、电报、电子邮件、走访等形式，向各级国土资源管理部门反映问题，举报违法行为，提出意见、建议和要求，依法应当由国土资源管理部门处理的活动。

同时该部门规章第五条规定，"信访人可以向国土资源管理部门提出下列信访事项：（一）反映国土资源管理的有关问题；（二）举报国土资源管理违法行为；（三）检举国土资源管理部门工作人员执行公务中的违法行为；（四）控告侵害自己的土地所有权、土地使用权或者探矿权、采矿权等合法权益的行为；（五）对国土资源管理部门及其工作人员提出建议、批评和要求；（六）其他依法应当由国土资源管理部门办理的信访事项。"

本案发生在 2003 年，当时的《中华人民共和国信访条例》（即 1995 年 10 月 28 日发布的 185 号令）第八条规定，"信访人对下列信访事项，可以向有关行政机关提出：（一）对行政机关及其工作人员的批评、建议和要求；（二）检举、揭发行政机关工作人员的违法失职行为；（三）控告侵害自己合法权益的行为；（四）其他信访事项。前款第（二）项、第（三）项信访事项，法律、行政法规对处理程序另有规定，信访人应当依照有关法律、行政法规规定的程序提出。"

从上述规定来看，对于控告侵害自己合法权益的行为如果法律、行政法规对程序处理有规定的，应当按照法律、行政法规的规定来处理。《中华人民共和国土地管理法》第六十六条规定,"县级以上人民政府土地行政主管部门对违反土地管理法律、法规的行为进行监督检查。"该法还对土地行政主管部门履行监督检查职责的权利等进行了具体而明确的规定。此外,为保证土地管理部门正确、及时查处土地违法案件,依法追究土地违法者的法律责任,维护土地的社会主义公有制和国家的土地管理秩序,1995年12月18日,原国家土地管理局颁布了《土地违法案件查处办法》,办法自1996年3月1日起施行。还有D省还制定了本省的土地监察条例。由此可见,C村村民请求查处土地违法案件的行为,并不属于信访事项,不能按有关信访的法律规定处理,而应依土地管理法律规定进行处理。

2. D省国土资源厅应否查处A公司的土地违法行为

(1) 土地违法行为是指公民、法人或其他组织违反土地管理法律规定,应给予行政处罚的行为。

(2) 关于D省国土资源厅的查处土地违法案件的法定职责

《中华人民共和国土地管理法》第五条第二款规定,"县级以上地方人民政府土地行政主管部门的设置及其职责,由省、自治区、直辖市人民政府根据国务院有关规定确定。"《D省实施〈中华人民共和国土地管理法〉办法》第三条规定,"县级以上人民政府土地行政主管部门统一负责本行政区域内土地的管理和监督工作。县级以上人民政府其他有关部门应当按照各自的职责,配合做好土地管理和监督工作。"

《D省土地监察条例》规定,"省土地管理部门管辖全省行政区域内的下列案件:(一)市(地)人民政府及其土地管理部门超越批准权限非法批准和其他非法批准占用土地的案件;(二)在全省范围内有重大影响的土地违法案件;(三)省人民政府和国家土地管理局交办的土地违法案件;(四)认为应直接处理的其他土地违法案件。"

本案涉及农用地达400余亩,其中有305亩耕地,涉及村民600余人的生计问题,村民认为应属该省范围内有重大影响的土地违法案件。而D省国土资源厅则认为,本案不属于省内有重大影响的土地违法案件,应当属于可以交由下级土地管理部门查处的案件。根据《全国人民代表大会常务委员会关于加强法律解释工作的决议》规定,"凡属于地方性法规条文本身需要进一步明确界限或作补充规定的,由制定法规的省、自治区、直辖市人民代表大会常务委员会进行解释或作出规定。"在本案中,"在全省范围内有重大影响的土地违法案件"是应由该省人大常委会进行解释的问题,D省国土资源厅无权解释。

D省国土资源厅在无权解释的情况下,认为查处A公司不属于其职责所在没有法律依据。因此,其应当根据实际情况对该案进行查处,而不能转交下级土地管理部门处理。

八、对征地制度改革的期望

在土地征收所引发的纠纷中,最核心的问题是补偿问题,补偿是以土地原用途为标准,与征地后土地的用途没有关系,而且这么长时间以来,国家在立法上竟然没有明确所谓的公共利益为何物,实际当中公共利益范围之广,已使得这一词汇没有存在的必要性。因此,国家要真正解决征地纠纷以及因为征地纠纷所带来的上访等等社会不稳定因素,则应当充分尊重农民的权利,公正地对待他们的利益,具体而言,体现在如下:

1. 首先,应确定什么是公共利益。

什么是公共利益?法学界认识不一。但是,如果公共利益不能确定,那对农民利益的侵犯,将是永远的痛。在立法时,我们不妨采用列举的方式规定某些属于公共利益的范畴,同时规定一兜底条款,最后规定,在对因属于列举部分公共利益的范畴之外的情形所引起的纠纷中,对是否属于公共利益的确定权利应归属于裁判机关。此外,还应当规定,对于确定公共利益的受理机关的层级应当提高,程序应当严格,裁判人员应当专业。我国现行法定的征收土地的批准权限在省级人民政府以上,目前我国法院设置与行政机关的设置基本相对应,法院往往在人、财、物等方面受制于地方政府,为了公平起见,建议对此类案件的处理应当由各高级人民法院管辖。

2. 其次,提高征地补偿标准。

现行土地管理法对于土地征收，是按照原用途进行补偿的，根本就不考虑到该宗土地以后的用途，即规划用途。征地补偿除了要考虑土地被征用前的价值之外，还应考虑土地的区位、土地市场供求状况、当地经济发展状况及政府的宏观政策等因素。按现行土地管理法的补偿标准，对于被征地农民而言，实难维持原有生活水平，虽然土地管理法规定，对于所支付的土地补偿费用等不能使被征地农民维持原有生活水平的，经省级人民政府批准，可以增加土地补偿费用，但该法同时还规定，"土地补偿费和安置补助费的总和不得超过土地被征收前3年平均年产值的30倍。"其实，这完全是自相矛盾，既然维持原有生活水平是原则，则不应存在土地补偿费与安置补助费有最高限30倍之说。因此，现行的土地补偿标准及补偿方式，应当进行改进，要深入研究被征地农民的现实需求，要采取多种方式，切实保障被征地农民的生活水平不下降。

3. 再次，要改进征地程序。

一要增设征地补偿安置协商程序。

征地组件报批前要与被征地集体和农民商谈补偿标准、安置途径，充分听取农民的意见，用前期调查协商取代现行法律规定的补偿登记环节。

二要改变征地公告现行做法。

增加预公告程序，即政府确定征地后，随即发布征地预公告，告知被征地集体和农民，明确征地范围和建设、种植限止期，同时开展补偿初步调查登记，协商补偿安置问题。

将现行征地批后两公告合二为一，在征收土地方案依法批准后，予以公告，公告期满后即可实施补偿安置工作，并供地。

改革现行征地裁决程序。对集体土地所有者提出的征地不合法、补偿不合理、安置不落实等问题，由司法机关按照司法程序解决征地纠纷，政府作为批准土地征收的机关，不得参与对征地纠纷的裁决。

第五章　关于聘请律师的相关问题

一、我国律师业的现状

　　法律是规则的游戏，鉴于其纷繁复杂，因而只有专业人士才能对之予以正确把握。律师即是代为处理各种法律纠纷的专业人士。随着社会的发展，我国律师制度从无到有，再到现在注册律师十多万人的规模。应当说，中国律师业得到了前所未有的发展。在我国社会主义法治建设不断加强的今天，依法治国已成为我国的基本国策，律师的社会地位已有了很大提升，但毋庸讳言，律师业的服务范围仍然有限，律师执业环境仍有待进一步改善，最为重要的还是律师执业豁免权的缺失。律师执业豁免权是指律师在为当事人依法提供法律服务活动过程中，享有不受国家刑事追究和行政处罚的权利。也就是说，律师的职务行为本身并不受法律的追究，律师只要依法办案即可，即使其职务行为本身超越了事实，这种职务行为也不应受法律制裁，尤其是在刑事诉讼中。对于律师的刑事辩护豁免权，世界上不少国家均不同程度地赋予了律师这一权利，如美国、英国、法国、德国、日本、卢森堡、荷兰等国的有关法律均对此作了比较具体的规定，可谓通行世界。在我国，是否应当赋予律师刑事辩护豁免权，我国律师界和法学理论界早已提出这一问题，且绝大多数持肯定意见，但在《律师法》的起草过程中有关部门却对此争议较大，使得这一重要的律师权利未能写进《律师法》，这本身也体现了我国律师制度的薄弱一面。而早在1990年9月7日，联合国第八届预防犯罪和罪犯待遇大会通过了《关于律师作用的基本原则》，文中规定："律师对于其书面或口头辩护时发表的有关言论或作为职责任务出现于某一法院、法庭或其他法律或行政当局之前所发表的有关言论，应当享有民事或刑事豁免权。律师如因履行其职责而其安全受到威胁时，应当得到当局给予充分保障。"作为法治建设的重要力量，平民化的律师往往能代表民众的呼声。充分尊重律师的执业权利，营造良好的执业氛围，既是与国际接轨，也是落实依法治国方略的重要一环。

此外，我国对律师职业的宣传还显滞后，民众对律师的认识还主要基于影视作品中的印象，以为律师都是出入高档酒店、开宝马住别墅的富人，并对律师的社会功能或社会作用知之甚少，甚至在有些权威媒体的节目中，律师还被某些人视为趁火打劫、只知挣钱的反面典型等等，而实际上，我国律师的收入并不算高，律师的执业成本居高不下，执业风险依然很大，执业环境仍有待进一步优化。然而遗憾的是，这些并未得到全社会的关注，只是律师行业内部进行了一定的讨论，而至今问题依然存在。让民众对律师职业进行正确而深入的了解，应当对律师行业的健康发展有所助益，对于法制建设的推进也是有利的。在法治国家，律师还有很多社会职责，如律师是参与立法的不可或缺的重要成员，而在我国律师参与立法，接受立法咨询的案例却极少。

在我国，由于历史的原因，客观而言，律师的整体素质在法律职业群体中显然是较高的，律师的执业准入是基于极其严格的考试，而在英美发达国家，法官位于法律职业群体的最上层，法官地位之崇高，法学素养之精深，实务经验之丰富，非一般律师所能企及。在美国，除少数审理轻微犯罪案件的基层法院外，其他法院的法官都必须具备律师资格。而且实际上，美国法官一般都有多年的律师实践经验。从这个意义上讲，美国的法官属于"律师法官"。如科罗拉多州法律就规定，要成为该州最高法院法官，合格律师执业5年以上就是其中必备条件之一。

为了提高法官、检察官、公证员的从业门槛，提升我国法官、检察官、公证员的整体素质，国家于2002年开始实施统一司法考试，即法官、检察官、律师、公证员四类法律职业均需通过国家司法考试（原有的律师资格考试纳入到国家司法考试之中，不再举行），取得法律职业资格证书，方具备从事这四种职业的资格。对于建立这一制度的意义，贺卫方教授在《统一司法考试的意义》一文中提到"统一的国家司法考试有助于整个国家范围内的法律准则的统一。"统一司法考试制度的建立，必将对我国法制建设产生深远影响，必将在我国法制史上写下浓墨重彩的一笔，也必将推动我国法律职业的进一步发展。

在办案过程中，作为律师，我们时常要与公、检、法打交道，而这当中一般以与法院接触的时间为最多。在办案中，在接触的法院中，有的法院设置有安检，而且对律师这一法律同行在履行职务时，也要求进行安检，显然是一种"有罪"推定，对此，在律师及专家学者的批评声中，北京市于 2005 年取消了对律师实行安检的制度。2005 年 7 月 25 日，北京市高级人民法院召开了新闻发布会，就出台实施《关于依法快速处理建设领域拖欠农民工工资相关案件的意见》和《关于保障律师执业权利维护司法公正的意见（试行）》两项制度，正式向社会公布。从此也可以看出，律师到底还是源于民众之中，连发布与其有关的新闻都紧紧跟随农民兄弟。此外，在与法官及其书记员接触中，我们很少听到法官称呼某某律师，绝大部分直呼其名。我想我们尊敬法官的最根本原因，是因为我们信奉法律，而非其他。同时，在与书记员的接触当中，少数书记员竟然对案件发表实质性意见，这显然违反其工作规定。其实世人皆知，尊重是相互的，我尊重你的前提，是你也尊重我。律师，就世界范围而言，显然是社会法治建设的重要促进力量，因此就这个角度而言，尊重律师及其执业权利，其实也是在尊重法治。

在执业过程中，各法院纷纷出台其便民措施或工作规定，就如立案而言，对于民事案件，有的法院居然要求即使在有律师代理时，当事人必须一同前往。当事人既然委托律师代为立案，则其前往的必要在哪里？如果按照这些法院的逻辑，是否当事人委托律师的案件在开庭时，当事人也都必须前往？这显然有悖于民事诉讼法律之规定。还有的法院，则要求律师在立案时，提供律师执业证书的复印件，亦不知基于什么样的法律规定或是法律原理？总体而言，各法院出台一些便民措施，初衷是好的，但既然是便民措施，就必须在符合法律规定的前提下，在真正考虑到民众诉讼权利的基础上，深入调研，组织有关专家和各方当事人进行论证。要认真听取有关各方的意见,而不能盲目为之,只有在这样的情况下,制定的便民措施才能真正便民,也才能真正体现其价值。

各法院在提交起诉状的副本以及提交证据的份数等问题上也处理不一,这些难免使当事人无所适从。对于整个国家而言,就这么严肃的事情,最高人民法院应当制定统一的指导规范,至少在省级行政区域内,应当统一,对于这些规范应当进行必要的宣传,使老百姓知悉,进而便于其操作,而非任由各法院自行其是。

最后,不得不谈到的还有律师的调查取证权。现行的法律规定,对于律师的调查取证的权利基本上难以确保。《中华人民共和国律师法》第三十一条规定,"律师承办法律事务,经有关单位或者个人同意,可以向他们调查情况。"规定律师调查取证需要经过"同意"或"许可",这既与"公民具有作证义务"的法律规定和道德要求相悖,也制约了律师调查取证的权利,是原有有关法律中规定的律师调查取证权利的倒退。其次,司法人员为了取得证据,可以"审问"、"讯问",而律师"询问"、"访问"还需要"同意"、"许可",与法理有悖。❶ 此外,《中华人民共和国民事诉讼法》第六十一条规定,"代理诉讼的律师和其他诉讼代理人有权调查收集证据,可以查阅本案材料。查阅本案有关材料的范围和办法由最高人民法院规定。"这一规定,把律师在民事诉讼代理中的调查取证的权利和阅卷的权利降低为与普通公民相同,漠视了律师的职权特点。其实,我们知道律师的权利不是国家的权力,也不是社会权利,而是公民个人权利的延伸,如果律师调查取证的权利不能确保,那无疑不利于保护公民个人权利。

此外,在执业过程中,我们可以看到,大部分的行政机关,如房管局、规划、建设等部门,对于律师的调查取证,多要履行严苛的手续,需要经过批准等等,每每则声称"我们只对公检法,不对律师",而且每每还拿出内部规定,作为依据。如南方网报道的因为要求查阅土地登记资料被拒,宁波律师袁裕来将宁波鄞州区国土资源局告上了法庭并上书国务院建议国务院对《土地登记资料公开

---

❶ 参见盛俊杰《关于律师本质属性的几点思考》一文。

查询办法》进行审查就是其中一例。在中华人民共和国行政许可法实施之后,这些情况并没有真正得以改变。作为行政许可的成果,只要不是国家秘密等,行政机关有什么权利不让查阅?而且,有的在查阅之后,声称不得复印,并言明这是规定。在行政许可法实施之后,涉及行政许可成果的公开方式,行政机关有权对这一法律规定作出解释吗?显然不能。此外,在企业信息查询中还涉及到一些新的"限制",在某市工商行政管理部门查询的企业信息,工商行政管理部门会加盖一枚印章,内容是"某市企业信息查询专用章 资料仅供参考 不作法律依据"。众所周知,工商行政管理部门的职责之一就是对企业的设立、变更、注销等进行登记,作为行政许可的成果,在涉及除国家秘密、商业秘密等以外的应当向社会公示,这是法律规定的工商管理部门的法定义务,亦即对企业的工商登记信息以公开为常态,以不公开为例外。同时,我们知道任何事物都是运动变化的,因此,企业在变动有关登记信息时有可能未及时办理变更手续,也有的企业就是基于非法目的或逃债等原因,从而导致企业的登记信息可能与实际并不相符,如地址的变动就是常发生的事情。在此情况下,不能要求工商行政管理部门对企业登记信息在初始登记后恶意进行变动而不登记的行为负责,除非有证据表明其明知。在商业往来中,对企业的相关信息,各方当事人也负有注意的义务,不能仅凭工商企业信息的登记,因为这一信息基于我国企业信息登记制度的现状,它并不完全可信,因此需要明确这些信息时,应当对相应企业进行必要的调查。我们再来了解一下什么是"法律依据",一般而言,法律依据是指为或不为一定行为在法律上的根据,是指具体的法律规定,如依据《中华人民共和国宪法》宪法修正案第二十二条之规定,"公民的合法的私有财产不受侵犯。"企业的登记信息,显然不是指具体法律规定,因而工商行政机关的说法让人感觉一头雾水,不知所云,可能工商行政机关的意思并不是这样,可能是不作证据使用的意思。然而,仔细一想,证据是指能证明案件真实情况的一切事实,因此只要是能证明案件真实情况的事实都可以作为证据使用,至于该证据能否被采信,则需要经过法庭质证,法官审查等,工商行政机关又有什么权力来规定呢?因此，规定企业的登记信息不能作为证据使用，显然不符合逻辑，不符合有关证据的规定。此外，在实际办案中，有的地方工商行政管理机关甚至在律师查询时应当提供立案证明，并拿出了其部门规定。而实际上，之所以查询不少就是为了立案，在立案之前，如何能提供立案证明？可见，这一要求显然不符合逻辑。《中华人民共和国行政许可法》实施之后，任何机构、任何人，均应按照法律的规定行使权利，承担相应义务，否则即是违法。

勿庸讳言，对于行政机关的调查取证工作之所以如此难以进行，主要源于行政机关的官本位意识，认为律师是给他们"添乱"，有的则是心中有鬼而惧怕因律师的调查把他们的老底给抖了出来，但都是对律师的社会功能和执业行为不能理解，这也是多年来，对律师调查取证权利不重视所导致的恶果。因此，从这一意义上讲，尽快修改律师法，赋予律师完整的调查取证权，既是对人民赋予的立法权的尊重，也是法治观念的改变，同时也才有利于更好地维护公民的合法权益。

二、我国律师的专业分工

社会生产力的发展，使得调整各类社会关系的法律规范异常的繁杂。在此情况下，法律服务市场要求律师更加专业，这对律师提出了更高的要求，以前什么业务都做的"万金油"律师逐渐难以满足市场的需要，律师的专业分工悄然兴起。大致而言，专业律师一般研究一到二类领域，通过长期的学习与实践，在解决本专业纠纷方面拥有了相应的优势，从而也能为当事人提供更有效的法律服务，能更好地解决纠纷、维护当事人的合法权益。当然，我们所说的专业律师，只是以我国律师业的发展现状为基础进行粗线条的分类。对于刑事业务而言，如果长期操作刑事业务的，一般可称为刑事专业律师；对于长期操作民商业务，一般不能称为专业律师，因为民商业务很多很杂，除非该律师一直以房地产、证券、知识产权等其中的一项或两项为主，在这方面有一定研究，方可称为专业律师；对于行政案件而言，如果长期操作此类业务，一般可称为行政专业律师。新近的观点是划分得更加细致了，如刑事案件，又分为经济类、伤害类、渎职类等，如民商中的房地产又分为拆迁、商品房买卖合同纠纷、土地征收等，行政案件作为新近兴起的被认为很有发展前途的业务，并没有特别细的分工，一般较长时间操作这类业务并有一定研究的，即可称为行政专业律师。

三、聘请律师注意事项

律师，依据《中华人民共和国律师法》第二条规定，"本法所称的律师，是指依法取得律师执业证书，为社会提供法律服务的执业人员。"因此，在我国只有依法取得中华人民共和国律师执业证书的人才是律师，实习律师依法不能单独办理案件，必须与执业律师一起方可办理。律师执业证书是印有中华人民共和国律师执业证书字样并带有国徽图案的红色证件，俗称红本，实习律师用的是蓝色的证件，俗称蓝本(有效期为一年)。

律师事务所是律师的执业机构，每一位律师必须在一家律师事务所执业，并不得同时在两家律师事务所执业。现在，律师事务所绝大部分为合伙制，即成立时由三名执业满五年的律师组建，因而律师事务所的规模从三名到数百名不等，全球最大的英国高伟绅律师事务所，其执业律师人数已达3600人，其业务收入也是亿美元为单位。一般而言，大型律师事务所，业务门类齐全，办公环境良好、办公条件优越，执业律师专业化、专家化。

此外，不少当事人分不清法律服务所与律师事务所的区别，有的法律工作者甚至自称为律师，严重误导了当事人，扰乱了法律服务市场。在《中华人民共和国行政许可法》实施前的2004年5月19日，国务院发布《关于第三批取消和调整行政审批项目的决定》，取消基层法律服务工作者执业资格认可和基层法律服务所设立核准，并明确自公布之日起设立一年的过渡期。随着《中华人民共和国行政许可法》于2004年7月1日开始实施，该法规定应当由国家统一确定的公民、法人或者其他组织的资格、资质的行政许可，地方性法规、省级人民政府不得设定，只能由法律、行政法规依法予以设定。因此，在此情况下，一年之后，法律服务所及法律工作者已没有存在的合法依据，将退出历史舞台。据报道，2004

年12月29日上海"天平街道人民调解室"正式挂牌。这是全国两万多家基层法律服务所中,第一家改制为人民调解室的试验。调解室主动退出诉讼领域,专职从事调解工作。

综上,当事人聘请律师要根据纠纷的难易程度以及涉及面等,综合考量。如一般案件,可就近聘请;重大复杂、集团诉讼的案件,一般应考虑聘请知名律师事务所来运作。在聘请律师时,应当要求查验律师事务所的执业许可证、接待律师的执业证书、实习律师的实习证件,在确认无误后,方可考虑下一步的问题。此外,专业纠纷,如房地产案件一般应首先考虑聘请专业律师,如果是房地产案件中的拆迁、征地类案件,最好是聘请专业操作这项业务的律师来处理,这样才更有利于维护自身的合法权益。

另外,如果并不打算聘请律师,但自己又不太清楚如何处理所面临的纠纷,可向律师事务所进行咨询,当然咨询也应当考虑专业对口的问题。

四、关于集团诉讼的处理

当事人委托律师,双方之间签订代理合同,此后,律师依照代理合同的约定向委托人提供法律服务。律师作为代理人,只是代当事人处理相应纠纷,其权利来自委托人的授权,对于特定事项如放弃诉讼请求等,非经委托人特别授权不得行使。鉴于本书所阐述的拆迁与征地的问题,考虑到拆迁与征地问题的复杂性,下面主要就集团诉讼中的律师与当事人关系等作一说明。

首先,集团诉讼,又称集体诉讼,是指由于处于相同情况的、有相同利害关系的人临时组织的集合体作为诉讼主体,并由其代表人进行诉讼活动的一种诉讼制度。集团诉讼中不仅一方当事人人数众多,而且诉讼标的相同或是同一类的。对于民事案件,《最高人民法院关于适用〈中华人民共和国民事诉讼法〉若干问题的意见》第五十九条规定,"民事诉讼法第五十四条和第五十五条规定的当事人一方人数众多,一般指十人以上。"而对于行政案件,《最高人民法院关于执行〈中华人民共和国行政诉讼法〉若干问题的解释》第十四条第三款规定,"同案原告为5人以上,应当推选1至5名诉讼代表人参加诉讼；在指定期限内未选定的，人民法院可以依职权指定。"可见，由于集团诉讼案件原告人数众多，有的达数百之众，甚至更多，让他们全部到庭参加诉讼，可能在核对当事人身份时就要花费大量的时间，不利于提高工作效率，也造成了司法资源的浪费。而集团诉讼制度弥补了这些缺点，可以由诉讼代表人或诉讼代表人委托的律师来处理案件。此外，如果原告方人数众多而又不能推举诉讼代表人的，则人民法院可依职权指定之。

其次，在委托律师办案之前，当事人应当推举代表人，出具推举代表人证明书，并由各原告方签字。推举代表人证明书的基本内容有"因某某纠纷，兹推举某某作为我们的诉讼和非诉讼代表人，授权某某聘请律师，我们对代表人及其聘请的律师关于本案的所有行为均予认可。"之后，代表人考察专业律师事务所，并与确定的律师事务所签订委托代理合同书。代表人还应按律师的要求提供推举代表人证明书原件、各原告的身份证复印件及相关证据材料等。

再次，进入案件的处理阶段，这一阶段是核心部分。对于每一宗拆迁与征地的集团诉讼案件，由于涉及各方面的利益，因此每位办案律师或律师团都会事先进行详细的法律论证，制定严密的操作方案，以确保委托人合法利益之顺利实现。有鉴于此，当事人如对律师的处理有任何疑问，均应当通过代表人与律师进行沟通，不宜进行这样那样的猜测。而且，有一个重要的问题是，在集团诉讼中，对方往往会采取分散瓦解的手段，各个击破。当然在大部分的案件中，当事人都能拧成一股绳，为了团体的利益，没有接受对方给予的比预期利益要高的利益。当然，也有当事人为了一己之私利而退出，从而影响整个集团对案件的处理，也在一定程度上动摇了"军心"。曾经办理过这样一宗征地拆迁的案子：一个大市场面临拆迁，业主与村委会就停产停业损失补偿达不成一致意见，有一部分业主通过代表人委托我们处理。开始时，代表人与其他业主一样非常支持我们的工作，因此工作进行得比较顺利，然而就在这样良好的开局下，代表人竟然私下拿钱走人了。对于他的退出，我们并不是在乎那几千元的代理费，而是感到作为律师，开始是基于同情才介入这一案件的处理，这个代表人的行为深深地伤感了我们的职业情感，同时也对其他业主产生了不好的影响，导致最后在谈判的时候并未达到最好的预期。基于这一事件，就北京地区而言，我们对于在京没有常住户口或固定住所的当事人要求委托的此类拆迁案件不再受理。因此，就当事人而言应当本着诚信的原则，支持律师的工作并依约交纳代理费用。

最后，是有关集团诉讼的立案问题。在立案时，由于涉及人数众多，影响较大，法院在审查时往往需要研究，因而集团诉讼立案一般都不太容易。因此，一定要事先咨询一下法院立案庭。此外还有一点，对于集团诉讼的案件，有的法院往往不作集团诉讼处理，而是要求当事人单独立案，这样就分成了几十个，百余个或数百个单独案件。这类案件往往是一个庭的法官基本都轮到了，每个法官审几个。在第一次开庭之后，第二个法官开庭就极其简单了，因为案情基本一致，就是当事人及诉讼金额不同，提供一个表格就行了。

在诉讼法明确规定了集团诉讼制度的情况下，有的法院为什么要这样做呢？这当然是关系到法院的结案率，关系到奖金，说白了就是利益。如果立集团诉讼，就是一个案子，而单独立案，则每人都分到了几个或更多，而这类案件判一个跟判一百个其实差不了多少。当然，我们知道集团诉讼制度就是为了节约司法资源，减少当事人的诉累，而上述法院的行为，显然有违该制度设立的初衷。法官应当知法并遵守法律的规定，这是作为法官最起码的要求。如果法官都可以违法，那本身就是对法治的讽刺。因此，对于上述情况，人民法院应严格按照法律的规定来处理，以真正实现诉讼法规定的集团诉讼制度的价值。

附录　法律规定或司法解释汇编

一、城市房屋拆迁

1. 中华人民共和国宪法（摘录）

第十条　城市的土地属于国家所有。

农村和城市郊区的土地，除由法律规定属于国家所有的以外，属于集体所有；宅基地和自留地、自留山，也属于集体所有。

国家为了公共利益的需要，可以依照法律规定对土地实行征收或者征用并给予补偿。

任何组织或者个人不得侵占、买卖或者以其他形式非法转让土地。土地的使用权可以依照法律的规定转让。

一切使用土地的组织和个人必须合理地利用土地。

第十三条　公民的合法的私有财产不受侵犯。

国家依照法律规定保护公民的私有财产权和继承权。

国家为了公共利益的需要，可以依照法律规定对公民的私有财产实行征收或者征用并给予补偿。

2. 城市房屋拆迁管理条例

（中华人民共和国国务院令第 305 号）

第一章　总　则

第一条　为了加强对城市房屋拆迁的管理，维护拆迁当事人的合法权益，保障建设项目顺利进行，制定本条例。

第二条　在城市规划区内国有土地上实施房屋拆迁，并需要对被拆迁人补偿、安置的，适用本条例。

第三条　城市房屋拆迁必须符合城市规划，有利于城市旧区改造和生态环境改善，保护文物古迹。

第四条　拆迁人应当依照本条例的规定，对被拆迁人给予补偿、安置；被拆迁人应当在搬迁期限内完成搬迁。

本条例所称拆迁人，是指取得房屋拆迁许可证的单位。

本条例所称被拆迁人,是指被拆迁房屋的所有人。

第五条 国务院建设行政主管部门对全国城市房屋拆迁工作实施监督管理。

县级以上地方人民政府负责管理房屋拆迁工作的部门(以下简称房屋拆迁管理部门)对本行政区域内的城市房屋拆迁工作实施监督管理。县级以上地方人民政府有关部门应当依照本条例的规定,互相配合,保证房屋拆迁管理工作的顺利进行。

县级以上人民政府土地行政主管部门依照有关法律、行政法规的规定,负责与城市房屋拆迁有关的土地管理工作。

第二章 拆迁管理

第六条 拆迁房屋的单位取得房屋拆迁许可证后,方可实施拆迁。

第七条 申请领取房屋拆迁许可证的,应当向房屋所在地的市、县人民政府房屋拆迁管理部门提交下列资料:

(一)建设项目批准文件;

(二)建设用地规划许可证;

(三)国有土地使用权批准文件;

(四)拆迁计划和拆迁方案;

(五)办理存款业务的金融机构出具的拆迁补偿安置资金证明。

市、县人民政府房屋拆迁管理部门应当自收到申请之日起30日内,对申请事项进行审查;经审查,对符合条件的,颁发房屋拆迁许可证。

第八条 房屋拆迁管理部门在发放房屋拆迁许可证的同时,应当将房屋拆迁许可证中载明的拆迁人、拆迁范围、拆迁期限等事项,以房屋拆迁公告的形式予以公布。

房屋拆迁管理部门和拆迁人应当及时向被拆迁人做好宣传、解释工作。

第九条 拆迁人应当在房屋拆迁许可证确定的拆迁范围和拆迁期限内,实施房屋拆迁。

需要延长拆迁期限的,拆迁人应当在拆迁期限届满15日前,向房屋拆迁管理部门提出延期拆迁申请;房屋拆迁管理部门应当自收到延期拆迁申请之日起10日内给予答复。

第十条 拆迁人可以自行拆迁,也可以委托具有拆迁资格的单位实施拆迁。

房屋拆迁管理部门不得作为拆迁人,不得接受拆迁委托。

第十一条 拆迁人委托拆迁的,应当向被委托的拆迁单位出具委托书,并订立拆迁委托合同。拆迁人应当自拆迁委托合同订立之日起15日内,将拆迁委托合同报房屋拆迁管理部门备案。

被委托的拆迁单位不得转让拆迁业务。

第十二条 拆迁范围确定后,拆迁范围内的单位和个人,不得进行下列活动:

(一)新建、扩建、改建房屋;

(二)改变房屋和土地用途;

(三)租赁房屋。

房屋拆迁管理部门应当就前款所列事项,书面通知有关部门暂停办理相关手续。暂停办理的书面通知应当载明暂停期限。暂停期限最长不得超过1年;拆迁人需要延长暂停期限的,必须经房屋拆迁管理部门批准,延长暂停期限不得超过1年。

第十三条 拆迁人与被拆迁人应当依照本条例的规定,就补偿方式和补偿金额、安置用房面积和安置地点、搬迁期限、搬迁过渡方式和过渡期限等事项,订立拆迁补偿安置协议。

拆迁租赁房屋的,拆迁人应当与被拆迁人、房屋承租人订立拆迁补偿安置协议。

第十四条 房屋拆迁管理部门代管的房屋需要拆迁的,拆迁补偿安置协议必须经公证机关公证,并办理证据保全。

第十五条 拆迁补偿安置协议订立后,被拆迁人或者房屋承租人在搬迁期限内拒绝搬迁的,拆迁人可以依法向仲裁委员会申请仲裁,也可以依法向人民法院起诉。诉讼期间,拆迁人可以依法申请人民法院先予执行。

第十六条 拆迁人与被拆迁人或者拆迁人、被拆迁人与房屋承租人达不成拆迁补偿安置协议的,经当事人申请,由房屋拆迁管理部门裁决。房屋拆迁管理部门是被拆迁人的,由同级人民政府裁决。裁决应当自收到申请之日起30日内作出。

当事人对裁决不服的,可以自裁决书送达之日起3个月内向人民法院起诉。拆迁人依照本条例规定已对被拆迁人给予货币补偿或者提供拆迁安置用房、周转用房的,诉讼期间不停止拆迁的执行。

第十七条 被拆迁人或者房屋承租人在裁决规定的搬迁期限内未搬迁的,由房屋所在地的市、县人民政府责成有关部门强制拆迁,或者由房屋拆迁管理部门依法申请人民法院强制拆迁。

实施强制拆迁前,拆迁人应当就被拆除房屋的有关事项,向公证机关办理证据保全。

第十八条 拆迁中涉及军事设施、教堂、寺庙、文物古迹以及外国驻华使(领)馆房屋的,依照有关法律、法规的规定办理。

第十九条 尚未完成拆迁补偿安置的建设项目转让的,应当经房屋拆迁管理部门同意,原拆迁补偿安置协议中有关权利、义务随之转移给受让人。项目转让人和受让人应当书面通知被拆迁人,并自转让合同签订之日起30日内予以公告。

第二十条 拆迁人实施房屋拆迁的补偿安置资金应当全部用于房屋拆迁的补偿安置,不得挪作他用。

县级以上地方人民政府房屋拆迁管理部门应当加强对拆迁补偿安置资金使用的监督。

第二十一条 房屋拆迁管理部门应当建立、健全拆迁档案管理制度,加强对拆迁档案资料的管理。

第三章 拆迁补偿与安置

第二十二条 拆迁人应当依照本条例规定,对被拆迁人给予补偿。

拆除违章建筑和超过批准期限的临时建筑,不予补偿;拆除未超过批准期限的临时建筑,应当给予适当补偿。

第二十三条 拆迁补偿的方式可以实行货币补偿,也可以实行房屋产权调换。

除本条例第二十五条第二款、第二十七条第二款规定的外,被拆迁人可以选择拆迁补偿方式。

第二十四条 货币补偿的金额,根据被拆迁房屋的区位、用途、建筑面积等因素,以房地产市场评估价格确定。具体办法由省、自治区、直辖市人民政府制定。

第二十五条 实行房屋产权调换的,拆迁人与被拆迁人应当依照本条例第二十四条的规定,计算被拆迁房屋的补偿金额和所调换房屋的价格,结清产权调换的差价。

拆迁非公益事业房屋的附属物,不作产权调换,由拆迁人给予货币补偿。

第二十六条 拆迁公益事业用房的,拆迁人应当依照有关法律、法规的规定和城市规划的要求予以重建,或者给予货币补偿。

第二十七条 拆迁租赁房屋,被拆迁人与房屋承租人解除租赁关系的,或者被拆迁人对房屋承租人进行安置的,拆迁人对被拆迁人给予补偿。

被拆迁人与房屋承租人对解除租赁关系达不成协议的,拆迁人应当对被拆迁人实行房屋产权调换。产权调换的房屋由原房屋承租人承租,被拆迁人应当与原房屋承租人重新订立房屋租赁合同。

第二十八条 拆迁人应当提供符合国家质量安全标准的房屋,用于拆迁安置。

第二十九条　拆迁产权不明确的房屋，拆迁人应当提出补偿安置方案，报房屋拆迁管理部门审核同意后实施拆迁。拆迁前，拆迁人应当就被拆迁房屋的有关事项向公证机关办理证据保全。

第三十条　拆迁设有抵押权的房屋，依照国家有关担保的法律执行。

第三十一条　拆迁人应当对被拆迁人或者房屋承租人支付搬迁补助费。

在过渡期限内，被拆迁人或者房屋承租人自行安排住处的，拆迁人应当支付临时安置补助费；被拆迁人或者房屋承租人使用拆迁人提供的周转房的，拆迁人不支付临时安置补助费。

搬迁补助费和临时安置补助费的标准，由省、自治区、直辖市人民政府规定。

第三十二条　拆迁人不得擅自延长过渡期限，周转房的使用人应当按时腾退周转房。

因拆迁人的责任延长过渡期限的，对自行安排住处的被拆迁人或者房屋承租人，应当自逾期之月起增加临时安置补助费；对周转房的使用人，应当自逾期之月起付给临时安置补助费。

第三十三条　因拆迁非住宅房屋造成停产、停业的，拆迁人应当给予适当补偿。

第四章　罚　　则

第三十四条　违反本条例规定，未取得房屋拆迁许可证，擅自实施拆迁的，由房屋拆迁管理部门责令停止拆迁，给予警告，并处已经拆迁房屋建筑面积每平方米20元以上50元以下的罚款。

第三十五条　拆迁人违反本条例的规定，以欺骗手段取得房屋拆迁许可证的，由房屋拆迁管理部门吊销房屋拆迁许可证，并处拆迁补偿安置资金1％以上3％以下的罚款。

第三十六条　拆迁人违反本条例的规定，有下列行为之一的，由房屋拆迁管理部门责令停止拆迁，给予警告，可以并处拆迁补偿安置资金3％以下的罚款；情节严重的，吊销房屋拆迁许可证：

（一）未按房屋拆迁许可证确定的拆迁范围实施房屋拆迁的；

（二）委托不具有拆迁资格的单位实施拆迁的；

（三）擅自延长拆迁期限的。

第三十七条　接受委托的拆迁单位违反本条例的规定，转让拆迁业务的，由房屋拆迁管理部门责令改正，没收违法所得，并处合同约定的拆迁服务费25％以上50％以下的罚款。

第三十八条 县级以上地方人民政府房屋拆迁管理部门违反本条例规定核发房屋拆迁许可证以及其他批准文件的，核发房屋拆迁许可证以及其他批准文件后不履行监督管理职责的，或者对违法行为不予查处的，对直接负责的主管人员和其他直接责任人员依法给予行政处分；情节严重，致使公共财产、国家和人民利益遭受重大损失，构成犯罪的，依法追究刑事责任。

第五章 附　则

第三十九条 在城市规划区外国有土地上实施房屋拆迁，并需要对被拆迁人补偿、安置的，参照本条例执行。

第四十条 本条例自2001年11月1日起施行。1991年3月22日国务院公布的《城市房屋拆迁管理条例》同时废止。

3. 国务院办公厅关于控制城镇房屋拆迁规模严格拆迁管理的通知

（国办发〔2004〕46号）

各省、自治区、直辖市人民政府，国务院各部委、各直属机构：

加强城镇房屋拆迁管理工作，关系到中央宏观调控政策的有效贯彻落实，关系到城镇居民的切身利益和社会稳定。当前，我国城市建设事业取得较快发展，但在城镇房屋拆迁中也存在一些突出问题：一些地方政府没有树立正确的政绩观，盲目扩大拆迁规模；有的城市拆迁补偿和安置措施不落实，人为降低补偿安置标准；有的甚至滥用行政权力，违法违规强制拆迁。这些现象不仅严重侵害城镇居民的合法权益，引发群众大量上访，影响社会稳定，也造成一些地区和行业过度投资。为贯彻落实党中央、国务院关于加强和改善宏观调控的决策，促进城镇建设健康发展和社会稳定，经国务院同意，现就进一步加强城镇房屋拆迁工作等有关问题通知如下：

一、端正城镇房屋拆迁指导思想，维护群众合法权益。全面贯彻"三个代表"重要思想，用科学的发展观和正确的政绩观指导城镇建设和房屋拆迁工作。严格依照城市总体规划和建设规划，制止和纠正城镇建设和房屋拆迁中存在的急功近利、盲目攀比的大拆大建行为。认真落实中央宏观调控政策措施，根据各地的经济发展水平、社会承受能力和居民的收入状况，合理确定拆迁规模和建设规模；进一步完善法律法规，规范拆迁行为；落实管理责任，加强监督检查；严格依法行政，加大对违法违规案件的查处力度；坚决纠正城镇房屋拆迁中侵害人民群众利益的各种行为，维护城镇居民和农民的合法权益，正确引导群众支持依法进行的拆迁工作，保持社会稳定。

二、严格制订拆迁计划，合理控制拆迁规模。城镇房屋拆迁规划和计划必须符合城市总体规划、控制性详细规划和建设规划，以及历史文化名城和街区保护规划。市、县人民政府要从本地区经济社会发展的实际出发，编制房屋拆迁中长期规划和年度计划,由省级建设行政主管部门会同发展改革(计划)部门审批下达后,由市、县人民政府报同级人大常委会和上一级人民政府备案。各地要严格控制土地征用规模,切实保护城镇居民和农民的合法权益,坚决纠正城镇房屋拆迁中侵害居民利益和土地征用中侵害农民利益的行为。要严格控制房屋拆迁面积,确保今年全国房屋拆迁总量比去年有明显减少,由建设部会同有关部门采取措施落实。凡拆迁矛盾和纠纷比较集中的地区,除保证能源、交通、水利、城市重大公共设施等重点建设项目,以及重大社会发展项目、危房改造、经济适用房和廉租房项目之外,一律停止拆迁,集中力量解决拆迁遗留问题。地方政府不得违反法定程序和法律规定,以政府会议纪要或文件代替法规确定的拆迁许可要件及规划变更,擅自扩大拆迁规模。

三、严格拆迁程序,确保拆迁公开、公正、公平。要积极推进拆迁管理规范化,所有拆迁项目都必须按照《城市房屋拆迁管理条例》(国令 305 号)和《城市房屋拆迁估价指导意见》(建住房[2003]234 号)等规定的权限和程序履行职责,严格执行申请房屋拆迁许可、公示、评估、订立协议等程序;对达不成协议的,必须按照《城市房屋拆迁行政裁决工作规程》(建住房[2003]252 号)的规定严格执行听证、行政裁决、证据保全等程序。特别要执行拆迁估价结果公示制度,依照有关规定实施行政裁决听证和行政强制拆迁听证制度,确保拆迁公开、公正、公平。政府投资建设的工程也要严格按照规定的程序进行。

四、加强对拆迁单位和人员的管理,规范拆迁行为。加强对拆迁单位的资格管理,严格市场准入。所有拆迁项目工程,要通过招投标或委托的方式交由具有相应资质的施工单位拆除。进一步规范拆迁委托行为,禁止采取拆迁费用"大包干"的方式进行拆迁。房屋价格评估机构要按照有关规定和被搬迁房屋的区位、用途、建筑面积等,合理确定市场评估价格。拆迁人及相关单位要严格执行有关法律法规和规定,严禁野蛮拆迁、违规拆迁,严禁采取停水、停电、停气、停暖、阻断交通等手段,强迫被拆迁居民搬迁。地方各级人民政府和有关部门要加强对拆迁人员的法制教育和培训,不断增强其遵纪守法意识,提高业务素质。

五、严格依法行政,正确履行职责。地方各级人民政府要进一步转变职能,做到政事、政企分开,凡政府有关部门所属的拆迁公司,必须与部门全部脱钩。政府部门要从过去直接组织房屋拆迁中解脱出来,严格依法行政,实行"拆管分离",实现拆迁管理方式从注重依靠行政手段向注重依靠法律手段的根本性转变。房屋拆迁管理部门要认真执行拆迁许可审批程序,严禁将拆迁许可审批权下放。严格拆迁许可证的发放，对违反城市规划及控制性详细规划，没有拆迁计划、建设项目批准文件、建设用地规划许可证、国有土地使用权批准文件，以及拆迁补偿资金、拆迁安置方案不落实的项目，不得发放拆迁许可证。严禁未经拆迁安置补偿，收回原土地使用权而直接供应土地，并发放建设用地批准文件。政府行政机关不得干预或强行确定拆迁补偿标准，以及直接参与和干预应由拆迁人承担的拆迁活动。要依法正确履行强制拆迁的权力。

六、加强拆迁补偿资金监管，落实拆迁安置。合理的拆迁补偿安置是维护被拆迁人合法权益、做好拆迁工作的重要基础。拆迁单位既要充分尊重被拆迁人在选择产权交换、货币补偿、租赁房屋等方面的意愿，也不得迁就少数被拆迁人的无理要求。所有拆迁，无论是公益性项目还是经营性项目、招商引资项目，拆迁补偿资金必须按时到位，设立专门账户，专款专用，并足额补偿给被拆迁人；不得以项目未来收益、机构资金承诺或其他不落实的资金作为拆迁资金来源。各地要按照已确定的合理拆迁规模，提供质量合格、价格合理、户型合适的拆迁安置房和周转房。把拆迁中涉及的困难家庭纳入城镇住房保障的总体安排中，确保其基本居住需要。

七、切实做好拆迁信访工作，维护社会稳定。做好拆迁信访工作是接受群众监督、维护被拆迁人合法权益的重要方式。各地区要建立拆迁信访工作责任制，尤其要建立和完善初信初访责任制以及拆迁纠纷矛盾排查调处机制，及时解决群众反映的问题和合理要求，积极化解拆迁纠纷和矛盾。拆迁上访较多的地区，要对拆迁上访问题进行全面梳理，对投诉的重点问题、普遍性问题要认真摸底。地方人民政府主要领导要亲自组织研究，及时采取针对性措施，制订具体的解决方案，落实责任单位和责任人，限期解决。区别不同情况，采取有效措施，妥善解决拆迁历史遗留问题。同时，对被拆迁人的一些不合理要求，不要作不符合规定的许愿和乱开"口子"，防止造成"以闹取胜"的不良影响。要做好集体上访的疏导工作，防止群体性事件发生并做好处理预案。对少数要价过高，无理取闹的，要坚持原则，不能迁就；对少数公开聚众闹事或上街堵塞交通、冲击政府机关的被拆迁人，要依法及时进行严肃处理。

八、加强监督检查，严肃处理违法违规行为。各级监察、建设等有关部门要加强协调和配合，加大对城镇房屋拆迁中违法违规案件的查处力度。对各级人民政府及有关行政主管部门违反城市规划以及审批程序、盲目扩大拆迁规模以及滥用职权强制拆迁的现象坚决予以查处。对在拆迁中连续发生严重损害群众利益导致恶性事件的部门和地区，要追究领导者和直接责任人的责任。对不按规定程序进行拆迁的，要及时予以纠正，并追究有关责任单位的领导责任。对滥用强制手段，造成严重后果的，要依法给予行政纪律处分，构成犯罪的，要依法追究刑事责任。对违法违规的拆迁单位和评估机构，要依法严厉查处。对故意拖欠、挤占、挪用拆迁补偿资金等违法违规行为，要严肃追究当事人和直接领导人的责任。对野蛮拆迁，严重侵犯居民利益的行为，要坚决制止，情节严重的，要取消其相应资格，依法严肃处理。

九、完善法律法规，健全政策措施。要把城镇房屋拆迁工作纳入法制化和规范化的轨道，继续完善有关政策法规。针对《城市房屋拆迁管理条例》实施中存在的问题，各地区要进一步制定和完善有关房屋拆迁的政策。有关部门要配合最高人民法院尽快出台有关房屋拆迁的司法解释，规范房屋拆迁行政裁决、强制执行程序和有关问题；各地区要依据国家有关拆迁工作的法律法规，制定和完善地方性法规、规章和文件，对与《城市房屋拆迁管理条例》不符的，要迅速组织修订；对政策不明确，但确属合理要求的，要抓紧制定相应的政策措施，限期处理解决。

十、坚持正确舆论导向，发挥媒体监督作用。电视、广播、报刊、网络等媒体要从社会稳定的大局出发，对各地合理推进城市建设，落实房屋拆迁政策以及规范拆迁管理、维护群众合法权益的好经验、好做法，要加大宣传力度，使群众全面了解拆迁政策，改善依法拆迁的社会环境，增强群众依法维权的意识。同时，对严重损害群众利益的典型案件，要继续曝光。要坚持正确的舆论导向，支持依法进行的城市拆迁工作，注意宣传方式，防止诱发和激化矛盾。

十一、加强组织领导，落实工作责任。各地区、各部门要把控制城镇房屋拆迁规模，严格拆迁管理作为落实中央宏观调控政策的重要措施和确保社会稳定的一项重要内容，列入今年政府工作的重要任务，明确政府分管负责同志的责任，加强领导，采取有效措施，做好相关工作。有关部门要加强协调和配合，建立健全拆迁工作部际协调机制，指导全国工作，并建立健全对重点地区、重点项目、重点案例的督查和通报制度，总结推广好的经验和做法。各省级人民政府要加强对本行政区域拆迁工作的管理和监督，切实加强对拆迁规模的总量调控，防止和纠正大拆大建；要依照《中华人民共和国行政许可法》，规范市、县拆迁管理部门及职责。各市、县人民政府要对城镇建设和拆迁工作负总责，严格依法行政，量力而行，从坚决贯彻宏观调控政策措施和维护人民群众利益的高度做好城镇房屋拆迁工作。

4. 最高人民法院关于当事人达不成拆迁补偿安置协议就补偿安置争议提起民事诉讼人民法院应否受理问题的批复

(2005年7月4日最高人民法院审判委员会第1358次会议通过)法释〔2005〕9号

浙江省高级人民法院：

你院浙高法【2004】175号《关于双方未达成拆迁补偿安置协议当事人就补偿安置争议向法院起诉，法院能否以民事案件受理的请示》收悉。经研究，答复如下：

拆迁人与被拆迁人或者拆迁人、被拆迁人与房屋承租人达不成拆迁补偿安置协议，就补偿安置争议向人民法院提起民事诉讼的，人民法院不予受理，并告知当事人可以按照《城市房屋拆迁管理条例》第十六条的规定向有关部门申请裁决。

5. 城市房屋拆迁行政裁决工作规程

第一条　为了规范城市房屋拆迁行政裁决行为，维护拆迁当事人的合法权益，根据《城市房屋拆迁管理条例》，制定本工作规程。

第二条　按照《城市房屋拆迁管理条例》的规定，因拆迁人与被拆迁人就搬迁期限、补偿方式、补偿标准以及搬迁过渡方式、过渡期限等原因达不成协议，当事人申请裁决的，适用本规程。

第三条　市、县人民政府城市房屋拆迁管理部门负责本行政区域内城市房屋拆迁行政裁决工作。房屋拆迁管理部门及其工作人员应当按照有关法律、法规规定，依法履行行政裁决职责。

第四条　行政裁决应当以事实为依据、以法律为准绳，坚持公平、公正、及时的原则。

第五条　拆迁人申请行政裁决，应当提交下列资料：

（一）裁决申请书；

（二）法定代表人的身份证明；

（三）被拆迁房屋权属证明材料；

（四）被拆迁房屋的估价报告；

（五）对被申请人的补偿安置方案；

（六）申请人与被申请人的协商记录；

（七）未达成协议的被拆迁人比例及原因；

（八）其他与裁决有关的资料。

第六条　被拆迁人申请行政裁决，应当提交下列资料：

（一）裁决申请书；

（二）申请人的身份证明；

（三）被拆迁房屋的权属证明；

（四）申请裁决的理由及相关证明材料；

（五）房屋拆迁管理部门认为应当提供的与行政裁决有关的其他材料。

第七条 未达成拆迁补偿安置协议户数较多或比例较高的，房屋拆迁管理部门在受理裁决申请前，应当进行听证。具体标准、程序由省、自治区、直辖市人民政府房屋拆迁管理部门规定。

第八条 有下列情形之一的，房屋拆迁管理部门不予受理行政裁决申请：

（一）对拆迁许可证合法性提出行政裁决的；

（二）申请人或者被申请人不是拆迁当事人的；

（三）拆迁当事人达成补偿安置协议后发生合同纠纷，或者行政裁决作出后，当事人就同一事由再次申请裁决的；

（四）房屋已经灭失的；

（五）房屋拆迁管理部门认为依法不予受理的其他情形。

对裁决申请不予受理的，房屋拆迁管理部门应当自收到申请之日起5个工作日内书面通知申请人。

第九条 房屋拆迁管理部门受理房屋拆迁裁决申请后，经审核，资料齐全、符合受理条件的，应当在收到申请之日起5个工作日内向申请人发出裁决受理通知书；申请裁决资料不齐全、需要补充资料的，应当在5个工作日内一次性书面告知申请人，可以当场补正的，应当当场补正。受理时间从申请人补齐资料的次日起计算。

第十条 房屋拆迁管理部门受理房屋拆迁裁决申请后，应当按照下列程序进行：

（一）向被申请人送达房屋拆迁裁决申请书副本及答辩通知书，并告知被申请人的权利；

（二）审核相关资料、程序的合法性；

（三）组织当事人调解。房屋拆迁管理部门必须充分听取当事人的意见，对当事人提出的事实、理由和证据进行复核；对当事人提出的合理要求应当采纳。房屋拆迁管理部门不得因当事人申辩而作出损害申辩人合法权益的裁决。

拆迁当事人拒绝调解的，房屋拆迁管理部门应依法作出裁决。

（四）核实补偿安置标准。当事人对评估结果有异议，且未经房屋所在地房地产专家评估委员会鉴定的，房屋拆迁管理部门应当委托专家评估委员会进行鉴定，并以鉴定后的估价结果作为裁决依据。鉴定时间不计入裁决时限。

（五）经调解，达成一致意见的，出具裁决终结书；达不成一致意见的，房屋拆迁管理部门应当作出书面裁决。部分事项达成一致意见的，裁决时应当予以确认。书面裁决必须经房屋拆迁管理部门领导班子集体讨论决定。

第十一条 行政裁决工作人员与当事人有利害关系或者有其他关系可能影响公正裁决的，应当回避。

第十二条 有下列情形之一的，中止裁决并书面告知当事人：

（一）发现新的需要查证的事实；

（二）裁决需要以相关裁决或法院判决结果为依据的，而相关案件未结案的；

（三）作为自然人的申请人死亡，需等待其近亲属表明是否参加裁决的；

（四）因不可抗力或者其他特殊情况需要中止的情况。

中止裁决的因素消除后，恢复裁决。中止时间不计入裁决时限。

第十三条 有下列情形之一的，终结裁决并书面告知当事人：

（一）受理裁决申请后，当事人自行达成协议的；

（二）发现申请人或者被申请人不是裁决当事人的；

（三）作为自然人的申请人死亡，15天之内没有近亲属或者近亲属未表示参加裁决或放弃参加裁决的；

（四）申请人撤回裁决申请的。

第十四条 行政裁决应当自收到申请之日起30日内作出。房屋拆迁管理部门作出裁决，应当出具裁决书。

裁决书应当包括下列内容：

（一）申请人与被申请人的基本情况；

（二）争议的主要事实和理由；

（三）裁决的依据、理由；

（四）根据行政裁决申请需要裁决的补偿方式、补偿金额、安置用房面积和安置地点、搬迁期限、搬迁过渡方式和过渡期限等；

（五）告知当事人行政复议、行政诉讼的权利及申请复议期限、起诉期限；

（六）房屋拆迁管理部门的名称、裁决日期并加盖公章；

行政裁决规定的搬迁期限不得少于15天。

第十五条 裁决书应当通过直接送达、留置送达、委托送达或邮寄送达等方式送达。

第十六条 当事人对行政裁决不服的，可以依法申请行政复议或者向人民法院起诉。

第十七条 被拆迁人或者房屋承租人在裁决规定的搬迁期限内未搬迁的，由市、县人民政府责成有关部门行政强制拆迁，或者由房屋拆迁管理部门依法申请人民法院强制拆迁。

第十八条 房屋拆迁管理部门申请行政强制拆迁前，应当邀请有关管理部门、拆迁当事人代表以及具有社会公信力的代表等,对行政强制拆迁的依据、程序、补偿安置标准的测算依据等内容,进行听证。

房屋拆迁管理部门申请行政强制拆迁,必须经领导班子集体讨论决定后,方可向政府提出行政强制拆迁申请。未经行政裁决,不得实施行政强制拆迁。

第十九条 拆迁人未按裁决意见向被拆迁人提供拆迁补偿资金或者符合国家质量安全标准的安置用房、周转用房的,不得实施强制拆迁。

第二十条 房屋拆迁管理部门申请行政强制拆迁,应当提交下列资料:

(一)行政强制拆迁申请书;

(二)裁决调解记录和裁决书;

(三)被拆迁人不同意拆迁的理由;

(四)被拆迁房屋的证据保全公证书;

(五)被拆迁人提供的安置用房、周转用房权属证明或者补偿资金证明;

(六)被拆迁人拒绝接收补偿资金的,应当提交补偿资金的提存证明;

(七)市、县人民政府房屋拆迁管理部门规定的其他材料。

第二十一条 依据强制拆迁决定实施行政强制拆迁,房屋拆迁管理部门应当提前15日通知被拆迁人,并认真做好宣传解释工作,动员被拆迁人自行搬迁。

第二十二条 行政强制拆迁应当严格依法进行。强制拆迁时,应当组织街道办事处(居委会)、被拆迁人单位代表到现场作为强制拆迁证明人,并由公证部门对被拆迁房屋及其房屋内物品进行证据保全。

第二十三条 房屋拆迁管理部门工作人员或者行政强制拆迁执行人员违反本规程的,由所在单位给予警告;造成错案的,按照有关规定追究错案责任;触犯刑律的,依法追究刑事责任。

第二十四条 拆迁人、接受委托的拆迁单位在实施拆迁中采用恐吓、胁迫以及停水、停电、停止供气、供热等手段,强迫被拆迁人搬迁或者擅自组织强制拆迁的,由所在市、县房屋拆迁管理部门责令停止拆迁,并依法予以处罚;触犯刑律的,依法追究刑事责任。

第二十五条 房屋拆迁管理部门是被拆迁人的,由同级人民政府裁决。

第二十六条 在城市规划区外国有土地上实施房屋拆迁申请行政裁决的,可参照本规程执行。

第二十七条 本规程自2004年3月1日起施行。

6. 城市房屋拆迁估价指导意见

第一条 为规范城市房屋拆迁估价行为,维护拆迁当事人的合法权益,根据《中华人民共和国城市房地产管理法》、《城市房屋拆迁管理条例》的有关规定和国家标准《房地产估价规范》,制定本意见。

第二条 城市规划区内国有土地上房屋拆迁涉及的房地产估价活动,适用本意见。

第三条 本意见所称城市房屋拆迁估价(以下简称拆迁估价),是指为确定被拆迁房屋货币补偿金额,根据被拆迁房屋的区位、用途、建筑面积等因素,对其房地产市场价格进行的评估。

房屋拆迁评估价格为被拆迁房屋的房地产市场价格,不包含搬迁补助费、临时安置补助费和拆迁非住宅房屋造成停产、停业的补偿费,以及被拆迁房屋室内自行装修装饰的补偿金额。搬迁补助费、临时安置补助费和拆迁非住宅房屋造成停产、停业的补偿费,按照省、自治区、直辖市人民政府规定的标准执行。被拆迁房屋室内自行装修装饰的补偿金额,由拆迁人和被拆迁人协商确定;协商不成的,可以通过委托评估确定。

第四条 拆迁估价由具有房地产价格评估资格的估价机构(以下简称估价机构)承担,估价报告必须由专职注册房地产估价师签字。

第五条 拆迁估价应当坚持独立、客观、公正、合法的原则。任何组织或者个人不得非法干预拆迁估价活动和估价结果。

第六条 市、县房地产管理部门应当向社会公示一批资质等级高、综合实力强、社会信誉好的估价机构,供拆迁当事人选择。

拆迁估价机构的确定应当公开、透明,采取被拆迁人投票或拆迁当事人抽签等方式。

房屋拆迁许可证确定的同一拆迁范围内的被拆迁房屋,原则上由一家估价机构评估。需要由两家或者两家以上估价机构评估的,估价机构之间应当就拆迁估价的依据、原则、程序、方法、参数选取等进行协调并执行共同的标准。

第七条 拆迁估价机构确定后,一般由拆迁人委托。委托人应当与估价机构签订书面拆迁估价委托合同。

第八条 受托估价机构不得转让、变相转让受托的估价业务。

估价机构和估价人员与拆迁当事人有利害关系或者是拆迁当事人的,应当回避。

第九条 拆迁当事人有义务向估价机构如实提供拆迁估价所必需的资料,协助估价机构进行实地查勘。

第十条 受托估价机构和估价人员需要查阅被拆迁房屋的房地产权属档案和相关房地产交易信息的,房地产管理部门应当允许查阅。

第十一条 拆迁估价目的统一表述为"为确定被拆迁房屋货币补偿金额

而评估其房地产市场价格。"

拆迁估价时点一般为房屋拆迁许可证颁发之日。拆迁规模大、分期分段实施的，以当期（段）房屋拆迁实施之日为估价时点。

拆迁估价的价值标准为公开市场价值，不考虑房屋租赁、抵押、查封等因素的影响。

第十二条 委托拆迁估价的，拆迁当事人应当明确被拆迁房屋的性质（包括用途，下同）和面积。

被拆迁房屋的性质和面积一般以房屋权属证书及权属档案的记载为准；各地对被拆迁房屋的性质和面积认定有特别规定的，从其规定；拆迁人与被拆迁人对被拆迁房屋的性质或者面积协商一致的，可以按照协商结果进行评估。

对被拆迁房屋的性质不能协商一致的，应当向城市规划行政主管部门申请确认。对被拆迁房屋的面积不能协商一致的，可以向依照《房产测绘管理办法》设立的房屋面积鉴定机构申请鉴定；没有设立房屋面积鉴定机构的，可以委托具有房产测绘资格的房产测绘单位测算。

对拆迁中涉及的被拆迁房屋的性质和面积认定的具体问题，由市、县规划行政主管部门和房地产管理部门制定办法予以解决。

第十三条 市、县人民政府或者其授权的部门应当根据当地房地产市场交易价格，至少每年定期公布一次不同区域、不同用途、不同建筑结构的各类房屋的房地产市场价格。

第十四条 拆迁估价应当参照类似房地产的市场交易价格和市、县人民政府或者其授权部门定期公布的房地产市场价格，结合被拆迁房屋的房地产状况进行。

第十五条 拆迁估价人员应当对被拆迁房屋进行实地查勘，做好实地查勘记录，拍摄反映被拆迁房屋外观和内部状况的影像资料。

实地查勘记录由实地查勘的估价人员、拆迁人、被拆迁人签字认可。

因被拆迁人的原因不能对被拆迁房屋进行实地查勘、拍摄影像资料或者被拆迁人不同意在实地查勘记录上签字的，应当由除拆迁人和估价机构以外的无利害关系的第三人见证，并在估价报告中作出相应说明。

第十六条 拆迁估价一般应当采用市场比较法。不具备采用市场比较法条件的，可以采用其他估价方法，并在估价报告中充分说明原因。

第十七条 拆迁评估价格应当以人民币为计价的货币单位，精确到元。

第十八条 估价机构应当将分户的初步估价结果向被拆迁人公示7日，并进行现场说明，听取有关意见。

公示期满后，估价机构应当向委托人提供委托范围内被拆迁房屋的整体估价报告和分户估价报告。委托人应当向被拆迁人转交分户估价报告。

第十九条 拆迁人或被拆迁人对估价报告有疑问的，可以向估价机构咨询。估价机构应当向其解释拆迁估价的依据、原则、程序、方法、参数选取和估价结果产生的过程。

第二十条 拆迁当事人对估价结果有异议的，自收到估价报告之日起5日内，可以向原估价机构书面申请复核估价，也可以另行委托估价机构评估。

第二十一条 拆迁当事人向原估价机构申请复核估价的，该估价机构应当自收到书面复核估价申请之日起5日内给予答复。估价结果改变的，应当重新出具估价报告；估价结果没有改变的，出具书面通知。

拆迁当事人另行委托估价机构评估的，受托估价机构应当在10日内出具估价报告。

第二十二条 拆迁当事人对原估价机构的复核结果有异议或者另行委托估价的结果与原估价结果有差异且协商达不成一致意见的，自收到复核结果或者另行委托估价机构出具的估价报告之日起5日内，可以向被拆迁房屋所在地的房地产价格评估专家委员会(以下简称估价专家委员会)申请技术鉴定。

第二十三条 估价专家委员会应当自收到申请之日起10日内，对申请鉴定的估价报告的估价依据、估价技术路线、估价方法选用、参数选取、估价结果确定方式等估价技术问题出具书面鉴定意见。

估价报告不存在技术问题的，应维持估价报告；估价报告存在技术问题的，估价机构应当改正错误，重新出具估价报告。

第二十四条 省、自治区建设行政主管部门和设区城市的市房地产管理部门或者其授权的房地产估价行业自律性组织，应当成立由资深专职注册房地产估价师及房地产、城市规划、法律等方面专家组成的估价专家委员会，对拆迁估价进行技术指导，受理拆迁估价技术鉴定。

第二十五条 受理拆迁估价技术鉴定后，估价专家委员会应当指派3人以上(含3人)单数成员组成鉴定组，处理拆迁估价技术鉴定事宜。

鉴定组成员与原估价机构、拆迁当事人有利害关系或者是拆迁当事人的，应当回避。

原估价机构应当配合估价专家委员会做好鉴定工作。

第二十六条 估价专家委员会成员、估价机构、估价人员应当回避而未回避的，其鉴定意见或者估价结果无效。

拆迁当事人不如实提供有关资料或者不协助估价机构实地查勘而造成估价失实或者其他后果的，应当承担相应责任。

第二十七条 对有下列行为之一的估价机构和估价人员，依据《城市房地产中介服务管理规定》、《房地产估价师注册管理办法》等规定进行处罚，或记入其信用档案：

（一）出具不实估价报告的；

（二）与拆迁当事人一方串通，损害对方合法权益的；

（三）以回扣等不正当竞争手段获取拆迁估价业务的；

（四）允许他人借用自己名义从事拆迁估价活动或者转让、变相转让受托的拆迁估价业务的；

（五）多次被申请鉴定，经查证，确实存在问题的；

（六）违反国家标准《房地产估价规范》和本意见其他规定的；

（七）法律、法规规定的其他情形。

第二十八条 以产权调换作为房屋拆迁补偿、安置方式的，对所调换房屋的房地产市场价格进行的评估，参照本意见执行。

城市规划区外国有土地上房屋拆迁涉及的房地产估价活动，参照本意见执行。

第二十九条 本意见自 2004 年 1 月 1 日起施行。此前已颁发房屋拆迁许可证的拆迁项目，其拆迁估价不适用本意见。

7. 城市房屋拆迁单位管理规定

第一条 为加强对城市房屋拆迁单位的管理，根据《城市房屋拆迁管理条例》，制定本规定。

第二条 国务院房地产行政主管部门负责全国城市房屋拆迁单位的管理工作。

县级以上地方人民政府房地产行政主管部门或者人民政府授权的部门（以下简称房屋拆迁主管部门）负责本行政区域城市房屋拆迁单位的管理工作。

第三条 本规定所称城市房屋拆迁单位（以下简称房屋拆迁单位），是指依法取得房屋拆迁资格证书，接受拆迁人委托，对被拆迁人进行拆迁动员，组织签订和实施补偿、安置协议，组织拆除房屋及其附属物的单位。

第四条 设立房屋拆迁单位必须具备下列条件：

（一）有上级主管部门同意组建的批准文件；

（二）有明确的名称、组织机构和固定的办公场所；

（三）有与承担拆迁业务相适应的自有资金和技术、经济、财务管理人员。

第五条 房屋拆迁主管部门应当依照《城市房屋拆迁管理条例》和本规定，对申请设立房屋拆迁单位进行资格审查，对审查合格的单位颁发《房屋拆迁资格证书》（以下简称《资格证书》），并对房屋拆迁单位和自行拆迁单的业务工作进行指导、监督和检查。未经批准发给《资格证书》的单位不得接受委托拆迁。

具体资格审查办法由省、自治区、直辖市人民政府房屋拆迁主管部门制定。

《资格证书》由省、自治区、直辖市人民政府房屋拆迁主管部门统一印制。

第六条 本规定发布前已设立的房屋拆迁单位，须经房屋拆迁主管部门进行复审；复审合格的，可以核实《资格证书》。对于复审不合格的，责令限期整顿；整顿后仍不合格的，不得接受委托拆迁。

第七条 房屋拆迁单位发生分立、合并的，必须重新申请办理资格审批手续。

房屋拆迁单位变更法定代表人的，应当在变更后十日内，向原批准发给《资格证书》的房屋拆迁主管部门备案。

第八条 房屋拆迁单位接受委托拆迁时，应当与拆迁人签订委托合同。委托合同应当经房屋拆迁主管部门鉴证。

第九条 房屋拆迁单位跨城市接受委托拆迁的，须持原批准发给《资格证书》的房屋拆迁主管部门出具的外出拆迁证明，向房屋拆迁地的房屋拆迁主管部门申请办理临时房屋拆迁批准手续后，方可实施拆迁。

第十条 房屋拆迁主管部门对于取得《资格证书》的房屋拆迁单位实行年度考核。被考核的单位必须按照规定的考核内容和时限，如实提供有关材料。对于考核合格的，给予验证；考核不合格的，由房屋拆迁主管部门责令其停业整顿或者吊销《资格证书》。

第十一条 任何单位和个人都不得伪造、涂改或者转让《资格证书》。《资格证书》遗失的，必须公开登报声明作废后，方可向原批准发给证书的房屋拆迁主管部门申请补发。

第十二条 自行拆迁的单位实施本单位建设项目的房屋拆迁前，应当到当地人民政府房屋拆迁主管部门办理核准手续。未经核准的，不得实施拆迁。

第十三条 房屋拆迁单位和自行拆迁的单位应当建立拆迁档案和拆迁工作日志。

第十四条 房屋拆迁主管部门应当对从事房屋拆迁业务的人员进行业务、技术培训和考核。

第十五条 房屋拆迁单位必须信守合同，依法从事拆迁活动。

房屋拆迁工作人员必须遵纪守法，不准弄虚作假、以权谋私。

第十六条 凡违反本规定，有下列行为之一的，房屋拆迁主管部门可以给予警告、通报批评、责令停止拆迁、吊销证书、没收非法所得、罚款等处罚：

（一）无证承担委托拆迁的；

（二）未经核准自行拆迁的；

（三）伪造、涂改、转让《资格证书》的；

（四）擅自或者变相转让拆迁任务的；

（五）未经批准跨越城市承担委托拆迁的。

第十七条　房屋拆迁工作人员弄虚作假、以权谋私的，由其所在单位或者上级主管部门给予行政处分。

第十八条　违反本规定造成经济损失的，房屋拆迁单位或者责任人应当承担赔偿责任。违反治安管理规定的，由公安机关依照《中华人民共和国治安管理处罚条例》的规定处罚；构成犯罪的，由司法机关依法追究刑事责任。

第十九条　当事人对行政处罚决定不服的，可以依照《中华人民共和国行政诉讼法》和《行政复议条例》的有关规定，申请复议或者向人民法院起诉。逾期不申请复议或者不向人民法院起诉，又不履行处罚决定的，由作出处罚决定的机关申请人民法院强制执行。

第二十条　省、自治区、直辖市人民政府房屋拆迁主管部门可以根据本规定制订实施办法。

第二十一条　本办法由国务院房地产行政主管部门负责解释。

第二十二条　本规定自一九九一年八月一日起施行。

8. 房屋拆迁证据保全公证细则

第一条　为规范城市房屋拆迁证据保全公证活动，根据《中华人民共和国公证暂行条例》、《城市房屋拆迁管理条例》、《公证程序规则（试行）》，制订本细则。

第二条　房屋拆迁证据保全公证是指在房屋拆迁之前，公证机关对房屋及附属物的现状依法采取勘测、拍照或摄像等保全措施，以确保其真实性和证明力的活动。

第三条　本细则适用于《城市房屋拆迁管理条例》规定的拆除依法代管的房屋，代管人是房屋主管部门的；拆除有产权纠纷的房屋，在房屋拆迁主管部门公布的规定期限内纠纷未解决的；拆除设有抵押权的房屋实行产权调换，抵押权人和抵押人在房屋拆迁主管部门公布的规定期限内达不成抵押协议的；以及其他房屋拆迁证据保全的公证事项。

第四条　房屋拆迁证据保全公证，由被拆迁房屋所在地公证处管辖。

第五条 房屋拆迁证据保全公证申请人是拆迁人或被拆迁人，房屋拆迁主管部门也可以作为申请人。上述申请人可以委托他人代为提出公证申请。

第六条 申请人应填写公证申请表，并提交下列材料：

（一）身份证明；申请人为法人的，应提交法人资格和法定代表人的身份证明；被拆迁人为公民个人的，应提交身份证明；

（二）资格证明；拆迁人应提交房屋拆迁主管部门核发的拆迁许可证明；接受拆迁委托的被委托人应提交房屋拆迁资格证书；被拆迁人应提交作为被拆除房屋及其附属物的所有人（包括代管人、国家授权的国有房屋及其附属物的管理人）和被拆除房屋及其附属物的使用人的证明；

（三）拆除有产权纠纷的房屋，提交由县级以上人民政府房屋拆迁主管部门批准的补偿安置方案的证明；

（四）实施强制拆迁的房屋，提交县级以上人民政府作出的限期拆迁的决定或人民法院院长签发的限期拆迁的公告；

（五）公证人员认为应当提交的其他有关材料。

第七条 符合下列条件的申请，公证处应予受理，并书面通知申请人：

（一）申请人符合本细则第五条的规定；

（二）申请公证事项属于本公证处管辖；

（三）提供本细则第六条所需材料。

不符合前款规定条件的申请，公证处应作出不予受理的决定，通知申请人，并告知对拒绝受理不服的复议程序。

受理或拒绝受理的决定，应在申请人依据本细则规定正式提出申请后的七日内作出。

第八条 公证人员应认真接待申请人，应按《公证程序规则（试行）》第二十四条的规定制作谈话笔录，并着重记录下列内容：

（一）申请证据保全的目的和理由；

（二）申请证据保全的种类、名称、地点和现存状况；

（三）证据保全的方式；

（四）公证人员认为应当记录的其他内容。

申请人也可以提交包含上述内容的书面材料。

第九条 符合证据保全公证条件的，公证处应派两名以上公证人员（其中至少有一名公证员）参与整个证据保全活动。

第十条 办理房屋拆迁证据保全公证，公证员应当客观、全面地记录被拆迁房屋的现场状况，收集、提取有关证据。应该根据被保全对象的不同特点，采取勘测、拍照、摄像等方式进行证据保全。

第十一条 对房屋进行勘测的,应当制作勘测记录,记明勘测时间、地点、测验人、记录人、被保全房屋的产权人、坐落、四至、房屋性质、结构、层次、面积、新旧程度、屋面及地面质地、附属设施以及其他应当记明的事项;能够用图示标明的房屋长度、宽度应当图示;记录应当由勘测人、公证员签名或者盖章;拆迁活动当事人在场的,应请当事人签名或盖章;该当事人拒绝签名或盖章的,公证员应在记录中记明。

第十二条 对房屋进行拍照和摄像的,应当全面反映、记录房屋的全貌。房屋结构、门窗、厨房以及附属设施等,要有单独的图片显示。

第十三条 公证机关对保全事项认为需要勘测的,应当聘请专业技术部门或其他部门中有该项能力的人员进行勘测。

专业技术部门及其勘测人应当提出书面勘测结论,在勘测书上签名或者盖章。其他部门勘测人勘测的,应由勘测人所在单位加盖印章,证明勘测人身份。

第十四条 实施强制拆迁房屋证据保全时,公证机关应通知被拆迁人到场。如其拒不到场,公证员应在笔录中记明。

实施强制拆迁房屋中有物品的,公证员应当组织对所有物品逐一核对、清点、登记,分类造册。并记录上述活动的时间、地点,交两名有完全行为能力的在场人核对后,由公证员和在场人在记录上签名。被拆迁人拒绝签名的,公证员应在记录中记明。

物品清点登记后,凡不能立即交与被拆迁人接收的,公证员要监督拆迁人将物品存放在其提供的仓库中,并对物品挂签标码,丢失损坏的,仓库保管人应承担赔偿责任。

拆迁人应制作通知书,通知当事人在一定期限内领取物品。逾期不领的,公证处可以接受拆迁人的提存申请,办理提存。

第十五条 公证员对房屋证据保全的活动结束后应出具公证书。公证书应当按照《公证程序规则(试行)》第三十八条的规定及《公证书格式(试行)》第四十八条保全证据公证书格式(之二)制作。公证词应当记明申请保全的理由及时间,公证员审查申请人主体资格及证据情况的内容,采取保全的时间、地点、方法,保全证据所制作的笔录、拍摄的照片、录像带的名称、数量及保存地点。

第十六条 本细则自1994年2月1日起施行。

9. 城市房屋拆迁补偿、安置协议公证细则

第一条 为规范城市房屋拆迁补偿、安置协议公证程序,根据《中华人民共和国法通则》、《城市私有房屋管理条例》、《城市房屋拆迁管理条

例》、《中华人民共和国公证暂行条例》、《公证程序规则(试行)》,制订本细则。

第二条 拆迁补偿、安置协议是拆迁人与被拆迁人为明确拆迁补偿、安置中相互间权利义务关系所订立的协议。

第三条 拆迁补偿、安置协议公证是公证处依法证明当事人签订拆迁补偿、安置协议真实、合法的行为。

第四条 房屋拆迁补偿、安置协议公证的当事人是具有拆迁和被拆迁人资格的人。

拆迁人是指取得房屋拆迁许可证的建设单位或个人;被拆迁人是指被拆除房屋及其附属物的所有人(包括代替人、国家授权的国有房屋及其附属物的管理人)和被拆除房屋及其附属物的使用人。

第五条 拆迁补偿、安置协议公证,由被拆迁物所在地公证处受理。

第六条 被拆迁物系共同共有或共同使用者,一般应由共有人共同申请,共有人可以委托一人为代理人,申办拆迁补偿、安置协议公证。

第七条 申办拆迁补偿、安置协议公证,申请人应向公证处提交以下证件和材料:

(一)公证申请表;

(二)身份证明;法人应提交法人资格和法定代表人的身份证明;代管人、管理人应提交代管权或管理权资格证明;

(三)代理人应提交本人身份证明和授权委托书或其他代理权资格的证明(含共同共有人的代理),委托行为不在本公证处辖区的,其委托书应经委托行为地的公证处公证;

(四)县以上(含县级)人民政府房屋拆迁主管部门发给的房屋拆迁许可证;房屋拆迁需要变更土地使用权的,还要提交土地使用权证;

(五)被拆迁物的产权和使用权证件、现状及登记表;

(六)补偿、安置协议草稿;

(七)公证人员认为应提交的其他材料。

第八条 符合下列的申请,公证处应予受理:

(一)申请人具有拆迁人和被拆迁人资格;

(二)申请人就拆迁补偿、安置达成了协议;

(三)申请人提交了本细则第七条规定的证件和材料;

(四)该公证事项属于本公证处管辖。

对不符合本条规定的申请,公证处应作出不予受理的决定,并通知申请人。

第九条 公证人员与当事人的谈话笔录除按《公证程序规则(试行)》第

二十四条的内容制作外，还应证明下列内容：

(一) 公证人员向当事人讲明的事项：

① 签订拆迁补偿、安置协议的法律依据；

② 双方享有的权利和应承担的义务；

③ 不履行义务承担的责任；

④ 双方应注意的事项。

(二) 被拆迁物坐落地点和具体拆迁范围(包括：名称、产权人、使用人、产权或使用权的来由、数量、面积、结构、价值及有无争议等)；

(三) 协议是否是双方自愿签订的及签订的过程；

(四) 协议中补偿、安置的依据和条件，有无争议；

(五) 搬迁的具体时间、方法、违约责任和处理办法等；

(六) 有无需要说明的问题；

(七) 公证人员认为应记明的问题。

第十条 办理拆迁补偿、安置协议公证，要重点审查下列内容：

(一) 提交的证件；

(二) 当事人的人数、身份、资格和民事行为能力；

(三) 被拆迁物产权或使用权情况及现状；

(四) 协议内容是双方当事人真实意思表示，条款完备，权利义务明确，具体可行，符合《城市房屋拆迁管理条例》及有关法律、法规、规章规定；

(五) 公证人员认为应审查的其他问题。

第十一条 符合下列条件，公证处应出具公证书：

(一) 拆迁人和被拆迁人主体资格合格；

(二) 协议双方意思表示真实；

(三) 协议的内容真实，符合法律、法规、规章规定；

(四) 办证程序符合规定。

不符合前款规定条件的，应当拒绝公证，并在规定的期限内，将拒绝的理由通知当事人。

第十二条 被拆迁物的原产权人或使用权人变更，未办理产权或使用权过户手续的应依法先办理过户手续，再办理拆迁补偿、安置协议公证。

第十三条 国家征用农业用地发生的房屋拆迁补偿、安置协议公证，参照本细则办理。

第十四条 本细则由司法部负责解释。

第十五条 本细则自一九九三年一月一日起施行。

公证书格式(一)

拆迁补偿、安置协议公证书

(　)××字第××号

兹证明×××(拆迁人)的代表人(或代理人)×××与×××、×××(被拆迁人)于××××年×月×日签订了前面的《拆迁补偿、安置协议》,并在我的面前,在前面的协议书上签名(或盖章)。×××与×××签订上述协议的行为符合《中华人民共和国民法通则》第五十五条和《城市房屋拆迁管理条例》的规定。

×××省××市公证处
公证员
××××年×月×日

公证书格式(二)

拆证补偿、安置协议公证书

(　)××字第××号

兹证明×××(拆迁人)的代表人(或代理人)×××与×××、×××(被拆迁人)的共同代理人×××于××××年×月×日签订了前面的《拆迁补偿、安置协议》,并在我的面前,在前面的协议书上签名(或盖章)。×××与×××签订上述协议的行为符合《中华人民共和国民法通则》第五十五条和《城市房屋拆迁管理条例》的规定。

×××省××市公证处
公证员
××××年×月×日

(注:本格式用于本细则第六条规定的情况)

二、土地征收

1. 中华人民共和国土地管理法实施条例

第一章　总　　则

第一条　根据《中华人民共和国土地管理法》(以下简称《土地管理法》),制定本条例。

第二章　土地的所有权和使用权

第二条　下列土地属于全民所有即国家所有:

(一)城市市区的土地;

(二)农村和城市郊区中已经依法没收、征收、征购为国有的土地;

(三)国家依法征用的土地;

(四)依法不属于集体所有的林地、草地、荒地、滩涂及其他土地;

(五)农村集体经济组织全部成员转为城镇居民的,原属于其成员集体所有的土地;

(六)因国家组织移民、自然灾害等原因,农民成建制地集体迁移后不再使用的原属于迁移农民集体所有的土地。

第三条 国家依法实行土地登记发证制度。依法登记的土地所有权和土地使用权受法律保护,任何单位和个人不得侵犯。

土地登记内容和土地权属证书式样由国务院土地行政主管部门统一规定。

土地登记资料可以公开查询。

确认林地、草原的所有权或者使用权,确认水面滩涂的养殖使用权,分别依照《森林法》、《草原法》和《渔业法》的有关规定办理。

第四条 农民集体所有的土地,由土地所有者向土地所在地的县级人民政府土地行政主管部门提出土地登记申请,由县级人民政府登记造册,核发集体土地所有权证书,确认所有权。

农民集体所有的土地依法用于非农业建设的,由土地使用者向土地所在地的县级人民政府土地行政主管部门提出土地登记申请,由县级人民政府登记造册,核发集体土地使用权证书,确认建设用地使用权。

设区的市人民政府可以对市辖区内农民集体所有的土地实行统一登记。

第五条 单位和个人依法使用的国有土地,由土地使用者向土地所在地的县级以上人民政府土地行政主管部门提出土地登记申请,由县级以上人民政府登记造册,核发国有土地使用权证书,确认使用权。其中,中央国家机关使用的国有土地的登记发证,由国务院土地行政主管部门负责,具体登记发证办法由国务院土地行政主管部门会同国务院机关事务管理局等有关部门制定。

未确定使用权的国有土地,由县级以上人民政府登记造册,负责保护管理。

第六条 依法改变土地所有权、使用权的,因依法转让地上建筑物、构筑物等附着物导致土地使用权转移的,必须向土地所在地的县级以上人民政府土地行政主管部门提出土地变更申请,由原土地登记机关依法进行土地所有权、使用权变更登记。土地所有权、使用权的变更,自变更登记之日起生效。

依法改变土地用途的,必须持批准文件,向土地所在地的县级以上人民政府土地行政主管部门提出土地变更登记申请,由原土地登记机关依法进行变更登记。

第七条 依照《土地管理法》的有关规定，收回用地单位的土地使用权的，由原土地登记机关注销土地登记。

土地使用权有偿使用合同约定的使用期限届满，土地使用者未申请续期或者虽申请续期未获批准的，由原土地登记机关注销土地登记。

第三章 土地利用总体规划

第八条 全国土地利用总体规划，由国务院土地行政主管部门会同国务院有关部门编制，报国务院批准。

省、自治区、直辖市的土地利用总体规划，由省、自治区、直辖市人民政府组织本级土地行政主管部门和其他有关部门编制，报国务院批准。

省、自治区人民政府所在地的市、人口在100万以上的城市以及国务院指定的城市的土地利用总体规划，由各该市人民政府组织本级土地行政主管部门和其他有关部门编制，经省、自治区人民政府审查同意后，报国务院批准。

本条第一款、第二款、第三款规定以外的土地利用总体规划，由有关人民政府组织本级土地行政主管部门和其他有关部门编制，逐级上报省、自治区、直辖市人民政府批准；其中，乡（镇）土地利用总体规划，由乡（镇）人民政府编制，逐级上报省、自治区、直辖市人民政府或者省、自治区、直辖市人民政府授权的设区的市、自治州人民政府批准。

第九条 土地利用总体规划的规划期限一般为15年。

第十条 依照《土地管理法》规定，土地利用总体规划应当将土地划分为农用地、建设用地和未利用地。

县级和乡（镇）土地利用总体规划应当根据需要，划定基本农田保护区、土地开垦区、建设用地区和禁止开垦区等；其中，乡（镇）土地利用总体规划还应当根据土地使用条件，确定每一块土地的用途。

土地分类和划定土地利用区的具体办法，由国务院土地行政主管部门会同国务院有关部门制定。

第十一条 乡（镇）土地利用总体规划经依法批准后，乡（镇）人民政府应当在本行政区域内予以公告。

公告应当包括下列内容：

（一）规划目标；

（二）规划期限；

（三）规划范围；

（四）地块用途；

（五）批准机关和批准日期。

第十二条 依照《土地管理法》第二十六条第二款、第三款规定修改土地利用总体规划的，由原编制机关根据国务院或者省、自治区、直辖市人民政府的批准文件修改。修改后的土地利用总体规划应当报原批准机关批准。

上一级土地利用总体规划修改后，涉及修改下一级土地利用总体规划的，由上一级人民政府通知下一级人民政府作出相应修改，并报原批准机关备案。

第十三条 各级人民政府应当加强土地利用年度计划管理，实行建设用地总量控制。土地利用年度计划一经批准下达，必须严格执行。

土地利用年度计划应当包括下列内容：

（一）农用地转用计划指标；

（二）耕地保有量计划指标；

（三）土地开发整理计划指标。

第十四条 县级以上人民政府土地行政主管部门应当会同同级有关部门进行土地调查。

土地调查应当包括下列内容：

（一）土地权属；

（二）土地利用现状；

（三）土地条件。

地方土地利用现状调查结果，经本级人民政府审核，报上一级人民政府批准后，应当向社会公布；全国土地利用现状调查结果，报国务院批准后，应当向社会公布。调查规程，由国务院土地行政主管部门会同国务院有关部门制定。

第十五条 国务院土地行政主管部门会同国务院有关部门制定土地等级评定标准。

县级以上人民政府土地行政主管部门应当会同同级有关部门根据土地等级评定标准，对土地等级进行评定。地方土地等级评定结果，经本级人民政府审核，报上一级人民政府土地行政主管部门批准后，应当向社会公布。

根据国民经济和社会发展状况，土地等级每6年调整1次。

第四章 耕地保护

第十六条 在土地利用总体规划确定的城市和村庄、集镇建设用地范围内，为实施城市规划和村庄、集镇规划占用耕地，以及在土地利用总体规划确定的城市建设用地范围外的能源、交通、水利、矿山、军事设施等建设项目占用耕地的，分别由市、县人民政府、农村集体经济组织和建设单位依照《土地管理法》第三十一条的规定负责开垦耕地；没有条件开垦或者开垦的耕地不符合要求的,应当按照省、自治区、直辖市的规定缴纳耕地开垦费。

第十七条 禁止单位和个人在土地利用总体规划确定的禁止开垦区内从事土地开发活动。

在土地利用总体规划确定的土地开垦区内,开发未确定土地使用权的国有荒山、荒地、荒滩从事种植业、林业、畜牧业、渔业生产的,应当向土地所在地的县级以上人民政府土地行政主管部门提出申请,报有批准权的人民政府批准。

一次性开发未确定土地使用权的国有荒山、荒地、荒滩600公顷以下的,按照省、自治区、直辖市规定的权限,由县级以上地方人民政府批准;开发600公顷以上的,报国务院批准。

开发未确定土地使用权的国有荒山、荒地、荒滩从事种植业、林业、畜牧业或者渔业生产的,经县级以上人民政府依法批准,可以确定给开发单位或者个人长期使用,使用期限最长不得超过50年。

第十八条 县、乡(镇)人民政府应当按照土地利用总体规划,组织农村集体经济组织制定土地整理方案,并组织实施。

地方各级人民政府应当采取措施,按照土地利用总体规划推进土地整理。土地整理新增耕地面积的百分之六十可以用作折抵建设占用耕地的补偿指标。

土地整理所需费用,按照谁受益谁负担的原则,由农村集体经济组织和土地使用者共同承担。

第五章 建设用地

第十九条 建设占用土地,涉及农用地转为建设用地的,应当符合土地利用总体规划和土地利用年度计划中确定的农用地转用指标;城市和村庄、集镇建设占用土地,涉及农用地转用的,还应当符合城市规划和村庄、集镇规划。不符合规定的,不得批准农用地转为建设用地。

第二十条 在土地利用总体规划确定的城市建设用地范围内,为实施城市规划占用土地的,按照下列规定办理:

(一)市、县人民政府按照土地利用年度计划拟订农用地转用方案、补充耕地方案、征用土地方案,分批次逐级上报有批准权的人民政府。

(二)有批准权的人民政府土地行政主管部门对农用地转用方案、补充耕地方案、征用土地方案进行审查,提出审查意见,报有批准权的人民政府批准;其中,补充耕地方案由批准农用地转用方案的人民政府在批准农用地转用方案时一并批准。

(三)农用地转用方案、补充耕地方案、征用土地方案经批准后,由市、县人民政府组织实施,按具体建设项目分别供地。

在土地利用总体规划确定的村庄、集镇建设用地范围内，为实施村庄、集镇规划占用土地的，由市、县人民政府拟订农用地转用方案、补充耕地方案，依照前款规定的程序办理。

第二十一条　具体建设项目需要使用土地的，建设单位应当根据建设项目的总体设计一次申请，办理建设用地审批手续；分期建设的项目，可以根据可行性研究报告确定的方案分期申请建设用地、分期办理建设用地有关审批手续。

第二十二条　具体建设项目需要占用土地利用总体规划确定的城市建设用地范围内的国有建设用地的，按照下列规定办理：

（一）建设项目可行性研究论证时，由土地行政主管部门对建设项目用地有关事项进行审查，提出建设项目用地预审报告；可行性研究报告报批时，必须附具土地行政主管部门出具的建设项目用地预审报告。

（二）建设单位持建设项目的有关批准文件，向市、县人民政府土地行政主管部门提出建设用地申请，由市、县人民政府土地行政主管部门审查，拟订供地方案，报市、县人民政府批准；需要上级人民政府批准的，应当报上级人民政府批准。

（三）供地方案经批准后，由市、县人民政府向建设单位颁发建设用地批准书。有偿使用国有土地的，由市、县人民政府土地行政主管部门与土地使用者签订国有土地有偿使用合同；划拨使用国有土地的，由市、县人民政府土地行政主管部门向土地使用者核发国有土地划拨决定书。

（四）土地使用者应当依法申请土地登记。

通过招标、拍卖方式提供国有建设用地使用权的，由市、县人民政府土地行政主管部门会同有关部门拟订方案，报市、县人民政府批准后，由市、县人民政府土地行政主管部门组织实施，并与土地使用者签订土地有偿使用合同。土地使用者应当依法申请土地登记。

第二十三条　具体建设项目需要使用土地的，必须依法申请使用土地利用总体规划确定的城市建设用地范围内的国有建设用地。能源、交通、水利、矿山、军事设施等建设项目确需使用土地利用总体规划确定的城市建设用地范围外的土地，涉及农用地的，按照下列规定办理：

（一）建设项目可行性研究论证时，由土地行政主管部门对建设项目用地有关事项进行审查，提出建设项目用地预审报告；可行性研究报告报批时，必须附具土地行政主管部门出具的建设项目用地预审报告。

（二）建设单位持建设项目的有关批准文件，向市、县人民政府土地行政主管部门提出建设用地申请，由市、县人民政府土地行政主管部门审查，拟订农用地转用方案、补充耕地方案、征用土地方案和供地方案(涉及国有农用地的,不拟订征用土地方案),经市、县人民政府审核同意后,逐级上报有批准权的人民政府批准;其中,补充耕地方案由批准农用地转用方案的人民政府在批准农用地转用方案时一并批准;供地方案由批准征用土地的人民政府在批准征用土地方案时一并批准(涉及国有农用地的,供地方案由批准农用地转用的人民政府在批准农用地转用方案时一并批准)。

(三)农用地转用方案、补充耕地方案、征用土地方案和供地方案经批准后,由市、县人民政府组织实施,向建设单位颁发建设用地批准书。有偿使用国有土地的,由市、县人民政府土地行政主管部门与土地使用者签订国有土地有偿使用合同;划拨使用国有土地的,由市、县人民政府土地行政主管部门向土地使用者核发国有土地划拨决定书。

(四)土地使用者应当依法申请土地登记。

建设项目确需使用土地利用总体规划确定的城市建设用地范围外的土地,涉及农民集体所有的未利用地的,只报批征用土地方案和供地方案。

第二十四条 具体建设项目需要占用土地利用总体规划确定的国有未利用地的,按照省、自治区、直辖市的规定办理;但是,国家重点建设项目、军事设施和跨省、自治区、直辖市行政区域的建设项目以及国务院规定的其他建设项目用地,应当报国务院批准。

第二十五条 征用土地方案经依法批准后,由被征用土地所在地的市、县人民政府组织实施,并将批准征地机关、批准文号、征用土地的用途、范围、面积以及征地补偿标准、农业人员安置办法和办理征地补偿的期限等,在被征用土地所在地的乡(镇)、村予以公告。

被征用土地的所有权人、使用权人应当在公告规定的期限内,持土地权属证书到公告指定的人民政府土地行政主管部门办理征地补偿登记。

市、县人民政府土地行政主管部门根据经批准的征用土地方案,会同有关部门拟订征地补偿、安置方案,在被征用土地所在地的乡(镇)、村予以公告,听取被征用土地的农村集体经济组织和农民的意见。征地补偿、安置方案报市、县人民政府批准后,由市、县人民政府土地行政主管部门组织实施。对补偿标准有争议的,由县级以上地方人民政府协调;协调不成的,由批准征用土地的人民政府裁决。征地补偿、安置争议不影响征用土地方案的实施。

征用土地的各项费用应当自征地补偿、安置方案批准之日起3个月内全额支付。

第二十六条 土地补偿费归农村集体经济组织所有;地上附着物及青苗补偿费归地上附着物及青苗的所有者所有。

征用土地的安置补助费必须专款专用,不得挪作他用。需要安置的人员由农村集体经济组织安置的,安置补助费支付给农村集体经济组织,由农村集体经济组织管理和使用;由其他单位安置的,安置补助费支付给安置单位;不需要统一安置的,安置补助费发放给被安置人员个人或者征得被安置人员同意后用于支付被安置人员的保险费用。

市、县和乡(镇)人民政府应当加强对安置补助费使用情况的监督。

第二十七条 抢险救灾等急需使用土地的,可以先行使用土地。其中,属于临时用地的,灾后应当恢复原状并交还原土地使用者使用,不再办理用地审批手续;属于永久性建设用地的,建设单位应当在灾情结束后6个月内申请补办建设用地审批手续。

第二十八条 建设项目施工和地质勘查需要临时占用耕地的,土地使用者应当自临时用地期满之日起1年内恢复种植条件。

第二十九条 国有土地有偿使用的方式包括:

(一)国有土地使用权出让;

(二)国有土地租赁;

(三)国有土地使用权作价出资或者入股。

第三十条 《土地管理法》第五十五条规定的新增建设用地的土地有偿使用费,是指国家在新增建设用地中应取得的平均土地纯收益。

第六章 监督检查

第三十一条 土地管理监督检查人员应当经过培训,经考核合格后,方可从事土地管理监督检查工作。

第三十二条 土地行政主管部门履行监督检查职责,除采取《土地管理法》第六十七条规定的措施外,还可以采取下列措施:

(一)询问违法案件的当事人、嫌疑人和证人;

(二)进入被检查单位或者个人非法占用的土地现场进行拍照、摄像;

(三)责令当事人停止正在进行的土地违法行为;

(四)对涉嫌土地违法的单位或者个人,停止办理有关土地审批、登记手续;

(五)责令违法嫌疑人在调查期间不得变卖、转移与案件有关的财物。

第三十三条 依照《土地管理法》第七十二条规定给予行政处分的,由责令作出行政处罚决定或者直接给予行政处罚决定的上级人民政府土地行政主管部门作出。对于警告、记过、记大过的行政处分决定,上级土地行政主管部门可以直接作出;对于降级、撤职、开除的行政处分决定,上级土地行政主管部门应当按照国家有关人事管理权限和处理程序的规定,向有关机关提出行政处分建议,由有关机关依法处理。

第七章 法律责任

第三十四条 违反本条例第十七条的规定,在土地利用总体规划确定的禁止开垦区内进行开垦的,由县级以上人民政府土地行政主管部门责令限期改正;逾期不改正的,依照《土地管理法》第七十六条的规定处罚。

第三十五条 在临时使用的土地上修建永久性建筑物、构筑物的,由县级以上人民政府土地行政主管部门责令限期拆除;逾期不拆除的,由作出处罚决定的机关依法申请人民法院强制执行。

第三十六条 对在土地利用总体规划制定前已建的不符合土地利用总体规划确定的用途的建筑物、构筑物重建、扩建的,由县级以上人民政府土地行政主管部门责令限期拆除;逾期不拆除的,由作出处罚决定的机关依法申请人民法院强制执行。

第三十七条 阻碍土地行政主管部门的工作人员依法执行职务的,依法给予治安管理处罚或者追究刑事责任。

第三十八条 依照《土地管理法》第七十三条的规定处以罚款的,罚款额为非法所得的百分之五十以下。

第三十九条 依照《土地管理法》第八十一条的规定处以罚款的,罚款额为非法所得的百分之五以上百分之二十以下。

第四十条 依照《土地管理法》第七十四条的规定处以罚款的,罚款额为耕地开垦费的2倍以下。

第四十一条 依照《土地管理法》第七十五条的规定处以罚款的,罚款额为土地复垦费的2倍以下。

第四十二条 依照《土地管理法》第七十六条的规定处以罚款的,罚款额为非法占用土地每平方米30元以下。

第四十三条 依照《土地管理法》第八十条的规定处以罚款的,罚款额为非法占用土地每平方米10元以上30元以下。

第四十四条 违反本条例第二十八条的规定,逾期不恢复种植条件的,由县级以上人民政府土地行政主管部门责令限期改正,可以处耕地复垦费2倍以下的罚款。

第四十五条 违反土地管理法律、法规规定,阻挠国家建设征用土地的,由县级以上人民政府土地行政主管部门责令交出土地;拒不交出土地的,申请人民法院强制执行。

第八章 附 则

第四十六条 本条例自1999年1月1日起施行。1991年1月4日国务院发布的《中华人民共和国土地管理法实施条例》同时废止。
2. 国务院关于深化改革严格土地管理的决定
国发〔2004〕28号

各省、自治区、直辖市人民政府，国务院各部委、各直属机构：

实行最严格的土地管理制度，是由我国人多地少的国情决定的，也是贯彻落实科学发展观，保证经济社会可持续发展的必然要求。去年以来，各地区、各部门认真贯彻党中央、国务院部署，全面清理各类开发区，切实落实暂停审批农用地转用的决定，土地市场治理整顿取得了积极进展，有力地促进了宏观调控政策的落实。但是，土地市场治理整顿的成效还是初步的、阶段性的，盲目投资、低水平重复建设，圈占土地、乱占滥用耕地等问题尚未根本解决。因此，必须正确处理保障经济社会发展与保护土地资源的关系，严格控制建设用地增量，努力盘活土地存量，强化节约利用土地，深化改革，健全法制，统筹兼顾，标本兼治，进一步完善符合我国国情的最严格的土地管理制度。现决定如下：

一、严格执行土地管理法律法规

（一）牢固树立遵守土地法律法规的意识。各地区、各有关部门要深入持久地开展土地法律法规的学习教育活动，深刻认识我国国情和保护耕地的极端重要性，本着对人民、对历史负责的精神，严格依法管理土地，积极推进经济增长方式的转变，实现土地利用方式的转变，走符合中国国情的新型工业化、城市化道路。进一步提高依法管地用地的意识，要在法律法规允许的范围内合理用地。对违反法律法规批地、占地的，必须承担法律责任。

（二）严格依照法定权限审批土地。农用地转用和土地征收的审批权在国务院和省、自治区、直辖市人民政府，各省、自治区、直辖市人民政府不得违反法律和行政法规的规定下放土地审批权。严禁规避法定审批权限，将单个建设项目用地拆分审批。

（三）严格执行占用耕地补偿制度。各类非农业建设经批准占用耕地的，建设单位必须补充数量、质量相当的耕地，补充耕地的数量、质量实行按等级折算，防止占多补少、占优补劣。不能自行补充的，必须按照各省、自治区、直辖市的规定缴纳耕地开垦费。耕地开垦费要列入专户管理，不得减免和挪作他用。政府投资的建设项目也必须将补充耕地费用列入工程概算。

（四）禁止非法压低地价招商。省、自治区、直辖市人民政府要依照基准地价制定并公布协议出让土地最低价标准。协议出让土地除必须严格执行规定程序外，出让价格不得低于最低价标准。违反规定出让土地造成国有土地资产流失的，要依法追究责任；情节严重的，依照《中华人民共和国刑法》

的规定,以非法低价出让国有土地使用权罪追究刑事责任。

(五)严格依法查处违反土地管理法律法规的行为。当前要着重解决有法不依、执法不严、违法不究和滥用行政权力侵犯农民合法权益的问题。要加大土地管理执法力度,严肃查处非法批地、占地等违法案件。建立国土资源与监察等部门联合办案和案件移送制度,既查处土地违法行为,又查处违法责任人。典型案件,要公开处理。对非法批准占用土地、征收土地和非法低价出让国有土地使用权的国家机关工作人员,依照《监察部国土资源部关于违反土地管理规定行为行政处分暂行办法》给予行政处分;构成犯罪的,依照《中华人民共和国刑法》、《中华人民共和国土地管理法》、《最高人民法院关于审理破坏土地资源刑事案件具体应用法律若干问题的解释》和最高人民检察院关于渎职犯罪案件立案标准的规定,追究刑事责任。对非法批准征收、使用土地,给当事人造成损失的,还必须依法承担赔偿责任。

二、加强土地利用总体规划、城市总体规划、村庄和集镇规划实施管理

(六)严格土地利用总体规划、城市总体规划、村庄和集镇规划修改的管理。在土地利用总体规划和城市总体规划确定的建设用地范围外,不得设立各类开发区(园区)和城市新区(小区)。对清理后拟保留的开发区,必须依据土地利用总体规划和城市总体规划,按照布局集中、用地集约和产业集聚的原则严格审核。严格土地利用总体规划的修改,凡涉及改变土地利用方向、规模、重大布局等原则性修改,必须报原批准机关批准。城市总体规划、村庄和集镇规划也不得擅自修改。

(七)加强土地利用计划管理。农用地转用的年度计划实行指令性管理,跨年度结转使用计划指标必须严格规范。改进农用地转用年度计划下达和考核办法,对国家批准的能源、交通、水利、矿山、军事设施等重点建设项目用地和城、镇、村的建设用地实行分类下达,并按照定额指标、利用效益等分别考核。

(八)从严从紧控制农用地转为建设用地的总量和速度。加强农用地转用审批的规划和计划审查,强化土地利用总体规划和土地利用年度计划对农用地转用的控制和引导,凡不符合规划、没有农用地转用年度计划指标的,不得批准用地。为巩固土地市场治理整顿成果,2004年农用地转用计划指标不再追加;对过去拖欠农民的征地补偿安置费在2004年年底前不能足额偿还的地方,暂缓下达该地区2005年农用地转用计划。

(九)加强建设项目用地预审管理。凡不符合土地利用总体规划、没有农用地转用计划指标的建设项目,不得通过项目用地预审。发展改革等部门要通过适当方式告知项目单位开展前期工作,项目单位提出用地预审申请后,

国土资源部门要依法对建设项目用地进行审查。项目建设单位向发展改革等部门申报核准或审批建设项目时，必须附国土资源部门预审意见；没有预审意见或预审未通过的，不得核准或批准建设项目。

（十）加强村镇建设用地的管理。要按照控制总量、合理布局、节约用地、保护耕地的原则，编制乡（镇）土地利用总体规划、村庄和集镇规划，明确小城镇和农村居民点的数量、布局和规模。鼓励农村建设用地整理，城镇建设用地增加要与农村建设用地减少相挂钩。农村集体建设用地，必须符合土地利用总体规划、村庄和集镇规划，并纳入土地利用年度计划，凡占用农用地的必须依法办理审批手续。禁止擅自通过"村改居"等方式将农民集体所有土地转为国有土地。禁止农村集体经济组织非法出让、出租集体土地用于非农业建设。改革和完善宅基地审批制度，加强农村宅基地管理，禁止城镇居民在农村购置宅基地。引导新办乡村工业向建制镇和规划确定的小城镇集中。在符合规划的前提下，村庄、集镇、建制镇中的农民集体所有建设用地使用权可以依法流转。

（十一）严格保护基本农田。基本农田是确保国家粮食安全的基础。土地利用总体规划修编，必须保证现有基本农田总量不减少，质量不降低。基本农田要落实到地块和农户，并在土地所有权证书和农村土地承包经营权证书中注明。基本农田保护图件备案工作，应在新一轮土地利用总体规划修编后三个月内完成。基本农田一经划定，任何单位和个人不得擅自占用，或者擅自改变用途，这是不可逾越的"红线"。符合法定条件，确需改变和占用基本农田的，必须报国务院批准；经批准占用基本农田的，征地补偿按法定最高标准执行，对以缴纳耕地开垦费方式补充耕地的，缴纳标准按当地最高标准执行。禁止占用基本农田挖鱼塘、种树和其他破坏耕作层的活动，禁止以建设"现代农业园区"或者"设施农业"等任何名义，占用基本农田变相从事房地产开发。

三、完善征地补偿和安置制度

（十二）完善征地补偿办法。县级以上地方人民政府要采取切实措施，使被征地农民生活水平不因征地而降低。要保证依法足额和及时支付土地补偿费、安置补助费以及地上附着物和青苗补偿费。依照现行法律规定支付土地补偿费和安置补助费，尚不能使被征地农民保持原有生活水平的，不足以支付因征地而导致无地农民社会保障费用的，省、自治区、直辖市人民政府应当批准增加安置补助费。土地补偿费和安置补助费的总和达到法定上限，尚不足以使被征地农民保持原有生活水平的，当地人民政府可以用国有土地有偿使用收入予以补贴。省、自治区、直辖市人民政府要制订并公布各市县征地的统一年产值标准或区片综合地价，征地补偿做到同地同价，国家重点建设项目必须将征地费用足额列入概算。大中型水利、水电工程建设征地的补偿费标准和移民安置办法，由国务院另行规定。

（十三）妥善安置被征地农民。县级以上地方人民政府应当制定具体办法，使被征地农民的长远生计有保障。对有稳定收益的项目，农民可以经依法批准的建设用地土地使用权入股。在城市规划区内，当地人民政府应当将因征地而导致无地的农民，纳入城镇就业体系，并建立社会保障制度；在城市规划区外，征收农民集体所有土地时，当地人民政府要在本行政区域内为被征地农民留有必要的耕作土地或安排相应的工作岗位；对不具备基本生产生活条件的无地农民，应当异地移民安置。劳动和社会保障部门要会同有关部门尽快提出建立被征地农民的就业培训和社会保障制度的指导性意见。

（十四）健全征地程序。在征地过程中，要维护农民集体土地所有权和农民土地承包经营权的权益。在征地依法报批前，要将拟征地的用途、位置、补偿标准、安置途径告知被征地农民；对拟征土地现状的调查结果须经被征地农村集体经济组织和农户确认；确有必要的，国土资源部门应当依照有关规定组织听证。要将被征地农民知情、确认的有关材料作为征地报批的必备材料。要加快建立和完善征地补偿安置争议的协调和裁决机制，维护被征地农民和用地者的合法权益。经批准的征地事项，除特殊情况外，应予以公示。

（十五）加强对征地实施过程监管。征地补偿安置不落实的，不得强行使用被征土地。省、自治区、直辖市人民政府应当根据土地补偿费主要用于被征地农户的原则，制订土地补偿费在农村集体经济组织内部的分配办法。被征地的农村集体经济组织应当将征地补偿费用的收支和分配情况，向本集体经济组织成员公布，接受监督。农业、民政等部门要加强对农村集体经济组织内部征地补偿费用分配和使用的监督。

四、健全土地节约利用和收益分配机制

（十六）实行强化节约和集约用地政策。建设用地要严格控制增量，积极盘活存量，把节约用地放在首位，重点在盘活存量上下功夫。新上建设项目首先要利用现有建设用地，严格控制建设占用耕地、林地、草原和湿地。开展对存量建设用地资源的普查，研究制定鼓励盘活存量的政策措施。各地区、各有关部门要按照集约用地的原则，调整有关厂区绿化率的规定，不得圈占土地搞"花园式工厂"。在开发区（园区）推广多层标准厂房。对工业用地在符合规划、不改变原用途的前提下，提高土地利用率和增加容积率的，原则上不再收取或调整土地有偿使用费。基础设施和公益性建设项目，也要节约合理用地。今后，供地时要将土地用途、容积率等使用条件的约定写入土地使用合同。对工业项目用地必须有投资强度、开发进度等控制性要求。土地使用权人不按照约定条件使用土地的,要承担相应的违约责任。在加强耕地占用税、城镇土地使用税、土地增值税征收管理的同时,进一步调整和完善相关税制,加大对建设用地取得和保有环节的税收调节力度。

(十七)推进土地资源的市场化配置。严格控制划拨用地范围,经营性基础设施用地要逐步实行有偿使用。运用价格机制抑制多占、滥占和浪费土地。除按现行规定必须实行招标、拍卖、挂牌出让的用地外,工业用地也要创造条件逐步实行招标、拍卖、挂牌出让。经依法批准利用原有划拨土地进行经营性开发建设的,应当按照市场价补缴土地出让金。经依法批准转让原划拨土地使用权的,应当在土地有形市场公开交易,按照市场价补缴土地出让金;低于市场价交易的,政府应当行使优先购买权。

(十八)制订和实施新的土地使用标准。依照国家产业政策,国土资源部门对淘汰类、限制类项目分别实行禁止和限制用地,并会同有关部门制订工程项目建设用地定额标准,省、自治区、直辖市人民政府可以根据实际情况制订具体实施办法。继续停止高档别墅类房地产、高尔夫球场等用地的审批。

(十九)严禁闲置土地。农用地转用批准后,满两年未实施具体征地或用地行为的,批准文件自动失效;已实施征地,满两年未供地的,在下达下一年度的农用地转用计划时扣减相应指标,对具备耕作条件的土地,应当交原土地使用者继续耕种,也可以由当地人民政府组织耕种。对用地单位闲置的土地,严格依照《中华人民共和国土地管理法》的有关规定处理。

(二十)完善新增建设用地土地有偿使用费收缴办法。新增建设用地土地有偿使用费实行先缴后分,按规定的标准就地全额缴入国库,不得减免,并由国库按规定的比例就地分成划缴。审计部门要加强对新增建设用地土地有偿使用费征收和使用的监督检查。对减免和欠缴的,要依法追缴。财政部、国土资源部要适时调整新增建设用地土地有偿使用费收取标准。新增建设用地土地有偿使用费要严格按法定用途使用,由中央支配的部分,要向粮食主产区倾斜。探索建立国有土地收益基金,遏制片面追求土地收益的短期行为。

五、建立完善耕地保护和土地管理的责任制度

(二十一)明确土地管理的权力和责任。调控新增建设用地总量的权力和责任在中央,盘活存量建设用地的权力和利益在地方,保护和合理利用土地的责任在地方各级人民政府,省、自治区、直辖市人民政府应负主要责任。在确保严格实施土地利用总体规划,不突破土地利用年度计划的前提下,省、自治区、直辖市人民政府可以统筹本行政区域内的用地安排,依照法定权限对农用地转用和土地征收进行审批,按规定用途决定新增建设用地土地有偿

使用费地方分成部分的分配和使用，组织本行政区域内耕地占补平衡，并对土地管理法律法规执行情况进行监督检查。地方各级人民政府要对土地利用总体规划确定的本行政区域内的耕地保有量和基本农田保护面积负责，政府主要领导是第一责任人。地方各级人民政府都要建立相应的工作制度，采取多种形式，确保耕地保护目标落实到基层。

（二十二）建立耕地保护责任的考核体系。国务院定期向各省、自治区、直辖市下达耕地保护责任考核目标。各省、自治区、直辖市人民政府每年要向国务院报告耕地保护责任目标的履行情况。实行耕地保护责任考核的动态监测和预警制度。国土资源部会同农业部、监察部、审计署、统计局等部门定期对各省、自治区、直辖市耕地保护责任目标履行情况进行检查和考核，并向国务院报告。对认真履行责任目标，成效突出的，要给予表彰，并在安排中央支配的新增建设用地土地有偿使用费时予以倾斜。对没有达到责任目标的，要在全国通报，并责令限期补充耕地和补划基本农田。对土地开发整理补充耕地的情况也要定期考核。

（二十三）严格土地管理责任追究制。对违反法律规定擅自修改土地利用总体规划的、发生非法占用基本农田的、未完成耕地保护责任考核目标的、征地侵害农民合法权益引发群体性事件且未能及时解决的、减免和欠缴新增建设用地土地有偿使用费的、未按期完成基本农田图件备案工作的，要严肃追究责任，对有关责任人员由上级主管部门或监察机关依法定权限给予行政处分。同时，上级政府要责令限期整改，整改期间暂停农用地转用和征地审批。具体办法由国土资源部会同有关部门另行制订。实行补充耕地监督的责任追究制，国土资源部门和农业部门负责对补充耕地的数量和质量进行验收，并对验收结果承担责任。省、自治区、直辖市国土资源部门和农业部门要加强监督检查。

（二十四）强化对土地执法行为的监督。建立公开的土地违法立案标准。对有案不查、执法不严的，上级国土资源部门要责令其作出行政处罚决定或直接给予行政处罚。坚决纠正违法用地只通过罚款就补办合法手续的行为。对违法用地及其建筑物和其他设施，按法律规定应当拆除或没收的，不得以罚款、补办手续取代；确需补办手续的，依法处罚后，从新从高进行征地补偿和收取土地出让金及有关规费。完善土地执法监察体制，建立国家土地督察制度，设立国家土地总督察，向地方派驻土地督察专员，监督土地执法行为。

（二十五）加强土地管理行政能力建设。2004年年底以前要完成省级以下国土资源管理体制改革，理顺领导干部管理体制、工作机制和加强基层队伍建设。市、县人民政府要保证基层国土资源管理所机构、编制、经费到位，切实发挥基层国土资源管理所在土地管理执法中的作用。国土资源部要会同有关部门抓紧建立和完善统一的土地分类、调查、登记和统计制度，启动新一轮土地调查，保证土地数据的真实性。组织实施"金土工程"。充分利用现代高新技术加强土地利用动态监测，建立土地利用总体规划实施、耕地保护、土地市场的动态监测网络。

各地区、各有关部门要以"三个代表"重要思想为指导，牢固树立科学发展观和正确的政绩观，把落实好最严格的土地管理制度作为对执政能力和依法行政能力的检验。高度重视土地的保护和合理利用，认真总结经验，积极推进土地管理体制改革，不断完善土地法制，建立严格、科学、有效的土地管理制度，维护好广大人民群众的根本利益，确保经济社会的可持续发展。

国务院
2004年10月21日

3. 征用土地公告办法

第一条 为规范征用土地公告工作，保护农村集体经济组织、农村村民或者其他权利人的合法权益，保障经济建设用地，根据《中华人民共和国土地管理法》和《中华人民共和国土地管理法实施条例》，制定本办法。

第二条 征用土地公告和征地补偿、安置方案公告，适用本办法。

第三条 征用农民集体所有土地的，征用土地方案和征地补偿、安置方案应当在被征用土地所在地的村、组内以书面形式公告。其中，征用乡（镇）农民集体所有土地的，在乡（镇）人民政府所在地进行公告。

第四条 被征用土地所在地的市、县人民政府应当在收到征用土地方案批准文件之日起10个工作日内进行征用土地公告，该市、县人民政府土地行政主管部门负责具体实施。

第五条 征用土地公告应当包括下列内容：
（一）征地批准机关、批准文号、批准时间和批准用途；
（二）被征用土地的所有权人、位置、地类和面积；
（三）征地补偿标准和农业人员安置途径；
（四）办理征地补偿登记的期限、地点。

第六条 被征地农村集体经济组织、农村村民或者其他权利人应当在征用土地公告规定的期限内持土地权属证书到指定地点办理征地补偿登记手续。

被征地农村集体经济组织、农村村民或者其他权利人未如期办理征地补偿登记手续的，其补偿内容以有关市、县土地行政主管部门的调查结果为准。

第七条 有关市、县人民政府土地行政主管部门会同有关部门根据批准的征用土地方案,在征用土地公告之日起45日内以被征用土地的所有权人为单位拟订征地补偿、安置方案并予以公告。

第八条 征地补偿安置、方案公告应当包括下列内容:

(一)本集体经济组织被征用土地的位置、地类、面积,地上附着物和青苗的种类、数量,需要安置的农业人口的数量;

(二)土地补偿费的标准、数额、支付对象和支付方式;

(三)安置补助费的标准、数额、支付对象和支付方式;

(四)地上附着物和青苗的补偿标准和支付方式;

(五)农业人员的具体安置途径;

(六)其他有关征地补偿、安置的具体措施。

第九条 被征地农村集体经济组织、农村村民或者其他权利人对征地补偿、安置方案有不同意见的或者要求举行听证会的,应当在征地补偿、安置方案公告之日起10个工作日内向有关市、县人民政府土地行政主管部门提出。

第十条 有关市、县人民政府土地行政主管部门应当研究被征地农村集体经济组织、农村村民或者其他权利人对征地补偿、安置方案的不同意见。对当事人要求听证的,应当举行听证会。确需修改征地补偿、安置方案的,应当依照有关法律、法规和批准的征用土地方案进行修改。

有关市、县人民政府土地行政主管部门将征地补偿、安置方案报市、县人民政府审批时,应当附具被征地农村集体经济组织、农村村民或者其他权利人的意见及采纳情况,举行听证会的,还应当附具听证笔录。

第十一条 征地补偿、安置方案经批准后,由有关市、县人民政府土地行政主管部门组织实施。

第十二条 有关市、县人民政府土地行政主管部门将征地补偿、安置费用拨付给被征地农村集体经济组织后,有权要求该农村集体经济组织在一定时限内提供支付清单。

市、县人民政府土地行政主管部门有权督促有关农村集体经济组织将征地补偿、安置费用收支状况向本集体经济组织成员予以公布,以便被征地农村集体经济组织、农村村民或者其他权利人查询和监督。

第十三条 市、县人民政府土地行政主管部门应当受理对征用土地公告内容和征地补偿、安置方案公告内容的查询或者实施中问题的举报,接受社会监督。

第十四条 未依法进行征用土地公告的,被征地农村集体经济组织、农村村民或者其他权利人有权依法要求公告，有权拒绝办理征地补偿登记手续。

未依法进行征地补偿、安置方案公告的，被征地农村集体经济组织、农村村民或者其他权利人有权依法要求公告，有权拒绝办理征地补偿、安置手续。

第十五条 因未按照依法批准的征用土地方案和征地补偿、安置方案进行补偿、安置引发争议的，由市、县人民政府协调；协调不成的，由上一级地方人民政府裁决。

征地补偿、安置争议不影响征用土地方案的实施。

第十六条 本办法自2002年1月1日起施行。

4. 土地权属争议调查处理办法

（中华人民共和国国土资源部令第17号）

第一条 为依法、公正、及时地做好土地权属争议的调查处理工作，保护当事人的合法权益，维护土地的社会主义公有制，根据《中华人民共和国土地管理法》，制定本办法。

第二条 本办法所称土地权属争议，是指土地所有权或者使用权归属争议。

第三条 调查处理土地权属争议，应当以法律、法规和土地管理规章为依据。从实际出发，尊重历史，面对现实。

第四条 县级以上国土资源行政主管部门负责土地权属争议案件（以下简称争议案件）的调查和调解工作；对需要依法作出处理决定的，拟定处理意见，报同级人民政府作出处理决定。

县级以上国土资源行政主管部门可以指定专门机构或者人员负责办理争议案件有关事宜。

第五条 个人之间、个人与单位之间、单位与单位之间发生的争议案件，由争议土地所在地的县级国土资源行政主管部门调查处理。

前款规定的个人之间、个人与单位之间发生的争议案件，可以根据当事人的申请，由乡级人民政府受理和处理。

第六条 设区的市、自治州国土资源行政主管部门调查处理下列争议案件：

（一）跨县级行政区域的；

（二）同级人民政府、上级国土资源行政主管部门交办或者有关部门转送的。

第七条 省、自治区、直辖市国土资源行政主管部门调查处理下列争议案件：

（一）跨设区的市、自治州行政区域的；
（二）争议一方为中央国家机关或者其直属单位，且涉及土地面积较大的；
（三）争议一方为军队，且涉及土地面积较大的；
（四）在本行政区域内有较大影响的；
（五）同级人民政府、国土资源部交办或者有关部门转送的。

第八条 国土资源部调查处理下列争议案件：
（一）国务院交办的；
（二）在全国范围内有重大影响的。

第九条 当事人发生土地权属争议，经协商不能解决的，可以依法向县级以上人民政府或者乡级人民政府提出处理申请，也可以依照本办法第五、六、七、八条的规定，向有关的国土资源行政主管部门提出调查处理申请。

第十条 申请调查处理土地权属争议的，应当符合下列条件：
（一）申请人与争议的土地有直接利害关系；
（二）有明确的请求处理对象、具体的处理请求和事实根据。

第十一条 当事人申请调查处理土地权属争议，应当提交书面申请书和有关证据材料，并按照被申请人数提交副本。

申请书应当载明以下事项：
（一）申请人和被申请人的姓名或者名称、地址、邮政编码、法定代表人姓名和职务；
（二）请求的事项、事实和理由；
（三）证人的姓名、工作单位、住址、邮政编码。

第十二条 当事人可以委托代理人代为申请土地权属争议的调查处理。委托代理人申请的，应当提交授权委托书。授权委托书应当写明委托事项和权限。

第十三条 对申请人提出的土地权属争议调查处理的申请，国土资源行政主管部门应当依照本办法第十条的规定进行审查，并在收到申请书之日起7个工作日内提出是否受理的意见。

认为应当受理的，在决定受理之日起5个工作日内将申请书副本发送被申请人。被申请人应当在接到申请书副本之日起30日内提交答辩书和有关证据材料。逾期不提交答辩书的，不影响案件的处理。

认为不应当受理的，应当及时拟定不予受理建议书，报同级人民政府作出不予受理决定。

当事人对不予受理决定不服的，可以依法申请行政复议或者提起行政诉讼。

同级人民政府、上级国土资源行政主管部门交办或者有关部门转办的争议案件，按照本条有关规定审查处理。

第十四条 下列案件不作为争议案件受理：

（一）土地侵权案件；

（二）行政区域边界争议案件；

（三）土地违法案件；

（四）农村土地承包经营权争议案件；

（五）其他不作为土地权属争议的案件。

第十五条 国土资源行政主管部门决定受理后，应当及时指定承办人，对当事人争议的事实情况进行调查。

第十六条 承办人与争议案件有利害关系的，应当申请回避；当事人认为承办人与争议案件有利害关系的，有权请求该承办人回避。承办人是否回避，由受理案件的国土资源行政主管部门决定。

第十七条 承办人在调查处理土地权属争议过程中，可以向有关单位或者个人调查取证。被调查的单位或者个人应当协助，并如实提供有关证明材料。

第十八条 在调查处理土地权属争议过程中，国土资源行政主管部门认为有必要对争议的土地进行实地调查的，应当通知当事人及有关人员到现场。必要时，可以邀请有关部门派人协助调查。

第十九条 土地权属争议双方当事人对各自提出的事实和理由负有举证责任，应当及时向负责调查处理的国土资源行政主管部门提供有关证据材料。

第二十条 国土资源行政主管部门在调查处理争议案件时，应当审查双方当事人提供的下列证据材料：

（一）人民政府颁发的确定土地权属的凭证；

（二）人民政府或者主管部门批准征用、划拨、出让土地或者以其他方式批准使用土地的文件；

（三）争议双方当事人依法达成的书面协议；

（四）人民政府或者司法机关处理争议的文件或者附图；

（五）其他有关证明文件。

第二十一条 对当事人提供的证据材料，国土资源行政主管部门应当查证属实，方可作为认定事实的根据。

第二十二条 在土地所有权和使用权争议解决之前，任何一方不得改变土地利用的现状。

第二十三条 国土资源行政主管部门对受理的争议案件，应当在查清事实、分清权属关系的基础上先行调解，促使当事人以协商方式达成协议。调解应当坚持自愿、合法的原则。

第二十四条 调解达成协议的，应当制作调解书。调解书应当载明以下内容：

（一）当事人的姓名或者名称、法定代表人姓名、职务；

（二）争议的主要事实；

（三）协议内容及其他有关事项。

第二十五条 调解书经双方当事人签名或者盖章，由承办人署名并加盖国土资源行政主管部门的印章后生效。

生效的调解书具有法律效力，是土地登记的依据。

第二十六条 国土资源行政主管部门应当在调解书生效之日起15日内，依照民事诉讼法的有关规定，将调解书送达当事人，并同时抄报上一级国土资源行政主管部门。

第二十七条 调解未达成协议的，国土资源行政主管部门应当及时提出调查处理意见，报同级人民政府作出处理决定。

第二十八条 国土资源行政主管部门应当自受理土地权属争议之日起6个月内提出调查处理意见。因情况复杂，在规定时间内不能提出调查处理意见的，经该国土资源行政主管部门的主要负责人批准，可以适当延长。

第二十九条 调查处理意见应当包括以下内容：

（一）当事人的姓名或者名称、地址、法定代表人的姓名、职务；

（二）争议的事实、理由和要求；

（三）认定的事实和适用的法律、法规等依据；

（四）拟定的处理结论。

第三十条 国土资源行政主管部门提出调查处理意见后，应当在5个工作日内报送同级人民政府，由人民政府下达处理决定。

国土资源行政主管部门的调查处理意见在报同级人民政府的同时，抄报上一级国土资源行政主管部门。

第三十一条 当事人对人民政府作出的处理决定不服的，可以依法申请行政复议或者提起行政诉讼。

在规定的时间内，当事人既不申请行政复议，也不提起行政诉讼，处理决定即发生法律效力。

生效的处理决定是土地登记的依据。

第三十二条 在土地权属争议调查处理过程中，国土资源行政主管部门的工作人员玩忽职守、滥用职权、徇私舞弊，构成犯罪的，依法追究刑事责任；不构成犯罪的，由其所在单位或者其上级机关依法给予行政处分。

第三十三条 乡级人民政府处理土地权属争议，参照本办法执行。

第三十四条 调查处理争议案件的文书格式，由国土资源部统一制定。

第三十五条 调查处理争议案件的费用，依照国家有关规定执行。

第三十六条 本办法自 2003 年 3 月 1 日起施行。1995 年 12 月 18 日原国家土地管理局发布的《土地权属争议处理暂行办法》同时废止。

5. 建设用地审查报批办法

第一条 为加强土地管理，规范建设用地审查报批工作，根据《中华人民共和国土地管理法》（以下简称《土地管理法》）、《中华人民共和国土地管理法实施条例》（以下简称《土地管理法实施条例》），制定本办法。

第二条 依法应当报国务院和省、自治区、直辖市人民政府批准的建设用地的申请、审查、报批和实施，适用本办法。

第三条 县级以上人民政府土地行政主管部门负责建设用地的申请受理、审查、报批工作。

第四条 建设项目可行性研究论证时，建设单位应当向建设项目批准机关的同级土地行政主管部门提出建设用地预申请。

受理预申请的土地行政主管部门应当依据土地利用总体规划和国家土地供应政策，对建设项目的有关事项进行预审，出具建设项目用地预审报告。

第五条 在土地利用总体规划确定的城市建设用地范围外单独选址的建设项目使用土地的，建设单位应当向土地所在地的市、县人民政府土地行政主管部门提出用地申请。

建设单位提出用地申请时，应当填写《建设用地申请表》，并附具下列材料：

（一）建设单位有关资质证明；

（二）项目可行性研究报告批复或者其他有关批准文件；

（三）土地行政主管部门出具的建设项目用地预审报告；

（四）初步设计或者其他有关批准文件；

（五）建设项目总平面布置图；

（六）占用耕地的，必须提出补充耕地方案；

（七）建设项目位于地质灾害易发区的，应当提供地质灾害危险性评估报告。

第六条 市、县人民政府土地行政主管部门对材料齐全、符合条件的建设用地申请，应当受理，并在收到申请之日起 30 日内拟订农用地转用方案、补充耕地方案、征用土地方案和供地方案，编制建设项目用地呈报说明书，经同级人民政府审核同意后,报上一级土地行政主管部门审查。

第七条 在土地利用总体规划确定的城市建设用地范围内,为实施城市规划占用土地的,由市、县人民政府土地行政主管部门拟订农用地转用方案、补充耕地方案和征用土地方案,编制建设项目用地呈报说明书,经同级人民政府审核同意后,报上一级土地行政主管部门审查。

在土地利用总体规划确定的村庄和集镇建设用地范围内,为实施村庄和集镇规划占用土地的,由市、县人民政府土地行政主管部门拟订农用地转用方案、补充耕地方案,编制建设项目用地呈报说明书,经同级人民政府审核同意后,报上一级土地行政主管部门审查。

第八条 建设只占用国有农用地的,市、县人民政府土地行政主管部门只需拟订农用地转用方案、补充耕地方案和供地方案。

建设只占用农民集体所有建设用地的,市、县人民政府土地行政主管部门只需拟订征用土地方案和供地方案。

建设只占用国有未利用地,按照《土地管理法实施条例》第二十四条规定应由国务院批准的,市、县人民政府土地行政主管部门只需拟订供地方案;其他建设项目使用国有未利用地的,按照省、自治区、直辖市的规定办理。

第九条 建设项目用地呈报说明书应当包括项目用地安排情况、拟使用土地情况等,并应附具下列材料:

(一)经批准的市、县土地利用总体规划图和分幅土地利用现状图,占用基本农田的,还应当提供乡级土地利用总体规划图;

(二)由建设单位提交的、有资格的单位出具的勘测定界图及勘测定界技术报告书;

(三)地籍资料或者其他土地权属证明材料;

(四)以有偿方式供地的,还应当提供草签的土地有偿使用合同及说明和有关文件;

(五)为实施城市规划和村庄、集镇规划占用土地的,还应当提供城市规划图和村庄、集镇规划图。

第十条 农用地转用方案,应当包括占用农用地的种类、位置、面积、质量等。

补充耕地方案,应当包括补充耕地或者补划基本农田的位置、面积、质量,补充的期限,资金落实情况等,并附具相应的图件。

征用土地方案,应当包括征用土地的范围、种类、面积、权属,土地补偿费和安置补助费标准,需要安置人员的安置途径等。

供地方案，应当包括供地方式、面积、用途，土地有偿使用费的标准、数额等。

第十一条 有关土地行政主管部门收到上报的建设项目呈报说明书和有关方案后，对材料齐全、符合条件的，应当在5日内报经同级人民政府审核。同级人民政府审核同意后，逐级上报有批准权的人民政府，并将审查所需的材料及时送该级土地行政主管部门审查。

对依法应由国务院批准的建设项目呈报说明书和有关方案，省、自治区、直辖市人民政府必须提出明确的审查意见，并对报送材料的真实性、合法性负责。

省、自治区、直辖市人民政府批准农用地转用、国务院批准征用土地的，省、自治区、直辖市人民政府批准农用地转用方案后，应当将批准文件和下级土地行政主管部门上报的材料一并上报。

第十二条 有批准权的人民政府土地行政主管部门应当自收到上报的农用地转用方案、补充耕地方案、征用土地方案和供地方案并按规定征求有关方面意见后30日内审查完毕。

建设用地审查应当实行土地行政主管部门内部会审制度。

第十三条 农用地转用方案和补充耕地方案符合下列条件的，土地行政主管部门方可报人民政府批准：

（一）符合土地利用总体规划；

（二）确属必须占用农用地且符合土地利用年度计划确定的控制指标；

（三）占用耕地的，补充耕地方案符合土地整理开发专项规划且面积、质量符合规定要求；

（四）单独办理农用地转用的，必须符合单独选址条件。

第十四条 征用土地方案符合下列条件的，土地行政主管部门方可报人民政府批准：

（一）被征用土地界址、地类、面积清楚，权属无争议的；

（二）被征用土地的补偿标准符合法律、法规规定的；

（三）被征用土地上需要安置人员的安置途径切实可行。

建设项目施工和地质勘查需要临时使用农民集体所有的土地的，依法签订临时使用土地合同并支付临时使用土地补偿费，不得办理土地征用。

第十五条 供地方案符合下列条件的，土地行政主管部门方可报人民政府批准：

（一）符合国家的土地供应政策；

（二）申请用地面积符合建设用地标准和集约用地的要求；

（三）划拨方式供地的，符合法定的划拨用地条件；

（四）以有偿使用方式供地的，供地的方式、年限、有偿使用费的标准、数额符合规定；

（五）只占用国有未利用地的，必须符合规划、界址清楚、面积准确。

第十六条　农用地转用方案、补充耕地方案、征用土地方案和供地方案经有批准权的人民政府批准后，同级土地行政主管部门应当在收到批件后5日内将批复发出。

未按规定缴纳新增建设用地土地有偿使用费的，不予批准建设用地。

第十七条　经批准的农用地转用方案、补充耕地方案、征用土地方案和供地方案，由土地所在地的市、县人民政府组织实施。

第十八条　建设项目补充耕地方案经批准下达后，在土地利用总体规划确定的城市建设用地范围外单独选址的建设项目，由市、县人民政府土地行政主管部门负责监督落实；在土地利用总体规划确定的城市和村庄、集镇建设用地范围内，为实施城市规划和村庄、集镇规划占用土地的，由省、自治区、直辖市人民政府土地行政主管部门负责监督落实。

第十九条　征用土地方案经依法批准后，市、县人民政府应当自收到批准文件之日起10日内，在被征用土地所在地的乡、镇范围内，公告《土地管理法实施条例》第二十五条第一款规定的内容。

公告期满，市、县人民政府土地行政主管部门根据征用土地方案和征地补偿登记情况，拟订征地补偿、安置方案并在被征用土地所在地的乡、镇范围内公告。征地补偿、安置方案的内容，应当符合《土地管理法实施条例》第二十五条第三款的规定。

征地补偿、安置方案确定后，市、县人民政府土地行政主管部门应当依照征地补偿、安置方案向被征用土地的农村集体经济组织和农民支付土地补偿费、地上附着物和青苗补偿费，并落实需要安置农业人口的安置途径。

第二十条　在土地利用总体规划确定的城市建设用地范围内，为实施城市规划占用土地的，经依法批准后，市、县人民政府土地行政主管部门应当公布规划要求，设定使用条件，确定使用方式，并组织实施。

第二十一条　以有偿使用方式提供国有土地使用权的，由市、县人民政府土地行政主管部门与土地使用者签订土地有偿使用合同，并向建设单位颁发《建设用地批准书》。土地使用者缴纳土地有偿使用费后，依照规定办理土地登记。

以划拨方式提供国有土地使用权的，由市、县人民政府土地行政主管部门向建设单位颁发《国有土地划拨决定书》和《建设用地批准书》，依照规定办理土地登记。《国有土地划拨决定书》应当包括划拨土地面积、土地用途、土地使用条件等内容。

建设项目施工期间,建设单位应当将《建设用地批准书》公示于施工现场。

市、县人民政府土地行政主管部门应当将提供国有土地的情况定期予以公布。

第二十二条 各级土地行政主管部门应当对建设项目用地进行跟踪检查。

对违反本办法批准建设用地或者未经批准非法占用土地的,应当依法予以处罚。

第二十三条 本办法自发布之日起施行。1988年11月22日原国家土地管理局发布的《关于国家建设用地审批工作的暂行规定》和1990年4月29日原国家土地管理局发布的《出让国有土地使用权审批管理暂行规定》同时废止。

6. 国土资源信访规定

第一章 总　则

第一条 为规范国土资源信访行为,维护国土资源信访秩序,保护信访人的合法权益,根据《信访条例》和国土资源管理法律、法规,制定本规定。

第二条 本规定所称国土资源信访,是指公民、法人或者其他组织采用书信、电子邮件、传真、电话、走访等形式,向国土资源管理部门反映情况,提出建议、意见或者投诉请求,依法由国土资源管理部门处理的活动。

本规定所称信访人,是指采用前款规定的形式,反映情况,提出建议、意见或者投诉请求的公民、法人或者其他组织。

第三条 国土资源信访工作应当遵循下列原则:

(一)属地管理、分级负责,谁主管、谁负责;

(二)畅通信访渠道,方便信访人;

(三)实事求是,有错必纠;

(四)依法、及时、就地解决问题与疏导教育相结合;

(五)坚持依法行政,从源头上预防导致国土资源信访事项发生的矛盾和纠纷。

第四条 上级国土资源管理部门应当定期对下级国土资源管理部门的信访工作绩效进行考核。

第五条 有下列情形之一的,有关的国土资源管理部门应当给予奖励:

(一)在国土资源信访工作中成绩显著的单位或者个人;

（二）信访人反映的情况，提出的建议、意见，对改进国土资源管理工作有重要贡献的。

第二章 信访工作机构和人员

第六条 县级以上国土资源管理部门应当按照有利工作、方便信访人的原则，确定负责信访工作的机构，配备与工作任务相适应的工作人员，设立接待场所，提供必要的工作保障。

第七条 国土资源信访工作人员应当熟悉国土资源法律、法规和政策，具有较丰富的群众工作经验，作风正派，责任心强，实事求是，廉洁奉公。

第八条 国土资源信访工作机构依法履行下列职责：

（一）受理、交办、转送国土资源信访事项；

（二）承办本级人民政府和上级国土资源管理部门交办的国土资源信访事项；

（三）协调处理重要国土资源信访事项；

（四）督促检查国土资源信访事项的处理；

（五）研究分析信访情况，开展调查研究，及时向本部门提出完善政策、解决问题和改进工作的建议；

（六）对下级国土资源管理部门的信访工作进行指导。

第九条 信访工作机构根据工作需要，可以参加会审会等有关会议，阅读相关文件，查阅、复制与信访事项有关的文件、凭证。

第十条 国土资源信访工作人员应当做到：

（一）全心全意为人民服务，严格依法行政；

（二）认真处理人民来信，热情接待群众来访，依法解答信访人提出的问题，耐心做好疏导工作，宣传国土资源法律、法规和有关方针、政策；

（三）保护信访人的隐私权利，不得将举报、控告材料、信访人姓名及其他有关情况透露或者转送给被举报、被控告的对象或者单位。

第十一条 国土资源信访工作人员享受本级人民政府或者上级国土资源管理部门有关的岗位津贴和卫生保健福利待遇。

第三章 信访渠道

第十二条 县级以上国土资源管理部门应当通过互联网或者发布公告等方式，向社会公开下列信访信息：

（一）信访工作机构的通信地址、电子信箱和投诉电话；

（二）信访接待的时间和地点；

（三）查询信访事项处理进展及结果的方式；

（四）与信访工作有关的法律、法规、规章；

（五）信访事项的处理程序；

（六）其他为信访人提供便利的相关事项。

第十三条 县级以上国土资源管理部门应当充分利用现有的政务信息网络资源，建立国土资源信访信息系统，实现与本级人民政府信访工作机构、上下级国土资源管理部门的互联互通，为信访人在当地提出信访事项、查询信访事项办理情况提供便利。

第十四条 国土资源信访工作机构应当将信访人的投诉请求输入信访信息系统。信访人可以持有关的国土资源管理部门出具的投诉请求受理凭证，到当地国土资源管理部门的信访接待场所查询其所提出的投诉请求的办理情况。

第十五条 县级以上国土资源管理部门应当建立健全信访工作制度。主要负责人应当阅批重要来信，接待重要来访，听取信访工作汇报，研究解决国土资源信访工作中的突出问题。

第十六条 市、县国土资源管理部门应当建立行政机关负责人信访接待日制度，由市、县国土资源管理部门负责人协调处理信访事项。信访人可以在市、县国土资源管理部门公布的信访接待日和接待地点，当面向市、县国土资源管理部门负责人反映信访事项。

县级以上国土资源管理部门的负责人或者工作人员，可以就信访人反映的突出问题到信访人居住地与信访人面谈沟通。

第四章 信访事项的提出

第十七条 信访人对国土资源管理部门及其工作人员的职务行为反映情况，提出建议、意见，或者不服国土资源管理部门及其工作人员的职务行为，可以向有关的国土资源管理部门提出信访事项。

对依法应当通过诉讼、仲裁、行政复议等法定途径解决的投诉请求，信访人应当依照有关法律、行政法规规定向有关机关提出。

第十八条 信访人提出国土资源信访事项，应当向依法有权处理的国土资源管理部门提出。

第十九条 信访人向国土资源管理部门提出信访事项，一般应当采取书信、电子邮件、传真等书面形式。信访人提出投诉请求的，还应当载明信访人的姓名（名称）、住址和请求、事实、理由。

对采用口头形式提出投诉请求的，国土资源管理部门应当记录信访人的姓名（名称）、住址和请求、事实、理由。

第二十条 信访人采用走访形式向国土资源管理部门提出信访事项的，应当到国土资源管理部门设立、指定的接待场所提出；多人采用走访形式提出共同信访事项的,应当推选代表,代表人数不得超过五人。

<h2 style="text-align:center">第五章 信访事项的受理</h2>

第二十一条 县级以上国土资源管理部门收到信访人提出的信访事项,或者人民政府、人民政府的信访工作机构转送、交办的信访事项,应当进行登记。属于下列情形之一的,应当制作《国土资源信访事项告知书》,在十五日内书面告知信访人:

(一)已经或者依法应当通过诉讼、仲裁、行政复议等法定途径解决的信访事项,应当告知信访人依照有关法律、行政法规规定的程序向有关机关提出;

(二)属于各级人民代表大会及其常务委员会、人民法院、人民检察院职权范围内的信访事项,应当告知信访人分别向有关的人民代表大会及其常务委员会、人民法院、人民检察院提出;

(三)依法不属于国土资源管理部门职权范围内的信访事项,应当告知信访人向有权处理的部门或者人民政府提出。

信访人重复提起的信访事项仍在办理期限内的,信访工作机构可以不再书面告知信访人。

第二十二条 依照法定职责属于国土资源管理部门职权范围内的信访事项,有关国土资源管理部门应当按照"属地管理、分级负责,谁主管、谁负责"的原则,在十五日内分别按照下列方式处理:

(一)属于下级国土资源管理部门职权范围内的信访事项,制作《国土资源信访事项转送书》,直接转送有管辖权的下级国土资源管理部门。涉及下级国土资源管理部门负责人或者工作人员的信访事项,应当转送其上一级国土资源管理部门;

(二)属于上级国土资源管理部门职权范围内的信访事项,直接报送有管辖权的上级国土资源管理部门;

(三)情况重大、紧急,需要反馈办理结果的信访事项,制作《国土资源信访事项交办书》,直接交由有权处理的国土资源管理部门办理。有权处理的国土资源管理部门应当在指定办理的期限内,向交办的国土资源管理部门提交《国土资源信访事项办结报告》,反馈信访事项的办理结果;

(四)属于本部门职权范围内的信访事项,应当受理,不得推诿、敷衍、拖延,并制作《国土资源信访事项受理通知书》,书面告知信访人;

(五)信访事项已经受理或者正在办理的,信访人在规定期限内向受理、办理的国土资源管理部门的上级国土资源管理部门提出同一信访事项的,该上级国土资源管理部门制作《国土资源信访事项不予受理通知书》,书面告知信访人；

（六）信访人提出的信访事项属于征地补偿标准争议，有关人民政府已经或者正在依法进行裁决的，该国土资源管理部门制作《国土资源信访事项不予受理通知书》，书面告知信访人不予受理。

依照前款第（一）项至第（三）项规定，接到转送、交办信访事项的国土资源管理部门应当自收到《国土资源信访事项转送书》或者《国土资源信访事项交办书》之日起十五日内决定是否受理，并书面告知信访人。

第二十三条 上级国土资源管理部门应当定期向下级国土资源管理部门通报信访事项的转送、交办情况。下级国土资源管理部门应当定期向上一级国土资源管理部门报告转送、交办信访事项的办理情况。

第六章 信访事项的办理和督办

第二十四条 国土资源管理部门办理信访事项，应当听取信访人陈述事实和理由；必要时可以要求信访人、有关组织和人员说明情况；需要进一步核实有关情况的，可以向其他组织和人员调查。

第二十五条 对重大、复杂、疑难的信访事项，国土资源管理部门需要举行听证的，依照《国土资源听证规定》中依职权听证的程序进行。听证所需时间不计算在本规定第二十八条、第三十条和第三十一条规定的时限内。

第二十六条 国土资源管理部门对依法受理的信访事项，应当依照有关法律、法规、规章及其他有关规定，分别作出以下处理，并制作《国土资源信访事项处理意见书》，书面答复信访人：

（一）请求事实清楚，符合法律、法规、规章或者其他有关规定的，予以支持；

（二）请求事由合理但缺乏法律依据的，应当对信访人做好解释工作；

（三）请求缺乏事实根据或者不符合法律、法规、规章或者其他有关规定的，不予支持。

国土资源管理部门依照前款第（一）项规定，作出支持信访请求意见的，有关机关或者单位应当执行。

第二十七条 国土资源管理部门收到信访人提出的信访事项后，能够当场答复的，应当当场答复。

第二十八条 国土资源管理部门办理信访事项，应当自受理之日起六十日内办结。情况重大、复杂的，经本部门负责人批准，可以适当延长办理期限，但延长期限不得超过三十日，并告知信访人延期理由。

第二十九条 信访工作机构受理信访事项后，发现信访人就该信访事项又提起行政复议或者行政诉讼，有关部门已经受理的，信访工作机构可以决定终止办理。

第三十条　信访人对国土资源管理部门作出的信访事项处理意见不服的，可以自收到《国土资源信访事项处理意见书》之日起三十日内，请求同级人民政府或者上一级国土资源管理部门复查。原办理机关为省级国土资源管理部门的，按照国务院有关规定向省级人民政府请求复查。

收到复查请求的上一级国土资源管理部门应当自收到复查请求之日起三十日内，提出复查意见，并制作《国土资源信访事项复查意见书》，书面答复信访人。

第三十一条　信访人对国土资源管理部门的复查意见不服的，可以自收到《国土资源信访事项复查意见书》之日起三十日内，向复查机关的同级人民政府或者上一级国土资源管理部门请求复核。复查机关为省级国土资源管理部门的，按照国务院有关规定向省级人民政府请求复核。

收到复核请求的上一级国土资源管理部门应当自收到复核请求之日起三十日内提出复核意见，制作《国土资源信访事项复核意见书》，书面答复信访人。

第三十二条　上级国土资源管理部门发现下级国土资源管理部门有下列情形之一的，应当及时督办，并提出改进建议：

（一）未按规定的办理期限办结信访事项的；

（二）未按规定反馈信访事项办理结果的；

（三）未按规定程序办理信访事项的；

（四）不执行信访处理意见的；

（五）收到督办文书，未在规定期限内反馈办理情况的；

（六）其他需要督办的情形。

第三十三条　信访人对国土资源管理部门作出的复核意见不服，或者信访人在规定时限内未提出复查或者复核请求，仍然以同一事实和理由提出投诉请求的，有关国土资源管理部门应当制作《国土资源信访事项不再受理通知书》，书面告知信访人不再受理该信访事项。

第三十四条　国土资源管理部门出具的《国土资源信访事项处理意见书》、《国土资源信访事项复查意见书》、《国土资源信访事项复核意见书》、《国土资源信访事项不予受理通知书》和《国土资源信访事项不再受理通知书》，应当加盖国土资源管理部门印章。

第三十五条　县级以上国土资源管理部门应当建立和完善国土资源信访分析统计制度。下级国土资源管理部门应当向上级国土资源管理部门报送国土资源信访情况年度、季度分析报告。

国土资源信访情况分析报告应当包括以下内容：

（一）受理信访事项的数据统计；
（二）信访事项涉及的领域和地域；
（三）信访事项转送、交办、督办情况；
（四）信访事项反映出的国土资源管理工作中存在的主要问题以及解决问题的相关政策性建议；
（五）信访人提出的改进国土资源管理工作的建议及其被采纳情况。

第七章 信访秩序的维护

第三十六条 信访人提出信访事项，应当客观真实，对其所提供材料内容的真实性负责，不得捏造、歪曲事实，不得诬告、陷害他人。

第三十七条 县级以上国土资源管理部门应当成立处置群体上访事件应急组织并制订应急预案。

对可能造成社会影响的重大、紧急信访事项和信访信息，国土资源信访工作人员应当立即报告其部门负责人。有关国土资源管理部门负责人认为必要的，应当立即报告本级人民政府和上级国土资源管理部门，并在职责范围内依法及时采取有效措施，防止不良影响的产生和扩大。

第三十八条 信访人不遵守信访秩序，在信访过程中采取过激行为的，有关国土资源管理部门可以依法及时采取劝阻、批评、教育等措施；对拒不听从劝阻，可能导致事态扩大的，有关国土资源管理部门可以建议公安机关予以警告、训诫或者制止。

第八章 法律责任

第三十九条 县级以上国土资源管理部门超越或者滥用职权，不依法履行法定职责，适用法律、法规错误或者违反法定程序，侵害信访人合法权益的，或者拒不执行有关机关作出的支持信访请求意见的，依照《信访条例》第四十条的规定，依法追究法律责任。

第四十条 县级以上国土资源管理部门在办理信访事项过程中，有下列行为之一的，上级国土资源管理部门应当责令限期改正；造成严重后果的，对直接负责的主管人员和其他直接责任人员依法给予行政处分；构成犯罪的，依法追究刑事责任：

（一）对收到的信访事项不按规定登记的；
（二）对属于其法定职权范围内的信访事项不予受理的；
（三）未在规定期限内书面告知信访人是否受理信访事项的；
（四）推诿、敷衍、拖延信访事项办理或者未在法定期限内办结信访事项的；
（五）未在法定期限内将处理意见或者复查意见、复核意见书面答复信访人的；

（六）对事实清楚，符合法律、法规、规章或者其他有关规定的投诉请求未予以支持的；

（七）对重大、紧急信访事项和信访信息隐瞒、谎报、缓报，或者授意他人隐瞒、谎报、缓报的。

第四十一条 信访工作人员处理信访事项有下列情形之一的，依法给予行政处分：

（一）玩忽职守、徇私舞弊的；

（二）作风粗暴，激化矛盾并造成严重后果的；

（三）将信访人的检举、揭发材料或者有关情况透露给被检举、揭发的人员或者单位的。

第九章 附 则

第四十二条 本规定自2006年3月1日起施行。

7. 国土资源听证规定

第一章 总 则

第一条 为了规范国土资源管理活动，促进依法行政，提高国土资源管理的科学性和民主性，保护公民、法人和其他组织的合法权益，根据有关法律、法规，制定本规定。

第二条 县级以上人民政府国土资源行政主管部门（以下简称主管部门）依职权或者依当事人的申请组织听证的，适用本规定。

第三条 听证由拟作出行政处罚、行政许可决定，制定规章和规范性文件、实施需报政府批准的事项的主管部门组织。

依照本规定具体办理听证事务的法制工作机构为听证机构；但实施需报政府批准的事项可以由其经办机构作为听证机构。

本规定所称需报政府批准的事项，是指依法由本级人民政府批准后生效但主要由主管部门具体负责实施的事项，包括拟定或者修改基准地价、组织编制或者修改土地利用总体规划和矿产资源规划、拟定或者修改区域性征地补偿标准、拟定拟征地项目的补偿标准和安置方案、拟定非农业建设占用基本农田方案等。

第四条 主管部门组织听证，应当遵循公开、公平、公正和便民的原则，充分听取公民、法人和其他组织的意见，保证其陈述意见、质证和申辩的权利。

依职权组织的听证，除涉及国家秘密外，以听证会形式公开举行，并接受社会监督；依当事人的申请组织的听证，除涉及国家秘密、商业秘密或者个人隐私外,听证公开举行。

第五条 法律、法规和规章规定应当听证的事项,当事人放弃听证权利或者因情况紧急须即时决定的,主管部门不组织听证。

第二章 听证的一般规定

第六条 听证参加人包括拟听证事项经办机构的指派人员、听证会代表、当事人及其代理人、证人、鉴定人、翻译等。

第七条 听证一般由一名听证员组织;必要时,可以由三或五名听证员组织。听证员由主管部门指定。

听证设听证主持人,在听证员中产生;但须是听证机构或者经办机构的有关负责人。

记录员由听证主持人指定,具体承担听证准备和听证记录工作。

拟听证事项的具体经办人员,不得作为听证员和记录员;但可以由经办机构办理听证事务的除外。

第八条 在听证开始前,记录员应当查明听证参加人的身份和到场情况,宣布听证纪律和听证会场有关注意事项。

第九条 听证会按下列程序进行:

(一)听证主持人宣布听证开始,介绍听证员、记录员,宣布听证事项和事由,告知听证参加人的权利和义务;

(二)拟听证事项的经办机构提出理由、依据和有关材料及意见;

(三)当事人进行质证、申辩,提出维护其合法权益的事实、理由和依据(听证会代表对拟听证事项的必要性、可行性以及具体内容发表意见和质询);

(四)最后陈述;

(五)听证主持人宣布听证结束。

第十条 记录员应当将听证的全部活动记入笔录。听证笔录应当载明下列事项,并由听证员和记录员签名:

(一)听证事项名称;

(二)听证员和记录员的姓名、职务;

(三)听证参加人的基本情况;

(四)听证的时间、地点;

(五)听证公开情况;

(六)拟听证事项的理由、依据和有关材料;

(七)当事人或者听证会代表的观点、理由和依据;

(八)延期、中止或者终止的说明;

(九)听证主持人对听证活动中有关事项的处理情况;

（十）听证主持人认为的其他事项。

听证笔录经听证参加人确认无误或者补正后当场签字或者盖章；无正当理由又拒绝签字或者盖章的，记明情况附卷。

第十一条 公开举行的听证会，公民、法人或者其他组织可以申请参加旁听。

第三章 依职权听证的范围和程序

第十二条 有下列情形之一的，主管部门应当组织听证：

（一）拟定或者修改基准地价；

（二）编制或者修改土地利用总体规划和矿产资源规划；

（三）拟定或者修改区域性征地补偿标准。

有下列情形之一的，直接涉及公民、法人或者其他组织的重大利益的，主管部门根据需要组织听证：

（一）制定规章和规范性文件；

（二）主管部门规定的其他情形。

第十三条 主管部门对本规定第十二条规定的事项举行听证的，应当在举行听证会 30 日前，向社会公告听证会的时间、地点、内容和申请参加听证会须知。

第十四条 符合主管部门规定条件的公民、法人和其他组织，均可申请参加听证会，也可推选代表参加听证会。

主管部门根据拟听证事项与公民、法人和其他组织的申请情况，指定听证会代表；指定的听证会代表应当具有广泛性、代表性。

公民、法人和其他组织推选的代表，符合主管部门条件的，应当优先被指定为听证会代表。

第十五条 听证机构应当在举行听证会的 10 个工作日前将听证会材料送达听证会代表。

第十六条 听证会代表应当亲自参加听证，并有权对拟听证事项的必要性、可行性以及具体内容发表意见和质询，查阅听证纪要。

听证会代表应当忠于事实，实事求是地反映所代表的公民、法人和其他组织的意见，遵守听证纪律，保守国家秘密。

第十七条 听证机构应当在举行听证会后 7 个工作日内，根据听证笔录制作包括下列内容的听证纪要：

（一）听证会的基本情况；

（二）听证事项的说明；

（三）听证会代表的意见陈述；

（四）听证事项的意见分歧；
（五）对听证会意见的处理建议。
第十八条 主管部门应当参照听证纪要依法制定规章和规范性文件；在报批拟定或者修改的基准地价、编制或者修改的土地利用总体规划和矿产资源规划、拟定或者修改的区域性征地补偿标准时，应当附具听证纪要。

第四章 依申请听证的范围和程序

第十九条 有下列情形之一的，主管部门在报批之前，应当书面告知当事人有要求举行听证的权利：
（一）拟定拟征地项目的补偿标准和安置方案的；
（二）拟定非农业建设占用基本农田方案的。
有下列情形之一的，主管部门在作出决定之前，应当书面告知当事人有要求举行听证的权利：
（一）较大数额罚款、责令停止违法勘查或者违法开采行为、吊销勘查许可证或者采矿许可证等行政处罚的；
（二）国有土地使用权、探矿权、采矿权的许可直接涉及申请人与他人之间重大利益关系的；
（三）法律、法规或者规章规定的其他情形。

第二十条 当事人对本规定第十九条规定的事项要求听证的，主管部门应当组织听证。

第二十一条 当事人应当在告知后5个工作日内向听证机构提出书面申请，逾期未提出的，视为放弃听证；但行政处罚听证的时限为3个工作日。放弃听证的，应当书面记载。

第二十二条 当事人可以委托一至二名代理人参加听证，收集、提供相关材料和证据，进行质证和申辩。

第二十三条 听证的书面申请包括以下内容：
（一）当事人的姓名、地址（法人或者其他组织的名称、地址、法定代表人）；
（二）申请听证的具体事项；
（三）申请听证的依据、理由。
申请听证的，应当同时提供相关材料。

第二十四条 听证机构收到听证的书面申请后，应当对申请材料进行审查；申请材料不齐备的，应当一次告知当事人补正。
有下列情形之一的，不予受理：
（一）提出申请的不是听证事项的当事人或者其代理人的；

(二）在告知后超过 5 个工作日提出听证的；

(三）其他不符合申请听证条件的。

不予受理的，主管部门应当书面告知当事人不予听证。

第二十五条 听证机构审核后，对符合听证条件的，应当制作《听证通知书》，并在听证的 7 个工作日前通知当事人和拟听证事项的经办机构。

《听证通知书》应当载明下列事项：

(一）听证的事由与依据；

(二）听证的时间、地点；

(三）听证员和记录员的姓名、职务；

(四）当事人、拟听证事项的经办机构的权利和义务；

(五）注意事项。

第二十六条 当事人在接到《听证通知书》后，应当准时到场；无正当理由不到场的，或者未经听证主持人允许中途退场的，视为放弃听证。放弃听证的，记入听证笔录。

第二十七条 拟听证事项的经办机构在接到《听证通知书》后，应当指派人员参加听证，不得放弃听证。

第二十八条 当事人认为听证员、记录员与拟听证事项有利害关系可能影响公正的，有权申请回避，并说明理由。

听证主持人的回避由主管部门决定。听证员、记录员的回避，由听证主持人决定。

第二十九条 有下列情形之一的，可以延期举行听证：

(一）因不可抗力的事由致使听证无法按期举行的；

(二）当事人申请延期，有正当理由的；

(三）可以延期的其他情形。

延期听证的，主管部门应当书面通知听证参加人。

第三十条 有下列情形之一的，中止听证：

(一）听证主持人认为听证过程中提出新的事实、理由和依据或者提出的事实有待调查核实的；

(二）申请听证的公民死亡、法人或者其他组织终止，尚未确定权利、义务承受人的；

(三）应当中止听证的其他情形。

中止听证的，主管部门应当书面通知听证参加人。

第三十一条 延期、中止听证的情形消失后，由主管部门决定恢复听证，并书面通知听证参加人。

第三十二条 有下列情形之一的,终止听证:

(一)有权申请听证的公民死亡,没有继承人,或者继承人放弃听证权利的;

(二)有权申请听证的法人或者其他组织终止,承受其权利的法人或者组织放弃听证权利的;

(三)当事人在听证过程中声明退出的;

(四)当事人在告知后明确放弃听证权利或者被视为放弃听证权利的;

(五)需要终止听证的其他情形。

第三十三条 主管部门应当根据听证笔录,作出行政许可决定,依法作出行政处罚决定;在报批拟定的拟征地项目的补偿标准和安置方案、非农业建设占用基本农田方案时,应当附具听证笔录。

第五章 法律责任

第三十四条 法律、法规和规章规定应当听证的事项,当事人要求听证而未组织的,对直接负责的主管人员和其他直接责任人员依法给予行政处分。

第三十五条 主管部门的拟听证事项经办机构指派人员、听证员、记录员在听证时玩忽职守、滥用职权、徇私舞弊的,依法给予行政处分;构成犯罪的,依法追究刑事责任。

第六章 附则

第三十六条 组织听证不得向当事人收取或者变相收取任何费用。

组织听证所需经费列入主管部门预算。听证机构组织听证必需的场地、设备、工作条件,主管部门应当给予保障。

第三十七条 主管部门办理行政复议,受委托起草法律、法规或者政府规章草案时,组织听证的具体程序参照本规定执行。

第三十八条 本规定自2004年5月1日起施行。

8. 建设项目用地预审管理办法

(2001年6月28日国土资源部第5次部务会议通过
2004年10月29日国土资源部第9次部务会议修订)

第一条 为保证土地利用总体规划的实施,充分发挥土地供应的宏观调控作用,控制建设用地总量,根据《中华人民共和国土地管理法》、《中华人民共和国土地管理法实施条例》和《国务院关于深化改革严格土地管理的决定》,制定本办法。

第二条 本办法所称建设项目用地预审,是指国土资源管理部门在建设项目审批、核准、备案阶段,依法对建设项目涉及的土地利用事项进行的审查。

第三条 预审应当遵循下列原则:
(一)符合土地利用总体规划;
(二)保护耕地,特别是基本农田;
(三)合理和集约利用土地;
(四)符合国家供地政策。

第四条 建设项目用地实行分级预审。

需人民政府或有批准权的人民政府发展和改革等部门审批的建设项目,由该人民政府的国土资源管理部门预审。

需核准和备案的建设项目,由与核准、备案机关同级的国土资源管理部门预审。

第五条 需审批的建设项目在可行性研究阶段,由建设用地单位提出预审申请。

需核准、备案的建设项目在申请核准、备案前,由建设用地单位提出预审申请。

第六条 依照本办法第四条规定应当由国土资源部预审的建设项目,国土资源部委托项目所在地的省级国土资源管理部门受理,但建设项目占用规划确定的城市建设用地范围内土地的,委托市级国土资源管理部门受理。受理后,提出初审意见,转报国土资源部。

涉密军事项目和国务院批准的特殊建设项目用地,建设用地单位可直接向国土资源部提出预审申请。

应当由国土资源部负责预审的输电线塔基、钻探井位、通讯基站等小面积零星分散建设项目用地,由省级国土资源管理部门预审,并报国土资源部备案。

第七条 建设用地单位申请预审,应当提交下列材料:
(一)建设项目用地预审申请表;
(二)预审的申请报告,内容包括拟建设项目基本情况、拟选址情况、拟用地总规模和拟用地类型、补充耕地初步方案;
(三)需审批的建设项目还应提供项目建议书批复文件和项目可行性研究报告。项目建议书批复与项目可行性研究报告合一的,只提供项目可行性研究报告。

本条第一款规定的预审申请表,由国土资源部统一规定。

第八条 受国土资源部委托负责初审的国土资源管理部门在转报用地预审申请时,应当提供下列材料:
(一)初审意见,内容包括拟建设项目用地是否符合土地利用总体规划、是否符合国家供地政策、用地标准和总规模是否符合有关规定、补充耕地初步方案是否可行等；

（二）标注项目用地范围的县级以上土地利用总体规划图及相关图件；

（三）属于《土地管理法》第二十六条规定情形，建设项目用地需修改土地利用总体规划的，应当出具经相关部门和专家论证的规划修改方案、建设项目对规划实施影响评估报告和修改规划听证会纪要。

第九条　符合本办法第七条规定的预审申请和第八条规定的初审转报件，国土资源管理部门应当受理和接收。不符合的，应当场或在五日内书面通知申请人和转报人，逾期不通知的，视为受理和接收。

受国土资源部委托负责初审的国土资源管理部门应当自受理之日起二十日内完成初审工作，并转报国土资源部。

第十条　预审的主要内容：

（一）建设项目用地选址是否符合土地利用总体规划，是否符合土地管理法律、法规规定的条件；

（二）建设项目是否符合国家供地政策；

（三）建设项目用地标准和总规模是否符合有关规定；

（四）占用耕地的，补充耕地初步方案是否可行，资金是否有保障；

（五）属《土地管理法》第二十六条规定情形，建设项目用地需修改土地利用总体规划的，规划的修改方案、建设项目对规划实施影响评估报告等是否符合法律、法规的规定。

第十一条　国土资源管理部门应当自受理预审申请或者收到转报材料之日起二十日内，完成审查工作，并出具预审意见。二十日内不能出具预审意见的，经负责预审的国土资源管理部门负责人批准，可以延长十日。

第十二条　预审意见应当包括对本办法第十条规定内容的结论性意见和对建设用地单位的具体要求。

第十三条　预审意见是建设项目批准、核准的必备文件，预审意见提出的用地标准和总规模等方面的要求，建设项目初步设计阶段应当充分考虑。

建设用地单位应当认真落实预审意见，并在依法申请使用土地时出具落实预审意见的书面材料。

第十四条　建设项目用地预审文件有效期为两年，自批准之日起计算。已经预审的项目，如需对土地用途、建设项目选址等进行重大调整的，应当重新申请预审。

第十五条　核准或者批准建设项目前，应当依照本办法规定完成预审，未经预审或者预审未通过的,不得批准农用地转用、土地征收,不得办理供地手续。

第十六条 本办法自2004年12月1日起施行。

9. 最高人民法院关于审理涉及农村土地承包纠纷案件适用法律问题的解释

根据《中华人民共和国民法通则》、《中华人民共和国合同法》、《中华人民共和国民事诉讼法》、《中华人民共和国农村土地承包法》、《中华人民共和国土地管理法》等法律的规定,结合民事审判实践,对审理涉及农村土地承包纠纷案件适用法律的若干问题解释如下:

一、受理与诉讼主体

第一条 下列涉及农村土地承包民事纠纷,人民法院应当依法受理:

(一)承包合同纠纷;

(二)承包经营权侵权纠纷;

(三)承包经营权流转纠纷;

(四)承包地征收补偿费用分配纠纷;

(五)承包经营权继承纠纷。

集体经济组织成员因未实际取得土地承包经营权提起民事诉讼的,人民法院应当告知其向有关行政主管部门申请解决。

集体经济组织成员就用于分配的土地补偿费数额提起民事诉讼的,人民法院不予受理。

第二条 当事人自愿达成书面仲裁协议的,受诉人民法院应当参照最高人民法院《关于适用〈中华人民共和国民事诉讼法〉若干问题的意见》第145条至第148条的规定处理。

当事人未达成书面仲裁协议,一方当事人向农村土地承包仲裁机构申请仲裁,另一方当事人提起诉讼的,人民法院应予受理,并书面通知仲裁机构。但另一方当事人接受仲裁管辖后又起诉的,人民法院不予受理。

当事人对仲裁裁决不服并在收到裁决书之日起三十日内提起诉讼的,人民法院应予受理。

第三条 承包合同纠纷,以发包方和承包方为当事人。

前款所称承包方是指以家庭承包方式承包本集体经济组织农村土地的农户,以及以其他方式承包农村土地的单位或者个人。

第四条 农户成员为多人的,由其代表人进行诉讼。

农户代表人按照下列情形确定:

(一)土地承包经营权证等证书上记载的人;

（二）未依法登记取得土地承包经营权证等证书的，为在承包合同上签字的人；

（三）前两项规定的人死亡、丧失民事行为能力或者因其他原因无法进行诉讼的，为农户成员推选的人。

二、家庭承包纠纷案件的处理

第五条 承包合同中有关收回、调整承包地的约定违反农村土地承包法第二十六条、第二十七条、第三十条、第三十五条规定的，应当认定该约定无效。

第六条 因发包方违法收回、调整承包地，或者因发包方收回承包方弃耕、撂荒的承包地产生的纠纷，按照下列情形，分别处理：

（一）发包方未将承包地另行发包，承包方请求返还承包地的，应予支持；

（二）发包方已将承包地另行发包给第三人，承包方以发包方和第三人为共同被告，请求确认其所签订的承包合同无效、返还承包地并赔偿损失的，应予支持。但属于承包方弃耕、撂荒情形的，对其赔偿损失的诉讼请求，不予支持。

前款第（二）项所称的第三人，请求受益方补偿其在承包地上的合理投入的，应予支持。

第七条 承包合同约定或者土地承包经营权证等证书记载的承包期限短于农村土地承包法规定的期限，承包方请求延长的，应予支持。

第八条 承包方违反农村土地承包法第十七条规定，将承包地用于非农建设或者对承包地造成永久性损害，发包方请求承包方停止侵害、恢复原状或者赔偿损失的，应予支持。

第九条 发包方根据农村土地承包法第二十六条规定收回承包地前，承包方已经以转包、出租等形式将其土地承包经营权流转给第三人，且流转期限尚未届满，因流转价款收取产生的纠纷，按照下列情形，分别处理：

（一）承包方已经一次性收取了流转价款，发包方请求承包方返还剩余流转期限的流转价款的，应予支持；

（二）流转价款为分期支付，发包方请求第三人按照流转合同的约定支付流转价款的，应予支持。

第十条 承包方交回承包地不符合农村土地承包法第二十九条规定程序的，不得认定其为自愿交回。

第十一条 土地承包经营权流转中，本集体经济组织成员在流转价款、流转期限等主要内容相同的条件下主张优先权的，应予支持。但下列情形除外：

（一）在书面公示的合理期限内未提出优先权主张的；

（二）未经书面公示，在本集体经济组织以外的人开始使用承包地两个月内未提出优先权主张的。

第十二条 发包方强迫承包方将土地承包经营权流转给第三人，承包方请求确认其与第三人签订的流转合同无效的，应予支持。

发包方阻碍承包方依法流转土地承包经营权，承包方请求排除妨碍、赔偿损失的，应予支持。

第十三条 承包方未经发包方同意，采取转让方式流转其土地承包经营权的，转让合同无效。但发包方无法定理由不同意或者拖延表态的除外。

第十四条 承包方依法采取转包、出租、互换或者其他方式流转土地承包经营权，发包方仅以该土地承包经营权流转合同未报其备案为由，请求确认合同无效的，不予支持。

第十五条 承包方以其土地承包经营权进行抵押或者抵偿债务的，应当认定无效。对因此造成的损失，当事人有过错的，应当承担相应的民事责任。

第十六条 因承包方不收取流转价款或者向对方支付费用的约定产生纠纷，当事人协商变更无法达成一致，且继续履行又显失公平的，人民法院可以根据发生变更的客观情况，按照公平原则处理。

第十七条 当事人对转包、出租地流转期限没有约定或者约定不明的，参照合同法第二百三十二条规定处理。除当事人另有约定或者属于林地承包经营外，承包地交回的时间应当在农作物收获期结束后或者下一耕种期开始前。

对提高土地生产能力的投入，对方当事人请求承包方给予相应补偿的，应予支持。

第十八条 发包方或者其他组织、个人擅自截留、扣缴承包收益或者土地承包经营权流转收益，承包方请求返还的，应予支持。

发包方或者其他组织、个人主张抵销的，不予支持。

三、其他方式承包纠纷的处理

第十九条 本集体经济组织成员在承包费、承包期限等主要内容相同的条件下主张优先承包权的，应予支持。但在发包方将农村土地发包给本集体经济组织以外的单位或者个人，已经法律规定的民主议定程序通过，并由乡（镇）人民政府批准后主张优先承包权的，不予支持。

第二十条 发包方就同一土地签订两个以上承包合同，承包方均主张取得土地承包经营权的，按照下列情形，分别处理：

（一）已经依法登记的承包方，取得土地承包经营权；

（二）均未依法登记的，生效在先合同的承包方取得土地承包经营权；

（三）依前两项规定无法确定的，已经根据承包合同合法占有使用承包地的人取得土地承包经营权，但争议发生后一方强行先占承包地的行为和事实，不得作为确定土地承包经营权的依据。

第二十一条 承包方未依法登记取得土地承包经营权证等证书，即以转让、出租、入股、抵押等方式流转土地承包经营权，发包方请求确认该流转无效的，应予支持。但非因承包方原因未登记取得土地承包经营权证等证书的除外。

承包方流转土地承包经营权，除法律或者本解释有特殊规定外，按照有关家庭承包土地承包经营权流转的规定处理。

四、土地征收补偿费用分配及土地承包经营权继承纠纷的处理

第二十二条 承包地被依法征收，承包方请求发包方给付已经收到的地上附着物和青苗的补偿费的，应予支持。

承包方已将土地承包经营权以转包、出租等方式流转给第三人的，除当事人另有约定外，青苗补偿费归实际投入人所有，地上附着物补偿费归附着物所有人所有。

第二十三条 承包地被依法征收，放弃统一安置的家庭承包方，请求发包方给付已经收到的安置补助费的，应予支持。

第二十四条 农村集体经济组织或者村民委员会、村民小组，可以依照法律规定的民主议定程序，决定在本集体经济组织内部分配已经收到的土地补偿费。征地补偿安置方案确定时已经具有本集体经济组织成员资格的人，请求支付相应份额的，应予支持。但已报全国人大常委会、国务院备案的地方性法规、自治条例和单行条例、地方政府规章对土地补偿费在农村集体经济组织内部的分配办法另有规定的除外。

第二十五条 林地家庭承包中，承包方的继承人请求在承包期内继续承包的，应予支持。

其他方式承包中，承包方的继承人或者权利义务承受者请求在承包期内继续承包的，应予支持。

五、其他规定

第二十六条 人民法院在审理涉及本解释第五条、第六条第一款第（二）项及第二款、第十六条的纠纷案件时，应当着重进行调解。必要时可以委托人民调解组织进行调解。

第二十七条 本解释自 2005 年 9 月 1 日起施行。施行后受理的第一审案件，适用本解释的规定。

施行前已经生效的司法解释与本解释不一致的，以本解释为准。

参 考 文 献

1. 房地产法学概论. 施正康编著. 上海：复旦大学出版社，1998
2. 房地产法学. 高富平，黄武双著. 北京：高等教育出版社，2003
3. 房地产诉讼，王景琦编著. 北京：法律出版社，2003
4. 房地产法. 符启林著，北京：法律出版社，2004
5. 城市房屋拆迁答疑解惑. 白丽华主编. 北京：中国建材工业出版社，2003
6. 最新城市房屋拆迁指南. 建设部政策研究中心编著. 北京：中国建筑工业出版社，2004
7. 拆迁管理与纠纷处理操作指南. 王才亮著. 北京：中国建筑工业出版社，2005
8. 民事诉讼法学. 谭兵主编. 北京：法律出版社，2000
9. 民事诉讼法.（第2版）. 江伟主编，汤维建副主编. 北京：中国人民大学出版社，2004
10. 民事诉讼证据操作指南. 肖建国，肖建华著. 北京：中国民主法制出版社，2002
11. 行政法与行政诉讼法. 姜明安主编. 北京大学出版社，高等教育出版社，1999
12. 行政法与行政诉讼法概论. 胡锦光，莫于川著. 北京：中国人民大学出版社，2002
13. 网上资料：搜狐网、中国法律网、中国房地产信息网、建设部网、国土资源部网、拆迁信息网、百度、google以及各大学法学院等网站